2판

흐름도와 함께하는

C언어의 이해

김진우 · 박보경 · 서채연 · 손현승 · 김기두 지음

HS 도서출판 한산

머리말

프로그래밍 언어는 컴퓨터와 사람이 의사소통을 가능하게 하는 수단으로서 C++, Java, 그리고 C# 등 이외에도 다양한 프로그래밍 언어들이 있다. 이러한 여러 프로그래밍 언어들 중에서도 가장 중요한 위치를 차지하고 있는 기본적 언어가 바로 C언어이며, 현재에도 가장 널리 알려진 대표적인 프로그래밍 언어이다. 따라서 C언어의 특성 및 기본 개념을 잘 이해하고 있다면 보다 쉽고 빠르게 프로그래밍 언어들을 습득하는데 많은 도움이 되리라 본다.

프로그래머의 꿈을 안고 처음으로 C언어를 접하는 학생들에게 C 프로그래밍의 학습이 그리 쉽지만은 않을 뿐만 아니라 만족스러운 학습효과를 얻는다는 것 또한 쉽지 않다. 따라서 이 책에서는 C언어의 특성 및 기본 개념을 잘 이해시키고 최대한 학습 효과를 높일 수 있도록 하였다.

이 책은 C언어를 처음으로 학습하려는 학생들을 대상으로 다년간의 강의를 통해 정리한 강의록 중에 꼭 알고 있어야할 내용들만을 중심으로 집필하였으며, 긴 문장의 서술적 표현은 가급적 피하였다. 또한 응용적이고 복잡한 연산 과정이 포함된 예제보다는 기본적이고 간단한 연산 과정의 예제를 통해서 이론적 내용을 이해할 수 있도록 하였다.

특히 대다수 학생들이 프로그래밍을 학습할 때 주어진 문제의 해결을 위해서 소스코드부터 작성하려고 하는 경우가 많으나 이것은 좋은 프로그래머가 되기 위한 바람직한 자세는 아니라고 생각한다. 따라서 이 책에서는 소스코드의 작성을 위한 흐름도(순서도)도 함께 수록하여 학습효과를 높이고자 하였다.

이 책의 구성으로 제 2장에서는 흐름도(순서도)의 개념을 설명하고, 제 3장부터 제 10장인 배열까지 각 예제의 소스코드와 흐름도를 함께 작성하였다. 또한 제 11장인 포인터와 제 12장인 구조체는 흐름도를 생략하고 예제를 통해 이론을 재차 정리할 수 있도록 하였다.

끝으로 이 책의 출판이 되기까지 언제나 든든하게 응원해준 가족과 한산출판사에 깊은 감사를 드린다.

차례

LECTURE

00

C언어 개발환경

C Language Development Environment

C프로그래밍 언어를 개발하기 위해서는 "통합 개발 환경"(IDE, Integrated Development Environment)이 필요하다. 소스 파일 작성, 컴파일, 실행 및 디버깅을 한 번에 처리할 수 있는 통합 개발 환경 중 하나인 비주얼 스튜디오(Visual Studio)는 1997년부터 현재까지 마이크로소프트(MicroSoft) 사에서 제작 및 배포하고 있으며, 전 세계에서 가장 많이 사용되고 있다. 마이크로소프트는 학생, 오픈 소스 제공자, 개인 개발자 등을 위해 무료 버전인 Visual Studio Community를 제공하고 있다. 현재 Visual Studio 2019 버전이 가장 최신 버전이다. 이 책에서는 Visual Studio Community 2019를 사용하며, 이 장에서는 Visual Studio 2019 다운 및 설치 방법을 소개한다.

1. Visual Studio 설치

(1) Visual Studio 다운로드

인터넷 검색 포털에서 "Visual Studio"를 검색하면 Microsoft 홈페이지에 접속할 수 있다.(https://visualstudio.microsoft.com)

[Visual Studio 다운로드 홈페이지]

또는 ① 인터넷 브라우저에 아래의 주소를 직접 입력해도 된다.

(https://visualstudio.microsoft.com/ko/downloads/)

② 다운로드에서 Visual Studio 2019의 '무료 다운로드'를 클릭한다.

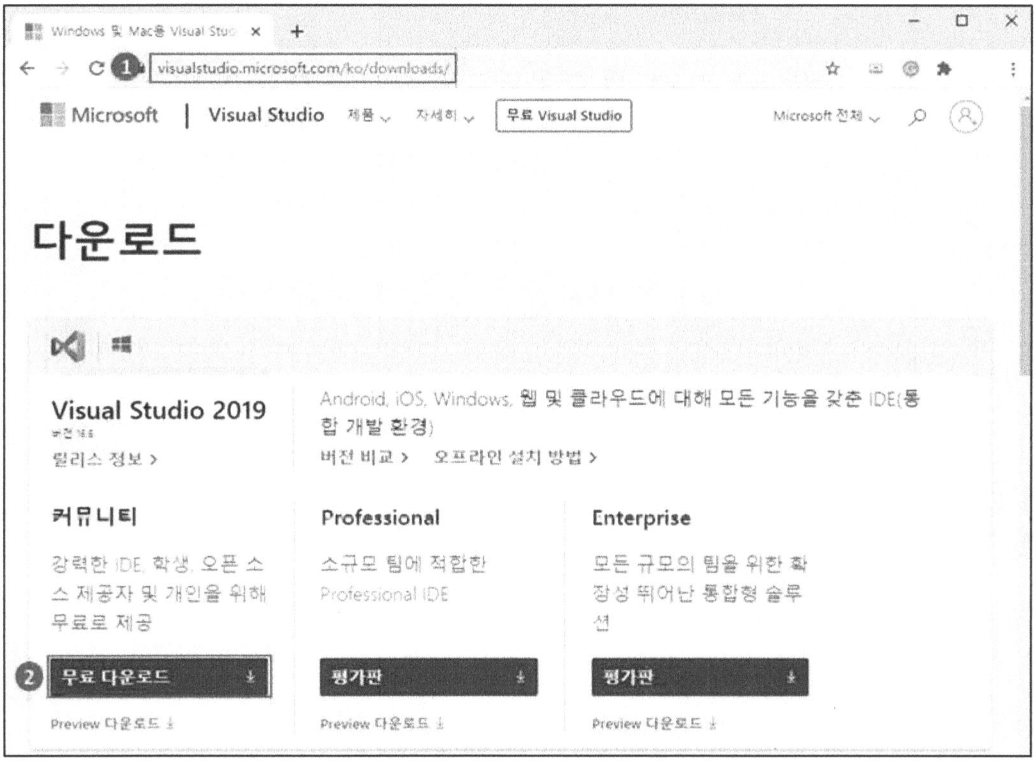

[Visual Studio 다운로드 홈페이지]

(2) Visual Studio 설치

③ 아래 그림은 윈도우 브라우저에서 Visual Studio 다운 및 실행하는 과정으로, 메시지 박스가 올라오면 "실행" 또는 "저장"을 클릭한다. "실행" 버튼을 클릭하면 바로 컴퓨터에 Visual Studio가 설치되며, "저장"은 Visual Studio 파일이 저장된다. 저장된 파일을 더블클릭하면 Visual Studio가 설치된다. 크롬에서 Visual Studio 다운로드 홈페이지에 접속해도 설치가 가능하다.

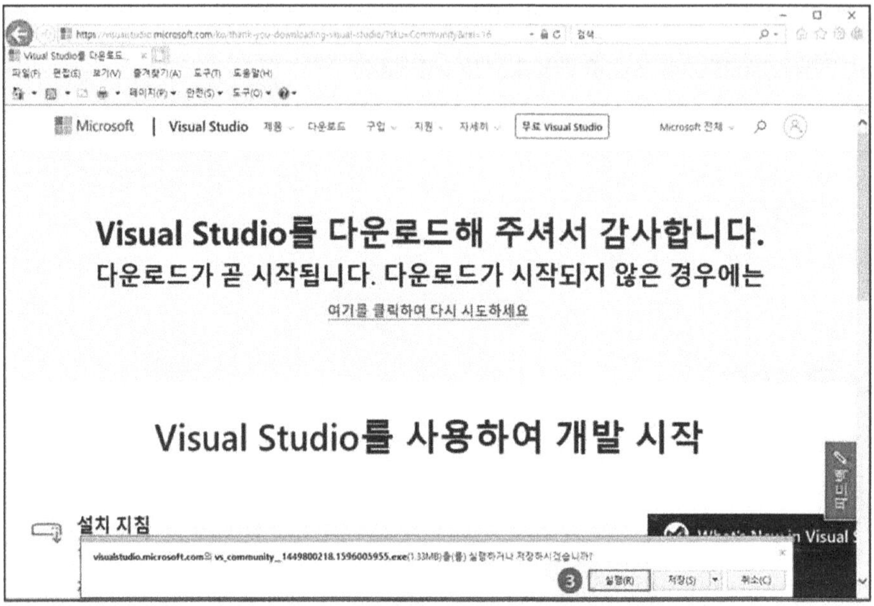

[Visual Studio 다운로드]

④ 다음 메시지 창이 뜨면, “계속” 버튼을 클릭한다.

[Visual Studio Installer 실행 화면]

Visual Studio Installer를 통해 Visual Studio 2019 설치를 위한 환경을 자동으로 실행한다.

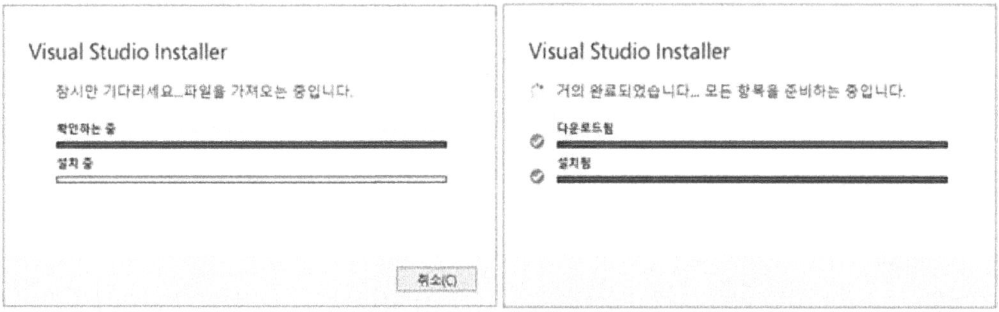

[Visual Studio Installer 자동 설치 과정]

Visual Studio가 설치 완료되면 다음과 같은 화면이 뜬다. 여기서 ⑤ "C++를 사용한 데스크톱 개발"에 체크하고(☑), ⑥ 화면 아래의 "설치"를 클릭한다.

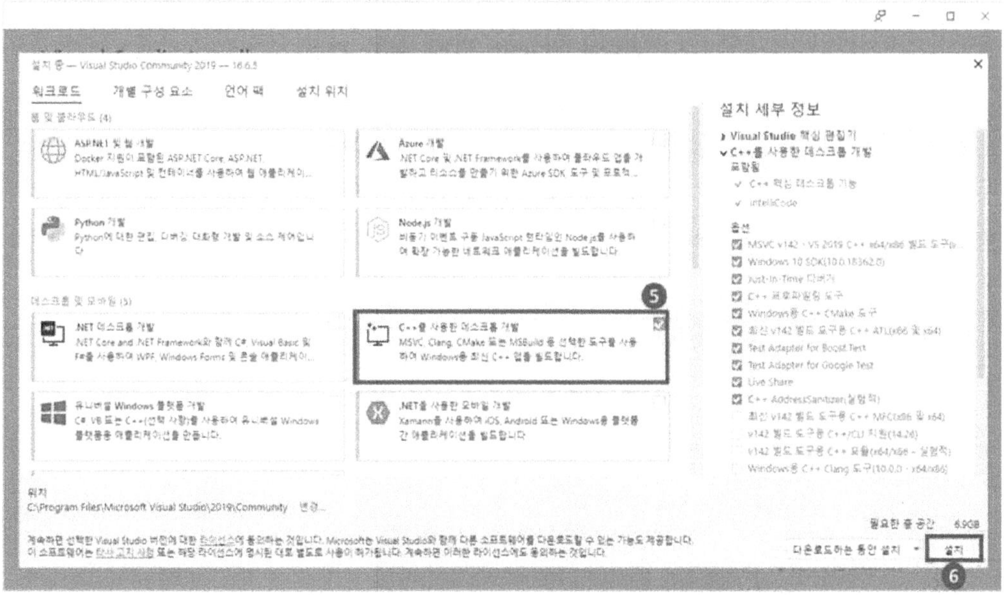

[Visual Studio 2019 설치 세부 정보]

"설치" 버튼을 클릭하면 다음과 같은 화면이 뜨는데, 이때 ⑦ "설치 후 시작"은 체크된(☑) 상태로 Visual Studio 2019를 자동으로 설치한다. 단, 네트워크의 속도에 따라 설치 시간이 다소 걸릴 수 있다. 이 점에 유의한다.

[Visual Studio 2019 설치 과정]

설치가 끝나면, 로그인 화면이 뜬다. 여기서, 아래쪽의 ⑧ "나중에 로그인"을 클릭한다. 이 상태에서는 평가판 버전으로 30일을 무료로 사용할 수 있다. 계속 사용하려면, 마이크로소프트 계정을 만들고 로그인해야 한다.

[Visual Studio 2019 로그인]

"나중에 로그인"을 클릭하면 다음과 같이 Visual Studio의 환경 설정 화면이 뜬다. 이 창에서 개발 설정은 ∨를 클릭하여, ⑨ "Visual C++"로 설정한다. 색 테마 선택은 사용자가 원하는 테마를 선택할 수 있다. 이 책에서는 ⑩ "파랑"으로 선택하였다. 다 선택하였으면, ⑪ "Visual Studio 시작(S)"를 클릭한다.

[Visual Studio 2019 환경 설정]

2. 프로젝트 생성 및 프로그램 실행

(1) 새 프로젝트 만들기

먼저 Visual Studio의 프로젝트를 생성하기 위해서는 윈도우 "시작"->"모든 앱"->"Visual Studio 2019"를 선택한다. 다음과 같이 새 프로젝트를 만들 수 있는 화면을 확인할 수 있다.

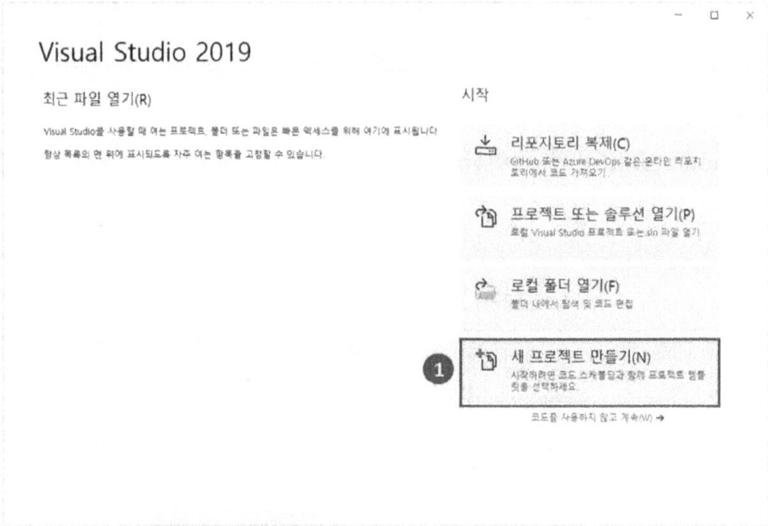

[새 프로젝트 시작 화면]

프로젝트를 생성하기 위해서 프로젝트의 유형을 선택해야 한다. ① "새 프로젝트 만들기(N)"를 선택한다.

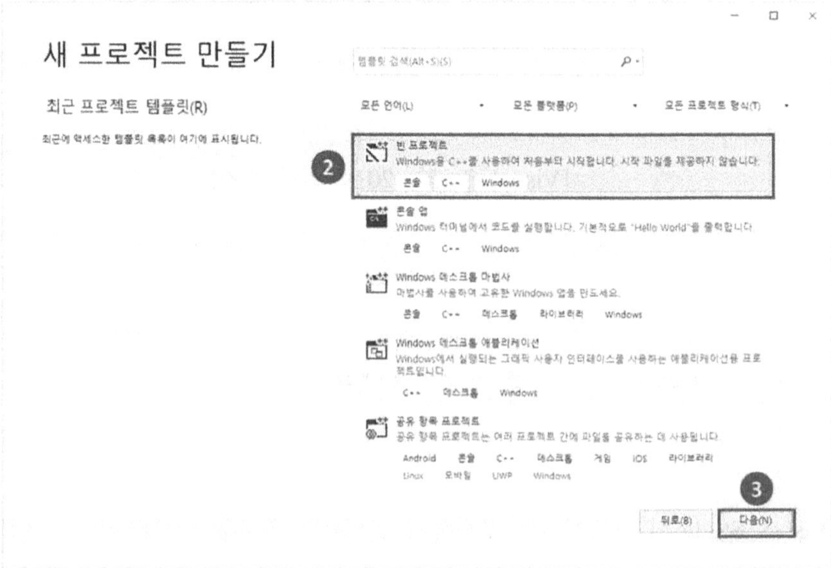

[새 프로젝트 만들기 화면]

“새 프로젝트 만들기” 창이 열리면 ② “빈 프로젝트”를 선택하고 ③ “다음” 버튼을 클릭한다. 새로운 프로젝트를 만들 때마다 새 프로젝트를 만들어야 한다.

[새 프로젝트 구성 화면]

“새 프로젝트 구성” 창이 열리면, ④ 프로젝트 이름을 입력하고, ⑤ 위치를 지정한다. 프로젝트 이름은 이 책을 공부하고 있는 학생들이 마음대로 지정해도 된다. 프로그램을 개발할 때 관례적으로 해당 프로젝트의 성격이나 기능 등을 활용하여 프로젝트 이름을 지정하기도 하지만 참고로 알아두자. 이 책의 예제처럼 Project1으로 지정해줘도 되고, 임의로 지정해도 된다. 위치는 해당 프로젝트가 저장되는 곳으로, 기본으로 설정된 곳에 저장해도 되고 이 책에서처럼 실습용 폴더를 생성해서 지정해줘도 된다. 한 폴더에 모아두면 활용하거나 찾기 쉽기 때문에, 이 책에서는 Cproject 폴더에 C 언어 실습 예제를 생성할 것이다. 새 경로를 지정하기 위해서는 ⑤의 “...”을 클릭하면 실습 폴더의 경로를 지정할 수 있다. 프로젝트 이름을 입력하면, 솔루션 이름은 자동으로 생성된다. 그리고 하단의 “솔루션 및 프로젝트를 같은 디렉터리에 배치(D)”를 클릭한다. 만약 이 부분을 클릭하지 않으면 프로젝트 폴더 상단에 솔루션 폴더가 생성됨으로, 구조가 복잡해진다. 앞으로 이 책에서는 “솔루션 및 프로젝트를 같은 디렉터리에 배치"를 항상 클릭한 후, 실습한다. 마지막으로 ⑥ "만들기"를 클릭한다.

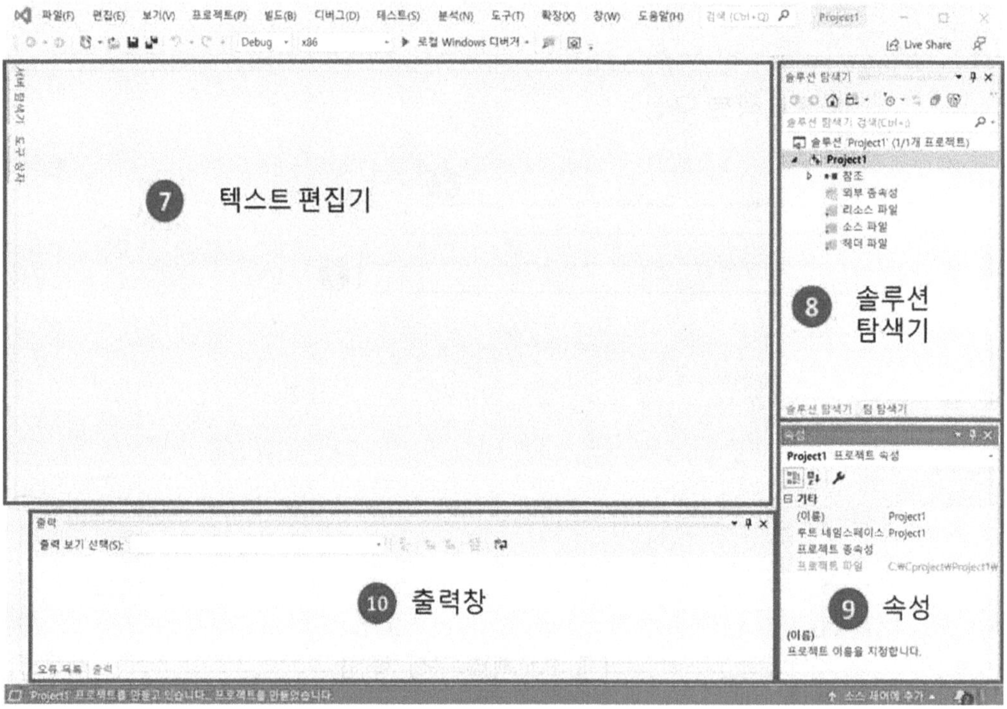

[빈 프로젝트 생성]

프로젝트 생성이 끝나면 다음과 같은 창이 열린다. 소스코드를 입력하기 위해서, 빈 프로젝트를 생성하면 다음과 같은 화면을 볼 수 있다. 프로젝트의 구성은 다음과 같다. ⑦ 텍스트 편집기는 소스코드를 입력할 수 있다. 현재는 아무것도 없는 상태이지만 이후에 소스파일을 생성하게 되면, 소스코드를 입력하여 결과를 확인할 수 있다. ⑧ 솔루션 탐색기는 우리가 생성한 프로젝트(Project1)의 구성요소이다. 솔루션 탐색기에서 "Project1" 프로젝트가 제대로 생성되었음을 확인할 수 있다. ⑨ 속성 영역은 생성한 프로젝트의 속성을 나타낸다. 마지막으로 ⑩ 출력창은 소스코드를 입력하고 실행할 때, 오류 발생 시, 오류의 종류 및 위치를 나타내준다. 오류가 없다면 정상 출력되었음을 출력한다.

(2) 소스 파일 생성 및 저장

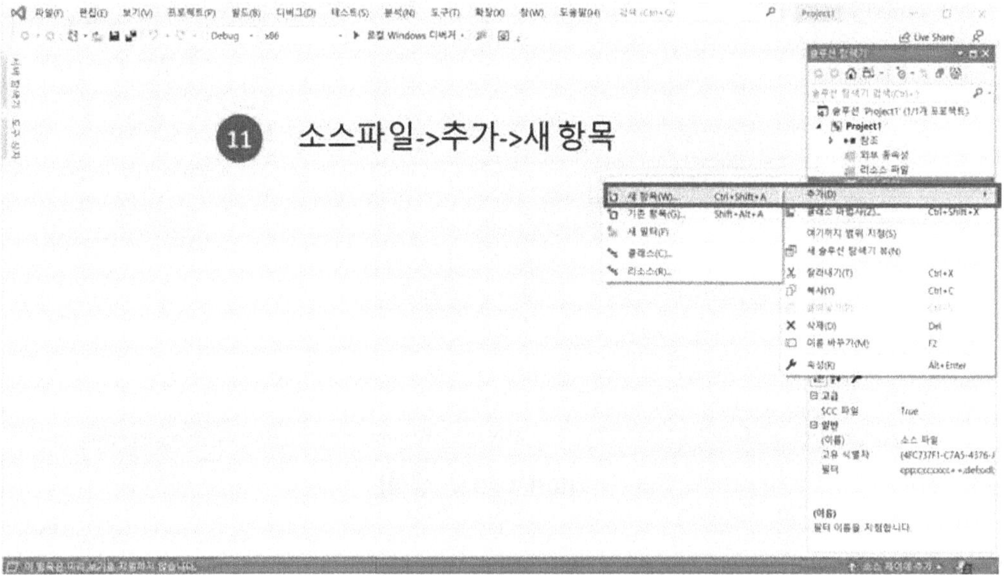

[소스 파일 생성]

빈 프로젝트가 생성되었다면 솔루션 탐색기를 통해 소스 파일을 생성한다. 솔루션 탐색기 항목에서 “소스 파일”을 마우스 오른쪽 버튼으로 클릭한다. 그러면 새로운 창이 열리며, 여기서 “추가(D)”를 클릭한다. 그러면 새로운 창이 하나 열리게 되고 “새 항목(W)”를 클릭한다.

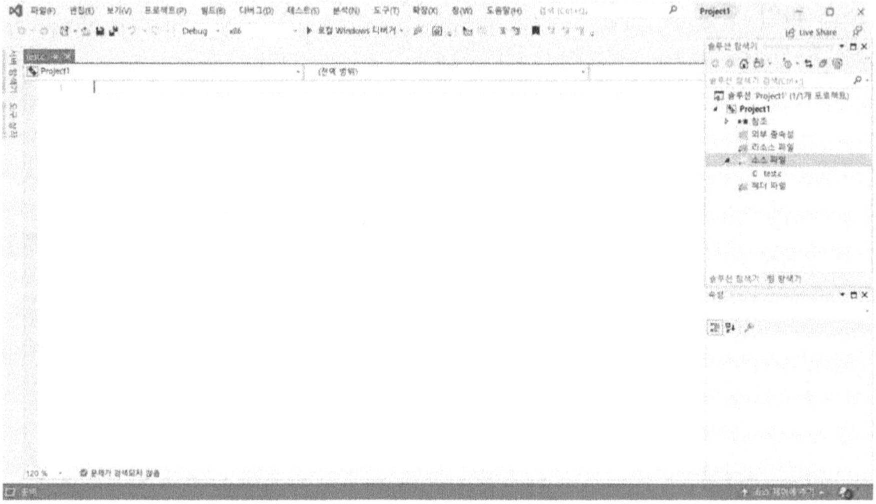

[test.c 파일 생성]

다음과 같이 소스코드를 입력할 수 있는 test.c 파일이 생성된다. 그림의 오른쪽 솔루션 탐색기를 보면 소스 파일에 test.c 파일이 생성된 것을 확인할 수 있다. 여기까지가 소스코드를 입력하기 위해 반드시 필요한 실행 과정이다. 앞으로 C언어 실습 예제는 이러한 과정을 거쳐 파일을 생성하게 된다. 제대로 파일이 생성되었는지 확인하기 위해 간단한 예제를 작성해본다.

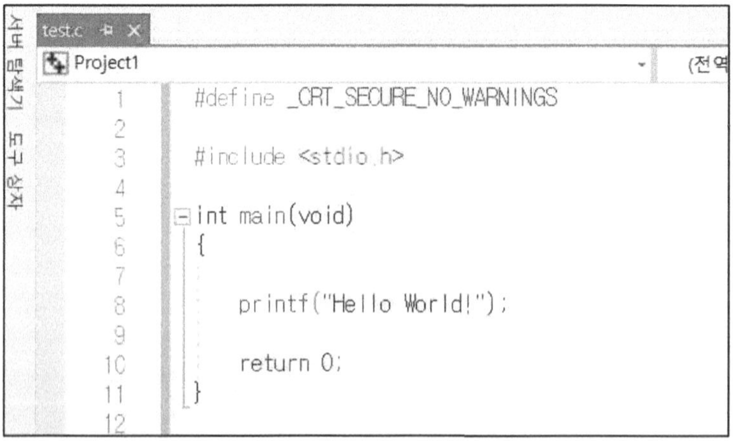

["Hello World!" 예제]

이제, “Hello World!” 예제 파일을 입력해본다. “텍스트 편집기”에 “Hello World!” 예제 코드를 입력한다. 차후에 예제 코드를 설명할 것이므로, 지금은 단순히 따라서 결과를 확인해 본다.

예제 코드의 입력이 끝나면, 파일을 저장한다. 파일 저장 방법은 [파일] -> [모두 저장]을 누른다. 또는 Ctrl+Shift+S를 누르거나 아래 그림에서처럼 단축 아이콘을 클릭해도 된다.

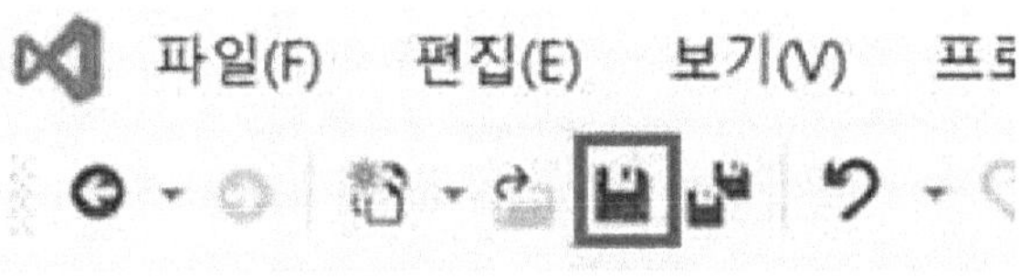

[파일 저장 단축 아이콘]

(3) 소스 파일 실행

소스코드 입력이 다 끝나면, 코드 실행을 통해 결과를 확인해야 한다. 먼저 Visual Studio 메뉴에서 ① “빌드”->“솔루션 빌드”를 클릭한다. “솔루션 빌드”를 클릭하면, 해당 코드를 컴파일하게 된다. Ctrl+Shift+B를 눌러도 된다.

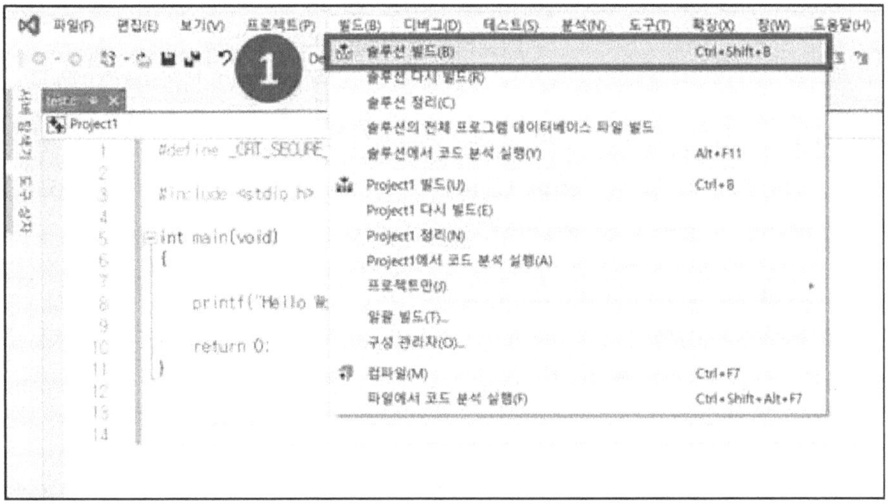

[솔루션 빌드]

컴파일이 시작되면 다음 그림처럼 해당 프로젝트 즉, 여기서는 Project1의 빌드가 시작되며 컴파일 결과를 사용자에게 알려준다. 아무 문제가 없다면 "성공 1"이란 메시지가 출력되며, 에러가 발생하면 실패 메시지가 출력된다.

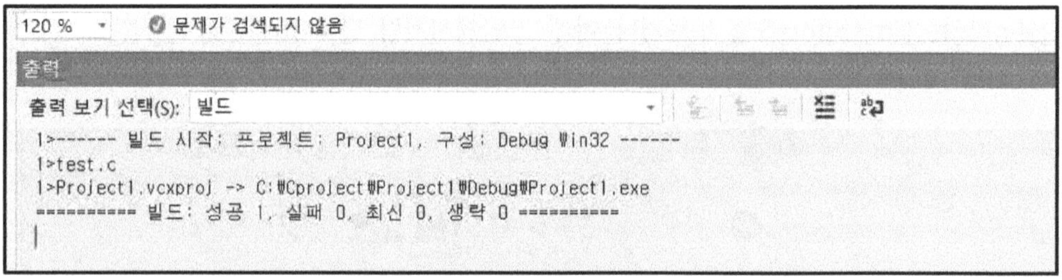

[컴파일 성공 결과]

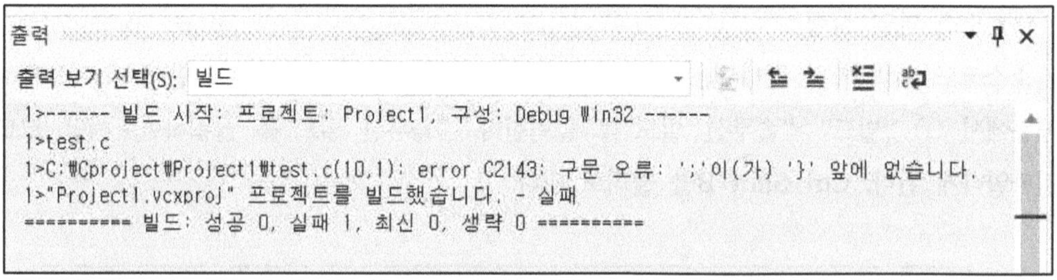

[컴파일 실패 결과]

Visual Studio에서는 컴파일 실패 결과 그림에서처럼 컴파일이 실패되면 실패 원인을 분석해준다. 컴파일 실패 원인은 error C2143: 구문 오류로 ';'가 '}' 앞에 없다고 실패 원인 메시지를 출력한다. 사용자는 이 메시지를 참고하여 오류를 수정할 수 있다.

오류를 수정하고 다시 컴파일하면 컴파일 성공 메시지를 확인할 수 있다. 프로젝트를 실행하기 위해서는 메뉴에서 ② "디버그"->"디버그하지 않고 시작"을 클릭한다. 단축키는 Ctrl+F5이다.

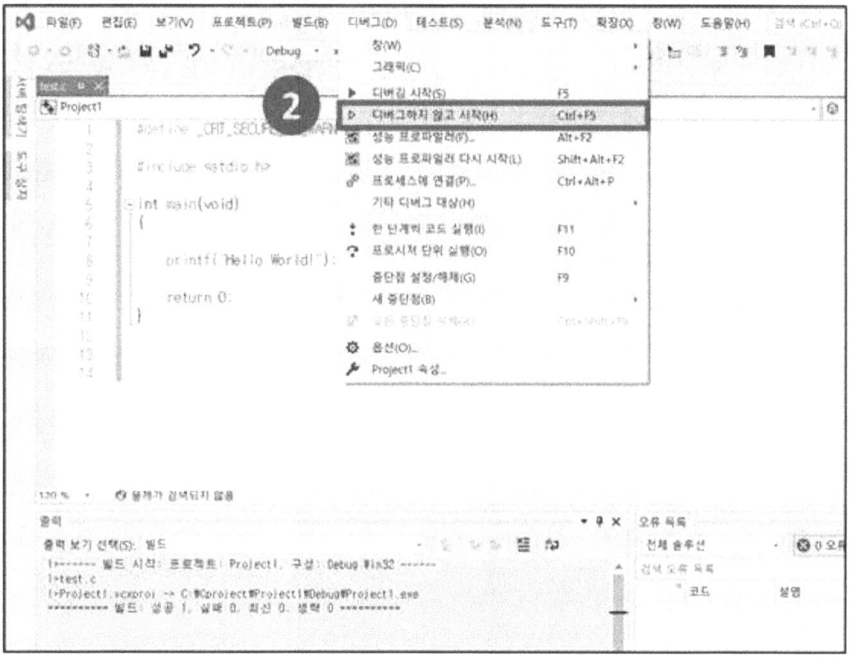

[소스코드 실행]

다음과 같이 실행 결과는 콘솔창에 출력된다.

[실행 결과]

(4) #define _CRT_SECURE_NO_WARNINGS

마이크로소프트는 Visual Studio 2005부터 보안 검사를 엄격히 적용하였으며, 그 결과 scanf, fopen, strcpy 등의 함수를 사용하게 되면 컴파일이 되지 않는다. 만약 이러한 함수들을 사용하여 컴파일 하게 되면 "Warning C4996" 경고가 발생한다. 예를 들어, 이 책에서 앞으로 많이 사용할 입력 함수인 scanf의 경우 문자열, 파일 등과 연관된 버퍼, 스택 등의 메모리 문제가 발생할 수 있기 때문에 scanf_s를 사용해야한다. 이러한 경고를 무시하고 scanf를 사용하기 위해서는 다음과 같이 "#define _CRT_SECURE_NO_WARNINGS"를 사용한다. 소스코드의 맨 위에 정의한다.

또는 "전처리기 정의"를 이용할 수도 있다. 솔루션 탐색기의 프로젝트 이름(Project1)에 마우스 오른쪽 클릭하게 되면 맨 아래에 "속성"이 있다. 이 속성을 클릭하면 다음과 같이 Project1 속성 페이지 창이 열린다.

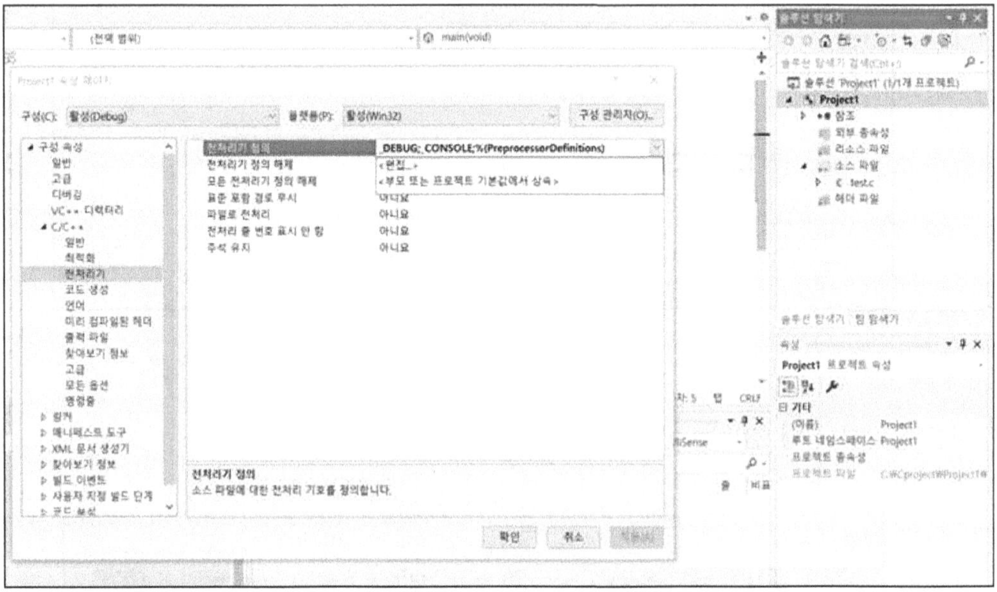

[프로젝트 속성 창]

여기서, 구성 속성 -> C/C++ -> 전처리기를 클릭하면 "전처리기 정의" 항목등이 출력된다. 전처리기 정의에서 "∨"를 클릭한 후 <편집>을 클릭한다. 그러면 전처리기 정의 창이 열린다. 여기서 맨 위에 있는 "전처리기 정의" 칸에 _CRT_SECURE_NO_WARNINGS를 입력하고, 확인을 클릭한다. 마지막으로 속성 페이지에서 적용->확인을 클릭하면 된다. 이 책에서는 모든 예제에 #define _CRT_SECURE_NO_WARNINGS를 적용한다.

LECTURE

01

C언어 개요

Overview

프로그래밍이란 컴퓨터와의 의사소통을 위한 표현 방법으로 세대별 언어의 발전을 거듭해 왔다. 그 중에 C언어는 다른 언어들에 비해서 가장 많이 사용되는 언어 중의 하나이다. 본 장에서는 C언어의 역사, 특징, 그리고 프로그램의 작성과정에 대해서 간략하게 살펴보도록 하겠다.

1. C언어의 개요

C언어는 1972년 미국의 AT&T 벨 연구소의 데니스 리치Dennis Ritchie에 의해서 개발된 시스템 언어로서 유닉스UNIX운영체제를 만든 켄 톰슨Ken Thompson이 개발한 B언어를 발전시킨 것이다. 따라서 C언어의 탄생은 유닉스의 운영체제를 작성하기 위한 목적으로 개발된 것이라고 볼 수 있다.

2. C언어의 역사

여기서는 C언어가 어떤 과정에 의해서 발전되어 왔는지에 대해서 그 발전 과정을 살펴보도록 한다.

- ❑ 1960년 국제 위원회 설계 ALGOLAlgorithmic Language 발표
- ❑ 1963년 영국 Cambridge대학과 London대학에서 CPLCombined Programming Language개발
- ❑ 1967년 Cambridge대학의 Martin Richard가 basic CPL[BCPL] 개발
- ❑ 1970년 AT&T Bell 연구소의 켄 톰슨이 B언어 개발
- ❑ 1972년 AT&T Bell 연구소의 데니스 리치에 의해서 C언어 개발

[C언어 창시자 데니스 리치]

이렇게 개발된 C언어는 1980년 미국 벨연구소의 비야네 스트롭 박사에 의해서 Object Oriented Programming[OOP] 개념을 추가한 C with class가 개발되었고, 1983년부터 C++ 명칭으로 사용되기 시작하였다. 이처럼 C++언어도 C언어를 기반으로 두고 발전되어졌으며, 현재에도 객체 지향 프로그래밍 언어로서 큰 인기를 안고 있다.

3. 세대별 언어 Generation Programming Language의 발전

❑ 1세대 언어 Machine Language

1세대 언어는 기계어이며 컴퓨터가 이해할 수 있는 오직 0과 1의 binary code로 구성 되므로 처리 속도가 빠르다.

❑ 2세대 언어 Assembly Language

2세대 언어는 어셈블리어로서 기계어의 프로그래밍 시간을 줄이고 오류를 찾기 쉽도록 단일 명령어(add, read, write 등)를 조합한 언어이다. 또한 주석을 사용할 수 있기 때문에 프로그래머의 이해를 쉽게 할 수 있다. 어셈블리 언어의 경우 어셈블러가 기계어로 바꿔서 컴퓨터가 일을 수행할 수 있도록 한다.

❑ 3세대 언어 Procedural Language

기계적 제어에 대한 약점은 가지고 있으나 논리적 절차가 표현 가능한 문법 구조 언어로서 보다 쉽고 빠르게 프로그래밍을 할 수 있는 절차적(순차적) 언어를 만들었다. 이와 같이 문법 구조의 언어이기 때문에 컴파일 과정을 필요로 하며 컴파일러에 의해 기계어로 바꿔주게 된다. 3세대 언어의 종류로는 Basic, C 등이 있다.

❑ 4세대 언어 Nonprocedural Language

프로그래밍 언어에 사용되는 문법이 자연어에 조금 더 가깝게 설계되어 있기 때문에 순차적인 언어를 벗어난 비절차적 언어로서 과정보다는 결과를 도출하는 방식으로 빠르게 프로그램의 작성이 가능하다. 4세대 언어의 종류로는 C++, Java, Delphi 등이 있다.

4. C언어의 특징

앞으로 학습하게 될 C언어의 특징을 다음과 같이 살펴 볼 수 있다.

❑ 이식성이 좋다.

프로그래머에 의해서 작성된 프로그램은 하드웨어에 관계없이 다른 컴퓨터 또는 CPU를 가진 하드웨어에서 쉽게 이식할 수 있다.

❑ 간결하다.

C언어에서 모든 표기는 간결하다. 예를 들어 다양한 연산자의 기능 또는 자료형이 같은 변수들은 하나의 자료형으로 묶어서 선언할 수 있다.

❑ 모듈성이 있다.

C언어는 하나의 함수 내에서도 표현이 가능하지만 복잡해지는 문제가 있으므로 함수들로 구성하여 보기 쉽고 이해하기 쉽게 작성할 수 있다. 여기서 모듈성이란 하나의 함수에서 작성되는 소스코드를 여러 함수로 나누어서 작성할 수 있다는 뜻이기도 하다.

❑ 저급 언어적 특성을 지니고 있다.

저급 언어인 어셈블리 언어만큼의 하드웨어 제어가 가능하다. 따라서 임베디드 시스템 등에서 많이 활용되고 있다. 이러한 이유는 C언어는 기종이 다른 컴퓨터 등에서도 이식성이 뛰어나 비교적 용이하게 작업을 할 수 있기 때문이다.

5. C언어의 프로그램 작성 과정

- ❑ 문제 분석: 프로그램을 작성할 때 발생되는 제안 문제를 분석한다.
- ❑ 논리 설계: 입출력에서 사용될 매체를 선정하고 프로그램이 수행될 절차를 정해진 흐름도의 기호에 의해서 작성한다.
- ❑ 프로그램 코딩: 흐름도를 참고하여 원시 소스코드를 작성한다.
- ❑ 컴파일: 원시 프로그램을 기계어로 번역하고 문법 오류 등을 체크하여 수정작업을 진행한다.
- ❑ 링킹: 필요한 라이브러리나 파일 등을 연결한다.
- ❑ 실행: 실행파일에 의해 프로그램을 수행한다.

LECTURE 01

실.습.문.제

흐름도와 함께하는 C언어의 이해

1. 다음 중 세대별 언어에 대한 설명이 아닌 것은?
   ① 1세대 언어는 컴퓨터가 이해할 수 있는 0과 1로 구성된 기계어이다.
   ② 2세대 언어는 어셈플리어로서, 단일 명령어를 조합한 언어이다.
   ③ 3세대 언어는 논리적 절차가 표현 가능한 문법 구조 언어로서 보다 쉽고 빠르게 프로그래밍 할 수 있는 객체지향 언어이다.
   ④ 4세대 언어는 비절차적 언어로서 과정보다는 결과를 도출하는 방식으로 빠르게 프로그램 작성이 가능하다.

2. C언어의 특징인 이식성(Portability)은 무엇을 의미하는가?

3. C언어의 특징인 모듈성에 대해 설명하시오.

4. 컴파일러가 하는 일은 무엇인가?

5. C언어 프로그램을 컴파일링(번역) 과정에서 링킹(Linking)은 무엇을 의미하는가?

6. C언어 프로그램을 컴파일링(번역) 과정에서 로더(Loader)은 무엇을 의미하는가?

LECTURE

02

흐름도

FLOWCHART

프로그램을 처음 접하는 프로그래머들은 주어진 문제에 대해서 명확한 분석과 처리 방법을 생략하고 곧바로 코딩Coding부터 하려는 경향이 있다. 이로 인해 문제 풀이 과정이 복잡해지거나 생각지도 못한 에러 등이 발생하는 경우에 중도 포기의 경우도 적지 않다. 본 장에서는 프로그래머가 주어진 문제를 해결하기 위하여 이해하기 쉽고 수정하기 간편하게 프로그램을 작성할 수 있도록 의사코드와 흐름도를 사용한 논리 설계에 대해서 살펴본다.

1. 프로그래밍 과정 전단부 처리 단계

어떤 문제의 해결을 위해서 특정 프로그램을 이용한 소스의 작성도 중요하겠지만 주어진 문제를 분석하고 해결하기 위한 방법(알고리즘Algorithm)을 충분히 검토한다면 보다 쉽고 효율적인 프로그래밍 작업이 이루어진다. 다음 그림은 프로그래밍 과정의 단계 중에서 논리설계까지를 전단부 처리 단계의 절차이다.

문제 분석

어떤 문제에 대해서 처리 내용과 방법 등을 분석하여 컴퓨터로 해결 가능한 것인지를 판단하는 단계이다.

논리 설계

프로그램을 작성하기 전에 알고리즘을 표현하기 위한 기본 방법인 의사코드 또는 흐름도를 이용하여 문제를 명확하게 정의하고 순차구조, 선택구조, 그리고 반복구조 등의 논리 절차를 구체적으로 표현하는 단계이다. (본 교재에서의 논리설계는 흐름도를 이용한다.)

❑ 의사코드Pseudocode:

의사코드는 가상코드의 명칭으로 사용하기도 한다. C언어 등과 같은 특정 프로그래밍 언어를 사용하여 전체적인 처리 과정을 표현하는 것이 아니라 그와 유사한 형태의 언어로 프로그램의 논리를 표현한 것 이다. 의사코드는 특별히 약속되어진 형식의 코드가 아니기 때문에 컴퓨터에서 컴파일을 하여 실행할 수 없다.

❑ 흐름도Flowchart:

흐름도는 순서도의 명칭으로 사용하기도 한다. 다이어그램Diagram을 이용하여 전체적인 처리 과정의 흐름을 표현하는 것으로 데이터의 흐름에 대한 이동 과정 및 명령문들의 연관관계를 시각적[그림]으로 표현하여 문제 처리의 과정을 논리적으로 파악하는데 용이하다. 의사코드와 마찬가지로 컴퓨터에서 컴파일을 할 수 없다.

다음은 간단한 예제로서 "두 개의 정수 10과 40을 각각의 변수 A, B에 저장한 후, 두 수의 합을 출력하는 방법"을 의사코드와 흐름도를 사용하여 나타내고 있다.

의사코드 예시

```
Step 1: 시작              // 프로그램을 시작한다.
Step 2: A <- 10           // 변수 A에 10을 저장한다.
Step 3: B <- 40           // 변수 B에 40을 저장한다.
Step 4: Sum <- A+B        // 변수 Sum에 A와 B의 더한 값 50을 저장한다.
Step 5: Print Sum         // 변수 Sum에 저장된 값 50을 출력한다.
Step 6: 끝                // 프로그램을 끝낸다.
```

흐름도 예시

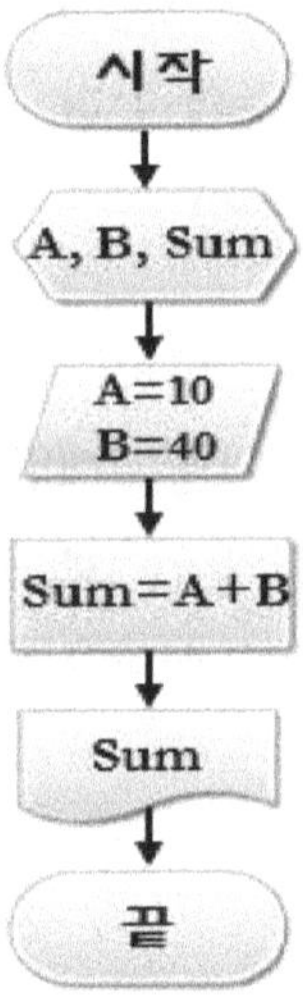

// Step 1: 프로그램을 시작한다.

// Step 2: 두 개의 정수와 그 합을 저장할 변수를 선언한다.

// Step 3: 변수 A에 10을 저장한다.
// Step 4: 변수 B에 40을 저장한다.

// Step 5: 변수 Sum에 A와 B의 더한 값 50을 저장한다.

// Step 6: 변수 Sum에 저장된 값 50을 출력한다.

// Step 7: 프로그램을 끝낸다.

2. 흐름도Flowchart의 기본 개념

흐름도는 어떤 문제 해결을 위해 약속된 기호를 이용하여 논리적인 단계의 흐름을 나타내는 도형이며, 명령문들의 연관관계를 시각적으로 표현하는 것으로 ISO[국제 표준화 기구 : International Standard Organization]에서 추천 규격의 표준안으로 제정된 30개의 기호들을 사용하고 있다.

❑ 흐름도의 역할:

- 아래 그림은 같이 전체적인 논리의 흐름을 파악하여 프로그램 코딩을 쉽게 할 수 있다.
- 프로그램의 오류가 발생했을 때 그 원인을 찾아 용이하게 수정 작업을 할 수 있다.
- 1개의 프로그램을 여러 명이 대화 수단으로 사용하여 손쉽게 작업을 할 수 있다.
- 프로그램의 유지 보수 및 타인에게의 인수인계를 위한 자료로 활용을 할 수 있다.

[횡단보도를 건너기 위한 논리 흐름도의 예]

3. 흐름도의 종류

흐름도의 종류는 다음과 같이 전체 시스템의 관계를 표현하는 시스템 흐름도와 프로그램의 논리적인 표현을 하는 프로그램 흐름도가 있으며 프로그램 흐름도는 개략 흐름도와 상세 흐름도로 나뉜다.

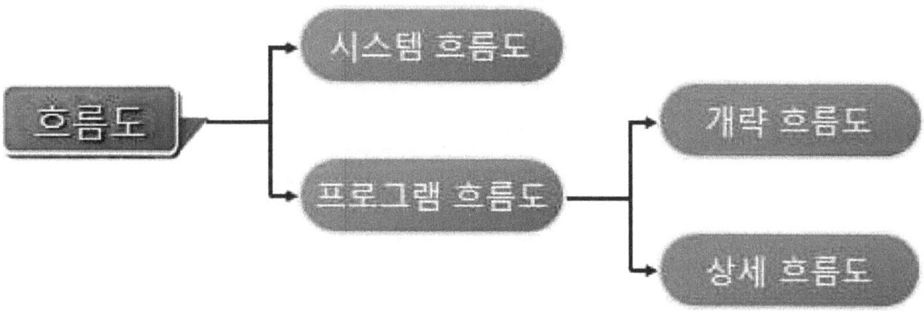

[흐름도의 종류]

시스템 흐름도[System Flowchart]

어떤 작업[What]을 해야 하는지 알려주는 흐름도로 시스템의 분석과 설계 시에 작성되며 데이터의 흐름을 중심으로 입출력 관계 등 업무의 전체적인 처리 과정을 도식화하여 그 연관성을 파악하는데 용이하게 사용되어 진다.

프로그램 흐름도[Program Flowchart]

어떤 방식[How]으로 작업을 처리해야 하는지 표시해주는 흐름도로 처리 내용을 논리적인 작업 순서에 따라 일정한 기호로 나타내며 개략 흐름도와 상세 흐름도로 나뉜다.

❑ 개략 흐름도[General Flowchart]

프로그램의 전체적인 처리 과정을 쉽게 파악할 수 있도록 전개 과정만을 간략하게 논리적으로 나타낸 흐름도이다. 상세 흐름도의 기초 자료가 된다.

❑ 상세 흐름도[Detail Flowchart]

모든 처리의 이동 경로 및 데이터 흐름 등을 세분화하여 그 처리 과정을 구체적으로 나타낸 흐름도이다. 프로그램 코딩 전에 최종 검토 자료로 사용되어 진다.

4. 흐름도의 기호들

기호	명칭	의미
	단자[Terminal]	프로그램의 시작과 끝을 표시
	준비[Preparation]	변수 선언, 초기값, 및 배열선언 등 작업의 사전 준비 과정을 기술할 때 표시

기호	명칭	의미
	데이터[Data]	데이터의 입력과 처리 결과의 출력을 표시
	처리[Process]	모든 연산 또는 데이터 이동 등의 처리 기능을 표시
	수동 입력[Manual Input]	표준 입력장치 키보드[Keyboard]에 의한 데이터의 수동 입력 표시
	문서[Document]	문서를 라인 프린터에 출력 표시
	출력[Display]	표준 출력장치[모니터]에 데이터 출력을 표시
	판단[Decision]	비교 및 판단 기능으로 조건에 따른 논리적 분기를 사용할 때 표시
	종속처리[Predefined process]	미리 정의 된 처리 과정을 나타낼 때 표시
	연결자[Connector]	흐름의 연결 표시
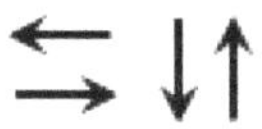	흐름선[Flow line]	기호들의 연결 및 처리 흐름을 표시

흐름도 기호의 사용 설명 Guidelines :

흐름도의 기호 설명은 본 교재에서 주로 사용되고 있는 기호들을 중심으로 설명하고 있다.

❑ 단자 기호

다음의 예시와 같이 단자 기호는 모서리가 둥근 사각형의 모양이며 프로세스[처리]의 "시작"과"끝"을 나타낼 때 사용한다.

C언어 예시	순서도 기호 예시

```
#include <stdio.h>

main( )
{                          // 처리의 시작
      •••••
      •••••
      •••••
}                          // 처리의 끝
```

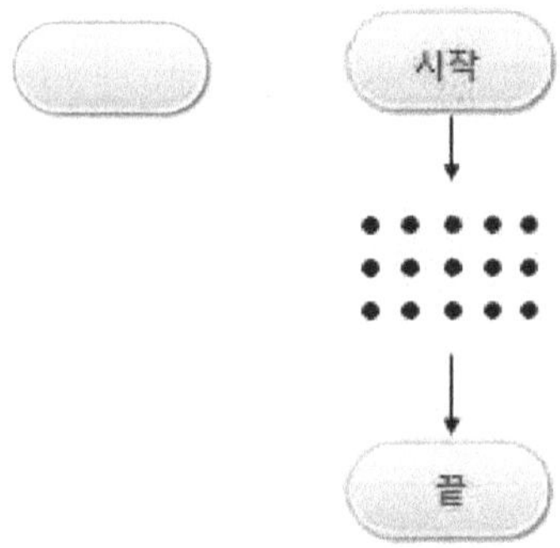

❑ 준비 기호

다음의 예시와 같이 준비 기호는 모서리가 구부러진 사각형 모양으로 단자 기호의 바로 다음에 사용되며 초기 변수 또는 배열을 선언하는 경우에 사용한다.

C언어 예시	순서도 기호 예시

```
#include <stdio.h>

main( )
{
    int A;           // 변수선언
    int B=0;         // 초기값 부여
    int C[3];        // 배열

      •••••
      •••••
}
```

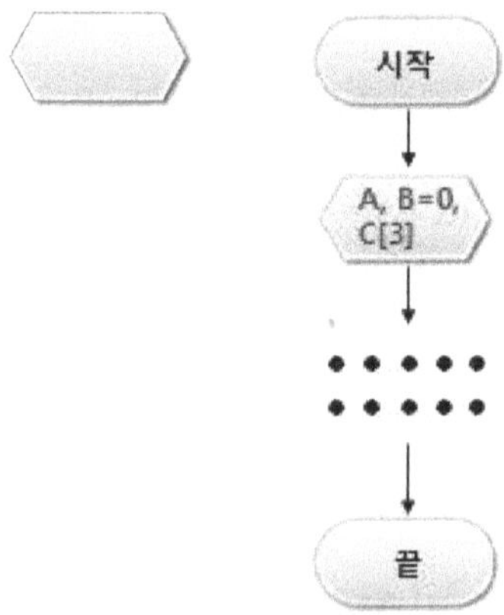

❑ 데이터 기호

다음의 예시와 같이 데이터 기호는 평행 사변형 모양이며 데이터의 "입력"과 생성 결과의 "출력"을 표시하기 위해 사용한다. 데이터 기호는 입·출력이 동시에 표현 가능하기 때문에 이를 구분하기 위해서 입력 기호로 사용할 때는"READ" 또는 "INPUT"을 붙여주며, 출력 기호로 사용하는 경우는 "WRITE" 또는 "PRINT"를 붙여서 사용한다.

C언어 예시

```
#include <stdio.h>

main( )
{
  int A;          // 변수선언

  A=10;           // 변수A에 10을 저장

  printf("%d",A);   // 변수A값을 출력
}
```

순서도 기호 예시

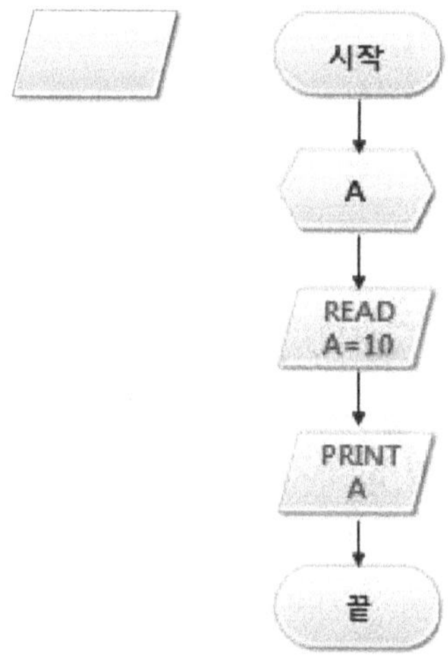

❑ 처리 기호

다음의 예시와 같이 처리 기호는 직사각형의 모양이며 연산 처리 또는 값의 치환 등을 나타내는데 사용한다.

C언어 예시	순서도 기호 예시

```
#include <stdio.h>

main( )
{
  int A,B,Sum;         // 변수선언

  A=10;       // 변수A에 10을 저장
  B=20;       // 변수B에 20을 저장
  Sum=A+B;    // A와B의 합을 Sum에 저장

     •••••
     •••••
}
```

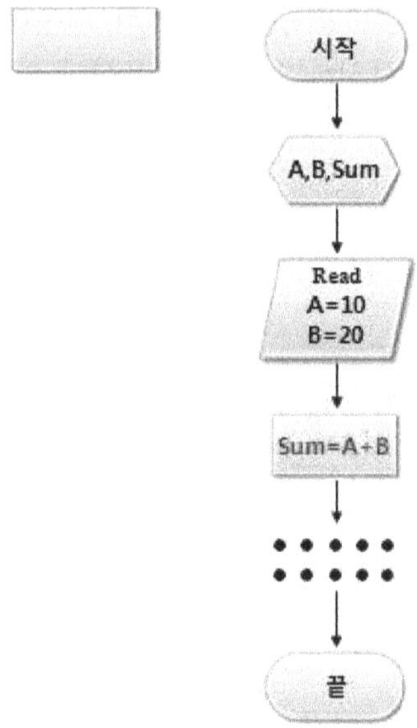

❑ 수동 입력 기호

다음의 예시와 같이 수동 입력 기호는 사다리꼴 모양이며 수동 입력 기호는 데이터를 콘솔[Console]에 의해 직접 입력하는 경우에 사용한다.

C언어 예시	순서도 기호 예시

```
#include <stdio.h>

main( )
{
  int A;              // 변수선언

  scanf("%d",&A);  // 키보드를 사용해
                   // 데이터 값을 입력
       •••••
       •••••
}
```

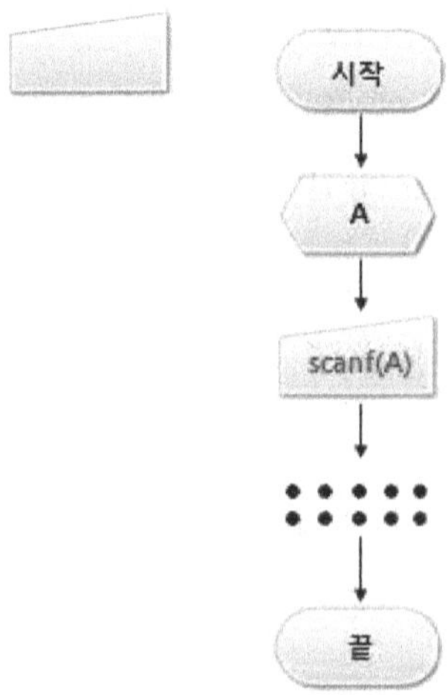

❑ 문서 기호

다음의 예시와 같이 문서 기호는 밑변이 곡선인 직사각형 모양이며 라인 프린터에 의해 출력되는 결과를 나타내는 경우에 사용한다.

C언어 예시	순서도 기호 예시

```
#include <stdio.h>

main( )
{
  int A;          // 변수선언

  A=10;           // 변수A에 10을 저장

  printf("%d",A);    // 변수A값을 출력
}
```

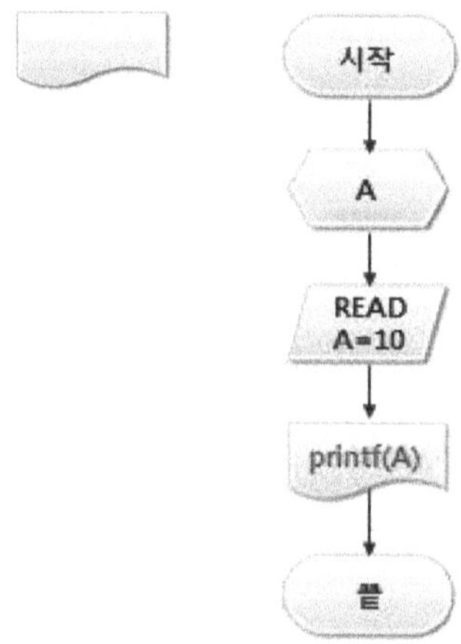

❑ 출력 기호

다음의 예시와 같이 출력 기호는 왼쪽의 변[edge]이 구부러진 타원형 모양이며 모니터에 데이터를 출력하는 경우에 사용한다.

C언어 예시	순서도 기호 예시

```
#include <stdio.h>

main( )
{
  int A;          // 변수선언

  A=10;           // 변수A에 10을 저장

  printf("%d",A);    // 변수A값을 출력
}
```

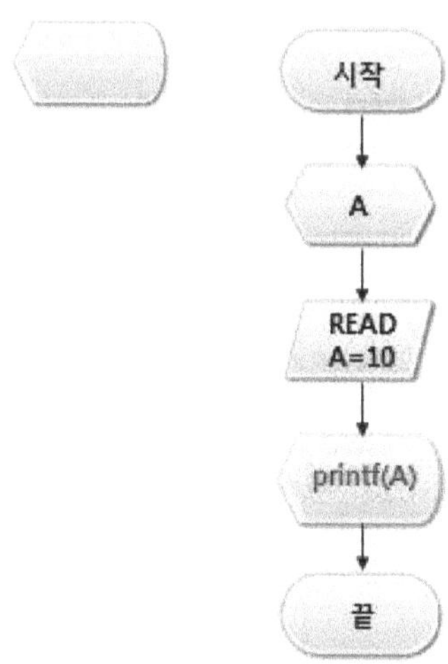

❑ 판단 기호

다음의 예시와 같이 판단 기호는 마름모꼴 모양이며 주어진 조건의 판단 결과에 따라 흐름이 왼쪽, 오른쪽, 그리고 아래 방향으로 분기되는 경우에 사용한다.

C언어 예시	순서도 기호 예시

```
#include <stdio.h>

main( )
{
     ●●●●●
     ●●●●●
  if(조건식)
    printf("실행문 1"); //"참"이면
                        // 실행한다
  else
    printf("실행문 2"); //"거짓"의
                        // 경우에 실
                        // 행한다
}
```

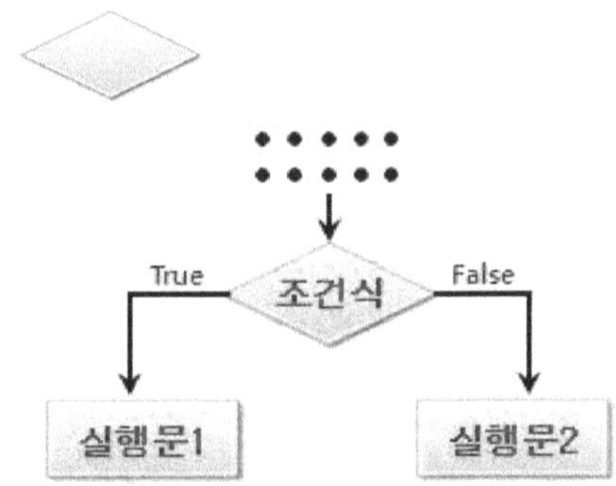

❑ 종속 처리 기호

다음의 예시와 같이 종속 처리 기호는 직사각형의 양변에 수직선[vertical line]을 내려 그은 모양으로 별도의 부 프로그램이나 함수의 처리 과정을 표시하는 경우에 사용한다.

C언어 예시	순서도 기호 예시

```
main( )
{
   ●●●●●
   ●●●●●

   student( );   //student( )는 함수
                 //이므로 흐름도에서는
    ●●●●●        //종속 처리 기호를
    ●●●●●        //사용하여 표시한다
    ●●●●●
    ●●●●●
}
```

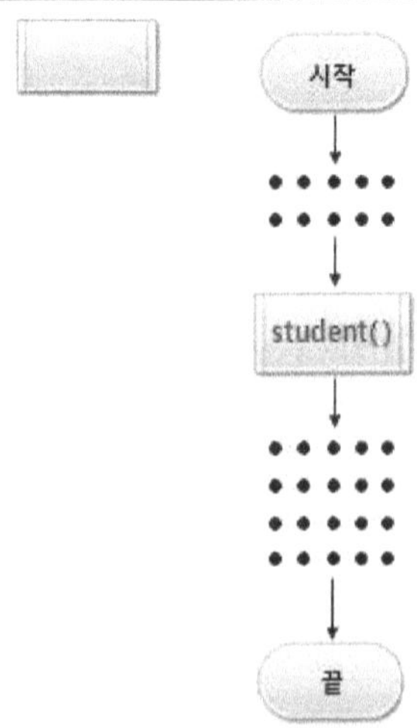

❑ 연결자 기호

다음의 예시와 같이 연결자 기호는 원형 모양으로 한 페이지 내에서 처리의 흐름이 다른 곳으로 상호연결 가능하도록 점프[jump]기능을 나타내는데 사용된다. 다중 시트도면[multi-sheet diagrams] 등 흐름이 복잡할 경우에 일반적으로 이용된다.

C언어 예시

```
main( )
{
   ●●●●●        // 처리과정이 복잡하거나
   ●●●●●        // 길어지는 경우에는
   처리 1;      // 연결자를 사용하여
   처리 2;      // 그 과정을 한 페이시
   ●●●●●        // 내에서 분리시켜
   ●●●●●        // 설계할 수 있다
   처리 8;
   처리 9;
    ●●●●●
}
```

순서도 기호 예시

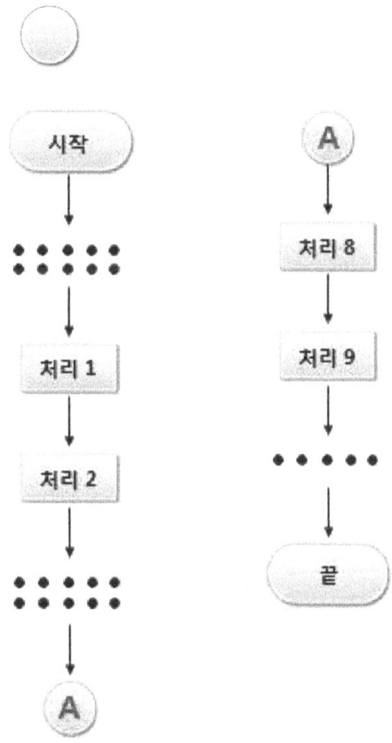

❑ 흐름선 기호

다음의 예시와 같이 흐름도 기호는 상하좌우의 방향을 나타내는 화살표로 흐름도 내에서 처리의 흐름 방향을 결정하는 경우에 사용한다.

C언어 예시	순서도 기호 예시

`#include <stdio.h>`
 	
`main( )`
`{`
`    ●●●●●`
`    ●●●●●`
`    ●●●●●`
`}`
	⇆ ↓↑ 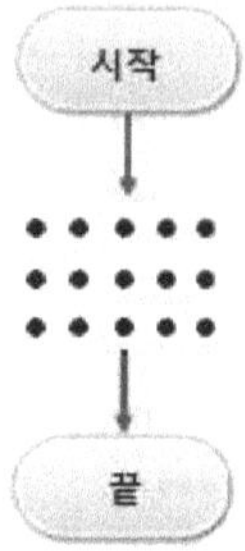

5. 흐름도의 기본 구조

흐름도는 기본적으로 다음과 같이 3가지 구조를 이용하여 알고리즘을 표기한다.

- 순차구조
- 분기구조
- 반복구조

(1) 순차 구조Sequence Structure의 흐름도

직선형 구조의 용어로도 사용되며 주어진 문제의 처리 과정이 위에서 아래로 순차적으로 진행하는 구조로서 가장 일반적인 기본 형태이다. 다음은 순차구조의 활용 예를 나타내고 있다.

순차구조 예시

```
#include <stdio.h>

main( )
{
  실행문 1;
  실행문 2;
  실행문 3;
  ●●●●●
}
```

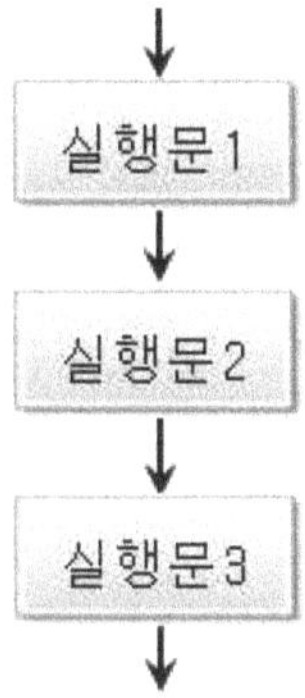

(2) 분기 구조Choice Structure의 흐름도

선택형 구조의 용어로도 사용되며 주어진 문제의 조건에 따라 yes["true", "참"] 또는 no["false","거짓"]로 의사결정의 처리 내용을 구분하여 실행한다. C언어에서는 if, switch문 등에서 사용된다. 다음은 분기구조의 활용 예를 나타내고 있다.

분기구조 예시

```
#include <stdio.h>

main( )
{
     ●●●●●
  if(조건식)
    실행문 1;
  else
    실행문 2;
}
```

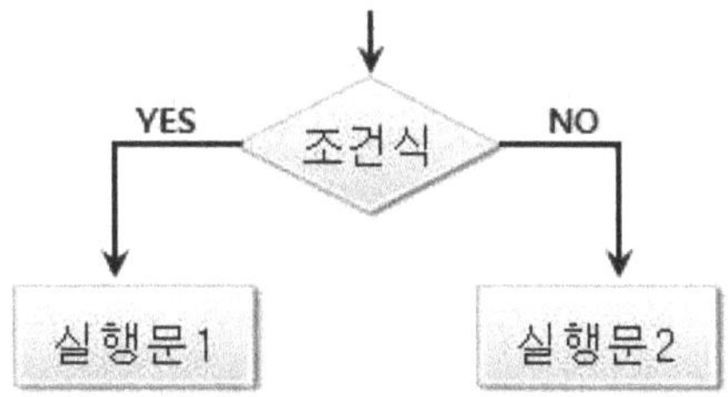

(3) 반복 구조Iteration Structure의 흐름도

주어진 문제의 일정 부분을 조건이 만족될 때까지 반복하여 진행하도록 작성하는 구조로 C언어에서 for, while, do~while문에서 사용된다. 다음은 반복구조의 활용 예를 나타내고 있다.

반복구조 예시

```
#include <stdio.h>

main( )
{
     •••••
  for(초기식;조건식;증감식)
  {
     실행문 1;
  }
     실행문 2;
     •••••
}
```

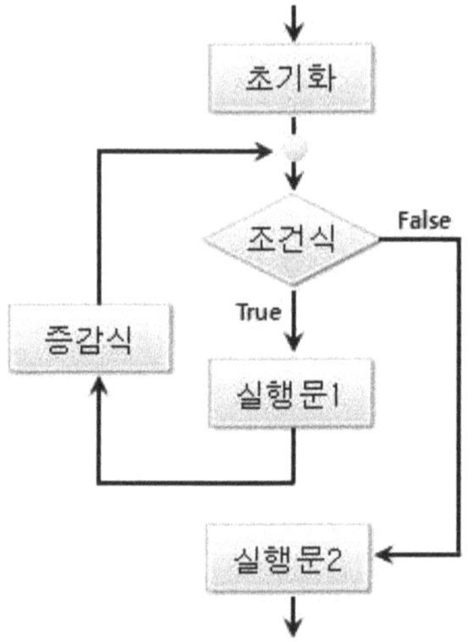

6. 흐름도의 작성 방법

- 전체의 흐름을 명확히 알아볼 수 있도록 간단하고 명료하게 작성한다.
- 처리 과정이 길어지는 복잡한 문제에 대한 순서도는 여러 단계로 나누어 상세하게 작성한다.
- 표준 기호를 사용하여 이해하기 쉽게 작성한다.
  기호와 기호 사이에는 흐름선을 사용하며 흐름의 방향은 위에서 아래로, 왼쪽에서 오른쪽으로 하되, 흐름이 최대한 서로 교차되지 않도록 작성한다.
- 순서도 분량이 한 페이지를 초과하는 경우에는 연결기호를 사용하여 분명하게 표시한다.

LECTURE 02

실.습.문.제

1. 다음의 소스코드를 흐름도로 작성하시오.

C언어 예시

```
#include <stdio.h>

main( )
{
  int x;          // 변수선언
  int y;          // 변수 선언
  int sum;        // 변수 선언

  x=10;           // 변수 x에 10을 저장
  y=20;           // 변수 y에 20을 저장
  sum=x+y;        // 변수 sum에 x와 y의 합을 저장

  printf("%d",sum);   // 변수 sum값을 출력
}
```

2. 다음의 흐름도를 이용하여 소스코드로 작성하시오.

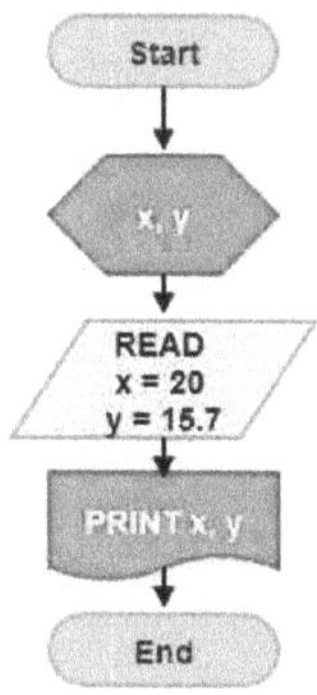

3. 사용자로부터 2개의 정수 값을 입력받아, 합계를 출력하는 프로그램을 작성하고, 흐름도로 작성하시오.

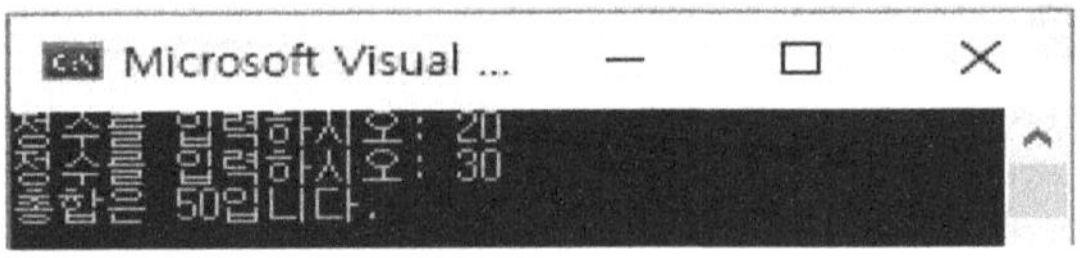

LECTURE

03

C언어 구조

STRUCTURE

C프로그래밍 언어의 세부적인 구조를 잘 이해하고 활용하기 위해서는 먼저 C 프로그램의 기본적인 구조부터 이해하는 것이 무엇보다도 중요하다고 볼 수 있다. 처음 C프로그램을 학습하는 초심자에게는 다소 어려울 수도 있으나 코딩 시에 필요한 내용이므로 꼭 정독해 주길 거듭 부탁한다. 본 장에서는 C 프로그램의 기본적 구조를 학습하고 프로그래밍 과정의 후처리 단계로서 프로그램 코딩, 컴파일, 그리고 실행 과정 및 주석 처리에 대해서 살펴본다.

1. 프로그래밍 과정 후단부 처리 단계

우리는 2장 1절에서 프로그래밍 과정의 단계 중 논리설계까지를 전단부 처리 단계로 분류하여 살펴보았다. 본 장에서는 아래의 그림과 같이 주어진 문제의 해결 방법인 알고리즘을 C 프로그래밍 언어로 작성하는 코딩 과정을 후처리 단계로 분류하여 살펴보도록 한다.

[프로그래밍 후단부 처리 단계]

프로그램 코딩Coding

특정 프로그래밍 언어를 이용하여 구체적인 컴퓨터 프로그램을 작성하는 단계이다.

다음은 2장 1절에서 살펴 본 "두 개의 정수 10과 40을 각각의 변수 A, B에 저장한 후, 두 수의 합을 출력하는 방법"에 대해서 C 언어로 작성한 코딩의 예를 보여준다.

C언어에 의한 코딩 예시

```
#include <stdio.h>

main( )
{                        // Step 1: 프로그램을 시작한다.
   int A, B, Sum;        // Step 2: 두 개의 정수와 그 합을 저장할 변수를 선언한다.

   A=10;                 // Step 3: 변수 A에 10을 저장한다.
   B=40;                 // Step 4: 변수 B에 40을 저장한다.
   Sum=A+B;              // Step 5: 변수 Sum에 A와 B의 더한 값 50을 저장한다.

   printf("%d",Sum);     // Step 6: 변수 Sum에 저장된 값 50을 출력한다.
}                        // Step 7: 프로그램을 끝낸다.
```

2. C 프로그램의 기본 구조

C 프로그램의 기본 구조는 헤더[Header] 와 함수의 몸체[Body]로 구성되어 있다. 다음의 예시와 같이 헤더는 프로그램이 시작되는 맨 윗줄에 전처리기[Preprocessor]에 의한 헤더 파일과 매크로[Macro]를 선언하며, 몸체에는 함수를 포함한 변수들의 선언부, 데이터의 입출력, 그리고 수식 연산 등의 처리 과정을 나타내는 실행부가 온다.

C언어에 의한 코딩 예시	기본 구조	
#include <stdio.h> // 전처리지시어	헤더 파일	헤더
main( )	main 함수선언	몸체
{	함수 내용의 시작	
int A; // 변수선언	변수 선언부	
A=10; // 변수A에 10을 저장	수식과 함수에 의한 실행부	
printf("%d",A); // 변수A값을 출력		
}	함수 내용의 끝	

지금부터는 실제 프로그램 작성 시에 많이 사용되는 전처리기에 의한 헤더 파일과 매크로에 대해서 잠시 살펴본 후, 계속해서 C 프로그램의 기본구조에 대해 알아보도록 한다.

전처리기Preprocessor

선행 처리기의 명칭으로도 사용되며, 프로그래머에 의해 작성된 원시 소스의 맨 윗줄에 놓인 전처리 지시어Preprocessing directives를 컴파일Compile 이전에 처리하여 그 정보를 원시 소스에 제공하게 된다.

전처리 지시어는 # 기호로 시작하며 문장 끝은 세미콜론semicolon기호인 (;)을 사용하지 않는다는 것을 기억하도록 하자. 다음은 전처리 지시어의 종류만을 간략히 나타내고 C 언어에서 빈번히 사용되고 있는 헤더파일과 매크로의 사용 방법에 대해서 설명한다.

전처리 지시어의 종류	#include, #define, #ifdef, #else, #endif, #undef, #pragma 등이 있다.

헤더 파일Header File

헤더 파일은 라이브러리Library라고도 칭한다. 컴파일러Compiler에게 함수의 정확한 정보를 제공하기 위해 표준 함수의 원형ProtoType을 작성해 놓은 파일로서 확장자는 .h를 붙여 사용한다. 이때 전처리 지시어인 #include에 지정된 헤더 파일은 그 내용을 원시 소스와 함께 컴파일하게 된다. 다음은 전처리 지시어에 의한 헤더 파일의 종류와 사용형식을 나타낸다.

❑ 헤더 파일의 종류

헤더 파일	기능	원시 소스에서 사용되는 함수들
stdio.h	표준 입출력 함수 정의	printf(),scanf(),puts() 등
conio.h	입출력 포트와 콘솔에 대한 함수 정의	getch(),cprintf() 등
stdlib.h	자료 변환 함수 정의	atoi(),malloc(),abs() 등
math.h	수학 함수 정의	sin(),cos(),sqrt(),pow() 등
string.h	문자열 처리 함수 정의	strcpy(),strlen(),strcat() 등

이 밖에도 time.h, dirent.h, limits.h 등 많은 헤더 파일이 존재하므로 프로그래머는 필요에 따라서 헤더 파일을 선택하여 사용할 수 있다.

❑ 사용 형식

헤더 파일은 크게 다음과 같이 두 가지 형식으로 분류하여 사용되고 있다.

형식	의미 및 사용 예시	
#include 〈헤더 파일명.h〉	**꺽쇠괄호**[Angle Brackets]를 이용하는 경우는 **표준 경로**[Directory] **폴더**에서 헤더 파일을 찾는다.	
	#include 〈stdio.h〉	표준 폴더에서 stdio.h파일을 찾는다.
	#include 〈math.h〉	표준 폴더에서 math.h파일을 찾는다.
#include "헤더 파일명.h"	**큰따옴표**[Quotation Marks]를 이용하는 경우는 **프로그래머가 필요에 따라 작성한 헤더 파일**을 현재 작업 중인 경로 또는 시스템에 지정된 경로의 폴더에서 필요로 하는 헤더 파일을 찾는다.	
	#include "com.h"	프로그래머에 의해 작성된 원시 소스가 com.h파일과 같은 폴더에 저장되어 있는 경우에 사용한다.
	#include "C:₩PRO₩com.h"	프로그래머에 의해 작성된 원시 소스가 저장되어 있는 폴더와 상관없이 C드라이브 PRO폴더에서 com.h파일을 찾는다. [절대경로 탐색]
	#include "..₩com.h"	프로그래머에 의해 작성된 원시 소스가 저장되어 있는 폴더보다 한 칸 위[상위]의 폴더에 com.h파일이 존재하는 경우에는 상대경로를 이용하여 해당 파일을 찾는다. [상대경로 탐색]

매크로[Macro]

전처리 지시어인 #define에 의해 정의된 내용은 컴파일 이전에 전처리기에 의해 정의된 내용으로 치환되어 그 정보를 원시 소스에 제공하게 된다. 다음과 같이 매크로는 매크로 상수[Macro Constant]와 매크로 함수[Macro Function]로 분류하여 사용한다.

❑ 사용 형식

<table>
<tr><th>형식</th><th colspan="2">의미 및 사용 예시</th></tr>
<tr><td rowspan="4">매크로 상수:

#define 매크로명 상수 값</td><td colspan="2">매크로명은 주로 대문자로 사용하여 일반 변수와 구별을 용이하게 하며, 매크로명은 상수 값으로 치환된다.</td></tr>
<tr><td>#define PI 3.14</td><td>매크로명 PI는 실수형 상수 값 3.14로 치환된다.</td></tr>
<tr><td>#define MEM 50</td><td>매크로명 MEM은 정수형 상수 값 50으로 치환된다.</td></tr>
<tr><td>#define HAN "언어"</td><td>매크로명 HAN은 문자열 상수 값 언어로 치환된다. 상수 값이 문자열인 경우는 큰따옴표(" ")로 정의한다.</td></tr>
<tr><td rowspan="4">매크로 함수:

#define 매크로함수명(인자) 대응내용</td><td colspan="2">매크로함수는 일반함수보다 처리속도가 빠르고 인자[Argument]들은 자료형[Data Type]을 사용하지 않는다. 이때 인자들은 소괄호[parens]인 ( )로 묶어준다. 또한 원시 소스 내에서 매크로 함수가 호출되는 곳은 매크로 함수에 정의된 대응내용으로 치환하게 된다.</td></tr>
<tr><td colspan="2">#define MULTI(y) y*y 의 경우:
원시 소스 내에서 하나의 인자를 가지는 매크로 함수 MULTI가 호출된 곳은 모두 m*m을 실행하게 된다.</td></tr>
<tr><td colspan="2">#define ADD(x,y) x+y 의 경우:
원시 소스 내에서 두 개의 인자를 가지는 매크로 함수 ADD가 호출된 곳은 모두 x+y를 실행하게 된다.</td></tr>
<tr><td colspan="2">#define DECI(x,y) x>y ? x:y 의 경우:
원시 소스 내에서 두 개의 인자를 가지는 매크로 함수 DECI이 호출된 곳은 x가 y의 값보다 크면 x값을 그렇지 않으면 y값을 선택할 수 있도록 실행하게 된다.</td></tr>
</table>

기본 구조의 표현 방법

먼저, 주어진 문제를 해결하기 위해서 프로그래머에 의해 작성된 원시 소스코드는 그 길이에 상관없이 main함수가 반드시 포함되어 있어야 한다는 것을 기억하도록 하자. 다음은 프로그래머들이 즐겨 사용하는 C 프로그램의 기본 구조를 크게 3 가지 유형으로 나누어 설명한다.

본 교재로 공부하는 분들은 3가지 기본 유형 중에 한 가지를 선택하여 자기의 스타일로 만들어 사용하길 바란다. 참고로 본 교재에서는 C언어의 기본 구조인 제 1 유형을 사용하여 원시 소스코드를 작성하는 방법을 설명한다.

C언어의 기본 구조 제 1유형

```
1:  #include <stdio.h>
2:
3:  main( )     // main 함수
4:  {          // main 함수의 몸체 시작
5:
6:             // main 함수의 몸체
7:
8:  }          // main  함수의 몸체 끝
```

흐름도

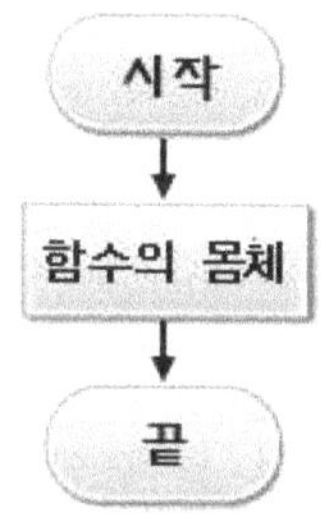

코드 설명

1행	stdio.h 헤더 파일은 표준 입·출력 함수인 scanf 또는 printf함수의 정의를 포함하고 있으며, main함수 내에 표준 입·출력 함수를 사용하기 위해서 선언하고 있다.
3행	C언어로 구현된 모든 프로그램은 제일 먼저 main 함수를 호출하게 된다. **main이라는 함수명은 다른 함수명으로 바꾸어 사용할 수 없다는** 것에 주의하도록 한다.
4행 ~8행	main함수를 비롯해 모든 함수는 몸체(실행문)를 가지고 있으며, 몸체의 내용들은 반드시 중괄호[brace]({) 과 (})사이에 정의된다. 일반적으로 함수의 실행문이라고 표현한다.

기본 구조를 흐름도로 표현하는 경우 :
C프로그램 내에서 함수 몸체의 "시작"과 "끝"은 흐름도의 단자기호인 를 사용하게 되며, 함수의 몸체는 직사각형 모양의 처리기호인 를 이용하여 흐름도를 표현하게 된다.

기본 구조 제1유형에서 살펴 본 흐름도의 구조는 다음에서 설명되는 기본 구조 제2, 3유형에서도 같은 구조로 표현되므로 생략하도록 하겠다.

C언어의 기본 구조 제 2유형

```
1:  #include <stdio.h>
2:
3:  int main(void )
4:  {                // 함수의 몸체 시작
5:
6:                   // 함수의 몸체
7:     return 0;     // 0인 정수 값을 반환
8:  }                // 함수의 몸체 끝
```

C언어의 기본 구조 제 3유형

```
1:  #include <stdio.h>
2:
3:  void main( )
4:  {                // 함수의 몸체 시작
5:
6:                   // 함수의 몸체
7:
8:  }                // 함수의 몸체 끝
```

코드 설명

공통 내용

사용자 정의 함수의 기본 형식:

```
함수의 자료형   함수명(인수)
{                               // 함수의 시작
                                // 함수의 몸체
   return(수식 또는 변수);        // 수식 또는 변수를 사용하여 결과 값을 반환하는 경우
}                               // 함수의 끝
```

- 함수의 자료형[Return Type] :
  함수명 앞에 기입하며 함수의 몸체에서 처리된 결과 값에 따라서 자료형을 기술한다.
- 함수명[Function Name] :
  main 함수명을 제외한 나머지 함수명은 프로그래머가 직접 만들어 붙여주게 된다.
- 인수[Parameters] :
  호출한 함수에서 정의된 값을 호출된 함수에게 그 값을 넘겨줄 경우에 사용한다.
  이때 인수는 소괄호[parens]인 ( )내에 포함시켜 기술한다.
- return :
  호출한 함수로 처리된 결과 값을 반환하는 경우에 사용한다.

기본 구조의 제2, 제3 유형은 함수 편에서 자세하게 살펴보도록 할 것이다.

제 2유형

3행	❑ **함수 자료형이 int인 경우:** main함수 내에서 return을 사용하여 반환되는 값이 0인 정수이므로 함수의 자료형은 int를 사용한다. ❑ **인수가 void인 경우:** main함수를 호출한 장소에서 정의된 인수가 없다는 의미이다.
7행	main함수를 호출한 장소로 return을 사용하여 0의 값을 반환시킴으로서 main함수 내의 실행은 끝마치게 되고 프로그램은 종료하게 된다.

제 3유형

3행	❑ **함수 자료형이 void인 경우:** main함수 내에서 처리된 결과 값을 main 함수를 호출한 장소로 반환하지 않겠다는 의미이다. 따라서 함수의 자료형이 void인 경우는 main함수 내에 return을 기술하지 않는다. ❑ **인수가 생략된 경우:** 인수가 void인 경우와 마찬가지로 main함수를 호출한 장소에서 정의된 인수가 없다는 의미이다.

함수의 몸체 구성

뒷장의 변수 편에서 자세하게 설명될 것이며, 여기서는 간단하게 표현만하기로 하겠다. 함수의 몸체는 기본적으로 다음과 같은 부분으로 구성되어져 있으며, 몸체 내에서 한 행이 처리해야 할 내용의 끝 부분에 세미콜론 기호인 (;)을 붙인다는 것을 잊지 말도록 하자.

- 변수의 선언 및 초기 값의 할당
  [예제] 변수의 선언 표현: int a;, float b;, char c='A'; 등
  [예제] 초기 값의 할당: int a=10; float b=3.14; char c='A'; 등
- 변수에 데이터 값을 대입 또는 입력 함수에 의한 데이터 값의 입력
  [예제] 변수에 데이터 값의 대입: a=10;, b=3.14;, c='A'; 등
  [예제] 입력 함수에 의한 입력: sacnf("%d", &a); 등
- 데이터의 연산 및 처리
  [예제] 데이터의 연산 및 처리: a=b+c; 등
- 출력 함수에 의한 데이터 값의 출력
  [예제] 출력 함수에 의한 출력: prinft("%d", a); 등

지금까지 C 프로그램의 기본 구조에 대한 3가지 유형과 함수 몸체의 구성에 대해서 간략하게 살펴보았으나, 처음 C 프로그램을 접하는 분들에게는 생소한 단어부터 시작하여 기본 구조의 유형을 이해하기가 다소 어려웠을 것이다. 지금까지 학습했던 내용을 기반으로 원시 소스코드의 작성 방법을 다음의 예제를 통해서 정리해 보도록 하자.

다음은 C 프로그램의 기본 구조 중 제1유형을 이용하여 "Global Korea"라는 문장을 모니터에 출력할 수 있도록 원시 소스코드의 작성 방법과 흐름도에 대해서 살펴보도록 하겠다.

❶ 흐름도의 작성

흐름도는 제 2장에서 살펴보았듯이 함수가 구성하고 있는 몸체의 처리 내용을 흐름도의 기호로 나타내게 된다.

STEP 1 printf("Global Korea");는 함수가 구성하는 몸체 내에 기술하여 그 내용을 모니터에 출력하게 되는데 이때 몸체부분은 중괄호 기호인 { 과 } 로 묶어준다. 여기서 { 는 몸체의 시작을 의미하며 흐름도 기호로는 다음과 같이 표현된다.

STEP 2 다음으로 순차적 처리에 의해서 실행되는 printf("Global Korea");는 모니터 상에 그 내용을 출력해야하기 때문에 다음과 같은 흐름도의 출력기호를 사용한다.

STEP 3 함수의 몸체 내에 더 이상 처리 내용이 존재하지 않을 경우는 중괄호 기호인 } 를 사용하여 함수가 종료되었음을 표시한다. 흐름도 기호로는 다음과 같이 표현된다.

이상의 3가지 각 STEP내용을 순차적으로 화살표를 연결시켜 주면 주어진 예제의 흐름도가 완성되게 된다. 다음은 최종적인 흐름도를 나타내고 있다.

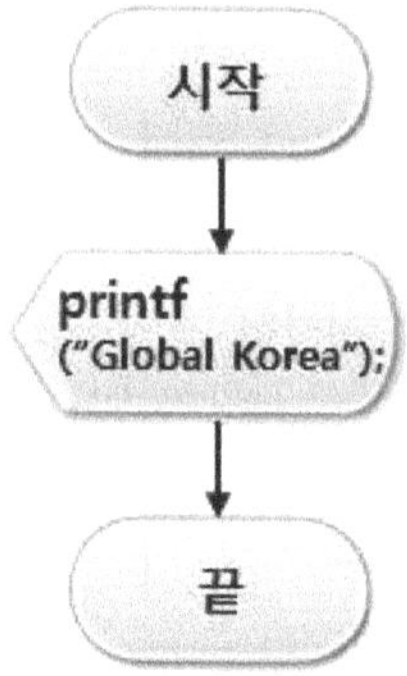

지금까지 간단한 예제를 통해서 C 프로그램의 기본 구조에 의한 원시 소스코드를 작성하기 이전에 흐름도의 작성 과정에 대해서 살펴보았다. 이제 원시 소스코드의 작성 과정을 학습해 보도록 보자.

❷ 원시 소스코드의 작성

STEP 1 main함수의 몸체 내에서 "Global Korea"라는 문장은 표준 출력 함수인 printf함수를 사용하여 모니터에 출력하게 된다. 앞 페이지의 헤더 파일에서 살펴보았듯이 표준 입출력 함수를 사용하기 위해서는 #include 〈stdio.h〉를 다음과 같이 원시 소스코드의 맨 윗줄에 선언해야 한다.

```
/* 기본 구조의 제 1유형 */
  #include <stdio.h>


```

STEP 2 원시 소스코드의 길이에 상관없이 반드시 main함수는 C프로그램 내에 포함되어 있어야 하며, C 프로그램의 기본 구조 3가지 유형 중에 한 가지를 선택하여 제일 먼저 기술한다. 본 교재에서는 아래의 예시와 같이 제 1유형의 기본 구조를 선택하여 사용할 것이다.

```
1:  /* 기본 구조의 제 1유형 */
2:    #include <stdio.h>
3:
4:    main( )       // main함수 선언부
5:    {            // main함수의 몸체 시작점
6:
7:
8:    }            // main함수의 몸체 끝 지점
```

STEP 3 STEP 2와 같이 C 프로그램의 기본 구조를 작성하였다면, 이번 단계에서는 주어진 문제를 해결하기 위해서 중괄호 기호인 ({)과 (}) 사이에 연산 및 처리내용들을 기술하게 된다.

주어진 예제에서 제시한 문제 해결을 위한 핵심 내용은 "Global Korea"라는 문장을 모니터에 출력하는 것이므로 다음과 같이 함수의 몸체 내에는 printf함수가 사용되어야 한다.

```
1:  /* 기본 구조의 제 1유형 */
2:    #include <stdio.h>
3:
4:    main( )                          // main함수
5:    {                               // main함수의 몸체 시작점
6:              printf("Global Korea\n");  // main함수의 몸체 실행부
7:
8:    }                               // main함수의 몸체 끝 지점
```

위의 프로그램은 주어진 예제를 구현하기 위해 완성된 원시 소스코드이며, 이것은 컴파일 등의 과정을 거쳐서 실행되었을 때 아래의 그림과 같이 그 결과를 모니터 상에서 확인 할 수 있게 된다.

6행에서 기술되어 있는 printf함수에 대해서는 다음 장의 표준입출력 편에서 자세하게 설명한다. 여기서는 단순히 문장을 출력하는 방법에 대해서만 간략하게 살펴보기로 하겠다.

printf함수를 이용한 단순한 문장 출력의 경우	
형 식	printf("출력 내용");
설 명	

- 먼저, 모니터 상에 결과 내용을 출력해야 하므로 표준 출력 함수명인 printf를 기입한다.
- 모든 함수들은 반드시 함수명 뒤에 소괄호 기호인 ( )를 붙여주므로 표준 출력 함수인 printf에 소괄호를 추가하여 준다. 그럼 printf( )가 될 것이다.
- 이때 printf( )뒤에는 세미콜론(;) 기호를 붙여주는 것에 주의해야 한다. 그럼 printf( )는 printf( );가 될 것이다.
- 마지막으로, 출력될 내용은 소괄호 사이에 기입하게 되며, 이때 출력 내용은 큰 따옴표[double quotes]기호인 (" ")로 묶어준다. 그럼 printf( );는 printf(" ");와 같이 표현될 것이다.
- 주어진 예제에서는 "Global Korea"**라는 문장을 모니터에 출력**하라는 내용이므로 지금까지의 설명을 정리하면 printf("Global Korea \n"); 과 같이 표현되는 것에 이해되었으리라 생각된다.
- printf("Global Korea \n"); 에서 ₩n은 Global Korea를 출력하고 나서 **한 줄 개행한**다는 의미이다.

위에서 작성된 원시 소스코드를 실행하면 다음과 같이 출력 결과를 확인할 수 있다.

[기본 구조에 의한 실행 결과]

3. 컴파일과 실행

프로그래머가 C 언어를 이용하여 주어진 문제를 해결하고자 작성한 프로그램을 원시 소스코드[source code]라고 칭하며, 이것은 컴퓨터가 이해할 수 기계어로 번역되어 링크 과정을 통해 실행이 가능한 프로그램으로 생성된다. 다음은 프로그래머에 의해 작성된 원시 소스코드가 실행 프로그램으로 생성되어지는 과정을 나타낸다.

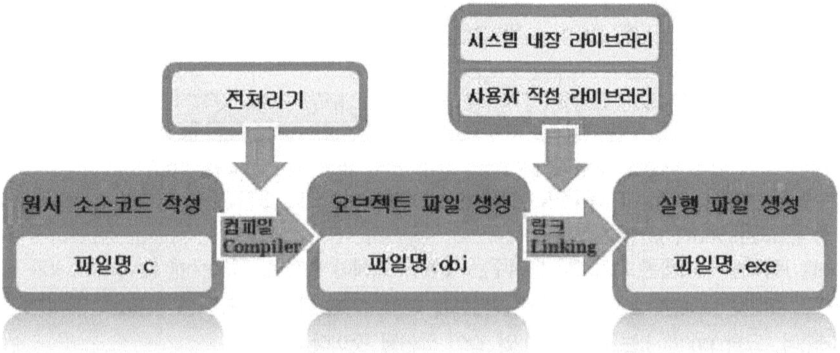

[프로그램의 완성 과정]

❑ 원시 소스코드의 작성

원시 소스코드의 작성이란 주어진 문제를 해결하기 위해서 프로그래머가 C언어의 구조에 맞추어 프로그램을 작성하는 단계로서 코딩coding이라고 표현하기도 한다. 이렇게 작성된 프로그램을 프로그래머들은 원시 소스, 소스코드, 원시 코드, 원시 프로그램 등 유사한 명칭으로 표현하고 있다. 본 교재에서는 지금까지 사용해 왔던 대로 원시 소스코드로 표현한다.

C언어에 의해 작성이 끝난 원시 소스코드는 다음과 같이 파일 확장자Filename extension인 .c를 반드시 붙여서 사용한다.

원시 소스코드 저장 형식	설 명
파일명.c	- 파일명은 프로그래머가 임의적으로 이름을 붙여준다. - 파일명은 가급적 원시 소스코드의 처리 내용을 짐작할 수 있도록 붙여주는 것이 좋다. - 확장자는 .c를 붙여 주어야 한다. - **확장자가 생략된 경우는 컴파일을 수행할 수 없다.**

❑ 컴파일compile

컴파일은 프로그래머가 작성한 원시 소스코드를 컴퓨터가 이해할 수 있도록 기계 코드로 변환시켜주는 동작 과정을 의미하며, 실제 원시 소스코드는 컴파일러라는 번역기에 의해서 기계 코드로 변환하게 되며, 컴파일 과정이 성공적으로 진행되었을 경우는 오브젝트 파일이 생성된다. 만일 컴파일 과정에서 오류error가 발생했다면 오브젝트 파일은 생성되지 않으며, 이 경우에는 당황하지 말고 원시 소스코드로 되돌아가서 수정 작업[Debugging]을 하고나서 재차 컴파일 과정을 반복하여야 한다. C언어에 관련한 운영체제 별 컴파일러 종류를 간략하게 나타내면 다음과 같다.

운영체제[operating system]	컴파일러[compiler]
윈도우즈[windows]	비주얼 스튜디오, orwelldevc++
유닉스[UNIX]	gcc, cc

❑ 오브젝트[Object] 파일 생성

오브젝트 파일은 목적 파일이라고도 표현하며, 파일의 확장자는 .obj이다. 앞에서 설명했듯이 오브젝트 파일은 컴파일 과정이 오류 없이 성공적으로 처리되었을 때 자동적으로 생성된다. 이것은 원시 소스코드의 내용을 컴퓨터가 이해할 수 있는 기계 코드로 변환되었음을 의미한다.

❑ 링크[link]

링크는 프로그램을 실행하는데 있어서 필요한 라이브러리[Library] 파일을 연결(링킹[linking])하여 하나의 실행 가능한 파일로 만드는 과정을 뜻하며, 이런 과정을 담당하는 프로그램을 링커[linker]라고 한다. 오브젝트 파일은 최종적으로 링커 프로그램에 의해서 실행 파일이 생성된다. 만약 링크 과정에서 오류가 발생되었다면 컴파일 과정에서도 설명했듯이 원시 소스코드로 이동하여 코드의 수정 작업을 하고나서 지금까지 설명했던 절차를 재차 반복하여 진행 하여야 한다.

디버깅[debugging]
원시 소스코드의 처리 과정에서 오류가 발견되었을 때 올바르게 코드를 수정 작업하는 과정을 디버그[debug] 또는 디버깅이라고 한다.

4. 주석문Comments

주석문은 원시 소스코드의 내용을 이해하기 쉽도록 요소요소에 설명을 붙여 놓은 것으로서 긴 시간이 지나서도 프로그램을 분석하는데 대단히 용이하다. 또한, 주석문의 경우는 컴파일러로부터 읽어 들이지 않기 때문에 컴파일 과정에서 제외되며 문법적 또는 논리적인 오류에 있어서 아무런 영향을 미치지 않는다.

프로그램을 처음 접하는 대다수는 원시 소스코드를 작성할 때 주석문을 생략하는 경우가 많다. 좋은 프로그래머일수록 주석문을 사용하는 것에 소홀하지 않는다는 것을 잊지 말자. 다음은 주석문의 2가지 종류와 사용 예를 보여 준다.

❑ 단행 주석Single-line comments

단행 주석은 한 행의 내용만을 주석 처리할 때 사용하며, 그 기호로는 //로 표시한다.

❑ 다행 주석Multi-line comments

단행 및 여러 개의 행을 동시에 주석 처리하는데 용이하며, 그 기호로는 /* ~ */를 사용한다.

단행 주석[//] 사용 예	다행 주석[/* ~ */] 사용 예
#include <stdio.h> // 헤더 파일	#include <stdio.h> /* 헤더 파일 */
main( ) // 함수 선언부	main( ) /* 함수 선언 */
{	{
	/*
// 오로지 한 행에 한해서만 주석처리	-여러 행의 내용을 동시에 주석처리
	-한 행만을 위한 주석 처리도 가능
// STEP 1: 변수들을 선언한다.	STEP 1: 변수들을 선언한다.
// STEP 2: 변수에 값을 저장한다.	STEP 2: 변수에 값을 저장한다.
// STEP 3: 저장된 값을 출력한다.	STEP 3: 저장된 값을 출력한다.
	*/
int A; // 변수선언	int A; /* 변수선언 */
A=10; // 변수A에 10을 저장	A=10; /* 변수A에 10을 저장 */
printf("%d",A); // 변수A값을 출력	printf("%d",A); /*변수A값을 출력*/
}	}

LECTURE 03

연.습.문.제

1. 주석의 종류와 그 역할에 대해서 설명하여라.

2. main( ) 함수의 기본구조에 대해서 설명하여라.

3. C언에서 반드시 사용되어야 할 함수는 무엇이 있는가?

4. 킴파일러와 링커에 대해서 설명하여라.

5. 코딩이란 무엇인가?

LECTURE 03 실.습.문.제

1. 국어, 영어, 수학 점수를 출력하고, 세 과목의 총점을 출력하는 프로그램을 작성하시오.

- 국어(kor): 60, 영어(eng): 80, 수학(mat): 70으로 초기화 하시오.
- 총점(total)을 저장할 변수를 선언하시오.
  (Hint) 변수 선언은 저장 공간의 할당

2. 1개의 int 변수와 1개의 float 변수를 선언하고, 20, 15.7로 초기화한다. 이들 변수의 값을 화면에 출력하는 프로그램을 작성하시오.

3. 다음과 같은 출력을 생성하는 5줄짜리 프로그램을 작성하시오.

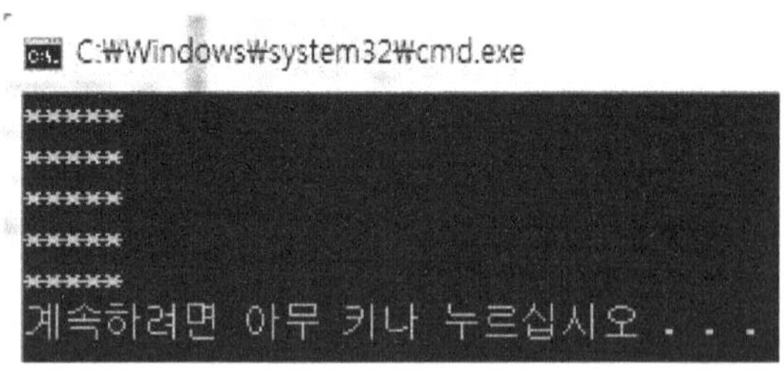

4. 다음과 같은 출력을 생성하는 프로그램을 작성하시오.

① 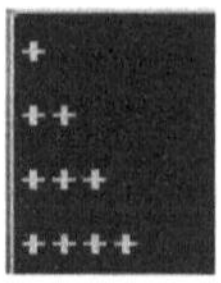

② 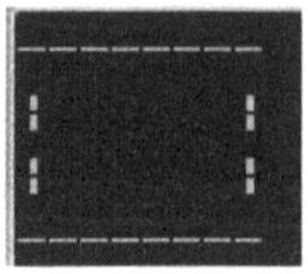

LECTURE

04

C기본문법

Basic Syntax

지금까지 C프로그래밍 언어의 골격을 구성하는 기본 구조에 대해서 살펴보았다. 이제부터는 주어진 문제 해결을 위해서 코딩 시에 필요한 C프로그램의 기본 문법에 대해 살펴보도록 하자. 본 장에서는 C 프로그램의 기본 문법으로 토큰, 표준 입력/출력 함수에 대해서 살펴본다.

1. 토큰Token

토큰은 원시 소스코드를 컴파일하는 과정에서 문법적 의미를 분류하는 최소단위이며, 그 종류로는 키워드, 식별자, 상수, 변수, 연산자 등으로 살펴볼 수 있다. 다음은 토큰의 예시를 나타내고 있다.

예시 문장	설 명
`printf("Global Korea\n");`	- 예시에서 제시한 문장은 총 5개의 토큰으로 구성되어 있다. 1. printf 2. (3. "Global Korea\n" 4.) 5. ;

키워드keyword

키워드는 예약어reserved word라고도 불리며, C언어 문법에서 이미 의미가 부여된 약속되어진 단어이다. 따라서 변수, 함수, 식별자의 이름으로 사용할 수 가 없다. 다음은 C언어에서 정의된 키워드를 정리한 것이다.

키워드의 종류				
auto	break	case	char	const
continue	default	do	double	else
enum	extern	float	for	goto
if	int	long	register	return
short	signed	sizeof	static	struct
switch	typedef	union	unsigned	void
volatile	while			

위에서 소개된 키워드들의 자세한 내용은 각 장을 학습해 가면서 소개될 때마다 설명하도록 하겠다.

식별자[identifier]

식별자는 변수, 배열, 함수 이름으로 사용되며, C언어 문법에서 어떤 의미도 부여받지 않은 새로운 단어들로 구성하여 프로그래머에 의해서 의미를 부여받게 된다. 앞에서도 설명했듯이 이미 C언어 문법에서 의미가 부여된 키워드는 프로그래머에 의해 식별자로 정의하여 사용할 수 없다는 것을 꼭 기억하도록 하자. 다음은 식별자를 만들 때 몇 가지 내용을 설명한다.

- 식별자의 이름은 문자, 숫자, 키보드의 기호 중에 밑줄표[Underscore/Underline]인 (_)을 조합하여 구성된다.
- 문자는 알파벳[alphabet]의 대문자와 소문자를 사용한다. 이때 대문자와 소문자는 서로 다른 문자로 인식한다.
- 숫자는 0부터 9까지를 사용하며, 식별자 이름의 선두에는 숫자를 사용할 수 없다.
- 키워드의 명칭은 식별자로 사용할 수 없다.
- 식별자의 이름은 반드시 알파벳(대/소문자) 또는 기호의 밑줄표(_)만으로 시작한다.

다음은 식별자의 이름을 붙이는 경우에 있어서 올바른 경우와 잘못된 경우의 예를 보여주고 있다.

올바른 식별자의 사용 예	설 명
A	알파벳의 대문자 사용가능
sum	알파벳의 소문자 사용가능
TotalNumber	알파벳의 대문자와 소문자의 조합으로 사용가능
First_number	밑줄표는 어느 위치에도 사용가능
_totalline	밑줄표는 어느 위치에도 사용가능
avg7	숫자가 선두 위치가 아닌 문자 뒤에 위치하므로 사용가능
avg_24	숫자가 선두 위치가 아닌 밑줄표 뒤에 위치하므로 사용가능

잘못된 식별자의 사용 예	설 명
7A	이름의 선두 위치에 숫자는 사용불가
sum#	식별자 이름에 밑줄표(_) 기호 이외는 사용불가
Total+Number	식별자 이름에 밑줄표(_) 기호 이외는 사용불가
First number	하나의 식별자 이름에 공백은 사용불가
124	이름의 선두 위치에 숫자는 사용불가
%avg7	식별자 이름에 밑줄표(_) 기호 이외는 사용불가

2. 변수[variable] 선언

변수란 데이터가 대입되어 저장될 공간의 이름으로 프로그래머에 의해 임의적으로 만들어 사용한다. 이때 주의사항은 앞 절의 식별자 내용과 같다. 변수 선언은 반드시 자료형과 함께 선언되어야 한다는 것을 반드시 기억하도록 하자. 다음은 변수 선언의 형식과 그 예이다.

변수 선언의 형식	변수 선언의 예	설 명
자료형 ⌒ 변수이름;	- [정수형]: int x;	- 변수 x를 정수형로 선언함으로서 x에 저장되는 데이터는 정수여야 한다.
	- [실수형]: float x, y; double x, y;	- 변수 x와 y를 실수형로 선언함으로서 x와 y에 저장되는 데이터는 실수여야 한다. - **동일한 자료형인 변수들에 대해서는 콤마[comma]를 사용하여 구분한다.**
	- [문자형]: char x, y;	- 변수 x와 y를 문자형으로 선언함으로서 x와 y에 저장되는 데이터는 문자여야 한다.

3. 표준 입력[Input]/출력[Output] 함수

입력이란 프로그램에 데이터를 공급하는 것을 의미하며, 출력이란 컴퓨터 외부장치인 모니터 또는 프린터를 통해 데이터를 표시한다는 것을 의미한다고 볼 수 있다. 이때 데이터 입력은 표준 입력 장치인 키보드[keyboard]를 사용하게 되며, 표준 출력 장치로는 모니터[monitor]가 될 것이다. C언어에서 표준 입출력 함수는 헤더 파일인 stdio.h에 정의되어 있기 때문에 원시 소스 코드의 제일 윗줄에 #include〈stdio.h〉를 선언해야 한다.

다음은 표준 입력과 출력함수에서 사용되고 있는 입/출력 형식 지정문자열에 대해서 나타내고 있다.

기본 자료형	자료형	입/출력 형식 지정 문자열	의 미	
정수[Integer]	int	%d	입력	10진수 정수를 입력 받는다.
			출력	10진수 정수를 출력힌다.
실수[Floating Point]	float	%f	입력	소수점이 있는 실수로 입력 받는다. [4byte공간 사용]
			출력	소수점이 있는 실수로 출력한다.
	double	%lf	입력	소수점이 있는 실수로 입력 받는다. [8byte공간 사용]
			출력	소수점이 있는 실수로 출력한다.
문자[Character]	char	%c	입력	한 개의 문자를 입력 받는다.
			출력	한 개의 문자로 출력한다.
문자열[String]	char	%s	입력	문자열을 입력 받는다.
			출력	문자열로 출력한다.

3-1. 표준 출력 함수

printf함수는 출력장치인 모니터를 이용하여 정수, 실수, 문자, 문자열의 데이터 값을 해당 데이터 형식에 맞추어 출력하는 함수를 의미한다. printf의 맨 마지막 문자인 f는 format의 선두 문자이다. printf함수의 문법과 출력 형식지정 문자열을 정리하면 다음과 같이 크게 2가지의 문법 형식으로 나누어 생각할 수 있다.

❑ 출력 문법의 형식1

문 법	
형식 1	printf("출력 문자열");

printf함수 내의 큰 따옴표[quotation marks]의 기호인 (" ") 사이에 기입된 내용 중에 출력 형식 지정 문자열이 없는 경우는 아래의 예제와 같이 단순히 출력 문자열의 내용이 화면에 표시되게 된다.

📖 예 제

원시 소스코드	흐름도
`printf("Power C \n");`	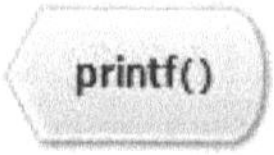
설 명	**설 명**
- printf함수는 소괄호 안의 큰 따옴표로 묶여있는 내용인 Power C가 화면에 출력된다. - \n은 개행 문자를 의미하며, 화면에는 출력되지 않는다.	- printf함수의 내용을 **화면에 출력**하는 경우에 있어서 흐름도의 기호는 (기호)를 이용하게 된다.
출 력	

❑ 출력 문법의 형식2

문 법	
형식 2	printf("출력 형식지정 문자열", 인자 리스트);

printf함수 내의 큰 따옴표의 기호인 (" ") 사이에 출력 형식지정 문자열이 있는 경우는 출력

형식지정 문자열이 인자에 저장된 값을 받아 출력하는 형태이며, 자료형에 따라서 출력 형식 지정 문자열은 다르게 표현된다. 다음의 예제들을 통해 각각의 자료형에 따른 출력 형식지정 문자열들의 사용 방법에 대해서 살펴보도록 하자.

📖 정수형의 출력 예제

원시 소스코드

```
1: /* 자료형이 정수형으로 선언 */
2: #include <stdio.h>
3:
4: main( )
5: {
6:   int num1;     // 변수 num1,num2,num3를
7:   int num2;      // 자료형이 정수형인
8:   int num3;      // int로 선언했다.
9:
10:  num1=30;       // 변수 값 30을 저장
11:  num2=70;       // 변수 값 70을 저장
12:
13:  num3=num1+num2; // num1과 num2의 총합의
14:                  // 값을 num3에 저장
15:
16:  printf("%d+%d=%d \n", num1, num2, num3);
17: }
```

흐름도

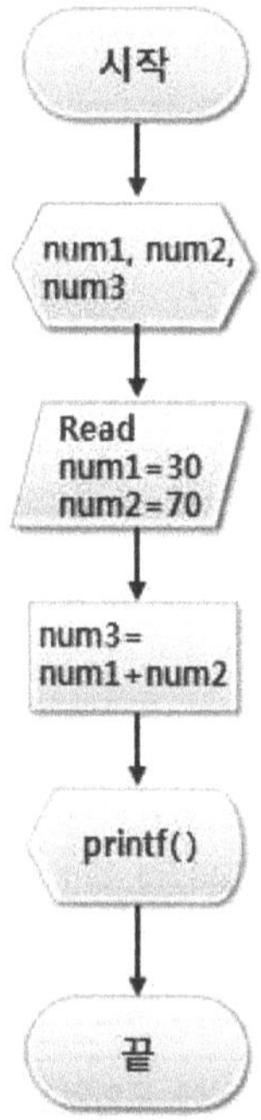

설 명

- 6행~8행까지 선언된 변수 num1, num2, num3은 자료형이 모두 정수형이므로 다음과 같이 한 행으로 정리할 수 있다.

```
int num1, num2, num3;
```

- 16행의 printf문에 포함된 3개의 출력 형식 지정문자열인 %d는 3개의 변수 num1, num2, num3에 저장된 정수 값을 다음과 같이 **순서대로 전달받아 출력**하게 된다.

```
printf("%d+%d=%d \n", num1, num2, num3);
```

출 력

실수형의 출력 예제

원시 소스코드

```
1: /* 자료형이 실수형으로 선언 */
2: #include <stdio.h>
3:
4: main( )
5: {
6:   float num1;     // 변수 num1,num2,num3을
7:   float num2;     // 자료형이 실수형인
8:   float num3;     // float로 선언했다.
9:
10:  num1=3.5;      // 변수 값 3.5를 저장
11:  num2=6.5;      // 변수 값 6.5를 저장
12:
13:  num3=num1+num2; // num1과 num2의 총 합의
14:                  // 값을 num3에 저장
15:
16:  printf("%f+%f=%f \n", num1, num2, num3);
17; }
```

흐름도

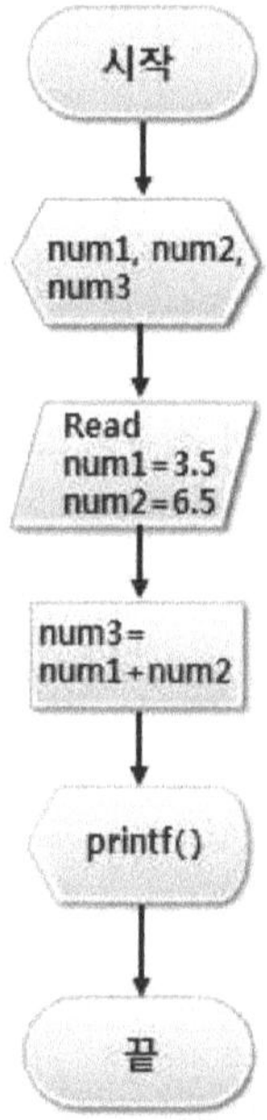

설 명

- 6행~8행까지 선언된 변수 num1, num2, num3은 자료형이 모두 실수형이므로 다음과 같이 한행으로 정리할 수 있다.

```
float num1, num2, num3;
```

- 16행의 printf문에 포함된 3개의 출력 형식 지정문자열인 %f는 3개의 변수 num1, num2, num3에 저장된 실수 값을 다음과 같이 **순서대로 전달받아 출력**하게 된다.

```
printf("%f+%f=%f \n", num1, num2, num3);
```

출 력

📖 문자형의 출력 예제[한 개의 문자 경우]

원시 소스코드

```
1: /* 자료형이 문자형으로 선언 */
2: #include <stdio.h>
3:
4: main( )
5: {
6:   char num1;      // 변수 num1,num2,num3을
7:   char num2;      // 자료형이 문자형인
8:   char num3;      // char로 선언했다.
9:
10:  num1='S';       // 변수 값 S 문자를 저장
11:  num2='u';       // 변수 값 u 문자를 저장
12:  num3='m';       // 변수 값 m 문자를 저장
13:
14:  printf("%c%c%c \n",num1,num2,num3);
15: }
```

흐름도

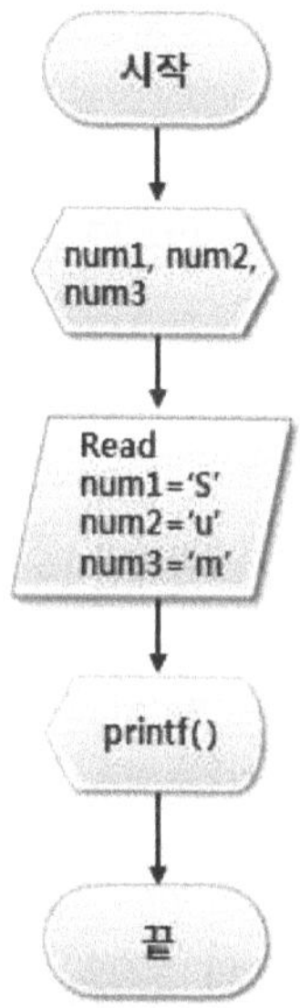

설 명

- 6행~8행까지 선언된 변수 num1, num2, num3은 자료형이 모두 문자형이므로 다음과 같이 한 행으로 정리할 수 있다.

```
char num1, num2, num3;
```

- 10행~12행과 같이 한 문자를 대입하는 경우는 작은 따옴표[Single quotes]의 기호인 (' ') 사이에 문자를 기입한다.
- 14행의 printf문에 포함된 3개의 출력 형식 지정문자열인 %c는 3개의 변수 num1, num2, num3에 저장된 문자를 다음과 같이 **순서대로 전달받아 출력**하게 된다.

```
printf("%c%c%c \n", num1, num2, num3);
```

출 력

문자형의 출력 예제[문자열의 경우]

원시 소스코드

```
1: /* 자료형이 문자형으로 선언 */
2: #include <stdio.h>
3:
4: main( )
5: {
6:   char *num1="Power";          // 포인터 선언
7:   char num2[]="C Language";    // 배열 선언
8:   char num3 ="impossible";     // 잘못된 선언
9:
10:  printf("%s %s\n",num1,num2);
11: }
```

흐름도

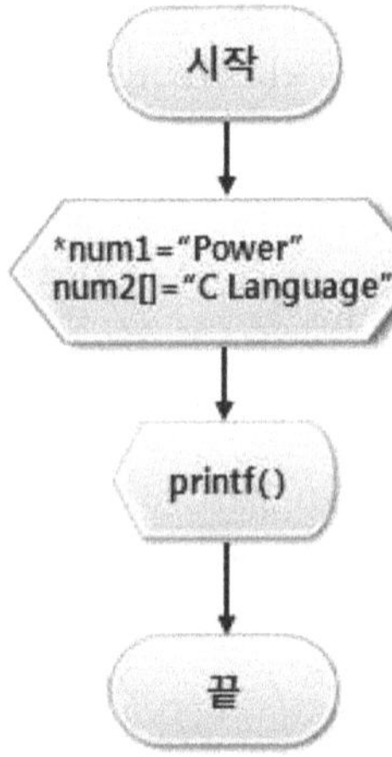

설 명

- 6행~8행과 같이 문자열 데이터를 지정할 때는 큰 따옴표double quotes의 기호인 (" ") 사이에 문자열을 기입한다.
- 문자열의 데이터를 사용할 때는 6행, 7행과 같이 변수를 **포인터** 또는 **배열**을 사용한다. 포인터와 배열에 대해서는 나중에 자세히 살펴보도록 하겠다.
- 8행과 같은 경우는 **잘못된 선언**이다.
- 10행의 printf문에 포함된 2개의 출력 형식 지정 문자열인 %s는 2개의 변수 num1, num2에 저장된 문자를 다음과 같이 **순서대로 전달받아 출력**하게 된다.

  printf("%s %s \n", num1, num2);

출 력

3-2. 표준 입력 함수

표준 입력함수인 scanf는 키보드keyboard를 통해서 정수, 실수, 문자, 문자열의 데이터 값을 해당 데이터 형식에 맞추어 입력받는 함수를 의미한다. printf와 마찬가지로 맨 마지막 문자인 f는 format의 선두 문자이다. 이처럼 키보드를 통해서 데이터를 입력받는 경우에 있어서 흐름도 상에서의 기호는 를 사용하게 된다. scanf함수의 지정 형식은 다음과 같다.

입력 문법의 형식

문 법	
형 식	`scanf("입력 형식지정 문자열", &인자 리스트);`

scanf함수를 이용하여 각각의 데이터들을 키보드로부터 입력받는 경우는 인자 리스트 앞에 엠퍼센트[ampersand] 기호인 & 를 붙여 입력 데이터를 저장하게 된다. 이때 엠퍼센트 기호는 인자들의 주소[address]를 의미한다. 인자의 주소 개념에 대해서는 나중에 학습하도록 할 것이며, 지금부터 입력 데이터의 종류 별로 분류하여 scanf함수를 이용하는 방법과 그 예에 대해서 살펴보도록 하자.

기본 자료형	자료형 이름	입력 형식	변수 선언	키보드를 통한 데이터 입력의 사용 예	
정수	int	%d	int a;	scanf("%d", &a);	변수 a의 **주소**를 **이용**하여 변수 a에 **정수** 값을 입력받는다.
실수	float	%f	float a;	scanf("%f", &a);	변수 a의 **주소**를 **이용**하여 변수 a에 **실수** 값을 입력받는다.
	double	%lf	double a;	scanf("%lf", &a);	변수 a의 **주소**를 **이용**하여 변수 a에 **실수** 값을 입력받는다.
문자	char	%c	char a;	scanf("%c", &a);	변수 a의 **주소**를 **이용**하여 변수 a에 **한 개의 문자**를 입력받는다.
문자열	char	%s	char a[];	scanf("%s", a);	**문자열**도 마찬가지로 **주소**를 **이용**하여 문자열 데이터를 입력받는다. 이때 scanf 내의 a는 변수 이름의 의미가 아니라 **선두/대표 어드레스(주소)**를 뜻한다.

정수형의 입력 예제

원시 소스코드

```
1: /* 자료형이 정수형으로 선언 */
2: #include <stdio.h>
3:
4: main( )
5: {
6:   int num1;    // 변수 num1,num2,num3를
7:   int num2;    // 자료형이 정수형인
8:   int num3;    // int로 선언했다.
9:
10:  scanf("%d",&num1); // 키보드를 통해서
11:  scanf("%d",&num2); // 정수 값을 입력
12:
13:  num3=num1+num2; // num1과 num2의 총 합의
14:                  // 값을 num3에 저장
15:
16:  printf("%d+%d=%d \n", num1, num2, num3);
17; }
```

흐름도

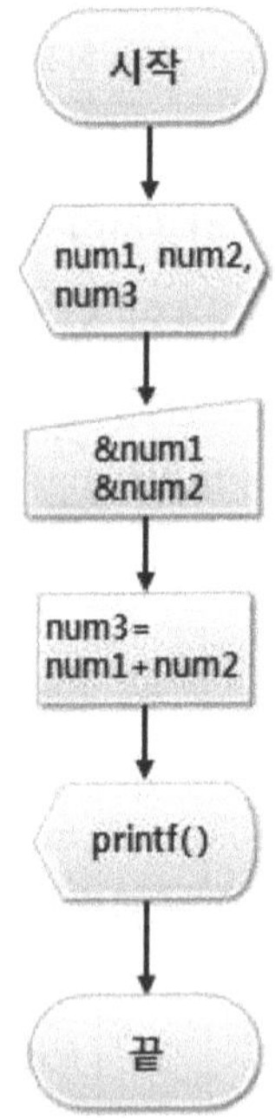

설 명

- 6행~8행까지 선언된 변수 num1, num2, num3은 자료형이 모두 정수형(int)으로 선언되어 있다.
- 10행과 11행의 scanf함수는 위에서 **선언된 변수의 자료형에 따라서 입력받는 지정 문자열이 다르다.**
  본 예제의 경우는 변수의 자료형이 모두 정수형인 int로 선언되어 있기 때문에 키보드를 통해 입력받는 데이터의 **입력 지정 문자열은 %d**가 되며, 이에 대응되는 변수의 이름 앞에는 주소 연산자인 **엠퍼센트 기호 &**를 붙인다.

  scanf("%d ", &num1);

- 10행과 11행의 2개의 scanf함수를 다음과 같이 하나로 표현 가능하다. [여기서 ␣는 공백을 의미한다.]

```
      scanf("%d␣%d",&num1,&num2);
또는  scanf("%d, %d",&num1,&num2);
```

출 력

- 10행과 11행의 scanf함수 문을 처리하기 위하여 커서[cursor]가 화면상에서 깜빡거리고 있다.
  이때 프로그래머는 **입력받는 지정문자열에** 해당되는 데이터를 입력하고 엔터키를 눌러주게 되면 그 결과를 출력하여 확인할 수 있다.

실수형의 입력 예제

원시 소스코드

```
1: /* 자료형이 실수형으로 선언 */
2: #include <stdio.h>
3:
4: main( )
5: {
6:   float num1;    // 변수 num1,num2,num3을
7:   float num2;    // 자료형이 실수형인
8:   float num3;    // float로 선언했다.
9:
10:  scanf("%f",&num1); // 키보드를 통해서
11:  scanf("%f",&num2); // 실수 값을 입력
12:
13:  num3=num1+num2; // num1과 num2의 총 합의
14:                  // 값을 num3에 저장
15:
16:  printf("%f+%f=%f \n", num1, num2, num3);
17; }
```

흐름도

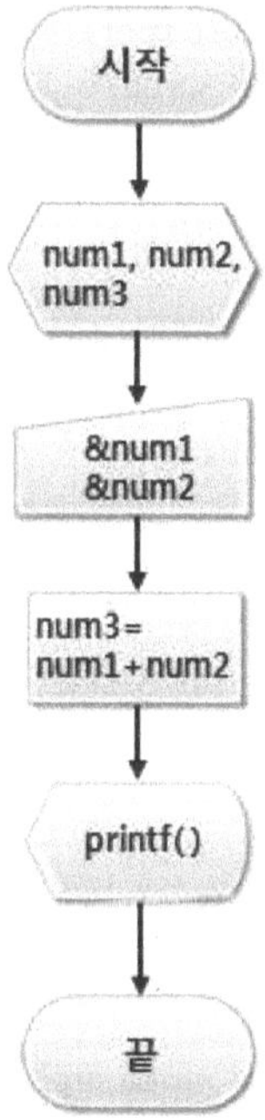

설 명

- 6행~8행까지 선언된 변수 num1, num2, num3은 자료형이 모두 실수형(float)으로 선언되어 있다.
- 10행과 11행의 scanf함수는 위에서 **선언된 변수의 자료형에 따라서 입력받는 지정 문자열이 다르다.**
  본 예제의 경우는 변수의 자료형이 모두 실수형인 float로 선언되어 있기 때문에 키보드를 통해 입력받는 데이터의 **입력 지정 문자열은** %f가 되며, 이에 대응되는 변수의 이름 앞에는 주소 연산자인 **엠퍼센트 기호 &**를 붙인다.
  scanf("%f ", &num1);
- 10행과 11행의 2개의 scanf함수를 다음과 같이 하나로 표현 가능하다.

```
     scanf("%f␣%f",&num1,&num2);
또는 scanf("%f, %f",&num1,&num2);
```

출 력

- 10행과 11행의 scanf함수 문을 처리하기 위하여 커서[cursor]가 화면상에서 깜빡거리고 있다. 이때 프로그래머는 **입력받는 지정문자열에** 해당되는 데이터를 입력하고 엔터키를 눌러주게 되면 그 결과를 출력하여 확인할 수 있다.

📖 문자형의 입력 예제[한 개의 문자 경우

원시 소스코드

```
1: /* 자료형이 문자형으로 선언 */
2: #include <stdio.h>
3:
4: main( )
5: {
6:   char num1;     // 변수 num1,num2,num3을
7:   char num2;     // 자료형이 문자형인
8:   char num3;     // char로 선언했다.
9:
10:  scanf("%c %c %c",&num1,&num2,&num3);
11:
12:  printf("%c%c%c \n",num1,num2,num3);
13: }
```

흐름도

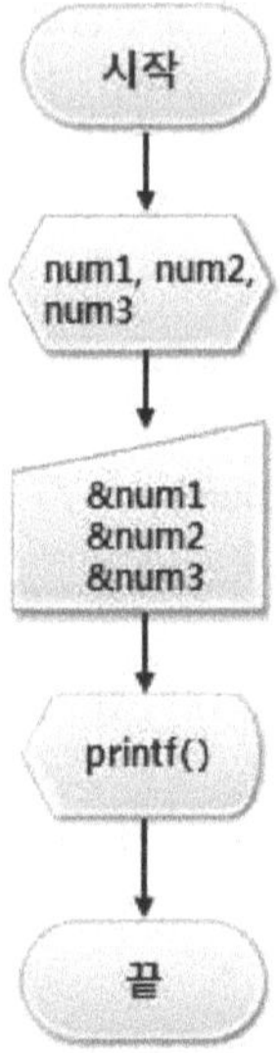

설 명

- 6행~8행까지 선언된 변수 num1, num2, num3은 자료형이 모두 문자형(char)으로 선언되어 있다.
- 10행에서는 다음과 같이 3개의 문자를 입력 받기위하여 기술했던 3개의 행을 한 개의 행으로 나타내고 있다.

```
scanf("%c",&num1);
scanf("%c",&num2);
scanf("%c",&num3);
```

↓

```
scanf("%c␣%c␣%c",&num1,&num2,&num3);
```

여기서 ␣는 공백이 포함되었다는 것을 의미한다.

출 력

- 10행에 기술된 입력 방식의 경우 키보드를 통한 문자 입력 방식의 다른 하나는 다음과 같다.

문자열 입력 예제[문자열의 경우]

원시 소스코드

```
1: /* 자료형이 문자형으로 선언 */
2: #include <stdio.h>
3:
4: main( )
5: {
6:   char num1[15];          // 배열로 선언
7:
8:   scanf("%s",num1);       // 키보드를 통한
9:                           // 문자열을 입력
10:  printf("%s\n",num1);
11: }
```

흐름도

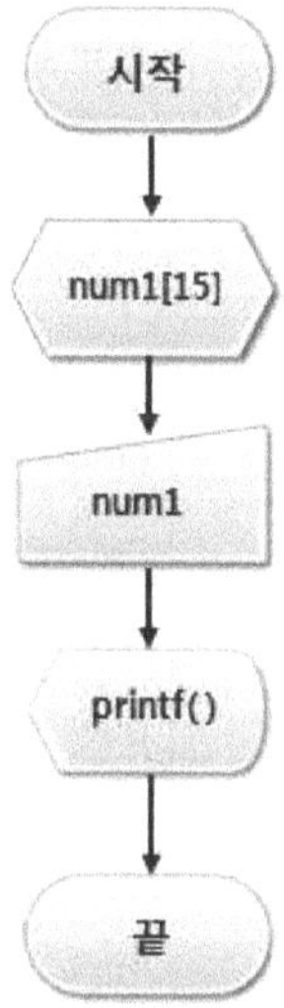

설 명

- 6행에서 문자열은 문자들로 조합되어 변수 num1에 **연속적으로 저장되기 때문에 변수에 첨자**[subscript]를 사용한 num1[15]와 같은 배열[array]의 형태로 변수 선언을 하게 된다.
- 8행에서 볼 수 있듯이 **문자열인 경우**는 scanf함수 내에 %s**를 사용**하며, 그에 대응하는 scanf 내의 num1은 변수 이름의 의미가 아니라 **선두/대표 어드레스 (주소)**를 뜻한다. 나중에 배열 및 포인터를 학습할 때 자세히 살펴보기로 할 것이며 여기에서는 간단하게 축약하여 설명하도록 하겠다.

출 력

배열 주소 예를 들어 a[4];를 그림으로 나타내면 다음과 같다.

배열 원소	a[0]	a[1]	a[2]	a[3]
데이터	data1	data2	data3	data4
주 소	&a[0]	&a[1]	&a[2]	&a[3]
	a	a+1	a+2	a+3

배열의 이름인 a는 배열의 첫 번째 원소가 있는 주소 &a[0]을 가리킨다. 즉, 배열의 이름인 a와 첫 번째 주소인 a[0]은 동일한 데이터인 **data1**의 값을 취한다. 여기서 변수 a[0]의 첫 번째 주소인 &a[0]을 **선두/대표 어드레스**라고 한다.

3-3. 그 밖의 입 · 출력 함수

앞에서도 살펴보았듯이 표준 입·출력 헤더파일은 stdio.h이며, 다양한 자료형을 입력하는 scanf함수, 다양한 자료형을 출력하는 printf함수 이외에도 표준 입·출력 헤더파일을 선언하지 않으면 사용할 수 없는 또 다른 표준 입·출력 함수에 대해서 간단히 살펴보도록 하자.

기능 분류	표준 입 · 출력 함수	형 식
한 문자 입력	getchar	변수=getchar();
한 문자 출력	putchar	putchar(변수);
문자열 입력	gets	gets(변수);
문자열 출력	puts	puts(변수);

getchar함수 예제

```
/* 한 문자 입력을 위한 getchar() */
#include <stdio.h>

main( )
{
     int a;                  // int a; 대신에 char a;로 선언해도 된다.

     printf("한 문자를 입력하세요:\n");
     a=getchar();            // 키보드를 통해 입력된 한 개의 문자는
                          // 변수 a에 저장된다.
     printf("%c\n", a);   // 변수 a에 저장된 문자를 모니터에 출력된다.
    }
```

흐름도

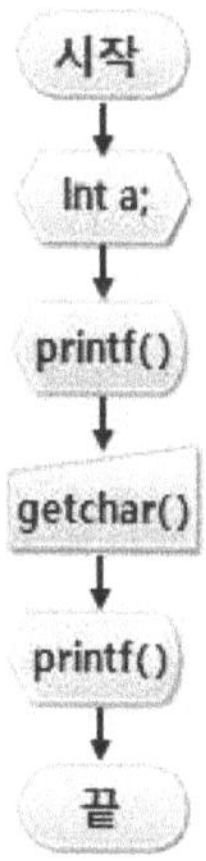

출 력

putchar함수 예제

```
/* 한 문자 출력을 위한 putchar() */
#include <stdio.h>

main( )
{
     char a;          // 변수 a에 한 문자를 입력 할 것이므로
                      // 자료형은 char로 지정.
     printf("한 문자를 입력하세요:\n");
     a=getchar();        // 키보드를 통해 한 개의 문자 입력.
    putchar(a);        // 변수 a를 호출하여 저장된 입력 값을 모니터에 출력.
     printf("\n");  // 한 줄 개행시킴.
    }
```

흐름도

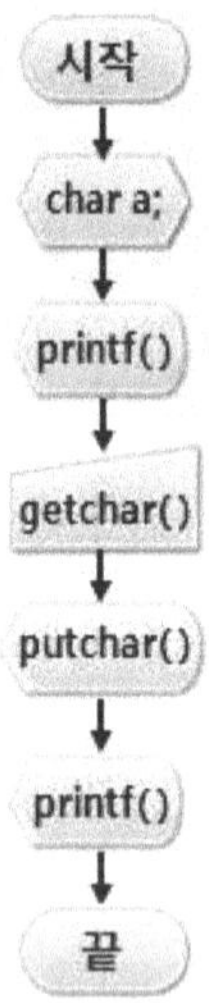

출 력

gets함수 예제

```c
/* 문자열 입력을 위한 gets() */
#include <stdio.h>

main( )
{
     char a[15];          // 변수 a에 문자열을 입력할 것이므로 자료형은 char로
                          // 지정하고 변수 a는 배열로 선언한다.
     printf("문자열을 입력하세요:\n");
     gets(a);             // 키보드를 통해 문자열을 입력한다.

     printf("%s\n",a);  //문자열을 출력하므로 출력 지정문자열은 %s로 지정.
   }
```

흐름도

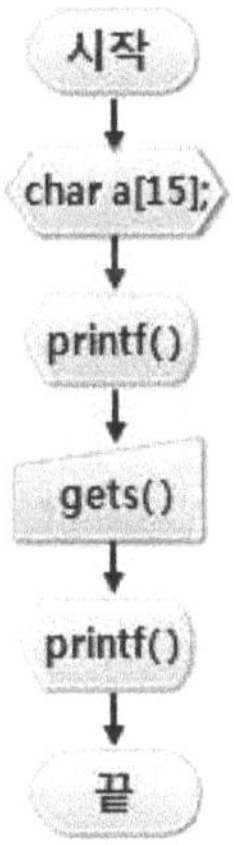

출 력

puts함수 예제

```
/* 문자열 입력을 위한 gets() */
#include <stdio.h>

main( )
{
     char a[15];          // 변수 a에 문자열을 입력할 것이므로 자료형은 char로
                          // 지정하고 변수 a는 배열로 선언한다.
     printf("문자열을 입력하세요:\n");
     gets(a);             // 키보드를 통해 문자열을 입력한다.
     puts(a);             // 변수 a에 입력된 문자열을 모니터에 출력함과
                          // 동시에 자동으로 한 줄 개행시킨다.
    }
```

흐름도	출 력
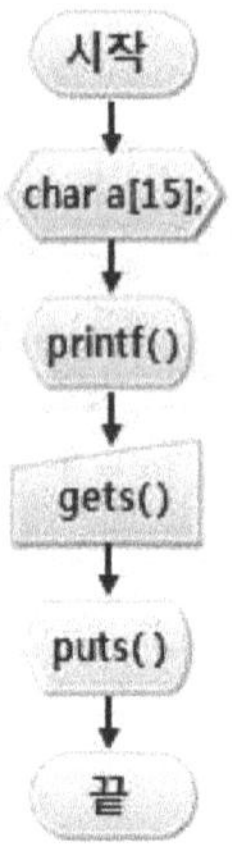	

LECTURE 04

연.습.문.제

1. 본인의 이름과 생년월일을 printf를 이용하여 출력하여라.

2. scanf를 이용하여 한 개의 정수 값을 키보드로부터 입력 받아 화면에 출력하는 프로그램을 작성하여라.

3. getchar를 이용하여 한 개의 문자를 키보드로부터 입력받아 화면에 출력하는 프로그램을 작성하여라.

4. gets를 이용하여 문자열을 키보드로부터 입력받아 화면에 출력하는 프로그램을 작성하여라.

5. scanf를 이용하여 문자 'K', 'O', 'R', 'E', 'A'를 입력받아 출력하는 프로그램을 작성하여라.

LECTURE 04

실.습.문.제

1. 사용자의 학번, 이름, 전화번호를 화면에 출력하는 프로그램을 작성해보자.
(단, 학번, 이름, 전화번호의 데이터 타입을 고려해서 작성)

2. 물건의 가격을 입력하여, 물건 한 개의 가격을 출력하는 프로그램을 작성하시오.
(단, 물건 가격은 정수형이다.)

3. 사용자에게 나이를 물어보고 이것을 다시 화면에 출력하는 프로그램을 작성하시오.

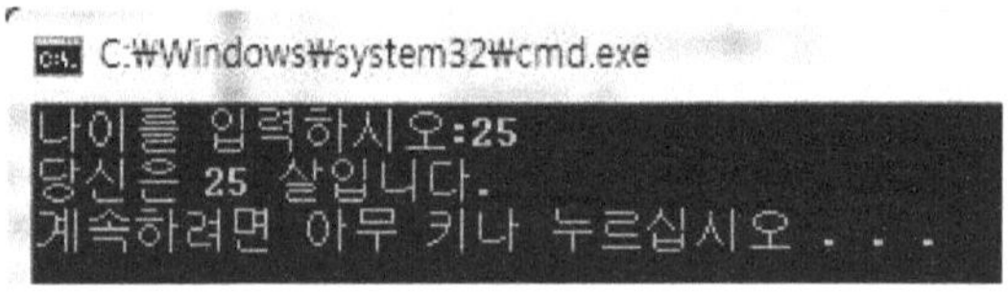

4. 국어, 영어, 수학 점수를 사용자로부터 입력받아 세 과목의 총점과 평균을 출력하는 프로그램을 작성하시오.
〈결과 화면〉

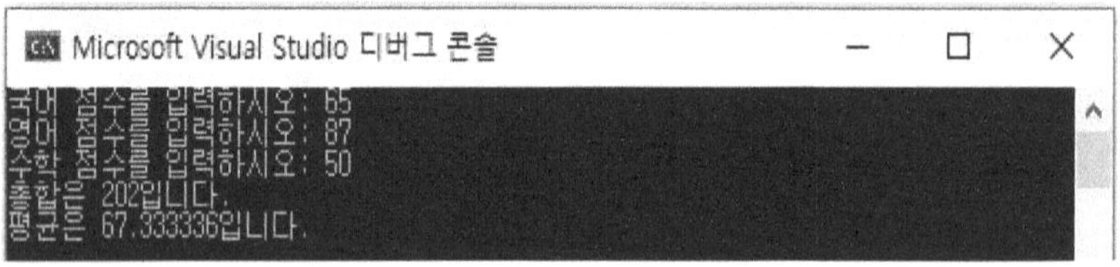

5. 윗변, 아랫변, 높이를 입력받아, 사다리꼴의 넓이를 구하는 프로그램을 작성하시오. 넓이는 소수점 둘째자리까지 출력하시오.(Hint: 사다리꼴의 넓이를 소수점 둘째자리까지 출력하는 방법은 %.2lf로 선언한다.)

LECTURE

05

데이터형

Data Types

C 프로그래밍 언어의 골격을 구성하기 위한 기본 구조와 문법에 대해서 살펴보았으나 아직까지는 충분히 이해되지 않았으리라는 생각이 든다. 그러나 앞에서 학습한 내용 중에 표준 입력/출력에 관한 기본 문법은 사용 빈도가 높기 때문에 반드시 사용 방법에 대해서 익숙해질 필요가 있다. 본 장에서는 먼저 앞 장에서도 설명하였으나 다시 한 번 함수의 몸체에 대해 간략하게 설명하고 나서 변수, 상수, 그리고 기본 자료형에 대해서 살펴보도록 한다.

1. 함수 몸체의 기본 구조

지금까지 C언어의 기본 구조를 중심으로 대략적인 설명을 하였다면, 본 장부터는 함수의 실행부인 몸체를 구성하는 개념들에 대해서 살펴보기로 하겠다. 다음은 C언어 기본 구조 내의 몸체를 각 단계 별로 세분화시켜 나타내고 있다.

C언어의 기본 구조	설 명

#include <stdio.h>
main( )
{   // 함수의 시작.
   STEP 1: 변수들의 선언.
 	
   STEP 2: 변수에 데이터 대입.
 	
   STEP 3: 수식 연산 및 제어문.
 	
   STEP 4: 데이터의 출력.
}   // 함수의 끝.
	STEP 1: 변수 또는 초기 값들을 선언한다.
	[예] int a; 또는 int a=100;

	STEP 2: 변수에 데이터를 대입한다. [예] C=10; 또는 scanf("%d", &C);
	STEP 3: 제어문 및 연산 처리를 행한다. [예] D=A+B; 및 if, for등의 제어문 사용.
	STEP 4: 최종 결과를 모니터에 출력한다. [예] printf("%d", F);

앞에서 보았듯이 C언어의 기본구조인 몸체는 전반적으로 각각의 STEP에 의해서 구성되어

져 있다고 볼 수 있다. 따라서 본 장에서는 각 STEP에 대해서 학습해 보도록 하겠다.

2. 변수Variables

변수란 주어진 문제의 필요에 의해서 주기억 장치main memory unit인 램Random Access Memory에 해당 데이터를 저장하는 공간을 뜻하며, 그 저장 공간의 변수들은 제각기 프로그래머에 의해서 임의적으로 생성한 이름을 가지게 된다. 변수에 저장된 데이터는 또 다른 데이터로 바꿀 수 있다. 다음은 함수 몸체의 구성 중 STEP 1 단계인 변수 선언에 대해서 설명하고 있다.

변수의 선언[함수 몸체 내의 STEP 1단계 구성]

4장에서 미리 살펴보았듯이 변수를 선언한다는 것은 데이터의 저장 공간을 확보한다는 것으로 C언어의 기본구조인 함수의 몸체 내에서 제일 먼저 선언되어 사용된다. 따라서 변수선언 시에 사용 빈도가 높은 기본 자료형의 개념과 변수의 선언 형식을 아래에 나타낸다.

<table>
<tr><th>기본 자료형</th><th>자료형 이름</th><th>설 명</th></tr>
<tr><td>정수Integer</td><td>int</td><td>메모리에 할당되는 데이터는 10진수 정수형을 의미한다.
[4byte크기의 저장 공간사용]</td></tr>
<tr><td rowspan="2">실수Floating Point</td><td>float</td><td>메모리에 할당되는 데이터는 소수점의 실수형을 의미한다. [4byte크기의 저장 공간사용]</td></tr>
<tr><td>double</td><td>메모리에 할당되는 데이터는 소수점의 실수형을 의미한다. [8byte크기의 저장 공간사용]</td></tr>
<tr><td>문자Character</td><td>char</td><td>메모리에 할당되는 데이터는 문자형을 의미한다.
[1byte크기의 저장 공간사용]</td></tr>
<tr><td>문자열String</td><td colspan="2">C언어는 문자열 자료형이 따로 없다. 그러나 char의 자료형을 이용하여 배열 및 포인터로 문자열을 표현할 수 있다. 이때 문자열을 표현하기 위하여 아래 예와 같이 큰따옴표인 (" ") 을 사용한다.

[예시]
char MunJang[ ]="Munjayeol"; // 배열의 예
char *MunJang="Munjayeol"; // 포인터의 예</td></tr>
</table>

변수의 선언 형식			
자료형 ␣ 변수 이름; 자료형 ␣ 변수 이름1,변수 이름2,•••;			- 자료형의 종류에는 int, float, char, long, double 등이 있다. - 변수를 선언할 때는 **자료형과 변수 이름이 필요**하다. - 변수의 선언이 끝나는 **맨 뒤에 세미콜론(;)**을 반드시 기입한다. - 동일한 자료형에 여러 개 변수 이름이 기입되는 경우는 **변수의 이름과 이름 사이에 반드시 콤마(,)**를 사용하여 변수 이름을 구분한다. - 변수의 이름은 **가급적 그 역할에 맞는 의미가 있는 이름을 사용**하는 것이 바람직하다. - 변수 이름은 임의적으로 생성이 가능하나, 다음과 같이 **몇 가지 규칙**이 따른다. ❶ 알파벳의 대문자와 소문자를 구별한다. ❷ 키워드는 변수 이름으로 사용불가하다. ❸ 기호는 언더바(_)만 사용 가능하다. ❹ 변수 이름은 숫자로 시작할 수 없다. ❺ 변수 이름은 공백을 사용할 수 없다.
자료형 종류에 따른 변수 선언[STEP 1단계]			
정 수	short, int, long, char	int age;	
실 수	float, double, long double	float Total_1;	
문 자	char	char Mun_ja;	
문자열	char	char name;	

변수의 초기화[함수 몸체 내의 STEP 2단계 구성]

함수 내의 STEP 1단계 구성인 변수의 선언이 끝나면 그 다음 STEP 2단계를 통해서 선언된 변수에 데이터를 초기 값으로 대입하든지 아니면 미리 변수를 초기화하여 사용하여야 한다. 또 한 가지의 방법으로 앞 장에서 학습한 scanf함수를 이용하여 선언된 변수에 데이터 값을 대입할 수도 있다. 이와 같이 선언된 변수에 데이터 값을 대입하는 방법을 3가지의 유형으로 분류하여 살펴보도록 하자.

❑ 제1유형: 초기 값을 대입하는 형태

예 시	설 명

`int number;        // STEP 1단계`
`number=350;        // STEP 2단계`
	- STEP 1단계로 변수 선언부이다. 이때 **변수 number는 쓰레기[불필요한] 값**을 갖게 된다. [아래 원시 소스코드 참조]
	- 따라서 STEP 2단계에서는 STEP 1에서 선언된 변수 number에 필요에 의한 데이터 값인 350을 대입하고 있다.

변수에 초기 값 대입 형태의 예제

초기값의 대입이 없는 경우

```
1:  #include <stdio.h>
2:
3:  main()
4:  {
5:    int value;    // STEP 1: 변수선언
6:
7:    printf("%d\n", value);
8:
9:  }
```

출력 결과 및 설명

- 5행은 STEP 1단계로 자료형이 int인 변수 value를 선언하고 있다. 이때 변수인value에는 **쓰레기 값이 저장**된다.
- 그러나 STEP 2단계에 의한 데이터 값을 할당하는 초기화를 하지 않고 있다.
- 따라서 7행에서 출력은 -858993460이라는 **쓰레기 값**이 출력하게 된다.

흐름도

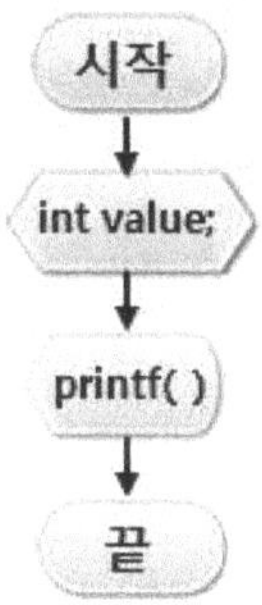

초기값의 대입이 있는 경우

```
1:  #include <stdio.h>
2:
3:  main()
4:  {
5:    int value;    // STEP 1: 변수선언
6:
7:    value=500;    // STEP 2: 값의 대입
8:
9:    printf("%d\n", value);
10:
11: }
```

출력 결과 및 설명

- 5행은 STEP 1단계로 자료형이 int인 변수 value를 선언하고 있다. 이때 변수인 value에는 쓰레기 값이 저장된다.
- 7행에서 value에 저장된 쓰레기 값은 500의 정수 값으로 바뀐다.
- 9행에서 value에 대입된 값 500을 출력하게 된다.

흐름도

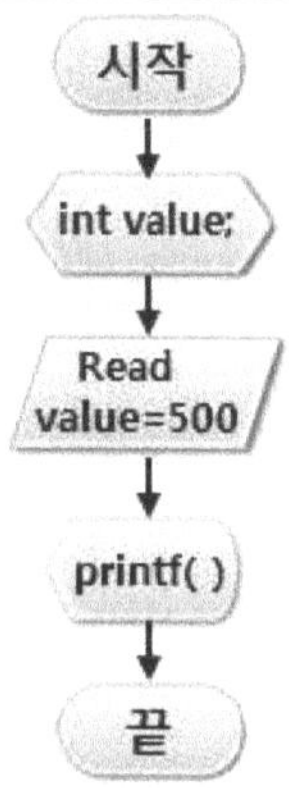

❑ 제2유형: 변수의 초기화 형태

예 시	설 명

// STEP 1단계
int number;
 	
// STEP 2단계
number=350;
 	
⇒ int number=350;
변수의 초기화
	- STEP 1단계와 STEP 2단계를 한 행에 하나로 합쳐놓은 형태를 **변수의 초기화**라고 하며 왼쪽의 예시의 경우는 자료형이 int인 number 변수에 350의 값을 대입하겠다는 의미로 해석할 수 있다.
	- 이와 같이 변수의 초기화로 선언하는 경우에 있어서는 변수의 선언과 동시에 데이터 값이 대입되기 때문에 number 변수에는 **쓰레기 값이 채워지지 않는다.**

🕮 변수의 초기화 예제

변수의 초기화 형태

```
1:  #include <stdio.h>
2:
3:  main()
4:  {
5:    int value=500;    // 변수의 초기화
6:
7:    printf("%d\n", value);
8:
9:  }
```

흐름도

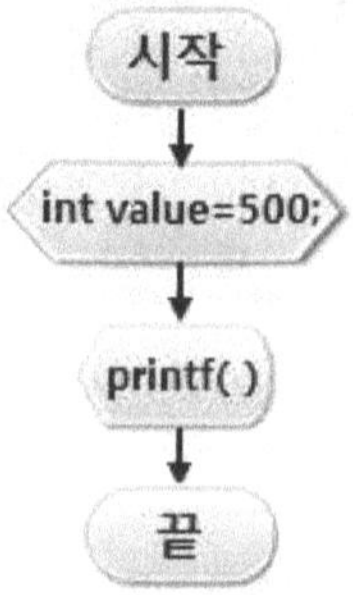

설 명

- 5행은 함수의 몸체를 구성하는 STEP 1단계인 변수의 선언과 STEP 2의 변수에 데이터 값을 대입하는 2개의 STEP을 하나로 묶어 한 행에 나타내고 있는 구조를 **변수의 초기화**라고 한다. 이와 같은 경우는 변수의 공간이 할당됨과 동시에 데이터 값이 저장되므로 **쓰레기 값이 채워지지** 않는다.
- 7행에서는 변수 value에 대입된 500의 정수 값을 출력하게 된다.

출력 결과

❑ 제3유형: 키보드에 의한 값 대입 형태

예 시

// STEP 2단계: 데이터 값 대입

scanf("입력형식 지정 문자열", &변수명);

정수	scanf("%d", &변수명);
실수	scanf("%f", &변수명);
	scanf("%lf", &변수명);
문자	scanf("%c", &변수명);

설 명

- 함수 몸체를 구성하는 STEP 1단계에서 선언된 변수에 값을 대입하기 위한 또 하나의 방법이 scanf 함수를 이용하는 것이다.
- sacnf함수는 앞 장에서도 학습한바 있듯이 키보드에 의해서 데이터 값을 입력받아 해당 변수에 그 값을 대입하는 역할을 하게 된다.

📖 키보드에 의한 데이터 값의 대입 예제

키보드에 의한 데이터 입력 형태

```
1:  #include <stdio.h>
2:
3:  main()
4:  {
5:    int value;    // STEP 1단계
6:
7:    // STEP 2단계
8:    scanf("%d", &value);
9:
10:   printf("%d\n", value);
11:
12: }
```

흐름도

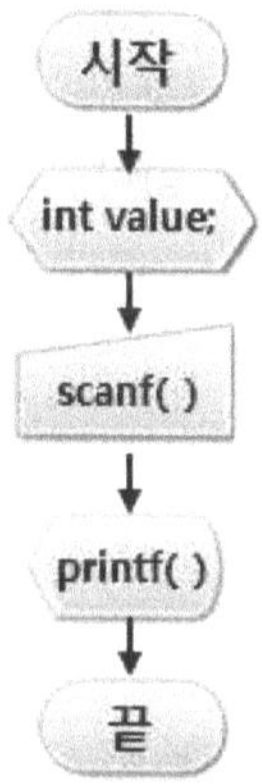

설 명

- 8행에서는 키보드에 의해서 입력된 값을 변수 value에 대입하기 위하여 scanf함수를 사용하고 있다.
- 10행에서는 변수 value에 대입된 정수형 데이터 값을 출력 지정 문자열인 "%d"에 의해서 출력하게 된다.

출력 결과

3. 상수 Constant

상수는 프로그램 실행 중에 데이터 값이 변하지 않는 고정된 값 또는 요소를 의미하며 그 종류로는 매크로 상수, const 상수, 그리고 리터럴 상수로 나누어 살펴볼 수 있다. 때때로 상수란 무엇이냐? 라고 질문하면 "변수에 대입되는 값"이라고 표현하는 경우가 대다수이다. 그렇지만 상수는 값 자체만을 의미하는 것이 아니라 변수를 상수로 일컫는 경우도 있으니 본 절을 통해서 확실하게 이해하길 바란다.

3-1. 매크로 상수

3장 2절에서 설명하였듯이 매크로 상수는 전처리기인 #define문으로 정의되는 상수를 뜻하며 그 형식은 다음과 같다.

❑ 매크로 상수의 형식

#define ⎵ 매크로 이름 ⎵ 값	
매크로 정의 예시	설 명

[상수 값이 정수]
`#define MAX 256`
 	
[상수 값이 실수]
`#define PI 3.14159`
 	
[상수 값이 문자]
`#define MUNJA 'K'`
 	
[상수 값이 문자열]
`#define JANGMUN "Global"`
	- 매크로 이름은 **변수가 아니라 상수**이다.
	- 또한 매크로 이름 뒤에 오는 값들도 상수이다.
	- #define문은 **전처리기에 의해서 처리된다.**
	- #define문은 int, float, char 등의 **자료형을 사용하지 않는다.**
	- 매크로 상수의 형식에 의해 정의된 #define문의 맨 뒤에는 **세미콜론(;)을 붙이지 않는다.**
	- 매크로 이름은 알파벳의 소문자 또는 대문자를 사용할 수 있으나 주로 대문자로 사용하여 매크로 상수임을 강조하기도 한다.

📖 매크로 상수의 정수 예제

원시 소스코드

```
1:  #include <stdio.h>
2:  #define  SIZE_X  100    // 정수 치환
3:  #define  SIZE_Y  200    // 정수 치환
4:
5:  main()                 // main함수
6:  {
7:    int y;           // STEP1단계: 변수 선언
8:
9:    y=SIZE_Y;        // 매크로 상수 값 200을
10:                  // 변수 y에 대입
11:   printf("X축의 크기는 : %d\n", SIZE_X);
12:   printf("Y축의 크기는 : %d\n", y);
13:
14: }
```

실행 결과

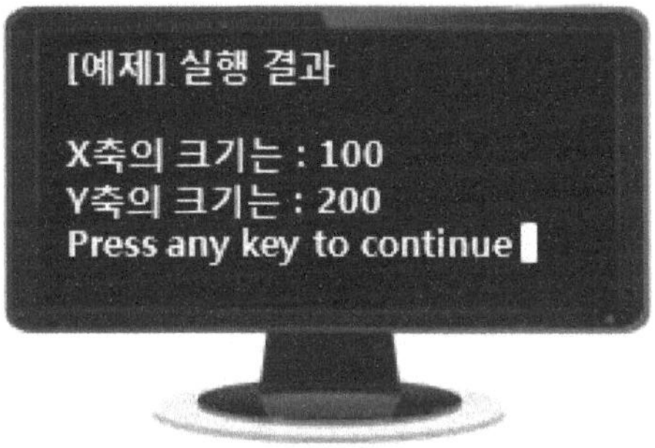

설 명

- 2행과 3행에 SIZE_X와 SIZE_Y라는 이름의 매크로 상수이고 이것은 **각각 100과 200의 상수 값으로 치환한다**는 의미이다.
- 7행은 y라는 변수 이름 앞에 자료형이 int형이 붙어 있으므로 이것은 **변수 y에 정수형 데이터를 보관하겠다**는 뜻이 된다.
- 9행은 **변수 y에 SIZE_Y를 대입한다**는 뜻으로 SIZE_Y는 매크로 상수의 정의에 의하여 상수 값 200으로 치환하고 있으므로 최종적으로 y=200;으로 해석된다.
- 11행의 경우에 있어서 SiZE_X는 매크로 상수에 의해서 치환된 상수 값 100을 모니터 상에 출력하게 된다.
- 12행은 9행에 의해서 변수 y에 대입된 200의 값을 호출하여 모니터에 출력하게 된다.

One Point

매크로 상수에 의해 정의된 SIZE_X와 SIZE_Y의 **매크로 이름은 상수로서 main함수 내에 따로 선언할 필요가 없다**는 것에 주의하도록 하자.

매크로 상수의 실수 예제

원시 소스코드

```
1:  #include <stdio.h>
2:  #define  X  3.5    // 실수 치환
3:  #define  Y  4.7    // 실수 치환
4:
5:  main()                  // main함수
6:  {
7:    double A;        // STEP1단계: 변수 선언
8:
9:    A=X+Y;       // 매크로 상수 X와Y의 총합
10:
11:   printf("X축의 크기는 : %lf\n", X);
12:   printf("X+Y의 총 합은 : %lf\n", A);
13:
14: }
```

실행 결과

설 명

- 2행과 3행에 X와 Y라는 이름의 매크로 상수이고 이것은 **각각 3.5와 4.7의 상수 값으로 치환한다는** 의미이다.
- 7행은 A라는 변수 이름 앞에 자료형이 double형이 붙어 있으므로 이것은 **변수 A에 실수형 데이터를 보관하겠다는** 뜻이 된다.
- 9행은 **매크로 상수인 X와 Y가 치환된 값 3.5와 4.7을 더한 총 합의 값을 변수 A에 대입한다는** 뜻이다.
- 11행은 매크로 상수 X가 치환된 3.5의 값을 호출하여 모니터에 출력하게 된다.
- 12행은 변수 A에 대입된 값을 호출하여 그 값을 모니터에 출력한다.

One Point

1999년 이전에는 변수의 자료형이 float 또는 double로 선언되어 있는 경우에 출력지정 문자는 "%f"만을 사용하였으나, C99규범이 출간되면서 출력 지정 문자로 "%lf"가 추가되었다. 일반적으로 자료형이 float으로 선언된 경우의 출력 지정 문자 "%f", double로 선언된 경우의 출력 지정 문자는 "%lf"로 사용한다. 그러나 실수형의 경우에 출력 지정 문자는 "%f"로 사용하여도 문제는 없다.

매크로 상수의 문자 예제

원시 소스코드

```
1:  #include <stdio.h>
2:  #define  MUNJA  'K'    // 한 문자 치환
3:
4:  main()                 // main함수
5:  {
6:
7:    printf("%c-pop star\n", MUNJA);
8:
9:  }
```

실행 결과

설 명

- 2행에 MUNJA의 이름은 매크로 상수이고 이것은 **한 문자 K의 상수 값으로 치환한다는** 의미이다.
- 7행은 **매크로 상수인 MUNJA가 치환된 문자 값** K를 호출하여 모니터에 출력하게 된다.

One Point

자료형이 char로 선언된 경우에 있어서 한 문자의 출력 지정 문자열은 "%c"이며, 매크로 상수 값 또는 변수의 초기 값으로 선언할 경우에 위의 원시 소스코드의 2행과 같이 작은 따옴표[Single quotes]인 (' ')사이에 한 문자를 입력하여 선언하게 된다.

매크로 상수의 문자열 예제

원시 소스코드

```
1:  #include <stdio.h>
2:  #define  MUNJA  "K-pop star"  // 문자열
3:                               // 치환
4:  main()                 // main함수
5:  {
6:
7:    printf("%s\n", MUNJA);
8:
9:  }
```

실행 결과

설 명

- 2행에 MUNJA의 이름은 매크로 상수이고 이것은 K-pop star의 **문자열 상수 값으로 치환한다는** 의미이다.
- 7행은 **매크로 상수인 MUNJA가 치환된 문자 값** K-pop star를 호출하여 모니터에 출력하게 된다.

One Point

문자열의 출력 지정 문자열은 "%s"이며, 매크로 상수 값 또는 변수의 초기 값으로 선언할 경우에 위의 원시 소스코드의 2행과 같이 큰 따옴표[Double quotes]인 (" ")사이에 문자열을 입력하여 선언하게 된다.

3-2. const 변수

const는 변수를 상수로 만드는 역할을 한다. 이때 const와 함께 사용되는 변수의 선언은 명확한 자료형을 지정해야 하며 데이터는 반드시 초기화하여 한 행에 선언하여야 한다. 또한 const에 의해서 지정된 데이터는 변경할 수 없으며 어떤 함수 내에서 const로 선언된 경우는 그 함수 안에서만 사용이 가능하다. 다음은 const 선언 형식을 나타내고 있다.

❑ const형식

const ␣ 자료형 ␣ 변수명 = 초기값;	
올바른 예	잘못된 예
const int value = 50;	const int value; value=50;

다음 예제를 통해서 const형식이 올바르게 선언된 경우와 그렇지 않은 경우를 살펴보도록 하자.

📖 const형식이 올바르게 정의된 예제

원시 소스코드

```
1:  #include <stdio.h>
2:
3:  main()                  // main함수
4:  {
5:    const int value = 100;
6:
7:    printf("%d\n", value);
8:
9:  }
```

실행 결과

설 명

- 5행에서는 const int형의 변수 value를 선언하고 자료형이 int이므로 정수 100의 값으로 초기화하였다. 여기서 **const 변수인 value는 초기화 된 정수 값 100을 바꿀 수 없다.**

📖 const형식이 잘못 정의된 예제

원시 소스코드 1

```
1:  #include <stdio.h>
2:
3:  main()
4:  {
5:    const int value = 100;
6:
7:    value=500;
8:
9:    printf("%d\n", value);
10:
11: }
```

설 명

- 5행은 const int형의 변수 value를 선언하고 초기화가 형식에 올바르게 정의되어있다.
- 그러나 7행에서 const 변수인 value의 데이터 값을 새롭게 변경하고 있기 때문에 컴파일 과정에서 에러가 발생하게 된다.

원시 소스코드 2

```
1:  #include <stdio.h>
2:
3:  main()
4:  {
5:    const int value;
6:
7:    value=500;
8:
9:    printf("%d\n", value);
10:
11: }
```

설 명

- 5행에서 const int형의 변수인 value를 선언할 때 데이터 값을 초기화하지 않았다.
- 7행에서 const int형의 변수인 value에 새로운 데이터 값을 대입하고 있기 때문에 컴파일 과정에서 에러가 발생하게 된다.

3-3. 리터럴[literal]상수

특정 메모리 공간에 값이 할당되어 있지만 그 할당된 메모리 공간에 이름이 없는 상수를 가리켜 리터럴 상수라고 한다. 예를 들면 다음과 같다.

메모리 공간 이름	?
값의 할당	300

위의 예를 통해서 알 수 있듯이 메모리 공간에는 이름이 선언되지 않고 단지 정수 값300이 메모리 공간에 할당되어 있다. 여기서 정수 값 300을 리터럴 상수 또는 단순히 상수라고 한다.

다음의 예제는 자료형이 포함되어 있는 경우이다. 예를 통해서 정리해 보도록 하자.

자료형이 포함되어 있는 경우의 예제

```
1:   /* 자료형이 포함된 경우의 상수 */
2:   #include <stdio.h>
3:
4:   main( )
5:   {
6:        int a=500;            // 정수형 상수
7:        float b=25.4f;        // 실수형 상수
8:        double c=45.7;        // 실수형 상수
9:        char d='A';           // 문자형 상수
10:       char *e="Munjayeol";  // 문자열형 상수
11:          ●●●●●●●●
12:          ●●●●●●●●
13:      }
```

- 위의 원시 소스코드에서 변수는 a, b, c, d, *e의 총 5개이며, 상수도 500, 25.4, 45.7, A, Munjayeol로 총 5개가 된다.
- 7행의 경우에 있어서 실수형 상수에 25.4f로 f를 붙인 이유는 할당되는 메모리 크기를 4바이트[byte]만 가지고도 충분히 표현 가능하다는 의미이다. 이때 주의할 사항은 만일 f를 제외하고 float b=25.4로 정의하게 되면 컴퓨터는 자료형 double의 메모리 크기인 8바이트로 처리하여 메모리 공간이 낭비되는 결과를 가져올 수 있다.
- 8행은 자료형이 double로서 메모리 크기를 8바이트를 이용하여 표현한다는 의미이다.
- 9행과 10행의 문자와 문자열은 나중에 살펴보기로 하겠다.

4. 기본 자료형 Basic data types

앞 절의 변수 및 상수에서 살펴보았듯이 데이터로서 저장되는 값은 여러 종류가 있다. 특히 변수에 대입/저장되는 데이터 값의 종류를 자료형이라고 한다. 자료형은 정수형, 실수형, 그리고 문자형으로 그 유형들을 분류할 수 있으며 각각의 자료형에 맞는 저장 공간의 크기가 정해져 있다. 다음은 각 자료형의 분류에 따른 크기 및 표현 범위를 나타낸다.

분류형태	자료형	크기[byte]	표현 범위
정수	signed short (int)	2	-2^{15}[-32,768] ~ $(2^{15}-1)$[32,767]
	unsigned short (int)	2	0 ~ $(2^{16}-1)$[65,535]
	signed int	4	-2^{31}[-2,147,483,648] ~ $(2^{32}$ 1)[2,147,483,647]
	unsigned int	4	0 ~ $(2^{32}-1)$[4,294,967,295]
	signed long (int)	4	-2^{31}[-2,147,483,648] ~ $(2^{32}-1)$[2,147,483,647]
	unsigned long (int)	4	0 ~ $(2^{32}-1)$[4,294,967,295]
실수	float	4	1.2E-38 ~ 3.4E+38
	double	8	2.3E-308 ~ 1.7E+308
문자	signed char	1	-2^{7}[-128] ~ $(2^{7}-1)$[127]
	unsigned char	1	0 ~ $(2^{8}-1)$[255]

위의 표에서 자료형 앞에 붙은 signed는 생략하여 사용 가능하며 양수와 음수의 보는 값을 나타내는 대신에 양수의 표현 범위는 상대적으로 줄어든다. 예를 들면 signed int sum;은 signed를 생략하고 int sum;으로 선언가능하며 서로 같은 표현이 된다. 반면에 unsigned는 생략이 불가능하며 양수만을 표현하므로 상대적으로 양수의 표현범위가 늘어나게 된다. 예를 들면 unsigned int sum;은 unsigned의 생략이 불가능하기 때문에 int sum;으로 선언이 절대 불가능하다. 만약 unsigned int sum;에서 unsigned를 생략하게 되면 int sum;이 되므로 signed가 생략된 의미로 양수와 음수의 모든 값으로 표현하겠다는 뜻이 된다.

또한 변수에 대입된 수가 너무 커서 해당 자료형의 표현 범위를 초과하게 되는 것을 오버플로[overflow]라고 하며, 그와 반대인 경우를 언더플로[underflow]라고 한다.

정수형 표현

위의 표에서 알 수 있듯이 정수형은 short, int, 그리고 long으로 나누어 사용할 수 있다. 이렇게 3가지 자료형으로 나누어 사용되는 이유는 처리해야 할 데이터 값마다 그 크기에 따른 표현 범위가 다르기 때문이다. 정수 자료형에 따른 유형을 살펴보기 전에 컴퓨터의 운영체제에 따른 32bit/64bit의 경우에 대해서 자료형 크기를 다음과 같이 정리한다.

정수 자료형	32bit 운영체제	64bit 운영체제
short	2byte[16bit]	2byte[16bit]
int	4byte[32bit]	4byte[32bit]
long	4byte[32bit]	8byte[64bit]

❑ short

short는 정수를 표현하기 위한 데이터 형으로 크기는 2byte의 메모리 공간을 할당받는다. short는 unsigned short (int)로 선언되어도 65,535 이상의 정수 표현은 불가능하다. 그렇기 때문에 65,535보다 큰 수를 사용할 경우는 int 또는 long으로 선언하여 사용하여야 한다. 다음은 short선언의 경우에 대한 예를 나타내고 있다.

정수 자료형 short로 선언된 예제

원시 소스코드

```
1:  #include <stdio.h>
2:
3:  main()
4:  {
5:    short int max = 32767;
6:    unsigned short int Jeongsu = -250;
7:
8:    printf("%d\n", max);
9:    printf("%d\n", Jeongsu);
10:
11: }
```

실행 결과

설 명

5행: short int형은 데이터의 표현 범위가 -32,768 ~ 32,767이다. 변수 max에 대입된 값 32,767은 short의 표현 범위를 초과하지 않는다.

6행: unsigned short int형은 데이터의 표현 범위가 0 ~ 65,535이며 음수를 사용할 수 없다. 그러나 Jeongsu에 대입된 값은 -250로 음수이기 때문에 정상적인 데이터로 사용할 수 없다.

8행: 변수 max에 대입된 값 32,767을 출력한다.

9행: 변수 Jeongsu에 대입된 값인 -250은 unsigned short형의 표현 범위가 아니므로 65,286라는 부정확한 값이 출력되게 되는데 이 값을 **쓰레기 값**이라고 표현한다.

signed short는 2byte의 메모리 공간인 -32,768 ~ 32,767 즉, -2^{15} ~ $2^{15}-1$까지를 할당받아 정수를 저장할 수 있는 데이터 형으로서 정수를 이진수로 변환하여 메모리에 저장하게 된다. short형의 메모리 표현은 다음과 같다.

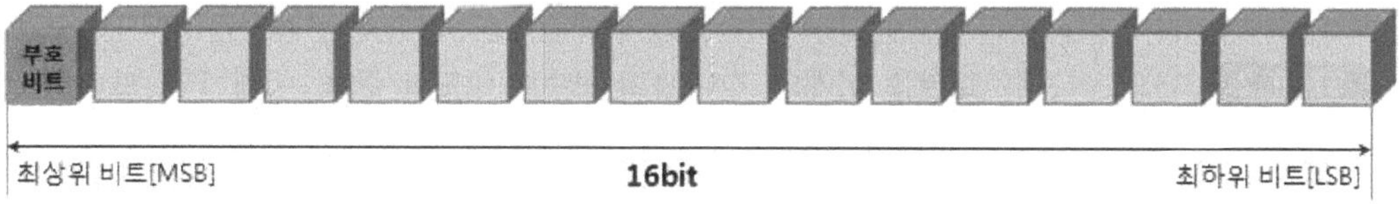

위 그림에서 최상위 비트인 부호 비트는 양수(+)이면 0, 음수(-)이면 1로 저장된다. 이때 이진수의 데이터는 하위[Most Significant Bit] 바이트에서 상위[Least Significant Bit] 바이트로 저장된다. 예를 들어 10진수 35를 이진수로 변환하면 00000000 00100011이 되며 이것을 메모리 표현하면 다음과 같다.

부호 비트가 0이므로 양수 35를 의미하고 있다는 것을 알 수 있다. 만약 -35인 음의 정수라면 부호 비트는 어떻게 바뀌는 지에 대해 살펴보도록 하자. 위에서 학습하였지만 음수인 경우는 부호 비트가 1이 된다는 것을 아마도 짐작하였으리라 생각이 든다.

다음의 3가지 단계에 따라서 음수가 어떻게 메모리 표현이 되는지에 대해 살펴보도록 하자.

STEP 1 데이터 값이 -35와 같이 음의 정수인 경우에 있어서는 앞에서도 살펴보았듯이 먼저 양의 정수 35를 이진수로 변환시킨다.

STEP 2 35의 이진수 표현을 아래와 같이 1의 보수로 바꾸어 준다. 이때 1의 보수로 바꾼다는 개념은 아래와 같이 0을 1로, 1은 0으로 바꾼다는 것을 의미한다.

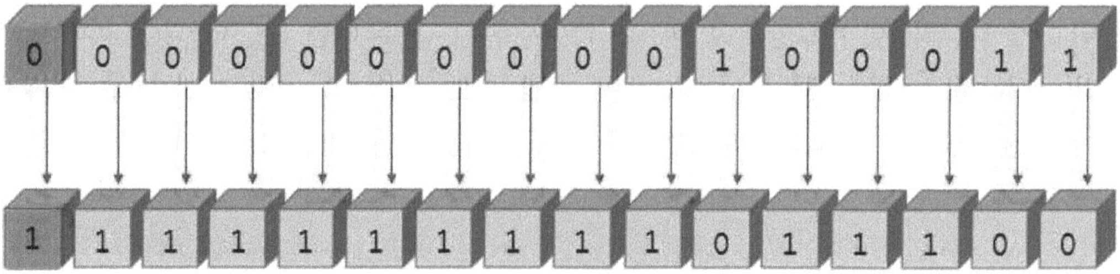

[1의 보수로 표현된 결과]

STEP 3 마지막으로 2의 보수를 행한다. 여기서 2의 보수란 다음과 같이 1의 보수로 표현된 결과에 1을 더해서 얻어지는 이진수의 표현이다.

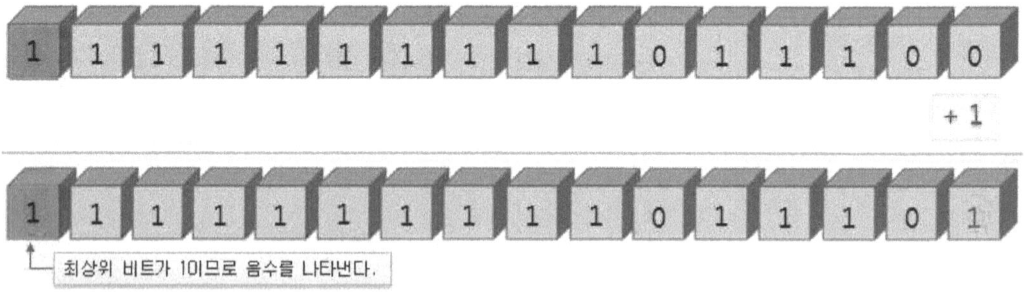

[2의 보수로 표현된 결과]

2의 보수에 의해 표현된 결과에서 알 수 있듯이 최상위 비트인 부호 비트가 1이므로 음수라는 것을 알 수 있으며, 음수 35의 이진수 표현은 11111111 11011101이 된다.

여기까지의 signed char형의 메모리 표현을 정리해 보면 다음과 같이 총 16개의 bit 중에 최상위 비트는 부호 비트로 사용되고 실제 데이터 값의 사용 공간은 15개의 bit만 사용하게 된다. 이때 부호 비트가 0 이면 양수, 1 이면 음수를 의미하게 된다는 것을 기억하자.

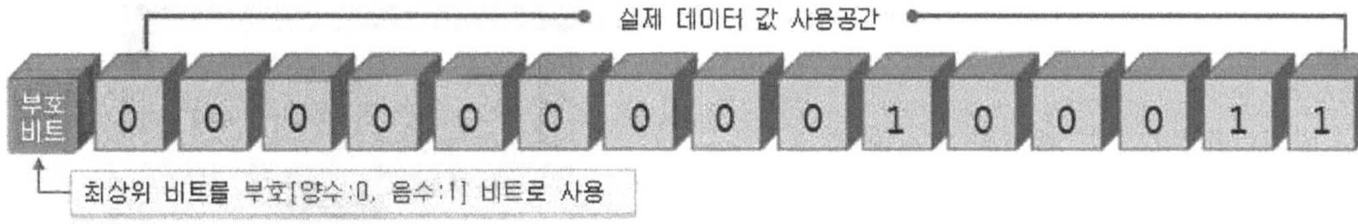

반면에 unsigned short는 최상위 비트인 부호 비트에도 실제 데이터 값으로 2byte 공간인 총 16개의 bit를 모두 사용하겠다는 의미이다. 즉 부호 비트를 사용하지 않고 0~65,535까지 실제 데이터 값의 표현 공간으로 이용하겠다는 뜻이다. unsigned char형의 메모리 표현은 다음과 같다.

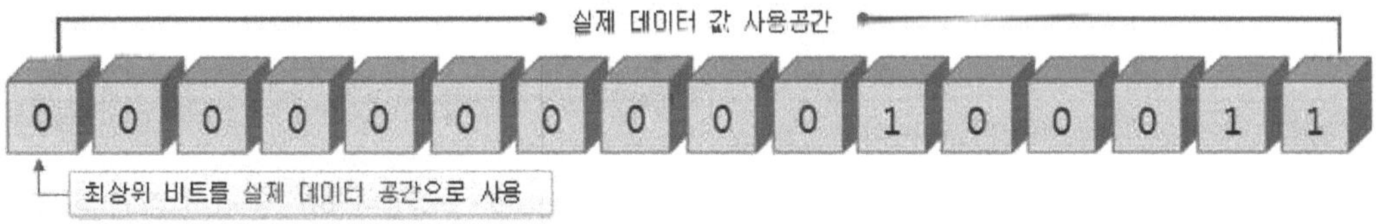

❑ int

int는 정수를 표현하기 위한 데이터 형으로 크기는 4byte의 메모리 공간을 할당받는다. int는 unsigned int로 선언 가능하며 4,294,967,295까지의 양의 정수를 저장할 수 있는 데이터 형이다. 그러나 컴퓨터의 운영체제에 따라서 자료형 int는 2byte인 경우도 있다. 본 교재의 원시 소스코드는 32bit 운영체제 상의 Visual C++를 사용하고 있기 때문에 자료형 int는 4byte 크기를 갖는다. 또한 대다수의 프로그래머들은 32bit/64bit의 운영체제를 사용하고 있기 때문에 자료형 int의 데이터 형 크기를 4byte로 하여 설명도 특별히 문제되지 않을 것으로 본다. 다음은 int선언의 경우에 대한 예를 나타내고 있다.

📖 정수형 표현 예제

원시 소스코드

```
1:  #include <stdio.h>
2:
3:  main()
4:  {
5:    (signed) int max = -32767;
6:    unsigned int Jeongsu = -250;
7:
8:    printf("%d\n", max);
9:    printf("%d\n", Jeongsu);
10:
11: }
```

실행 결과

설 명

5행: signed int형에서 signed를 생략하고 int형만 선언하여도 같은 표현이며, 데이터의 표현 범위는 -2,147,483,648~2,147,483,647 이다. 따라서 변수 max에 대입된 값 -32,767은 int에서 사용이 가능한 데이터 값이 된다.

6행: unsigned int형은 데이터의 표현 범위가 0 ~ 4,294,967,295 이지만 음수를 사용할 수 없다. 그러나 Jeongsu에 대입된 값은 -250로 음수이기 때문에 원하지 않는 **쓰레기 값이 모니터에 출력**되게 된다.

signed int형의 메모리 표현을 정리해 보면 다음과 같이 총 32개의 bit 중에 최상위 비트는 부호 비트로 사용되고 실제 데이터 값의 사용 공간은 31개의 bit만 사용하게 된다. 이때 부호 비트는 short와 마찬가지로 0 이면 양수, 1 이면 음수를 의미하게 된다는 것을 기억하자. signed int형의 메모리 표현은 다음과 같다.

반면에 unsigned int는 최상위 비트인 부호 비트에도 실제 데이터 값으로 4byte 공간인 총 32개의 bit를 모두 사용하겠다는 의미이다. 즉 0~4,294,967,295까지 실제 데이터 값의 표현 공간으로 부호 비트를 사용하지 않고 이용하겠다는 뜻이다. unsigned int형의 메모리 표현은 다음과 같다.

❑ long

32bit 운영체제에서는 앞에서 설명한 int와 마찬가지로 자료형 long의 경우도 데이터형의 크기를 4byte의 메모리 공간으로 할당받지만 64bit 운영체제에 있어서는 자료형 int는 4byte, long는 8byte의 메모리 공간을 할당받는다. signed long과 unsigned long의 메모리 사용 공간에 대한 개념은 앞에서 설명한 int와 동일하다.

실수형 표현

실수형에는 데이터 형식이 고정 소수점fixed point과 부동 소수점floating point방식이 있으나 컴퓨터의 경우는 고정 소수점보다도 더 넓은 범위의 수를 나타 낼 수 있는 부동 소수점 방식을 이용한다. 따라서 실수의 표현은 과학기술 계산 분야에서 이용하는 부동 소수점의 데이터 형식을 사용한다.

부동 소수점 방식은 전기전자기술자협회Institute of Electrical and Electronics Engineers에서 개발한 IEEE 754 표준 4byte형식으로서 실수를 4byte로 처리하는 단정도single-precision와 8byte로 처리하는 배정도double-precision 등이 있다.

❑ float

float은 단정도 실수로서 크기는 4byte인 총 32bits의 메모리 공간을 할당받으며, 1bit를 부호비트, 지수부는 8bits, 그리고 가수부를 23bits로 사용하게 된다. 여기서 실수의 정밀도는 가수부에 의해서 결정되어진다. 만약 데이터의 2진수 표현이 주어진 가수부의 비트로 표현될 수 없는 경우는 일반적으로 반올림하여 표현하기 때문에 이와 같은 경우는 오차가 발생할 가능성이 있다. 그러므로 프로그래머는 데이터의 처리 목적에 따라서 자료형을 결정하여 선언해야 한다. 다음은 float형에 의한 구조를 나타내고 있다.

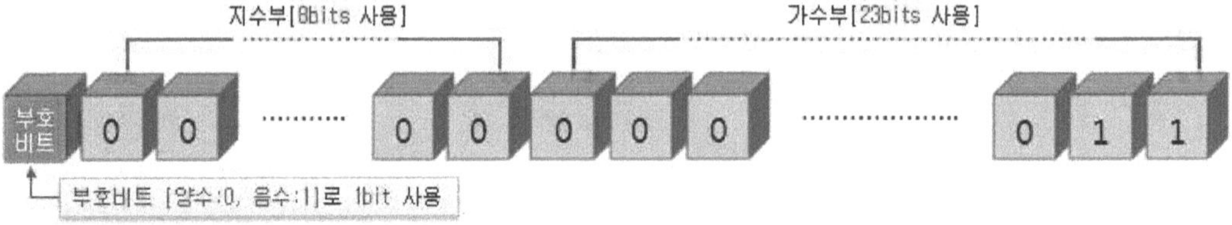

❑ double

double은 배정도 실수로서 크기는 8byte인 총 64bits의 메모리 공간을 할당받으며, 1bit를 부호비트, 지수부는 11bits, 그리고 가수부를 52bits로 사용하게 된다. float형과 마찬가지로 실수의 정밀도는 가수부에 의해서 결정되어진다. double형은 float형보다 2배 이상을 표현할 수 있는 가수부를 가지고 있기 때문에 float형보다는 정밀도가 높다고 볼 수 있다. 그러므로 실수형 데이터의 정밀도를 고려하여야 한다면 float보다는 double로 자료형을 선언하는 것이 좋다. 다음은 double형에 의한 구조를 나타내고 있다.

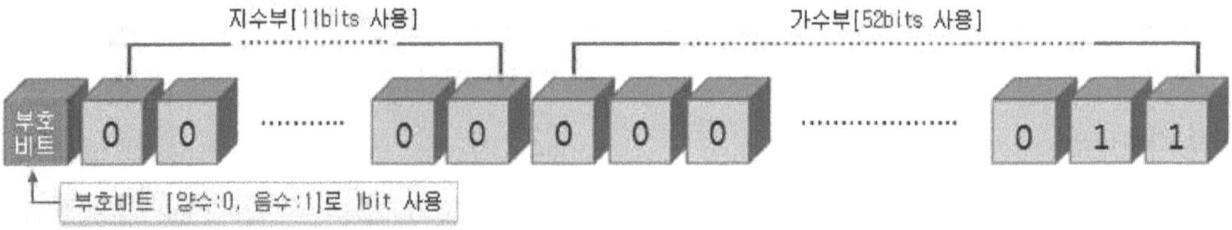

📖 실수형 표현 예제

원시 소스코드

```c
#include <stdio.h>

main()
{
  float silsu = 27.84f;

  printf("%f\n", silsu);
  printf("%e\n", silsu);
  printf("%E\n", silsu);
  printf("%g\n", silsu);
}
```

실행 결과

설 명
5행: float형 변수 silsu를 선언할 때는 실수 값 뒤에 f를 붙여서 사용한다. 그 이유는 double형으로 판단하는 문제가 발생할 수 있기 때문이다. 그러므로 자료형 float으로 선언하는 경우는 실수형 데이터 값 뒤에 f를 붙이도록 한다. 만약 자료형을 double로 선언한 경우는 f를 빼고 실수형 데이터 값만 대입한다. 예를 들면 double silsu=27.84;로 초기화하면 된다.
7행: 출력 지성 문자가 %f로 지정된 경우에는 기본적으로 소수점 아래 6자리까지 표현된다. 따라서 27.84가 아닌 27.840000로 출력된다.
8행,9행: %e는 지수형의 출력 지정 문자열로 가수e지수 형식으로 출력한다. 여기서 e지수란 $10^{지수}$이다. 예를 들어 2014의 경우는 0.2014×10^4로 표현할 수 있으며, 이것은 0.2014e4 또는 0.2014E4와 같이 표현이 가능하다.
10행: %g는 %e와 %f의 변환하기 쉬운 쪽[간단한 쪽]을 선택하여 출력하게 되며, 소수점 뒤의 0은 출력되지 않는다. 예를 들어 2.014의 경우 %f는 2.014000의 값이 출력되며,%g는 2.014의 값만 출력하게 된다.

문자형 표현

char은 한 문자를 표현하기 위한 데이터 형으로서 크기는 1byte의 메모리 공간을 할당받으며 표현 범위는 -2^7[-128] ~ (2^7-1)[127]까지이다. 또한 unsigned char의 경우는 표현 범위가 0 ~ (2^8-1)[255]까지이며 양의 정수만을 저장한다. 예를 들어 char munja='K';와 같이 한 개의 문자 K가 선언된 경우에 있어서 한 문자 K는 변수 munja에 저장되는 것이 아니라 다음과 같이 비트 정보에 대응하는 문자가 저장된다. 즉, 키보드 또는 변수에 문자 K를 대입하게 되면 K라는 문자 형태가 메모리 공간으로 보내지는 것이 아니라 10진수인 75의 2진수 형태로 보내지게 된다. 이때 10진수 75를 2진수로 바꾸면 1001011의 7자리 비트가 되는데 문자형 char은 1byte인 8bits를 사용하기 때문에 아래의 그림과 같이 선두 비트에 0을 추가하여 01001011인 8bits로 보내지게 된다.

위의 설명한 것과 같이 K라는 한 문자는 10진수 75에 대응하여 사용되는 것처럼 모든 문자는 해당 문자에 대응하는 정수를 가지고 있기 때문에 정수를 통해서 어떤 문자인지를 알 수 있다. 이와 같은 방법을 문자 코드방법이라고 하며, C언어에서는 문자 코드 방법으로 아스키

코드[ASCII Code]를 이용한다. 다음의 아스키 코드표는 C언어를 학습에 필요한 부분만을 간추려서 한 문자[character]에 대응하는 10진수[decimal number]와 16진수[hexadecimal number]만의 코드로 정리하여 나타내고 있다.

Dec	Hex	Char	Dec	Hex	Char	Dec	Hex	Char
32	20	Space	64	40	@	96	60	`
33	21	!	65	41	A	97	61	a
34	22	"	66	42	B	98	62	b
35	23	#	67	43	C	99	63	c
36	24	$	68	44	D	100	64	d
37	25	%	69	45	E	101	65	e
38	26	&	70	46	F	102	66	f
39	27	'	71	47	G	103	67	g
40	28	(	72	48	H	104	68	h
41	29	)	73	49	I	105	69	i
42	2A	*	74	4A	J	106	6A	j
43	2B	+	75	4B	K	107	6B	k
44	2C	,	76	4C	L	108	6C	l
45	2D	-	77	4D	M	109	6D	m
46	2E	.	78	4E	N	110	6E	n
47	2F	/	79	4F	O	111	6F	o
48	30	0	80	50	P	112	70	p
49	31	1	81	51	Q	113	71	q
50	32	2	82	52	R	114	72	r
51	33	3	83	53	S	115	73	s
52	34	4	84	54	T	116	74	t
53	35	5	85	55	U	117	75	u
54	36	6	86	56	V	118	76	v
55	37	7	87	57	W	119	77	w
56	38	8	88	58	X	120	78	x
57	39	9	89	59	Y	121	79	y
58	3A	:	90	5A	Z	122	7A	z
59	3B	;	91	5B	[	123	7B	{
60	3C	〈	92	5C	\	124	7C	|
61	3D	=	93	5D	]	125	7D	}
62	3E	〉	94	5E	^	126	7E	~
63	3F	?	95	5F	_	127	7F	DEL

다음은 문자를 입력하고 그에 대응하는 ASCII코드 값을 출력하는 예제이다. 예제를 통해

서 문자의 입/출력 형식 지정 문자를 정리해 보도록 하자.

📖 문자와 그에 대응하는 ASCII코드 값 출력 예제

원시 소스코드

```
1:  #include <stdio.h>
2:
3:  main()
4:  {
5:    char munja;
6:
7:    scanf("%c",&munja);
8:
9:    printf("입력 문자: %c\n", munja);
10:   printf("10진수[Dec] 값: %d\n", munja
11:   printf("16진수[Hex] 값: %x\n", munja
12:
13: }
```

실행 결과

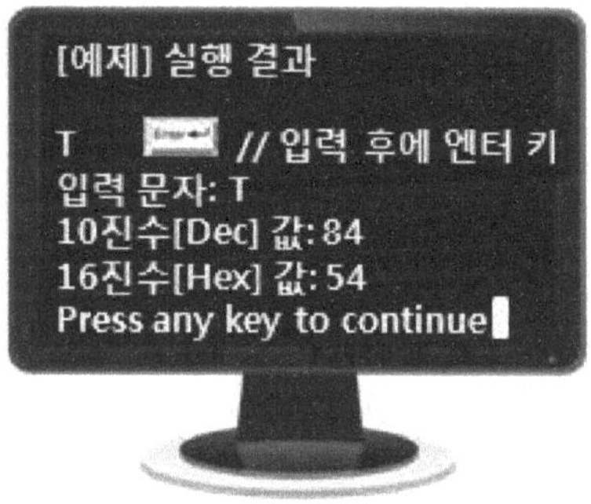

설 명

5행: 자료형이 char인 변수munja를 선언한다.
7행: scanf함수에 의해서 키보드로부터 한 문자를 입력받는다. 이때 문자 입력형식의 지정 문자는 %c이다.
9행: printf함수의 출력 내용에 따라서 한 문자를 출력하게 된다. 이때 문자 출력형식의 지정 문자도 %c가 된다.
10행: 키보드로부터 입력된 문자에 대응하는 **10진수의 값**을 ASCII코드에 의해서 출력하게 된다. 이때 **출력 형식의 지정 문자는** %d가 된다.
11행: 키보드로부터 입력된 문자에 대응하는 **16진수의 값**을 ASCII코드에 의해서 출력하게 된다. 이때 **출력 형식의 지정 문자는** %x를 **사용**한다.

특수 문자

그밖에 ASCII코드에서 역 슬래시[backslash] 인 \와 함께 표현되어 특별한 용도로 사용되어지는 몇 가지의 특수 문자에 대해서 다음과 같이 정리하여 본다.

10진수[Dec]	16진수[Hex]	문자[Char]	의 미
0	00	\0	널[null]문자라고 하며, **문자열의 끝을 인식**하게 한다.
10	0A	\n	줄바꿈[newline][**개행 문자**]이라 하며, 커서를 **다음 줄의 시작 자리로 이동**한다.
9	09	\t	수평탭[vertical tab]이라 하며, 커서를 **현재 줄에서 수평으로 다음 탭만큼 이동**시킨다.
8	08	\b	백스페이스[backspace]라고 하며, **커서를 한 글자 뒤로 이동**한다.
13	0D	\r	캐리지 리턴[carriage return]이라고 하며, 커서를 현재 줄의 시작 위치로 이동한다.
34	22	\"	큰따옴표[double quote]라고 하며, 큰따옴표 자체를 의미한다.
39	27	\'	작은따옴표[single quote]라고 하며, 작은따옴표 자체를 의미한다.
7	07	\a	경고음[bell]이라고 하며, "삐"하는 경고음이 울린다.

다음의 예제를 통해서 특수 문자의 기능을 확인해 보도록 하자.

특수 문자의 출력 예제

원시 소스코드

```
#include <stdio.h>

main()
{
  char munja='\a';
  char munja1='a';
  char munja2='t';

  printf("벨소리울림 %c\n", munja);
  printf("%c%c\n", munja1,munja2);
  printf("%c\t%c\n", munja1,munja2);

}
```

실행 결과

설 명
5행: 특수 문자 중 **경고음을 울리는** \a로 데이터 값이 초기화되어 있다. 따라서 컴파일 후에 실행하게 되면 제일 먼저 "삐"하는 경고음이 울린다. 6행,7행: 6행과 7행은 각각 알파벳 문자 a와 t가 초기화 되어 있다. 여기서 주의할 사항은 **한 문자를 대입하는 경우는 반드시 작은따옴표인 ' ' 을 사용**하여야 한다. 9행: **출력 내용이 문자인 경우는 문자의 출력 형식 지정문자인 %c를 사용**한다. 여기서 변수 munja에 경고음을 울리는 특수 문자\a로 지정되어 있으므로 '삐' 하는 경고음이 출력되게 된다. 10행: 변수 munja1에는 a, 변수 munja2에는 t의 문자가 각각 대입되어 있으므로 a와 t가 출력된다. 이때 출력 형식 지정문자가 %c%c와 같이 연속해서 붙어 있으므로 결과적으로 at와 같이 출력되게 된다. 11행: 출력 형식 지정문자가 %c\t%c로 구성되어 있다. 여기서 \t는 **현재 줄에서 수평으로 다음 탭만큼 이동시키는 기능을 수행하는 특수문자로서**, 첫 번째 %c에 의해서 문자 a가 출력되고\t에 의해서 8칸 정도 오른쪽으로 이동된 공간을 확보한 후 마지막 %c에 의해서 t가 출력되게 된다. 결과적으로 출력은 a ␣␣...␣␣t와 같이 출력되게 된다. [여기서 ␣는 설명을 위해 공백의 의미로 표현한 것이며, 모니터에는 나타나지 않는다.]

출력형식 지정 문자

지금까지 각 자료형에 따른 표현 범위를 살펴보았으며, 그에 따른 출력형식 지정 문자도 다양하다는 것을 각각의 예제를 통해서 어느 정도 이해하였으리라고 생각된다. 앞의 4장에서도 사용 빈도가 비교적 높은 입/출력형식 지정 문자에 대해서 설명된바가 있지만 여기서는 지금까지 사용된 출력형식 지정 문자를 중심으로 다음과 같이 표로 정리하고 간단히 예제를 들어 보도록 하겠다.

데이터 형태	출력 형식 지정 문자	의 미
정수형	%d 또는 %i	10진수로 출력한다.
	%o	8진수로 출력한다.
	%x	16진수로 출력한다. 이때 소문자 a~f로 사용한다.
	%X	16진수로 출력한다. 이때 대문자 A~F로 사용한다.
	%u	부호가 없는 10진수로 출력한다. unsigned를 사용할 때 쓰인다.
문자형	%c	한 문자만을 출력한다.
문자열형	%s	문자열을 출력한다.
실수형	%f 또는 %lf	소수점이 있는 실수 형태로 출력한다.
	%e 또는 %E	지수형으로 출력한다.
	%g 또는 %G	%e 또는 %f중에 간단한 형식으로 출력한다. 이때 소수점 뒤에 유효하지 0은 출력되지 않는다.

위의 표에 정리된 출력형식 지정 문자열을 이용하여 "정수 값 74를 초기화한 후에 ASCII코드 값의 상호변환에 의한 16진수, 8진수, 그에 대응하는 문자를 출력"하는 예제에 대해서 살펴보도록 하자.

📖 출력형식 지정 문자열 사용 예제

원시 소스코드

```
1:  #include <stdio.h>
2:
3:  main()
4:  {
5:    int jeongsu=74;
6:
7:    printf("16진수: %x\n", jeongsu);
8:    printf("16진수: %X\n", jeongsu);
9:    printf("8진수: %o\n", jeongsu);
10:   printf("대응 문자: %c\n", jeongsu)
11: }
```

실행 결과

설 명

5행: int형 변수 jeongsu를 선언하고 정수 값 74를 대입하고 있다.

7행: %x는 변수 jeongsu에 대입된 값을 **16진수의 값으로 출력**하라는 뜻이다. 따라서 %x 는 대입된 정수 값 74를 ASCII코드 값의 상호변환에 의해서 16진수로 출력이 가능하게 된다. 이때 %x의 **x가 소문자인 경우는 a~f를 소문자로 출력**하라는 의미이므로 출력결과는 **4a**가 된다.

8행: **%X**는 변수 jeongsu에 대입된 값을 **16진수의 값으로 출력**하라는 뜻이다. 따라서 %X는 대입된 정수 값 74를 ASCII코드 값의 상호변환에 의해서 16진수로 출력하게 된다. 이때 %X의 **X가 대문자인 경우는 A~F와 같이 대문자로 출력**하라는 의미이므로 출력결과는 **4A**가 된다.

9행: **%o**는 변수 jeongsu에 대입된 값을 **8진수의 값으로 출력**하라는 뜻이다. 따라서 정수 값 74는 **ASCII코드** 값의 상호변환에 의해서 **112의 8진수가 출력**된다.

10행: 출력 형식 지정문자 **%c는 한 문자를 출력**하라는 뜻이다. 따라서 ASCII코드 값의 상호변환에 의해서 정수 75에 대응하는 문자는 J이므로 J 문자가 모니터에 출력된다.

출력형식 지정 문자에 의한 자리수 표현

프로그램의 실행 결과를 출력할 경우 출력형식 지정 문자에 의해 출력 데이터의 자리수를 정해진 형식에 맞도록 출력할 수 있다. 다음의 예제를 통해 각 데이터의 형태에 따른 자리수 표현에 대해서 살펴보자.

❑ printf함수 내의 출력지정 문자 형식

```
printf(" % 플래그 / 폭 / .정밀도 / 출력형식 지정 문자 ", 인자들[변수 / 상수]);
```

4장3절에서 살펴보았던 표준 printf함수의 형식에서 플래그[flag], 폭[width], .정밀도[precision] 는 필요에 따라서 추가되는 옵션[option]형태라고 생각하면 좋을 것 같다. 따라서 특별히 추가하여 사용하지 않더라도 프로그램에는 문제가 없다.

플래그	설 명	예 문

+	❑**폭의 지정 없이** +플래그만 사용하면 공간 확보 없이 출력 값의 앞에 **+부호를 붙여 좌측부터 정렬**한다.
	❑**폭을 지정하고** +플래그를 사용하면 폭만큼의 공간을 확보하고 출력 값의 앞에 **+부호를 붙여 우측부터 정렬**한다.
		printf("%+d",25);
		[+][2][5] ••• [ ]
		printf("%+5d",25);
		[ ][ ][+][2][5]

-	❑**폭의 지정 없이** -플래그만 사용하면 공간 확보 없이 출력 값은 **-부호 없이 좌측부터 정렬**한다.
	❑**폭을 지정하고** -플래그를 사용하면 폭만큼의 공간을 확보하고 출력 값은 **-부호 없이 좌측부터 정렬**한다.
		printf("%-d",25);
		[2][5] ••• ••• [ ]
		printf("%-5d",25);
		[2][5][ ][ ][ ]

0	❑**폭의 지정 없이** 0플래그만 사용하면 공간 확보 없이 출력 값은 **좌측부터 정렬**한다. 이 경우는 0플래그가 생략된 경우와 같다.
	❑**폭을 지정하고** 0플래그를 사용하면 폭만큼의 공간을 확보하고 출력 값은 **우측부터 정렬**한다. 이때 자리수가 남은 곳은 0로 채운다.
		printf("%0d",25);
		[2][5] ••• ••• [ ]
		printf("%05d",25);
		[0][0][0][2][5]

#	❑**폭의 지정 없이** #플래그만 사용하면 공간 확보 없이 출력 값은 **좌측부터 정렬**한다.
	❑**#플래그는 16진수의 경우 0X, 0x출력을 가능하게하며 또한 8진수의 경우에도 출력 값의 앞에 0을 붙여서 출력하게 된다.**
	❑**폭을 지정하고** #플래그를 사용하면 폭만큼의 공간을 확보하고 출력 값은 **우측부터 정렬**한다.
		정수 값 25의 16진수 값은 19, 8진수의 값은 31 이다.
		printf("%#x",25);
		[0][x][1][9] •••
		printf("%#o",25);
		[0][3][1] •••

❑ %d를 이용한 정수의 자리수 표현

%d는 출력 값을 10진수로 변환하여 출력하는 출력형식 지정문자로 위에서 살펴보았던 플래그와 폭을 조합하여 사용할 수 있다. 다음은 10진수 값을 출력하기 위한 printf함수의 형식이다.

```
printf("%플래그 (폭)d", 인자들[변수 또는 상수]);
```

다음의 프로그램을 살펴보면서 10진수의 출력형식 지정문자 %d를 이용한 자리수 표현을 이해하도록 하자.

```
/* %d를 이용한 자리수 표현 */
#include <stdio.h>

main( )
{
    int jeongsu;
    jeongsu=14;
                                        // 실행 결과들
      printf("%d\n", jeongsu);          //
      printf("%5d\n", jeongsu);         //
      printf("%+d\n", jeongsu);         //
      printf("%+5d\n", jeongsu);        //
      printf("%-d\n", jeongsu);         //
      printf("%-5d\n", jeongsu);        //
      printf("%0d\n", jeongsu);         //
      printf("%05d\n", jeongsu);        //

}
```

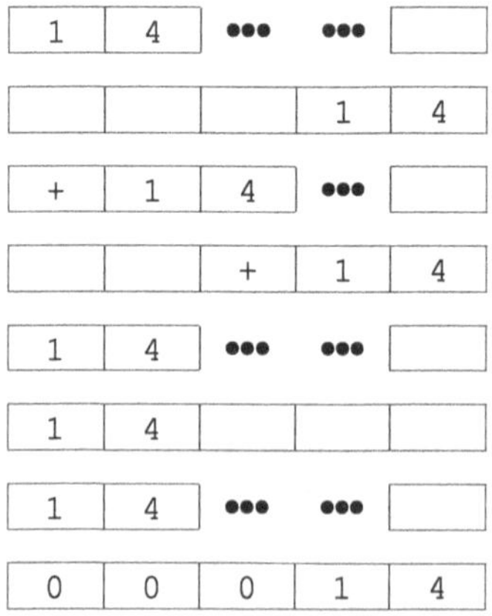

설 명

6행: 변수 jeongsu에 int형의 10진수 데이터를 저장하겠다는 뜻이다.
7행: 변수 jeongsu에 14라는 데이터를 대입하여 저장한다는 뜻이다.
9행: %d는 변수 jeongsu에 저장된 값을 10진수로 출력하라는 뜻이다.
10행: %5d는 전체 5자리수를 확보하고 변수 jeongsu에 저장된 값 14를 우측부터 정렬히라는 뜻이다.
11행: %+d는 +부호를 붙여 좌측부티 정렬하라는 뜻이다.
12행: %+5d는 +부호를 붙여 우측부터 정렬하라는 뜻이다.
13행: %-d는 좌측부터 정렬하라는 뜻이다. 이때 -플래그는 -부호를 출력하지 않는다.
14행: %-5d는 전체 5자리수를 확보하여 변수 jeongsu에 저장된 값 14를 좌측부터 정렬하라는 뜻이다.
15행: %0d와 같이 %0과 d사이의 폭이 주어지지 않은 경우는 6행의 %d와 같은 결과 값을 출력하게 된다.
16행: %05d는 전체 5자리수를 확보하여 변수 jeongsu에 저장된 값 14를 우측부터 정렬하라는 뜻이다. 이때 3개의 빈 공간은 0으로 채워지게 된다.

❑%f, %lf를 이용한 실수의 자리수 표현

%f,%lf는 출력 값을 실수로 출력하는 출력형식 지정문자로 소수점과 소수점 이하의 값으로 구성된다. 따라서 폭은 소수점 위의 자리, 소수점, 그리고 소수점 이하의 자리 수를 포함한 전체 출력 폭을 지정하여 주며, 정밀도는 소수점 이하 몇 자리까지 출력할 것인가를 지정하여 준다. %f, %lf의 경우도 %d와 마찬가지로 플래그를 사용할 수 있으며, -플래그인 경우만 데이터 값이 좌측부터 정렬하게 된다. 다음은 실수 값을 출력하기 위한 printf함수의 형식이다.

```
printf("%(폭).정밀도f", 인자들[변수 또는 상수]);
```

아래의 프로그램을 살펴보면서 실수의 출력형식 지정문자 %f를 이용한 자리수 표현을 이해하도록 하자.

```
1:    /* %f를 이용한 자리수 표현 */
2:    #include <stdio.h>
3:
4:    main( )
5:    {
6:       float sjlsu;
7:       silsu=2.14f;
8:                                          // 실행 결과
9:       printf("%f\n", silsu);             // | 2 | . | 1 | 4 | 0 | 0 | 0 | 0 |
10:      printf("%.4f\n", silsu);           // | 2 | . | 1 | 4 | 0 | 0 |
11:      printf("%7.2f\n", silsu);          // |   |   |   | 2 | . | 1 | 4 |
12:      printf("%-7.2f\n", silsu);         // | 2 | . | 1 | 4 |   |   |   |
13:   }
```

설 명

7행: 변수 silsu에 2.14f라는 데이터를 대입하여 저장한다는 뜻이다. 여기서 데이터 뒤에 f를 붙인 이유는 double형과 구별하기 위해서이다.

9행: %f는 변수 silsu에 저장된 값을 실수로 출력하라는 뜻이다. 소수점 이하 6자리를 출력하며 나머지 빈 공간은 0으로 채워지게 된다.

10행: %.4f는 반드시 소수점 이하 넷째 자리까지 출력하라는 뜻이다. 따라서 소수점 이하인 14를 채우고 2개의 빈 공간에는 0으로 채워지게 된다.

11행: %7.2f는 전체 자리수를 7자리 확보하고 반드시 소수점 이하는 2자리까지만 표시한다는 뜻이다.

12행: %-7.2f와 같이 -**플래그가 붙은 경우는 반드시 좌측부터 정렬**하게 된다.

❑ %c를 이용한 문자의 자리수 표현

%c는 한 문자를 출력하는 출력형식 지정문자이다. 폭이 주어진 상태에서는 기본적으로 우측 정렬을 한다. 따라서 좌측부터 정렬을 하고 싶을 때는 -플래그를 사용하면 된다. 다음은 한 문자를 출력하기 위한 printf함수의 형식이다.

```
printf("%-플래그 (폭)c", 인자들[변수 또는 '문자']);
```

아래의 프로그램을 살펴보면서 문자의 출력형식 지정문자 %c를 이용한 자리수 표현을 이해하도록 하자.

```
1:   /* %c를 이용한 자리수 표현 */
2:   #include <stdio.h>
3:
4:   main( )
5:   {
6:      char munja;
7:      munja='B';
8:                                   // 실행 결과
9:      printf("%c\n", munja);        // |B| | | ••• | |
10:     printf("%5c\n", munja);       // | | | | |B|
11:     printf("%-5c\n", munja);      // |B| | | | |
12:
13:  }
```

설 명

7행: 변수 munja에 'B'라는 데이터를 대입하여 저장한다는 뜻이다. 여기서 한 문자를 데이터로 사용하는 경우는 반드시 작은따옴표 (' ')를 붙여준다.

9행: %c는 변수 munja에 저장된 값을 문자로 출력하라는 뜻이다.

10행: %5c는 전체 자리수를 5자리 확보하고 한 문자를 출력하라는 뜻이다. 이때 출력되는 한 문자는 우측부터 정렬하게 된다.

11행: %-5c와 같이 -플래그를 사용하여 지정된 경우는 먼저 전체 자리수를 5자리 확보하고 한 문자를 출력할 때 좌측부터 정렬하라는 뜻이 된다.

5. sizeof 연산자

sizeof연산자는 어떤 자료형에 대한 저장 공간의 크기 및 배열의 크기를 byte로 확인할 때 사용되는 연산자이다. 간혹 sizeof연산자의 형식으로 인해서 함수로 착각하는 경우가 있는데 절대적으로 sizeof는 함수가 아닌 연산자이다. 다음은 sizeof연산자의 형식을 나타내고 있다. sizeof연산자의 소괄호 내에는 하나의 인수(자료형, 변수, 상수, 수식)만을 사용한다.

```
sizeof(자료형, 변수, 상수, 수식);
```

아래의 프로그램을 살펴보면서 sizeof연산자의 사용방법을 익혀보도록 하자.

sizeof연산자의 사용 예제

원시 소스코드

```
1:    /* sizeof연산자의 예 */
2:    #include <stdio.h>
3:
4:    main( )
5:    {
6:        int jeongsu=100;
7:        char munja='A';
8:
9:        printf("%d Bytes\n",sizeof(int));
10:       printf("%d Bytes\n",sizeof(jeongsu));
11:       printf("%d Bytes\n",sizeof jeongsu);
12:       printf("%d Byte\n",sizeof(munja));
13:       printf("%d Byte\n",sizeof munja);
14:       printf("%d Bytes\n",sizeof 26.3);
15:       printf("%d Bytes\n",sizeof 26.3f);
16:       printf("%d Bytes\n",sizeof (10+30));
17:
18:   }
```

실행 결과

설 명

9행: sizeof(int)는 int형의 크기인 4bytes를 반환한다. **인수가 자료형인 경우는 소괄호를 생략할 수 없다.**

10행: sizeof(jeongsu)에서 변수 jeongsu는 int형 변수이므로 4bytes를 반환한다.

11행: **인수가 변수인 경우는 소괄호를 생략**하여도 된다. 소괄호를 생략할 경우에 **주의사항**은 sizeof와 변수 jeongsu사이에 **공백**을 두어야 한다.

12행: sizeof(munja)에서 변수 munja는 char형 변수이므로 1byte를 반환한다.

13행: 11행과 마찬가지로 인수가 변수이므로 소괄호를 생략하여도 된다.

14행: 인자가 실수인 26.3경우는 **실수 값 뒤에 f가 생략되어 있으므로 자료형 double로 처리**하여 8bytes를 반환한다.

15행: 인자가 실수인 **26.3f이므로 자료형 float으로 처리**되어 4bytes를 반환한다.

16행: 인자가 **수식인 경우는 소괄호를 생략할 수 없으며,** (10+30)은 수식 결과가 (40)이므로 int형의 크기인 4bytes를 반환한다.

6. 자료형 변환Type conversion

자료형 변환이란 데이터 값이 저장되어 있는 공간의 자료형을 서로 변환이 가능하게 해준다는 것을 의미한다. 이처럼 자료형 변환이 필요한 이유로는 우리가 사용하는 컴퓨터 CPU는 수식의 연산 시에 피연산자기 서로 같은 자료형일 경우에만 연산을 수행하기 때문이다. 예를 들어 2개의 피연산자가 모두 정수로서 같은 자료형일 경우는 자료형 변환이 필요 없다. 그러나 2개의 피연산자가 하나는 정수형이고, 다른 하나는 실수형이라면 같은 자료형으로 만들어 연산 처리하여야 한다. 이와 같이 자료형을 바꾸는 것을 자료형 변환이라고 하며, 그 유형은 자동형 변환Automatic type conversion과 강제형 변환Explicit type conversion으로 분류할 수 있다.

자동 형변환

자동 형변환은 묵시적 형변환이라고도 하며, 자료형의 우선순위가 높은 순서대로 자동적으로 컴파일러에 의해서 자료형 변화를 하게 된다. 다음은 자료형의 우선순위를 나타낸다.

자료형의 우선순위

```
char → short → int → unsigned → long → float → double
```

다음과 같이 변수 jeongsu에 정수 값 20, 변수 silsu에 실수 값 30.4를 대입한 후 총합을 구하는 예제를 살펴보자.

자동형 변환의 사용 예제

원시 소스코드

```
1:   /* 자동형 변환의 예 */
2:   #include <stdio.h>
3:
4:   main( )
5:   {
6:     int jeongsu=20;
7:     double silsu=30.4;
8:
9:     printf("%d Bytes\n",sizeof(jeongsu+silsu));
10:    printf("%lf \n",jeongsu+silsu);
11:    printf("%d \n",jeongsu+silsu);
12: }
```

실행 결과

설 명

6행: 자료형이 int인 변수 jeongsu에 정수 값 20을 대입하여 저장한다는 뜻이다.

7행: 자료형이 double인 변수 silsu에 실수 값 30.4를 대입하여 저장한다는 뜻이다.

9행: jeongsu+silsu의 저장되는 공간의 크기는 **sizeof 연산자를 이용하여 그 크기를 확인**할 수 있다. 이처럼 서로 다른 자료형을 더하는 경우는 공간이 큰 쪽으로 자동 형변환이 이루어지므로 결국 두 피연산자의 자료형은 **정수+실수에서 실수+실수**의 형태로 만든 후에 연산을 수행하게 된다. 이것은 int jeongsu=20;은 **double jeongsu=20.0;으로 변환된 후 연산을 수행**한다.

10행: 9행의 설명과 같이 **정수+실수**에서 **실수+실수**의 형태로 만든 후에 연산을 수행하는 의미이므로 20.0+30.4의 결과인 50.4를 구하게 된다. 이때 자료형은 double이 되므로 50.400000의 값이 출력된다.

11행: **실수**의 결과 값이 출력형식 지정 문자 %d에 의해서 출력되기 때문에 858993459와 같은 **쓰레기 값이 출력**되게 된다. **%d는 정수 값만을 출력**한다는 것을 잊지 말자.

또 하나의 간단한 예로 자료형이 int인 변수 number에 실수 값 8.293851을 대입한 후에 변수 number에 저장된 값을 출력하는 소스 프로그램에 대해서 살펴보도록 하자.

📖 자료형 int에 실수 값을 대입한 경우

원시 소스코드

```
1:  /* 정수 자료형 int에 실수 값을 대입 */
2:  #include <stdio.h>
3:
4:  main( )
5:  {
6:    int number=8.293851;     // 자료형 int에
7:                             // 실수 값을 대입
8:    printf("%d \n",number);
9:  }
```

실행 결과

설 명

6행: 자료형이 int인 변수 number에 실수 값 8.293851을 대입하여 저장한다는 뜻이다.

8행: 실수 값이 출력형식 지정 문자 %d에 의해서 출력되기 때문에 8.293851에서 소수점이하는 소실되고 8의 값만 출력하게 된다.

위의 원시 소스코드를 컴파일하게 되면 아래와 같이 warning 에러가 발생하게 된다.

```
--------------------Configuration: cost - Win32 Debug--------------------
Compiling...
pro.c
C:\C_Program\cost.c(137) : warning C4244: 'initializing' : conversion
from 'const double ' to 'int ', possible loss of data
pro.obj - 0 error(s), 1 warning(s)
```

1개의 warning 메세지의 의미는 자료형 int number에 실수의 값을 강제로 대입하였기 때문에 자료형 int로 자동 형변환이 되면서 실수 값의 소수점 이하가 소실되게 된다는 뜻이다.

강제 형변환

강제 형변환은 명시적 형변환이라고도 하며, 자료형의 우선순위에 의해서 자동 형변환이 되는 것이 아니라 형변환 연산자[type cast operator]를 사용하여 프로그래머가 직접 형변환을 시키는 것이다. 특히 강제 형변환은 형변환 연산자가 사용된 곳에서만 형변환이 발생하기 때문에 프로그래머의 판단에 따라서 결과 값에 영향을 줄 수 있다. 다음은 강제 형변환의 형식을 나타낸다.

강제 형변환 형식	강제 형변환의 예	
(강제 형변환 자료형) 변수 또는 수식	(float)9	정수 값 9가 강제 형변환에 의해서 실수 값 9.000000으로 변환한다.
	(int)8.293851	실수 값 8.2938510이 강제 형변환에 의해서 소수점 이하가 소실되고 정수 값 8로 변환된다.

다음의 예제를 통해서 강제 형변환의 사용 방법을 살펴보도록 하자.

📖 강제 형변환 사용 예제

원시 소스코드

```
1:  #include <stdio.h>
2:
3:  main()
4:  {
5:    int a=20, b=30, total;
6:    float x=8.3f, y=3.4f, value;
7:
8:    total=a+b;
9:    printf("%.3f\n", (float)total);
10:
11:   printf("%f \n", x/y);
12:   printf("%d \n", (int)x/(int)y);
13:
14:   value=(int)x+y;
15:   printf("%.3f \n", value);
16:
17: }
```

실행 결과

설 명

8행: int형 a와 int형 b를 더한 결과 값은 정수형 int total에 대입한다.

9행: 정수 값이 대입된 변수 total을 **float형으로 강제 형변환**하여 출력한다. 이때 출력형식 지정 문자가 %.3f **이므로 소수점 이하 3자리까지만 출력한다.**

11행: 실수형을 실수형으로 나눈 결과 값도 실수형이 된다.

12행: float형 x와 y를 강제적으로 int형으로 형변환 했기 때문에 결국 int형끼리 연산이 수행되므로 그 결과는 int형으로 된다.

14행: float형 x를 강제적으로 int형으로 형변환 하였으므로 변수 x에 저장된 실수 값8.3은 소수점 이하가 소실된 8의 값을 취하게 된다. 따라서 8+3.4의 결과 값인 11.4가 변수 value에 대입되어 출력되게 된다.

10행: %.3f로 소수점이하 3자리까지만 출력하게 된다. 따라서 실수 값 11.400 이 출력되게 된다.

LECTURE 05

연.습.문.제

1. 매크로 상수 #define PI 3.141592를 사용하여 원의 둘레를 계산하는 프로그램을 작성하고 흐름도로 도식화하여라.

2. 두 개의 정수 값을 키보드로부터 입력 받아 두 수의 곱을 구하는 프로그램을 작성하고 흐름도를 도식화하여라.

3. 변수 a에 24.5, 변수 b에 37.4를 초기화시킨 후에 두 값의 총 합을 구하여 출력하는 프로그램을 작성하고 흐름도를 도식화하여라.

4. 변수 a에 24.5, 변수 b에 50을 초기화 시킨 후에 두 수의 합의 결과가 저장되는 공간의 자료형의 크기를 구하여라.

5. 한 개의 문자를 키보드로부터 입력받아 변수 a에 저장한 후, 10진수와 16진수로 화면에 출력하는 프로그램을 작성하여라.

6. 각 문자 S, c, i, e, n, c, e를 main함수 내에서 초기화하지 않고 printf함수만을 사용하여 Science가 출력될 수 있도록 프로그램을 작성하여라. 이때 출력형식 지정 문자인 %c로 지정하여 출력하도록 한다.

7. int형과 unsigned형의 차이점에 대해서 설명하여라.

8. 정수, 실수, 문자, 그리고 문자열의 자료형에 따른 입 · 출력형식 지정 문자열에 대해서 설명하여라.

9. 오버플로와 언더플로의 차이점에 대해서 설명하여라.

LECTURE 05

실.습.문.제

흐름도와 함께하는 C언어의 이해

1. 두 정수를 입력받아 나눗셈 연산을 수행하고 정확한 결과를 출력하시오. (Hint: 정확한 연산 결과를 출력하기 위해서는 형변환을 이용하면 된다.)

2. 사용자로부터 정수를 입력받아 8진수와 16진수로 출력하는 프로그램을 작성하시오.

3. 사용자로부터 mile을 입력받아 km로 환산하는 프로그램을 작성하시오. 환산 결과는 소수점 셋째자리까지 출력한다. (Hint: 1mile = 1.81km)

4. 변수 a 와 변수 b의 값을 바꾸는 데이터 교환 코드를 작성하여 보자.

5. 사용자로부터 원의 반지름을 받아서 원의 면적을 계산하는 프로그램을 작성해보자.

6. 매크로 상수를 이용하여 원 넓이를 구하는 프로그램을 작성하시오. (PI=3.141592)

7. 입력된 알파벳 문자를 아스키 코드값으로 출력하는 프로그램을 작성하시오.

LECTURE

06

연산자

Operators

지금까지 앞 장에서 살펴본 내용은 C언어의 기본 구조인 함수 본체를 4개의 step으로 분류하고 각 step들의 역할에 대해서 살펴보았다. 먼저 step 1단계는 변수 선언, step 2단계는 초기 값 대입 방법 및 키보드를 통한 데이터 입력 방법, 그리고 step 4단계에서는 출력 방법에 대해서 살펴보았다. 본 장에서는 step 3단계를 구성하는 수식의 연산에 필요한 기호들 즉 연산자에 대해서 살펴보도록 한다. 특히 연산자의 경우는 수식의 연산뿐만 아니라 다음 장에서 학습할 제어문에서 조건을 만들 때 아주 중요한 역할을 하게 된다. 따라서 연산자들의 종류와 형식을 반드시 이해하길 바란다. 다음은 앞 장의 내용을 상기시키는 차원에서 C언어 기본구조를 다시 한 번 살펴보도록 한다.

C언어의 기본 구조

```
#include <stdio.h>
main( )
{          // 함수 본체의 실행시작.
   STEP 1: 변수들의 선언.        // STEP1과 STEP2를 한 행으로 표현한 것을
                                 // 데이터의 초기화라고 한다.
                                 // [예시: int silsu=3.141592;]

   STEP 2: 변수에 데이터 대입.   // 변수에 값을 대입하는 방법은 다음과 같다.
                                 // [예시 1: value=10;]
                                 // [예시 2: scanf("%d", &value);]

    STEP 3: 수식에 의한 연산.    // 본 장에서 학습할 내용이다.

   STEP 4: 데이터의 출력.        // STEP 3단계에 의해서 얻은 결과 값을
                                 // 다음의 방법에 의해서 모니터에 출력한다.
                                 // [예시: printf("%d \n", value);]
}        // 함수 본체의 실행 끝.
```

지금부터 C언어에서 사용되는 연산자들의 종류와 사용 방법에 대해서 살펴보도록 하겠다.

1. 대입 연산자assignment operator

대입 연산자는 연산자 기호 = 로 표시되며 C언어가 가지고 있는 다양한 종류의 연산자 중에서 가장 기본이 되고 사용 빈도가 제일 높은 연산자로 간혹 치환 연산자라고도 불린다. 대입 연산자는 C언어의 기본 구조를 구성하는 STEP 2단계에서 이미 그 역할을 살펴보았듯이 지정된 변수에 수식 값 등을 대입하여 저장하는 경우에 사용된다. 다음은 대입 연산자의 형식을 나타낸다.

❑ 대입 연산자의 형식

유 형	사용 예

변수 이름 = 이미 저장된 값을 가진 변수;	int jeongsu, result;
	
	// 값 100을 변수 jeongsu에 대입한다.
	jeongsu=100;
	
	// 변수 jeongsu에 저장되어 있는 100의 // 값을 호출하여 변수 result에 대입하게 // 된다.
	result=jeongsu;

변수 이름 = 지정 값;	// 자료형 int value에 정수 값 20을 대입
	int value=20; // 초기화
	
	// 지정 값의 대입.
	float silsu;
	silsu=50; // 초기 값

변수 이름 = 수식;	int a=10, b=30, hap;
	
	// 변수 a와 변수 b 값을 더한 결과 값은 // 변수 hap에 대입한다.
	hap=(a+b); // 수식

One Point

예를 들어 max=10; 은 **수학적 해석으로는 "max값은 10 이다"** 라는 의미가 되지만 여기서는 **"10의 값을 변수 max에 대입하여 저장한다."** 는 뜻이 된다. 즉 **오른쪽의 값(수식, 변수)을 왼쪽 변수에 대입하여 저장한다는** 의미로 해석한다.

이번부터는 대입 연산자를 이용한 몇 가지의 예제를 살펴보면서 정확한 활용 방법을 익히도록 하자.

📖 일반적 대입 연산자 사용 예제

대입 연산자 활용 코드

```
1:  #include <stdio.h>
2:
3:  main()
4:  {
5:    int x, y;
6:
7:    x=25;
8:    y=50;
9:
10:   printf("PRT1:x=%d, y=%d\n", x, y);
11:
12: }
```

흐름도

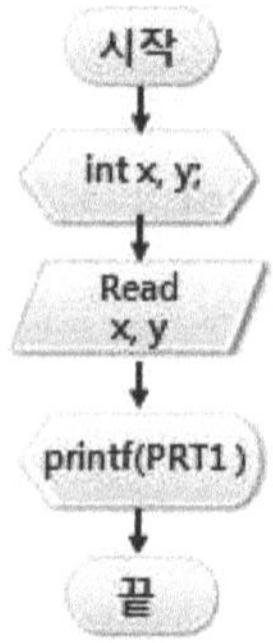

설 명

5행: STEP 1단계로 정수 값을 저장하기 위한 변수 x, y가 선언되었다.
7행: 변수 x에 대입 연산자에 의해 25의 값을 대입한다.
8행: 변수 y에 대입 연산자에 의해 50의 값을 대입한다.
10행: 변수 x와 y의 값은 %d에 의해 10진수로 출력된다.

출력 결과

다음은 여러 개의 변수에 동시에 같은 값을 대입할 수 있는 다중 대입 연산자에 대해서 살펴보도록 하자.

📖 다중 대입 연산자 사용 예제

대입 연산자 활용 코드

```
1: #include <stdio.h>
2:
3: main()
4: {
5:   int x, y;
6:
7:   x=y=25;  // x, y에 25의 값을 대입한다.
8:
9:   printf("PRT1:x=%d, y=%d\n", x, y);
10: }
```

흐름도

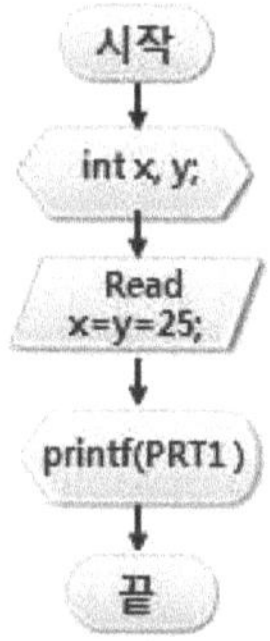

설 명

5행: STEP 1단계로 정수 값을 저장하기 위한 변수 x, y가 선언되었다.

7행: 변수 y에 대입 연산자에 의해 25의 값을 대입하고 나서 재차 변수 y에 대입된 값을 변수 x에 대입하게 된다. 따라서 변수 x, y는 모두 25의 값이 저장되게 된다.

9행: 변수 x와 y의 값은 %d에 의해 10진수로 출력된다.

출력 결과

2. 산술 연산자arithmetic operator

산술 연산자는 사칙 연산자라고도 불리며 덧셈, 뺄셈, 곱셈, 그리고 나눗셈의 수식 연산을 수행할 때 사용한다. 사용 빈도로 치면 대입 연산자 다음으로 활용이 높은 연산자로서 다음과 같이 2개 이상의 피연산자operand에 대한 수식 연산을 행한다.

	연산자	
25	-	5
피연산자		피연산자

여기서 25와 5인 2개의 피연산자와 뺄셈의 연산을 수행하기 위한 1개의 산술 연산자가 사용되고 있다.

특히 프로그램을 처음 접하는 프로그래머가 많은 실수를 하는 부분이 곱셈과 나눗셈에 관한 연산자이다. 예를 들어 3과 5의 값을 곱하는 경우에 수식으로 3x5와 같이 표현되지만 소스코드를 작성 할 때는 별표[asterisk] 기호인 * 를 사용하여 3*5로 표현한다. 또한 나눗셈은 몫과 나머지로 구분되기 때문에 이에 대한 산술 연산자도 각각 몫의 경우는 슬래시[slash]인 / 기호를 사용하며 나머지는 퍼센트[percent]인 % 기호를 사용한다. 예를 들어 11을 5로 나눌 경우에 11/5와 같이 표현하면 몫의 값은 2가 되며 11%5로 표현하면 나머지 값 1 이 출력되게 된다. 다음은 산술 연산자의 형식에 대해서 정리하여 나타낸다.

❑ 산술 연산자의 형식

산술 연산자 종류	연산자	사용 예	설 명
덧셈	+	result=a+b;	변수 a와 b를 더한 결과 값을 result에 대입한다.
뺄셈	-	result=a-b;	변수 a와 b를 뺀 결과 값을 result에 대입한다.
곱셈	*	result=a*b;	변수 a와 b를 곱한 결과 값을 result에 대입한다.
나눗셈[몫]	/	result=a/b;	변수 a를 b로 나눈 몫의 결과 값을 result에 대입한다.
나눗셈[나머지]	%	result=a%b;	변수 a를 b로 나눈 나머지의 결과 값을 result에 대입한다.

참고로 다음과 같이 변수를 선언하지 않고 직접 데이터 값을 기입하여 연산을 수행하는 방법도 사용이 가능하다.

```
1:    /* 데이터 값을 이용한 사칙연산 */
2:    #include <stdio.h>
3:
4:    main( )
5:    {
6:         int a=10, b=20, result;          // STEP 1과 STEP 2단계: 변수 선언 및
7:                                          // 데이터의 초기화
8:         result=a+b;                      // STEP 3단계: 수식 연산
9:         printf("PRT1: %d\n", result); // STEP 4단계: 결과 출력
10:
11:        result=a+70;                     // STEP 3단계: 수식 연산
12:        printf("PRT2: %d\n", result); // STEP 4단계: 결과 출력
13:
14:        result=30+70;                    // STEP 3단계: 수식 연산
15:        printf("PRT3: %d\n", result); // STEP 4단계: 결과 출력
16:
17:   }
```

설 명	출력 결과
6행: 변수 a, b, result를 선언하고 a에 10의 값을 b에 20을 대입한다. 8행: 변수 a와 b를 더한 값을 result에 대입한다. 9행: result에 대입된 결과 값을 %d에 의해서 출력한다. 11행: 변수 a에 대입된 값과 70의 값을 더한 값을 result에 대입한다. 12행: result에 대입된 결과 값을 %d에 의해서 출력한다. 14행: 30과 70의 더한 값을 result에 대입한다. 15행: result에 대입된 결과 값을 %d에 의해서 출력한다.	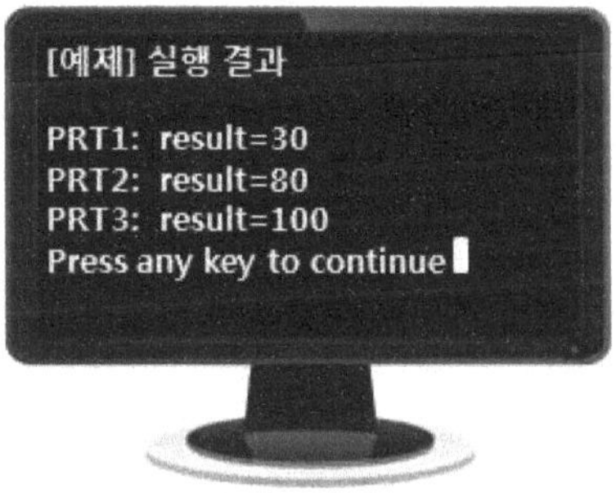

다음의 변수 x에 정수 값 20을 대입하고 변수 y에 정수 값 30을 대입하였을 때 두 수를 곱한 결과를 변수 result에 대입하여 출력하는 예제를 통해서 곱셈 연산자의 사용 방법을 살펴보도록 하자.

곱셈 연산자 사용 예제

대입 연산자 활용 코드

```
1:  #include <stdio.h>
2:
3:  main()
4:  {
5:    int x, y, result;
6:
7:    x=20;
8:    y=30;
9:
10:   result=x*y;
11:
12:   printf("PRT1:x*y=%d\n", result);
13: }
```

흐름도

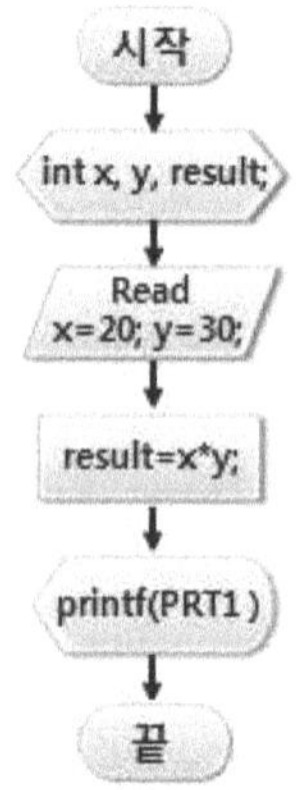

설 명

5행: 변수 x, y, result를 선언한다.
7행: 변수 x에 20의 값을 대입한다.
8행: 변수 y에 30의 값을 대입한다.
10행: 정수형 변수 result에는 변수 x의 값과 변수 y의 값을 곱한 결과 값이 대입된다.
12행: %d는 result의 값을 출력한다.

출력 결과

다음의 예제로 두 정수를 입력받아 나눗셈 연산자를 이용하여 몫과 나머지의 결과를 출력할 수 있는 프로그램을 작성해 보자.

📖 나눗셈 연산자 사용 예제

대입 연산자 활용 코드

```
1:  #include <stdio.h>
2:
3:  main()
4:  {
5:    int x, y, mok, nameji;
6:
7:    scanf("%d %d", &x, &y);
8:
9:    mok=x/y;
10:   nameji=x%y;
11:
12:   printf("PRT1: 몫의 값은 %d\n", mok);
13:   printf("PRT2: 나머지 값은 %d\n", nameji);
14:
15: }
```

흐름도

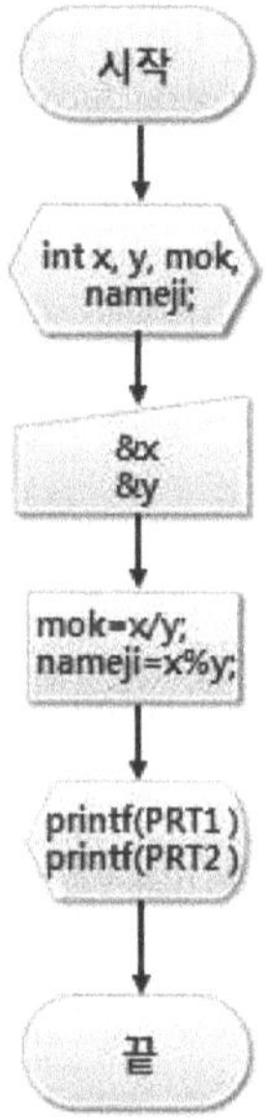

설 명

5행: 변수 x, y, mok, nameji를 선언한다.
7행: scanf함수를 이용하여 변수 x, y에 값을 키보드로 부터 입력받는다.
9행: 입력된 변수 x값을 변수 y값으로 나눈 몫의 값을 변수 mok에 대입한다.
10행: 입력된 변수 x값을 변수 y값으로 나눈 나머지의 값을 변수 nameji에 대입한다.
12행: 몫의 값을 출력하다.
13행: 나머지의 값을 출력한다.

출력 결과

다음은 산술 연산자에 관련된 복합 대입 연산자compound assignment operator의 종류에 대해서 설명하도록 하겠다. 먼저, 복합 대입 연산자의 역할은 수식을 간단하게 표현하기 때문에 코딩 시간을 줄이는데 도움이 된다. 이때 복합 대입 연산자는 언제나 대입 연산자를 동반하여 사용하여야 한다. 예를 들어 total=total+value; 라는 수식을 total+=value; 와 같이 간단히 표현할 수 있다. 이처럼 덧셈 연산자(+)와 대입 연산자(=)를 마치 하나의 연산자 형태(+=)로 묶어서 표현한 것을 복합 대입 연산자라고 한다.

복합 산술 대입 연산자

다음과 같이 복합 산술 대입연산자는 산술 연산자와 대입 연산자가 하나의 결합된 형태로 이루어져 있으며 연산 방법은 먼저 우측에서 산술에 대한 연산을 수행한 후에 좌측의 변수에 그 값을 대입하는 순서로 진행하게 된다. 다음은 복합 산술 대입 연산자의 종류에 대해서 보여준다.

복합 산술 대입 연산자	설 명	연산자의 의미
total += a;	변수 total 값에 변수 a의 값을 더하고 그 결과 값을 변수 total에 대입한다.	total = total + a;
total -= a;	변수 total 값에서 변수 a의 값을 빼고 그 결과 값을 변수 total에 대입한다.	total = total - a;
total *= a;	변수 total 값에 변수 a의 값을 곱하고 그 결과 값을 변수 total에 대입한다.	total = total * a;
total /= a;	변수 total 값을 변수 a의 값으로 나누어 몫의 값을 변수 total에 대입한다.	total = total / a;
total %= a;	변수 total 값을 변수 a의 값으로 나누어 나머지의 값을 변수 total에 대입한다.	total = total % a;

위의 복합 산술 연산자를 정리한 내용과 같이 예를 들어 total += a; 은 total = total +a;과 같은 의미로서 코딩 시에는 어느 쪽을 사용하더라도 문제가 되지 않는다. 다음의 몇 가지 예를 살펴보도록 하자. 복합 산술 대입 연산자의 형태로 표현하는 경우에는 반드시 산술 연산자 뒤에 대입 연산자를 기입한다는 것을 잊지 말도록 하자. 예를 들어 total=+a와 같이 산술 연산자와 대입 연산자의 앞뒤가 바뀌는 경우는 사용이 불가능하다.

복합 산술 대입 연산자의 예	설 명 [total=100, a=5일 경우]
total += a;	total=total+a와 같은 의미이므로 total=100+5가 된다. 결국 total에는 105의 값이 대입된다.
total *= a;	total=total*a와 같은 의미이므로 total=100*5가 된다. 결국 total에는 500의 값이 대입된다.
total /= a;	total=total/a와 같은 의미이므로 total=100/5가 된다. 결국 total에는 나눗셈의 몫인 20의 값이 대입된다.
total %= a;	total=total%a와 같은 의미이므로 total=100%5가 된다. total에는 나눗셈의 나머지인 0의 값이 대입된다.

3. 관계 연산자 relational operator

관계 연산자는 비교 연산자라고도 칭한다. 관계 연신자의 우선순위는 산술 연산자보다 낮으며 좌측에서 우측으로 진행되도록 우선순위가 결정된다. 다음과 같이 2개의 피연산자의 대소 관계를 비교하기 위한 연산자이며 그 결과는 참(1)과 거짓(0)이 된다.

	연산자	
25	〉	5
피연산자		피연산자

특히 관계 연산자의 경우는 제어문에서 조건을 만들 때 중요하게 이용되기 때문에 정확하게 이해할 필요가 있다. 다음은 관계 연산자의 종류에 대해 정리하여 나타낸다.

대입 연산자의 종류	기 호	설 명
크다	M 〉 N	피연산자 M이 N보다 크면 참(1) 아니면 거짓(0)
작다	M 〈 N	피연산자 N이 M보다 크면 참(1) 아니면 거짓(0)
크거나 같다	M 〉= N	피연산자 M이 N보다 크거나 같으면 참(1) 아니면 거짓(0)
작거나 같다	M 〈= N	피연산자 N이 M보다 크거나 같으면 참(1) 아니면 거짓(0)
같다	M == N	피연산자 M과 N이 같다면 참(1) 아니면 거짓(0)
같지 않다	M != N	피연산자 M이 N과 같지 않다면 참(1) 아니면 거짓(0)

여기에서 주의할 사항은 수학 기호(부등호)와 C언어에서의 관계 연산자 기호가 다르게 표현되는 것이 있다는 것을 기억하기 바란다. 예를 들어 "M이 N보다 크거나 같다"의 경우에 있어서 수학 기호로는 M≥N 과 같이 표현하지만 관계 연산자는 M〉=N으로 표현된다.

다음의 간단한 예를 통해서 관계 연산자들의 종류에 대해서 이해하여 보자.

[int a=5, b=10, c;]로 선언된 경우 조건들	조건 설명	평가 값
c = (a〈b);	변수 a의 값이 b의 값보다 작으면 참(1), 그렇지 않으면 거짓(0)의 값이 변수 c에 대입된다.	c=1;
c = (a〉b);	변수 a의 값이 b의 값보다 크면 참(1), 그렇지 않으면 거짓(0)의 값이 변수 c에 대입된다.	c=0;
c = (a〉=b);	변수 a의 값이 b의 값보다 크거나 같으면 참(1), 그렇지 않으면 거짓(0)의 값이 변수 c에 대입된다.	c=0;
c = (a==b);	변수 a의 값과 b의 값이 같으면 참(1), 그렇지 않으면 거짓(0)의 값이 변수 c에 대입된다.	c=0;
c = (a!=b);	변수 a의 값이 b의 값과 같지 않다면 참(1), 그렇지 않으면 거짓(0)의 값이 변수 c에 대입된다.	c=1;

다음과 같이 "변수 x에 초기 값으로 저장된 100과 키보드를 통해 입력된 임의의 정수를 비교하여 그 평가 값을 출력"하는 예제에 대해서 살펴보도록 하자.

📖 임의의 정수를 입력받아 평가 값을 출력하는 예제

대입 연산자 활용 코드

```
1:  #include <stdio.h>
2:
3:  main()
4:  {
5:    int x=100;           // 초기화
6:    int y, result;
7:
8:    printf("PRT1: 정수 값을 입력하시오.\n");
9:    scanf("%d", &y);
10:
11:   result=(x>y);
12:   printf("PRT2: 결과 값 %d\n", result);
13:
14:   result=(x<y);
15:   printf("PRT3: 결과 값 %d\n", result);
16: }
```

흐름도

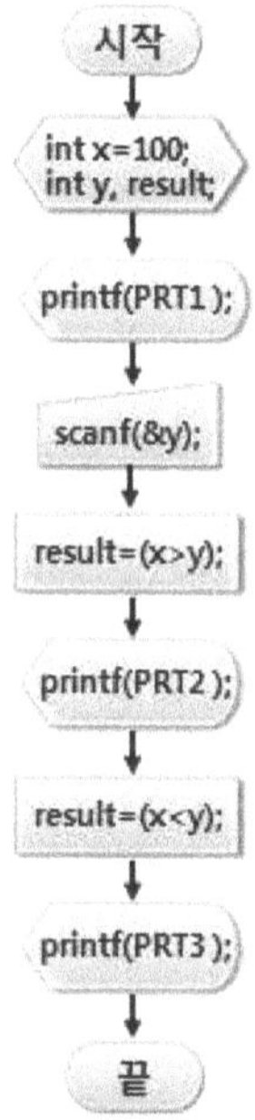

설 명

5행: int형 변수 x를 선언하고 그 변수에 100의 값을 대입한다.
6행: int형의 데이터를 변수 y와 result에 저장한다는 뜻이다.
8행: printf함수의 괄호 안의 내용을 모니터에 출력한다는 뜻이다.
9행: 변수의 주소를 이용하여 변수 y에 입력 값을 저장하게 된다.
11행: x에 저장된 값이 y에 저장된 값보다 크면 참(1), 아니면 거짓(0)이 변수 result에 대입된다.
12행: 변수 result에 저장되어 있던 값을 출력한다.
14행: x에 저장된 값이 y에 저장된 값보다 작으면 참(1), 아니면 거짓(0)이 변수 result에 대입된다.
15행: 변수 result에 저장되어 있던 값을 출력한다.

출력 결과

다음과 같이 "2개의 임의의 문자를 입력받아 비교한 후 그 평가 값을 출력"하는 예제에 대해서 살펴보도록 하자.

📖 두 문자를 입력받아 평가 값을 출력하는 예제

대입 연산자 활용 코드

```
1:  #include <stdio.h>
2:
3:  main()
4:  {
5:    char x, y;
6:    int result;
7:
8:    printf("PRT1: 두 문자를 입력하시오.\n");
9:    scanf("%c %c", &x, &y);
10:
11:   result=(x>=y);
12:   printf("PRT2: 결과 값 %d\n", result);
13:
14:   result=(x!=y);
15:   printf("PRT3: 결과 값 %d\n", result);
16: }
```

흐름도

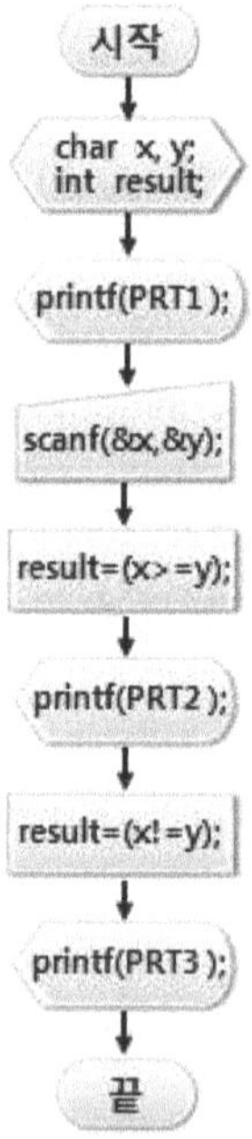

설 명

5행: char형 변수 x, y를 선언한다.
6행: int형 변수 result를 선언한다.
8행: printf함수의 괄호 안의 내용을 모니터에 출력한다는 뜻이다.
9행: 변수의 주소를 이용하여 변수 x와 y에 입력값을 저장하게 된다.
11행: x에 저장된 값이 y에 저장된 값보다 크거나 같으면 참(1), 아니면 거짓(0)이 변수 result에 대입된다.
12행: 변수 result에 저장되어 있던 값을 출력한다.
14행: x에 저장된 값과 y에 저장된 값이 같지 않으면 참(1), 아니면 거짓(0)이 변수 result에 대입된다.
15행: 변수 result에 저장되어 있던 값을 출력한다.

출력 결과

9행의 scanf함수를 통하여 각각의 변수 x에 문자 a를 변수 y에 문자 A를 입력하였다.
이때 a는 아스키 코드에 의한 10진수 값은 97 이 되며, A는 65 이다.
따라서 위와 같은 실행 결과를 얻게 된다.

4. 논리 연산자logical operator

논리 연산자는 관계 연산자와 같이 결과가 참(1)과 거짓(0)을 이용하지만 논리 연산의 기능을 제공한다. C언어에서 논리 연산자는 AND(&&), OR(||), 그리고 NOT(!)의 3가지로 논리 연산의 기능을 수행하게 되고 논리 연산자의 우선순위는 산술 연산자와 관계 연산자보다 낮다. 다음은 논리 연산자의 종류에 대해서 나타낸다.

<table>
<tr><th>연산자 명칭</th><th>기호</th><th>사용 예</th><th>설 명</th></tr>
<tr><td>AND[논리곱]</td><td>&&</td><td>a&&b</td><td>변수 a값과 b값을 이용한 AND연산을 수행한다.</td></tr>
<tr><td>OR[논리합]</td><td>||</td><td>a||b</td><td>변수 a값과 b값을 이용한 OR연산을 수행한다.</td></tr>
<tr><td>NOT[논리 부정]</td><td>!</td><td>!a</td><td>변수 a값을 이용한 NOT연산을 수행한다.</td></tr>
</table>

논리 연산자의 우선순위는 NOT이 가장 높고 다음은 AND연산자, 마지막은 OR연산자 순이다.

위와 같이 변수 a와 b에 대입된 값을 이용하여 논리 연산을 수행하는 경우에 평가는 다음의 표를 이용하여 그 평가 값을 얻게 된다.

<table>
<tr><th>변수 a</th><th>변수 b</th><th>a&&b [논리곱]</th><th>a||b [논리합]</th><th>!a [논리 부정]</th></tr>
<tr><td>0</td><td>0</td><td>0</td><td>0</td><td>1</td></tr>
<tr><td>0</td><td>1</td><td>0</td><td>1</td><td>1</td></tr>
<tr><td>1</td><td>0</td><td>0</td><td>1</td><td>0</td></tr>
<tr><td>1</td><td>1</td><td>1</td><td>1</td><td>0</td></tr>
</table>

다음의 몇 가지 예를 살펴보도록 하자.

<table>
<tr><th>수식 예</th><th>설 명</th><th>평가 값</th></tr>
<tr><td>(10>5)&&(5<3)</td><td>(10>5)의 조건 결과는 참(1), (5<3)의 조건 결과는 거짓(0)이 된다. 따라서 1&&0의 평가 값은 0 이 된다.</td><td>0</td></tr>
<tr><td>(10>5)||(5<3)</td><td>(10>5)의 조건 결과는 참(1), (5<3)의 조건 결과는 거짓(0)이 된다. 따라서 1||0의 평가 값은 1 이 된다.</td><td>1</td></tr>
<tr><td>!(5>=3)</td><td>(5>=3)의 조건 결과는 참(1)이 된다. 따라서 !(1)의 평가 값은 0 이 된다.</td><td>0</td></tr>
</table>

논리 연산자는 대부분 관계 연산자와 함께 사용되어 하나의 조건문으로 사용되기도 한다. 따라서 다음은 연산 순서에 대해 간략하게 예를 들어 살펴보도록 하자.

변수 x에 5, 변수 y에 10의 값을 대입했을 경우 (x/2 == 0) && (y%2 != 0) || (x >= y)의 조건에서 평가 값은?

(x/2 == 0) && (y%2 != 1) || (x >= y)

STEP 1 **논리 연산자는 산술 및 관계 연산자보다 우선순위가 낮다. 그리고 산술 연산자는 관계 연산자보다 우선순위가 높다.** 참고로 **연산자의 우선순위가 가장 높은 것은 소괄호**이다. 따라서 처리 순서는 다음과 같다.

① (x/2 == 0) ② (y%2 != 1) ③ (x >= y)

STEP 2 ①에서 변수 x의 값 5를 2로 나눈 몫의 값을 구하고 0과 같은지를 평가한다. 이때 몫의 값 2는 0과 같지 않으므로 **평가 값은 거짓(0)**이 된다. 이처럼 ①의 평가가 끝나면 ②의 평가를 진행하게 된다.

STEP 3 ②에서 변수 y의 값 10을 2로 나눈 나머지의 값을 구하고 1과 같지 않은지를 평가한다. 이때 나머지의 값 0은 1 같지 않으므로 **평가 값은 참(1)**이 된다. 이처럼 ②의 평가가 끝나면 ③의 평가를 진행하게 된다.

STEP 4 ③에서 사용된 1개의 연산자(>=)는 관계 연산자로 변수 x의 값 5와 변수 y의 값 10을 평가하게 된다. 이때 변수 x값 5는 변수 y값 10보다 작기 때문에 **평가값은 거짓(0)**이 된다. 이처럼 ③의 평가가 끝나면 ①,②그리고③의 평가 값을 이용하여 아래의 STEP 5와 같이 논리 연산자의 항을 평가하게 된다.

STEP 5 ①에서 평가 값은 0, ②에서 평가 값은 1,그리고 ③의 평가 값은 0 이다. 따라서 조건식을 정리하면 다음과 같다. 그리고 조건식이 **같은 종류의 연산자들로 구성되어있는 경우는 좌측부터 우측으로 진행하면서 처리**하게 된다. 처리 순서는 다음과 같다.

④ 평가 값: 0 && 평가 값: 1 || ⑤ 평가 값: 0

STEP 6 ④는 0 && 1로 AND(논리곱)연산자의 평가 값을 구하는 것으로 그 값은 0 이 된다. 이처럼 ④의 평가가 끝나면 그 평가 값을 이용하여 아래의 STEP 7과 같이 ④⑤의 논리합 연산자에 의한 평가를 진행하게 된다.

STEP 7 ⑤는 0 || 0인 OR(논리합)연산자의 평가 값을 구하는 것으로 그 값은 0 이 된다. 따라서 예제 문제의 조건식에 따른 **최종적인 평가 값은** 0 이 되는 것을 알 수 있다.

논리 연산자 사용 예제

논리 연산자 활용 코드

```
1:  #include <stdio.h>
2:
3:  main()
4:  {
5:    int x=5, y=3, z;
6:
7:    z=((x>y) && (x<=5));
8:    printf("PRT1: %d\n", z);
9:
10:   z=(x||y);
11:   printf("PRT2: %d\n", z);
12: }
```

흐름도

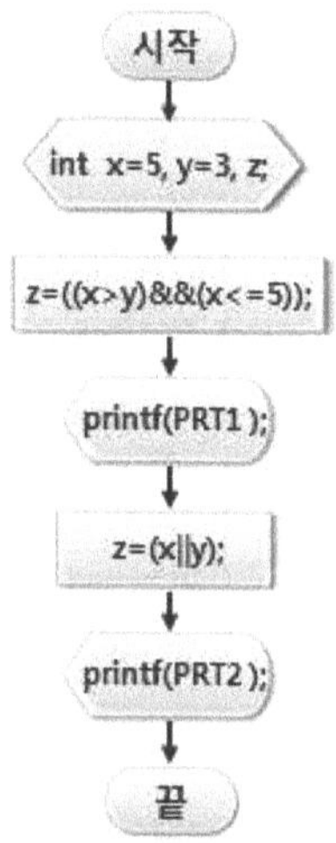

설 명

5행: 변수 x에 5, y에 3의 정수 값을 대입하고 결과 값을 대입할 변수 z를 선언하였다.

7행: (x>y) 또는 (x<=5)과 같이 각각에 소괄호를 사용한 이유는 **연산자들 중에 소괄호의 우선순위가 제일 높기 때문**이다. 여기서 (5>3)는 참(1), (5<=5)는 참(1)이므로 결국 1 && 1의 평가값은 1 이 된다. 따라서 변수 z에는 1의 값이 대입된다.

8행: %d에 의해서 변수 z에 대입된 1의 값이 출력된다.

10행: (x||y)에 각각의 변수 x와 y값을 대입하면 (5||3)과 같다. **0(거짓)이외의 값은 모두 1(참)**이므로 여기서 **5의 평가 값은 1, 3의 평가 값도** 1 이 된다. 따라서 1||1의 평가 값은 1 이 된다.

11행: %d에 의해서 변수 z에 대입된 1의 값이 출력된다.

출력 결과

5. 단항 연산자 unary operator

단항 연산자는 한 개의 피연산자[변수]에 대한 값을 연산 처리하는 연산자로서 증감 연산자라고도 칭한다. 단항 연산자의 종류로는 증가 연산자와 감소 연산자가 있으며 제어문의 조건 등에서 많이 사용되고 있다. 다음은 단항 연산자의 종류를 분류하여 나타내고 있다.

단항 연산자 종류	세부 명칭 종류	연산 기호	설 명[int danhang, result;]
증가 연산자	전위형	++	result= ++danhang; danhang의 값이 1 증가한 후 result에 대입된다.
	후위형		result= danhang++; danhang의 값을 result에 대입한 후 danhang의 값은 1 증가된다.
감소 연산자	전위형	--	result= --danhang; danhang의 값이 1 감소한 후 result에 대입된다.
	후위형		result= danhang--; danhang의 값을 result에 대입한 후 danhang의 값은 1 감소된다.

위 단항 연산자의 종류 외에 -(y)와 같은 경우도 단항 연산자로 분류할 수 있다. 그 이유는 변수 y값은 산술 연산자인 빼셈 기호(-)에 의해서 단 한 개의 변수 y값만의 부호가 바뀌기 때문이다. 이러한 경우를 **부호 반전**이라고 표현한다. 이제 단항 연산자의 종류인 증가 및 감소 연산자에 대해서 예를 들어 살펴보도록 하자.

증가 연산자[increment operator]

증가 연산자의 기호는 ++ 기호를 사용하며 변수에 대입된 값에 1을 더해줄 때 이용된다. 그 종류로는 전위형 증가 연산자와 후위형 증가 연산자의 2가지 유형으로 구분되며 주의할 사항으로는 반드시 변수 이름의 앞뒤에만 증가 연산자 기호가 올 수 있다.

❑ 전위형[prefix] 증가 연산자

전위형 증가 연산자는 증가 연산 기호(++)가 피연산자인 변수의 이름 앞에 오게 된다.

전위형	의 미	동일한 형태	출력 값
++gab	변수 gab의 값이 1 증가된다.	gab=gab+1	gab+1

원시 소스코드 작성 시에는 전위형 ++gab 또는 gab=gab+1의 형태 중에 어느 쪽으로 표현하여도 문제되지 않는다. 그 이유는 2개의 형태는 같은 의미의 표현 방식이기 때문이다. 다음은 전위형 증가 연산자의 사용 예를 나타내고 있다.

사용 예시: int gab=5; 의 경우 ++gab의 출력 값은?	
++gab 출력 값	변수 gab에 대입된 5에 1을 증가시키므로 **출력 값은 6** 이 된다.
gab+1 출력 값	++gab은 gab=gab+1과 같은 형태이므로 gab=5+1의 **출력 값은 6** 이 된다.

다음의 예제를 통해 전위형 증가 연산자를 정리해 보자.

```
1:     /* 전위형 증가 연산자의 사용 방법 */
2:     #include <stdio.h>
3:
4:     main( )
5:     {
6:          int a=50, b=50;
7:
8:          ++a;
9:          printf("PRT1: %d\n", a);
10:
11:         b=b+1;
12:         printf("PRT2: %d\n", b);
13:    }
```

설 명
6행: 변수 a, b에 각각 50의 값을 대입하고 있다.
8행: 전위형 ++a는 변수 a에 대입된 50의 값이 1 증가 된다는 의미로서 a=a+1과 같은 표현이다.
9행: 변수 a의 값을 %d에 의해서 10진수 형으로 출력한다는 뜻이다.
11행: b=b+1은 변수 b에 대입된 50의 값에 1 을 더한다는 의미이며 전위형으로 표현하면 ++b가 된다.
12행: 변수 b의 값을 %d에 의해서 10진수 형으로 출력한다는 뜻이다.

❑ 후위형postfix 증가 연산자

후위형 증가 연산자는 전위형 증가 연산자와 마찬가지로 증가 연산 기호(++)를 사용하며 피연산자인 변수의 이름 뒤에 오게 된다.

전위형	의 미	동일한 형태	출력 값
gab++	변수 gab의 값이 1 증가된다.	gab=gab+1	gab+1

원시 소스코드 작성 시에는 후위형 gab++ 또는 gab=gab+1의 형태 중에 어느 쪽으로 표현하여도 문제되지 않는다. 그 이유는 2개의 형태는 같은 의미의 표현 방식이기 때문이다. 다음은 후위형 증가 연산자의 사용 예를 나타내고 있다.

사용 예시: int gab=5; 의 경우 ++gab의 출력 값은?	
gab++ 출력 값	변수 gab에 대입된 5에 1을 증가시키므로 출력 값은 6 이 된다.
gab+1 출력 값	++gab은 gab=gab+1과 같은 형태이므로 gab=5+1의 출력 값은 6 이 된다.

위의 예시를 통해서 알 수 있듯이 전위형과 후위형의 출력 값은 동일하다는 것을 확인할 수 있다.

다음의 예제를 통해 후위형 증가 연산자를 정리해 보자.

```
/* 후위형 증가 연산자의 사용 방법 */
#include <stdio.h>

main( )
{
      int a=50, b=50;

      a++;
      printf("PRT1: %d\n", a);

      b=b+1;
      printf("PRT2: %d\n", b);
}
```

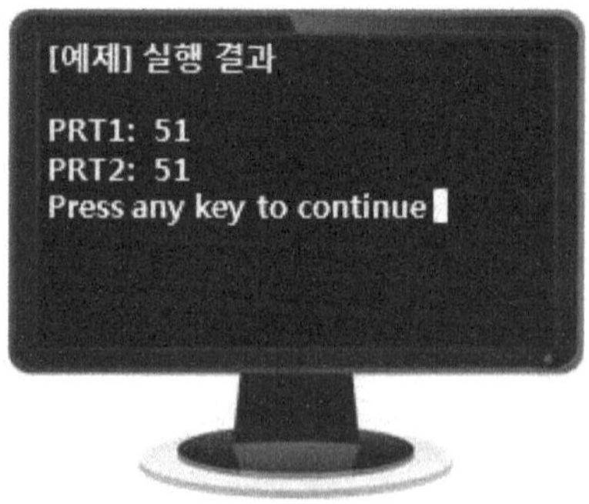

설 명
6행: 변수 a, b에 각각 50의 값을 대입하고 있다. 8행: 후위형 a++는 변수 a에 대입된 50의 값이 1 증가 된다는 의미로서 a=a+1과 같은 표현이다. 9행: 변수 a의 값을 %d에 의해서 10진수 형으로 출력한다는 뜻이다. 11행: b=b+1은 변수 b에 대입된 50의 값에 1 을 더한다는 의미이며 전위형으로 표현하면 ++b가 된다. 12행: 변수 b의 값을 %d에 의해서 10진수 형으로 출력한다는 뜻이다.

감소 연산자 decrement operator

감소 연산자의 기호는 -- 기호를 사용하며 변수에 대입된 값에 1을 빼줄 때 이용된다. 그 종류로는 전위형 감소 연산자와 후위형 감소 연산자의 2가지 유형으로 구분되며 주의할 사항으로는 증가 연산자와 마찬가지로 변수 이름의 앞뒤에만 증가 연산자 기호가 올 수 있다.

❑ 전위형 prefix 감소 연산자

전위형 감소 연산자는 감소 연산 기호(--)가 피연산자인 변수의 이름 앞에 오게 된다.

전위형	의 미	동일한 형태	출력 값
--gab	변수 gab의 값이 1 감소된다.	gab=gab-1	gab-1

전위형 **--gab** 또는 **gab=gab-1**의 형태 중에 어느 쪽으로 표현하여도 문제되지 않는다. 다음은 전위형 감소 연산자의 사용 예를 나타내고 있다.

사용 예시: int gab=5; 의 경우 --gab의 출력 값은?	
--gab 출력 값	변수 gab에 대입된 5에 1을 감소시키므로 **출력 값은** 4 가 된다.
gab-1 출력 값	--gab은 gab=gab-1과 같은 형태이므로 gab=5-1의 **출력 값은** 4 가 된다.

다음의 예제를 통해 전위형 감소 연산자를 살펴보도록 보자.

```
1:     /* 전위형 감소 연산자의 사용 방법 */
2:     #include <stdio.h>
3:
4:     main( )
5:     {
6:          int a=50, b=50;
7:
8:          --a;
9:          printf("PRT1: %d\n", a);
10:
11:         b=b-1;
12:         printf("PRT2: %d\n", b);
13:  }
```

설 명
8행: 전위형 --a는 변수 a에 대입된 50의 값이 1 감소된다는 의미로서 a=a-1과 같은 표현이다. 11행: b=b-1은 변수 b에 대입된 50의 값에 1 을 빼준다는 의미이며 전위형으로 표현하면 --b가 된다.

❑ 후위형[postfix] 감소 연산자

후위형 감소 연산자는 전위형 감소 연산자와 마찬가지로 감소 연산 기호(--)를 사용하며 피연산자인 변수의 이름 뒤에 오게 된다.

전위형	의 미	동일한 형태	출력 값
gab--	변수 gab의 값이 1 감소된다.	gab=gab-1	gab-1

원시 소스코드 작성 시에는 후위형 **gab--** 또는 **gab=gab-1**의 형태 중에 어느 쪽으로 표현하여도 문제되지 않는다. 다음은 후위형 감소 연산자의 사용 예를 나타내고 있다.

사용 예시: int gab=5; 의 경우 gab--의 출력 값은?	
gab-- 출력 값	변수 gab에 대입된 5에 1을 감소시키므로 **출력 값은** 4 가 된다.
gab-1 출력 값	--gab은 gab=gab-1과 같은 형태이므로 gab=5-1의 **출력 값은** 4 가 된다.

위의 예시를 통해서 알 수 있듯이 전위형과 후위형의 출력 값은 동일하다는 것을 확인할 수

있다.

다음의 예제를 통해 후위형 감소 연산자를 정리해 보자.

```
1:     /* 후위형 감소 연산자의 사용 방법 */
2:     #include <stdio.h>
3:
4:     main( )
5:     {
6:         int a=50, b=50;
7:
8:          a--;
9:          printf("PRT1: %d\n", a);
10:
11:         b=b-1;
12:         printf("PRT2: %d\n", b);
13:    }
```

설 명

8행: 후위형 a++는 변수 a에 대입된 50의 값이 1 증가 된다는 의미로서 a=a+1과 같은 표현이다.
11행: b=b+1은 변수 b에 대입된 50의 값에 1 을 더한다는 의미이며 전위형으로 표현하면 ++b가 된다.

전위형과 후위형의 결과 값을 변수에 대입하는 경우

지금부터는 전위형과 후위형의 증감 결과 값을 다음과 같이 다른 변수에 대입하는 경우에 대해서 살펴보기로 하자.

사용 예시: int a result; 의 경우 각각의 증감에 대한 출력 값은?		
result=++a;	a에 1을 더한 결과를 result에 대입한다.	result의 결과 값은 6 이 되며, a의 값도 6 이 된다.
result=a++;	result에 a의 값을 대입한 후에 a에 1을 더한다.	result의 결과 값은 5 가 되며, a의 값은 6 이 된다.
result=--a;	a에 1을 뺀 결과를 result에 대입한다.	result의 결과 값은 4 가 되며, a의 값도 4 가 된다.
result=a--;	result에 a의 값을 대입한 후 a에 1을 뺀다.	result의 결과 값은 5 가 되며, a의 값도 4 이 된다.

다음의 전위형과 후위형의 결과 값을 변수에 대입하여 출력하는 예제에 대해 정리해 보자.

```c
1: /* 전위형과 후위형의 결과 값을 변수에 대입 */
2:    #include <stdio.h>
3:
4:    main( )
5:    {
6:        int a=50, result;
7:
8:        result=++a;          // a=a+1
9:        printf("PRT1: %d\t", result);
10:       printf("PRT1-1: %d\n", a);
11:
12:       result=a++;          // a=a+1
13:       printf("PRT2: %d\t", result);
14:       printf("PRT2-1: %d\n", a);
15:
16:       result=--a;          // a=a-1
17:       printf("PRT3: %d\t", result);
18:       printf("PRT3-1: %d\n", a);
19:
20:       result=a--;          // a=a-1
21:       printf("PRT4: %d\t", result);
22:       printf("PRT4-1: %d\n", a);
23:   }
```

설 명

8행: 전위형 ++a는 변수 a에 대입된 50의 값에 1을 더한 결과를 result에 대입한다.
9행: 변수 result의 값은 %d에 의해서 51을 출력하게 된다. 여기서 \t는 수평방향으로 다음 탭만큼 이동하는 기능을 수행한다.
10행: 변수 a의 값도 51을 출력하게 된다.
12행: 후위형 a++는 8행에 의해서 변수 a에 새롭게 대입된 51의 값을 먼저 result에 대입하고 나서 변수 a는 51의 값에 1을 더한 52의 결과 값을 새롭게 취하게 된다.
13행: 변수 result의 값은 51을 출력하게 된다.
14행: 변수 a의 값은 52가 출력하게 된다.
16행: 전위형 --a는 변수 a에 대입된 52의 값에 1을 뺀 결과를 result에 대입한다.
17행: 변수 result의 값은 51을 출력하게 된다.
18행: 변수 a의 값도 51을 출력하게 된다.
20행: 후위형 a--는 16행에 의해서 변수 a에 새롭게 대입된 51의 값을 먼저 result에 대입하고 나서 변수 a는 51의 값에 1을 뺀 50의 결과 값을 새롭게 취하게 된다.
21행: 변수 result의 값은 51을 출력하게 된다.
22행: 변수 a의 값은 50 이 출력하게 된다.

전위형/후위형에 따른 증감 연산자 사용 시 주의사항

다음은 증감 연산자를 사용할 수 없는 경우에 해당되므로 주의하여야 한다.

int sangsu=50;으로 초기화된 경우	
++(sangsu+100)	수식의 경우에 증감 연산자는 사용할 수 없다.
++(150)	숫자(정수, 실수)의 경우에 증감 연산자는 사용할 수 없다.
++('A')	문자형의 경우에 증감 연산자는 사용할 수 없다.
++(sangsu+sangsu)	변수의 값은 상수이며 또한 수식이 포함되어 있기 때문에 증감 연산자를 사용할 수 없다.

6. 비트 단위 연산자 bitwise operator

비트 단위 연산자는 피연산자[변수]에 대한 정수 비트 단위의 연산을 처리할 때 사용된다. 즉 비트 단위 연산자를 사용할 경우 반드시 데이터의 정수형을 이용하여 비트 단위인 0 또는 1의 2진수로 변환시켜서 구성하여야 한다. 컴퓨터에서 모든 정보는 0 또는 1로 변환되어 처리되는데 0과 1을 최소 단위인 비트[bit]라고 한다. 예를 들어 정수 5를 4bit로 표현하면 다음과 같다.

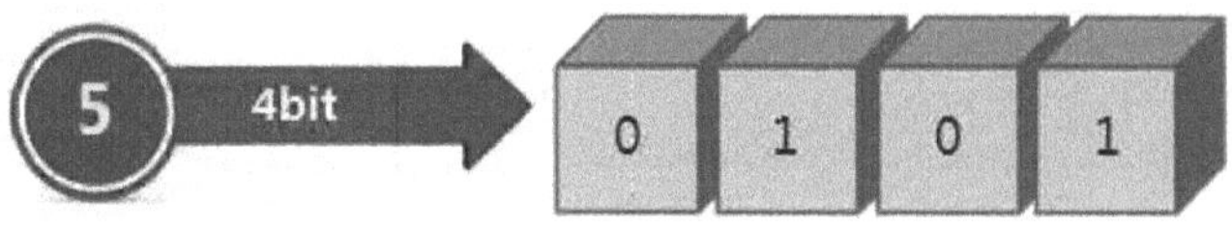

또한 정수 5를 1Byte로 표현하게 된다면 8bit가 모여서 1Byte가 되기 때문에 다음과 같이 표현할 수 있다. 이처럼 8개의 bit를 하나로 묶은 1Byte를 컴퓨터가 처리하는 정보의 기본 단위라고 한다.

비트 단위 연산자는 다음과 같이 비트 논리 연산자와 비트 이동 연산자로 분류할 수 있다.

<table>
<tr><th>비트 단위 연산자 분류</th><th>연산자 기호</th></tr>
<tr><td>비트 논리 연산자</td><td>비트AND(&), 비트OR(|), 비트XOR(^), 비트NOT(~)</td></tr>
<tr><td>비트 이동 연산자</td><td>왼쪽 비트 이동 〈〈, 오른쪽 비트 이동 〉〉</td></tr>
</table>

비트 논리 연산자[bitwise logical operator]

피연산자의 정수 값을 0과 1의 비트 단위로 변환하여 논리적인 연산을 수행하는 연산자를 비트 논리 연산자라고 한다. 비트 논리 연산자의 종류는 다음과 같다.

<table>
<tr><th>연산자 종류</th><th>기호</th><th>사용 예</th><th>설 명</th></tr>
<tr><td>AND</td><td>&</td><td>a & b</td><td>비트 논리곱으로 변수 a와 b의 값을 비트별 AND 연산처리.</td></tr>
<tr><td>OR</td><td>|</td><td>a | b</td><td>비트 논리합으로 변수 a 값과 b 값의 비트별 OR 연산처리.</td></tr>
<tr><td>XOR</td><td>^</td><td>a ^ b</td><td>배타적 비트 논리합으로 변수 a와 b의 값을 비트별 XOR 연산처리.</td></tr>
<tr><td>NOT</td><td>~</td><td>~a</td><td>비트의 반전으로 변수 a 값을 비트별 반전처리.[1의 보수]</td></tr>
</table>

위와 같이 변수 a와 b에 대입된 값을 이용하여 비트 논리 연산을 수행하는 경우에 결과는 다음의 표를 이용하여 그 결과 값을 얻게 된다.

<table>
<tr><th>변수 a</th><th>변수 b</th><th>a & b
[비트 논리곱]</th><th>a | b
[비트 논리합]</th><th>a · b
[배타적 비트 논리합]</th><th>~a (1의 보수)
[비트의 반전]</th></tr>
<tr><td>0</td><td>0</td><td>0</td><td>0</td><td>0</td><td>1</td></tr>
<tr><td>0</td><td>1</td><td>0</td><td>1</td><td>1</td><td>1</td></tr>
<tr><td>1</td><td>0</td><td>0</td><td>1</td><td>1</td><td>0</td></tr>
<tr><td>1</td><td>1</td><td>1</td><td>1</td><td>0</td><td>0</td></tr>
</table>

앞에서 학습했던 논리 연산자와 매우 유사한 것처럼 느껴지지만 연산과정에 있어서 확연한 차이를 가지고 있다는 유의하도록 한다. 그 차이란 논리 연산자의 경우는 피연산자의 값을 하나의 단위로 하여 연산을 수행한 평가 값을 얻게 되며, 비트 논리 연산자의 경우는 피연산자의 값을 비트 단위로 연산을 수행하여 결과 값을 구하게 된다. 간단히 다음과 같이 예를 하나 들어보도

록 하겠다.

<table>
<tr><th colspan="3">int a=7, b=6; 과 같이 초기화 한 경우에 논리곱과 비트 논리곱의 결과는?</th></tr>
<tr><td>논리곱(&&)의 경우</td><td>❶ a && b에서 변수에 대입된 값으로 표현하면 7 && 6이다. 피연산자 값이 0인 경우만 거짓(0), 나머지는 모두 참(1)이므로 7과 6은 모두 참(1)이 된다.
❷ 따라서 a && b는 참(1) && 참(1)과 같이 정리할 수 있다.
❸ 1 && 1일 때 논리곱 연산자의 평가 값은 참(1)이 된다.</td><td>평가 값은 1 이다</td></tr>
<tr><td>비트 논리곱(&)의 경우</td><td>❶ a=7의 경우 $(7)_{10}$의 bit표현
<table><tr><td>0</td><td>1</td><td>1</td><td>1</td></tr></table>
❷ b=6의 경우 $(6)_{10}$의 bit표현
<table><tr><td>0</td><td>1</td><td>1</td><td>0</td></tr></table>
❸ $(7)_{10}$ & (6)10의 비트 논리곱 연산
<table><tr><td>$(7)_{10}$</td><td>0</td><td>1</td><td>1</td><td>1</td></tr><tr><td>$(6)_{10}$</td><td>0</td><td>1</td><td>1</td><td>0</td></tr><tr><td>7 & 6</td><td>0</td><td>1</td><td>1</td><td>0</td></tr></table>
비트 논리곱은 두 수의 자리수가 모두 1의 경우에만 1이 된다.
❹ 따라서 7 & 6의 결과인 0110 의 2진수는 10진수로 6 이므로 최종적인 결과값은 6 이 된다.</td><td>결과 값은 6 이다</td></tr>
</table>

이번에는 10진수를 2진수로, 2진수를 10진수로 변환하는 방법에 대해 잠시 살펴보도록 하자.

<table>
<tr><th>10진수 6을 2진수로 변환</th><th>2진수를 10진수로 변환</th></tr>
<tr><td>2 | 6
2 | 3 --- 0
    1 --- 1</td><td><table><tr><td>0</td><td>1</td><td>1</td><td>0</td></tr><tr><td colspan="4">$(0\times2^3) + (1\times2^2) + (1\times2^1) + (0\times2^0) = 6$</td></tr></table></td></tr>
<tr><td>2진수 변환 값은 110 이다.</td><td>10진수 변환 값은 6 이다.</td></tr>
</table>

지금부터 각각의 비트 논리 연산자에 대한 예를 통해서 연산 수행 방법을 살펴보도록 하자.

❑ 비트 논리곱(&) 연산자의 예

<table>
<tr><th>수 식</th><th>설 명</th><th>결과 값</th></tr>
<tr><td>5 & 9</td><td>
❶ 정수 5를 32bits단위의 2진수로 변환
<table>
<tr><td>31</td><td>30</td><td>29</td><td>●●●●●</td><td>3</td><td>2</td><td>1</td><td>0</td></tr>
<tr><td>0</td><td>0</td><td>0</td><td>●●●●●</td><td>0</td><td>1</td><td>0</td><td>1</td></tr>
</table>
❷ 정수 9를 32bits단위의 2진수로 변환
<table>
<tr><td>31</td><td>30</td><td>29</td><td>●●●●●</td><td>3</td><td>2</td><td>1</td><td>0</td></tr>
<tr><td>0</td><td>0</td><td>0</td><td>●●●●●</td><td>1</td><td>0</td><td>0</td><td>1</td></tr>
</table>
❸ 5 & 9의 비트 논리합 연산
<table>
<tr><td>$(5)_{10}$</td><td>0</td><td>0</td><td>0</td><td>●●●●●</td><td>0</td><td>1</td><td>0</td><td>1</td></tr>
<tr><td>$(9)_{10}$</td><td>0</td><td>0</td><td>0</td><td>●●●●●</td><td>1</td><td>0</td><td>0</td><td>1</td></tr>
<tr><td>5 & 9</td><td>0</td><td>0</td><td>0</td><td>●●●●●</td><td>0</td><td>0</td><td>0</td><td>1</td></tr>
</table>
비트 논리곱은 두 수의 자리수가 모두 1 의 경우에만 1이 된다.
❹ 따라서 5 & 9의 결과인 000●●●0001을 10진수로 변환하면 1 이므로 최종적인 결과 값은 1 이다.
</td><td>5 & 9 = 1</td></tr>
</table>

❑ 비트 논리합(|) 연산자의 예

<table>
<tr><th>수 식</th><th>설 명</th><th>결과 값</th></tr>
<tr><td>5 | 9</td><td>
❶ 정수 5를 32bits단위의 2진수로 변환
<table>
<tr><td>31</td><td>30</td><td>29</td><td>●●●●●</td><td>3</td><td>2</td><td>1</td><td>0</td></tr>
<tr><td>0</td><td>0</td><td>0</td><td>●●●●●</td><td>0</td><td>1</td><td>0</td><td>1</td></tr>
</table>
❷ 정수 9를 32bits단위의 2진수로 변환
<table>
<tr><td>31</td><td>30</td><td>29</td><td>●●●●●</td><td>3</td><td>2</td><td>1</td><td>0</td></tr>
<tr><td>0</td><td>0</td><td>0</td><td>●●●●●</td><td>1</td><td>0</td><td>0</td><td>1</td></tr>
</table>
❸ 5 | 9의 비트 논리합 연산
<table>
<tr><td>$(5)_{10}$</td><td>0</td><td>0</td><td>0</td><td>●●●●●</td><td>0</td><td>1</td><td>0</td><td>1</td></tr>
<tr><td>$(9)_{10}$</td><td>0</td><td>0</td><td>0</td><td>●●●●●</td><td>1</td><td>0</td><td>0</td><td>1</td></tr>
<tr><td>5 | 9</td><td>0</td><td>0</td><td>0</td><td>●●●●●</td><td>1</td><td>1</td><td>0</td><td>1</td></tr>
</table>
비트 논리합은 두 수의 자리수가 모두 0 의 경우에만 0 이며 나머지는 모두 1 이다.
❹ 따라서 5 | 9의 결과인 000●●●1101을 10진수로 변환하면 13 이므로 최종적인 결과 값은 13 이 된다.
</td><td>5 | 9 = 13</td></tr>
</table>

❑ 배타적 비트 논리합(·) 연산자의 예

<table>
<tr><th>수 식</th><th>설 명</th><th>결과 값</th></tr>
<tr><td>5 ^ 9</td><td>
❶ 정수 5를 32bits단위의 2진수로 변환
<table>
<tr><td>31</td><td>30</td><td>29</td><td>•••••</td><td>3</td><td>2</td><td>1</td><td>0</td></tr>
<tr><td>0</td><td>0</td><td>0</td><td>•••••</td><td>0</td><td>1</td><td>0</td><td>1</td></tr>
</table>
❷ 정수 9를 32bits단위의 2진수로 변환
<table>
<tr><td>31</td><td>30</td><td>29</td><td>•••••</td><td>3</td><td>2</td><td>1</td><td>0</td></tr>
<tr><td>0</td><td>0</td><td>0</td><td>•••••</td><td>1</td><td>0</td><td>0</td><td>1</td></tr>
</table>
❸ 5 ^ 9의 배타적 비트 논리합 연산
<table>
<tr><td>$(5)_{10}$</td><td>0</td><td>0</td><td>0</td><td>•••••</td><td>0</td><td>1</td><td>0</td><td>1</td></tr>
<tr><td>$(9)_{10}$</td><td>0</td><td>0</td><td>0</td><td>•••••</td><td>1</td><td>0</td><td>0</td><td>1</td></tr>
<tr><td>5 ^ 9</td><td>0</td><td>0</td><td>0</td><td>•••••</td><td>1</td><td>1</td><td>0</td><td>0</td></tr>
</table>
배타적 비트 논리합은 두 수의 자리수가 모두 0 또는 1 인 경우에만 0 이며 나머지는 모두 1 이다.
❹ 따라서 5 ^ 9의 결과인 000•••1100을 10진수로 변환하면 12 이므로 최종적인 결과 값은 12 가 된다.
</td><td>5 ^ 9 = 12</td></tr>
</table>

❑ 비트의 반전(~) 연산자의 예

<table>
<tr><th>수 식</th><th>설 명</th><th>결과 값</th></tr>
<tr><td>~5</td><td>
❶ 정수 5를 32bits단위의 2진수로 변환
<table>
<tr><td>31</td><td>30</td><td>29</td><td>•••••</td><td>3</td><td>2</td><td>1</td><td>0</td></tr>
<tr><td>0</td><td>0</td><td>0</td><td>•••••</td><td>0</td><td>1</td><td>0</td><td>1</td></tr>
</table>
❷ 비트의 반전(~)
<table>
<tr><td></td><td>0</td><td>0</td><td>0</td><td>•••••</td><td>0</td><td>1</td><td>0</td><td>1</td></tr>
<tr><td>~</td><td>1</td><td>1</td><td>1</td><td>•••••</td><td>1</td><td>0</td><td>1</td><td>0</td></tr>
</table>
최상위 비트가 1이므로 음수(-)로 표현되는 것을 알 수 있다.
❸ 1의 보수
<table>
<tr><td>~</td><td>1</td><td>1</td><td>1</td><td>•••••</td><td>1</td><td>0</td><td>1</td><td>0</td></tr>
<tr><td>보수</td><td>0</td><td>0</td><td>0</td><td>•••••</td><td>0</td><td>1</td><td>0</td><td>1</td></tr>
</table>
❹ 1의 보수 결과에 1의 값을 더한다.
<table>
<tr><td>보수</td><td>0</td><td>0</td><td>0</td><td>•••••</td><td>0</td><td>1</td><td>0</td><td>1</td></tr>
<tr><td></td><td></td><td></td><td></td><td></td><td></td><td></td><td></td><td>+1</td></tr>
<tr><td>결과</td><td>0</td><td>0</td><td>0</td><td>•••••</td><td>0</td><td>1</td><td>1</td><td>0</td></tr>
</table>
결과 값은 000•••0110을 10진수로 변환하면 6 이 되지만 ❷의 비트 반전에서 최상위 비트가 음수(-)였기 때문에 최종적으로 결과 값은 -6 이 된다.
</td><td>~5 = -6</td></tr>
</table>

비트 이동 연산자 bitwise shift operator

비트 이동 연산자는 피연산자의 각 비트를 지정된 만큼 좌우로 이동시키며, 그 종류로는 좌측 이동(<<)과 우측 이동(>>) 연산자가 있다.

비트 이동 연산자 종류	기호	사용 예	설 명
좌측 비트 이동	<<	a << 3	변수 a의 값을 좌측으로 3bits만큼 이동시킨다.
우측 비트 이동	>>	a >> 3	변수 a의 값을 우측으로 3bits만큼 이동시킨다.

일반적으로 비트 이동 연산자의 이동은 기본적으로 2^n을 생각하면 이해하는데 도움이 될 것이라고 생각한다. 여기서 n은 좌/우측으로 이동되는 비트 수이다. 예를 들어 좌측 이동의 경우는 피연산자의 값에 2^n을 곱해주며, 우측 이동의 경우는 피연산자의 값에 2^n을 나누어서 몫의 값만을 이용한다. 이때 소수점 이하는 사용하지 않는다.

다음의 "변수 a에 정수 값 13을 대입하고 나서 다음 조건의 좌/우측 비트만큼 이동시키면 결과 값"을 구하여 보자.

a << 2	13 << 2	변수 a의 값을 좌측으로 2bits만큼 이동시키므로 $13 \times 2^2 = 52$ 가 된다.
a >> 2	13 >> 2	변수 a의 값을 우측으로 2bits만큼 이동시키므로 $13 / 2^2 = 3.25$ 이지만 **소수점 이하는 사용하지 않으므로** 3 이 된다.

❑ 좌측 비트 이동 연산자 (<<)

좌측 비트 이동 연산자(<<)는 주어진 n만큼의 비트를 좌측으로 이동시키며 좌측으로 밀려나간 비트는 제거되고 n만큼의 우측 빈자리에는 0 이 채워진다.

예를 들어 a=13 이라고 가정하고 2만큼 비트를 좌측으로 이동시켰을 때 결과 값을 구해 보도록 하자.

📖 방법 1

❶ a=13을 32bits단위의 2진수로 변환

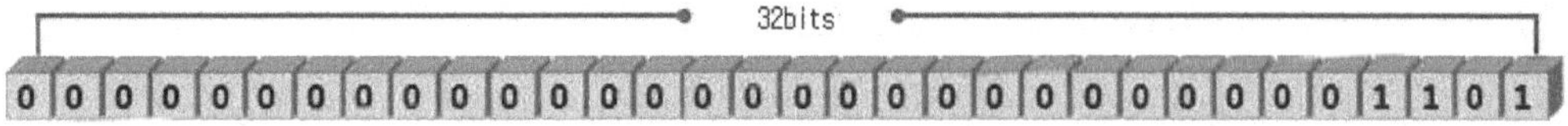

❷ 좌측으로 2비트 이동 (a << 2) [:비트 값 제거, :비어진 비트에 0 이 채워진다]

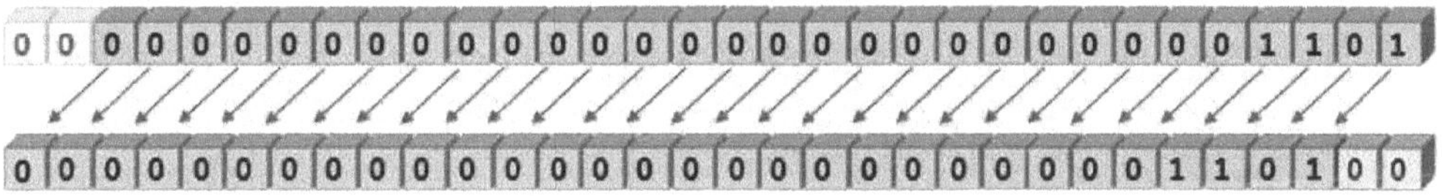

❸ 2진수를 10진수로 변환

각 비트 값이 0 인 경우는 2^n을 곱해도 결과는 0 이므로 비트 값이 1인 경우만 계산하면 다음과 같다.

$$(1 \times 2^5)+(1 \times 2^4)+(1 \times 2^2) \Rightarrow 52$$

따라서 **최종적인 결과 값은** 52 가 된다.

앞에서 설명했듯이 위의 절차를 따르지 않고 또 다른 방법으로 간략하게 최종 출력 값을 구하는 방법에 대해서 살펴보도록 하겠다.

📖 방법 2

a=13을 **좌측으로** 2bits **이동**하는 것이므로 다음과 같이 수식 연산을 통해서 결과 값을 구한다.

> 최종 출력 값 = 변수 값 $\times$ 2^n
> [n은 이동 비트 수]

위 식에 적용하면,

> 최종 출력 값 = 13 $\times$ 2^2
> = 52

[방법 1]과 [방법 2]의 최종 결과 값이 52로 서로 같다는 것을 확인 할 수 있다.
비트가 좌측으로 **이동**하는 경우는 2^n을 **곱해준다**는 것에 주의하기 바란다.

❑ 우측 비트 이동 연산자 (〉〉)

우측 비트 이동 연산자(>>)는 주어진 n만큼의 비트를 우측으로 이동시키며 우측으로 밀려 나간 비트는 제거되고 n만큼의 좌측 빈자리에는 0[양수] 또는 1[음수]의 값이 채워진다.

여기서 좌측의 최초 빈자리에는 부호 비트 값으로 0 또는 1 이 채워지기 때문이다. 즉, 양의 정수 13 이면 부호 비트 값은 0 이 되며, 음의 정수 -13 이면 부호 비트 값은 1 이 된다. 잘 이해가 되지 않는 분들은 5장 4절을 한 번 읽어보길 바란다.

먼저 양수를 주어진 비트만큼 우측으로 이동시키는 예제를 살펴보자.

예를 들어 a=13 이라고 가정하고 2만큼 비트를 우측으로 이동시켰을 경우에 결과 값을 구하여보도록 하자.

📖 방법 1

---

❶ a=13을 32bits단위의 2진수로 변환 **[양수의 경우]**

❷ 우측으로 2비트 이동 (a 〉〉 2) [:비트 값 제거, :비어진 비트에 0 이 채워진다]

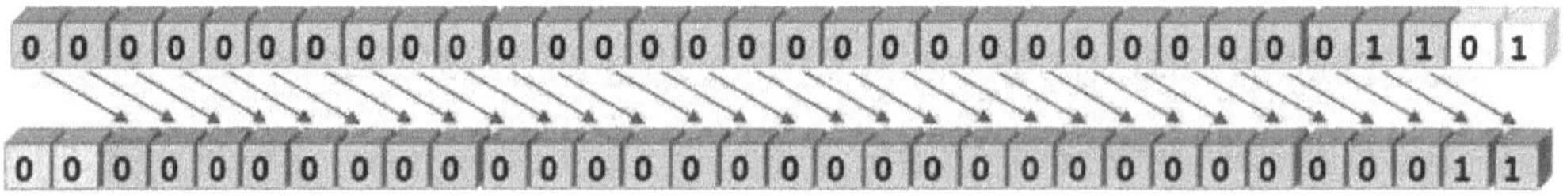

❸ 2진수를 10진수로 변환

각 비트 값이 0 인 경우는 2^n을 곱해도 결과는 0 이므로 비트 값이 1인 경우만 계산하면 다음과 같다.

$$(1\times2^1)+(1\times2^0) \Rightarrow 3$$

따라서 **최종적인 결과 값은** 3 이 된다.

앞에서 설명했듯이 위의 절차를 따르지 않고 또 다른 방법으로 간략하게 최종 출력 값을 구하는 방법에 대해서 살펴보도록 하겠다.

📖 방법 2

a=13을 **우측으로 2bits 이동**하는 것이므로 다음과 같이 수식 연산을 통해서 결과 값을 구한다. 비트의 우측 이동은 2^n으로 나누어 구한 몫의 값에서 소수점 이하는 버린다.

최종 출력 값 = 변수 값 / 2^n [n은 이동 비트 수]

위 식을 적용하면,

최종 출력 값 = 13 / 2^2 = 3.25

여기서 3.25 의 값에서 소수점 이하 소수부를 생략한 정수부인 3 이 최종 결과 값이 된다. [방법 1]과 [방법 2]의 최종 결과 값이 3으로 서로 같다는 것을 확인 할 수 있다.
비트가 우측으로 **이동**하는 경우는 **2^n로 나누어 준다**는 것에 주의하기 바란다.

지금부터는 음수의 경우에 있어서 주어진 비트만큼 우측으로 이동시키는 예제를 살펴보자.

예를 들어 a=-13 이라고 가정하고 2만큼 비트를 우측으로 이동시켰을 경우에 결과 값을 구하여보도록 하자.

📖 방법

❶ a=-13을 32bits단위의 2진수로 변환

32bits

0 0 0 0 0 0 0 0 0 0 0 0 0 0 0 0 0 0 0 0 0 0 0 0 0 0 0 0 1 1 0 1

다음과 같이 **1의 보수**로 바꿔준다. [0은 1로, 1은 0으로]

1 1 1 1 1 1 1 1 1 1 1 1 1 1 1 1 1 1 1 1 1 1 1 1 1 1 1 1 0 0 1 0

다음과 같이 **2의 보수**로 행한다. [**1을 더해준다.**]

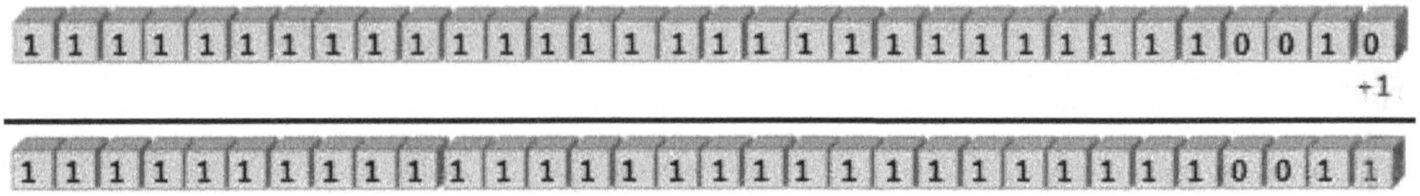

❷ -13을 우측으로 2비트 이동 (a 〉〉 2) [:비트 값 제거, :비어진 비트에 1 이 채워진다]

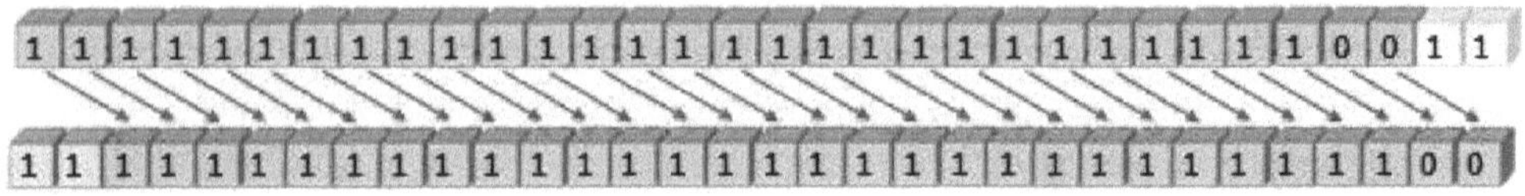

❸ 2진수를 10진수로 변환

2의 보수로 표현된 음수를 10진수로 변환하는 방법으로는 다음과 같다.

10진수 변환 값 = $-2^{n-1}+(an-2\times2^{n-2}+an-3\times2^{n-3}+$ ●●● $+a1\times2^1+a0\times2^0)$

여기서 n은 비트 수이다.

설명의 이해를 돕기 위해서 ❷에서 표현한 32비트를 8비트로 하여 설명한다. 최종 결과값은 32비트와 같다.

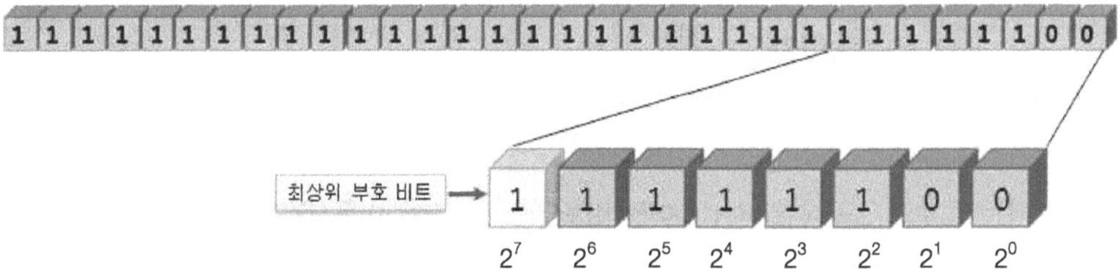

10진수 변환 값 = $-2^7+((1\times2^6)+(1\times2^5)+(1\times2^4)+(1\times2^3)+(1\times2^2))$
= -128+(64+32+16+8+4)
= -128+124
= -4

따라서 최종 결과 값은 -4가 된다.

만약 32비트로 계산하는 경우는 다음과 같이 하면 계산하면 될 것이다.

10진수 변환 값 = $-2^{31}+((1\times2^{30})+(1\times2^{29})+$ ●●● $+(1\times2^5)+(1\times2^4)+(1\times2^3)+(1\times2^2))$
= -2147483648+(1073741824+536870912+ ●●● +64+32+16+8+4)
= -4

7. 조건 연산자conditional operator

조건 연산자는 주어진 조건에 대해 참과 거짓을 판별하고 나서 그에 해당되는 실행문을 실행하게 된다. 조건 연산자의 형식은 다음과 같다.

> **(조건문) ? 실행문 1 : 실행문 2;**
>
> 조건문의 결과가 **참**이라면 **실행문 1**을 **실행**하며,
> 조건문의 결과가 **거짓**이면 **실행문 2**를 실행한다.

여기서 조건문은 주로 지금까지 살펴 본 산술 연산자, 관계 연산자, 그리고 논리 연산자를 사용하며 실행문 1과 실행문 2에는 조건문의 결과를 출력하는 printf()를 사용하게 된다. 특히 조건 연산자에 사용할 때 물음표question mark 기호인 ? 과 콜론colon 기호인 : 의 위치를 바꾸어 코딩하는 경우가 종종 있으니 주의하기 바란다. 다음에 조건 연산자에 관한 예를 들어 보기로 하겠다.

📖 조건 연산자 예제

변수의 초기화 형태

```
#include <stdio.h>

main()
{
  int a=5;
  int b=3;

 printf("PRT1: 다음 조건의 결과는?\n");
 (a>b) ? printf("참\n") : printf("거짓\n");
}
```

흐름도

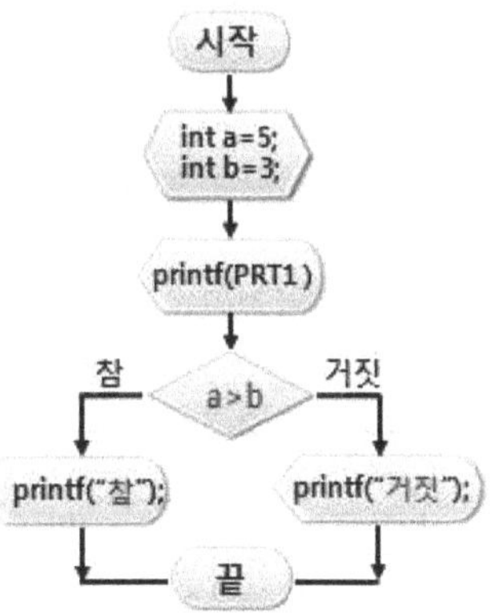

설 명	출력 결과
5행,6행: int형 변수 a, b를 각각 5와 3으로 초기 화하였다. 9행: (a>b)의 조건문을 판단한 결과가 참이면 물음표 기호 뒤의 실행문을 출력하고 거짓이면 콜론 기호 뒤의 실행문 내용을 출력하게 된다. 여기서는 a가 b보다 크기 때문에 참이므로 물음표 기호 뒤의 "참"이라는 실행문 내용이 출력 된다.	

❑ 조건 연산자 사용 시 주의사항

주어진 조건문의 판단에 따라 각각 실행되는 실행문이 길어지는 경우 한 행에 조건 연산자를 표현하는 것은 좋지 않기 때문에 행을 나누어서 표현하는 것이 효율적이다. 다음의 예를 참조하여 실수를 범하지 않기를 바란다.

조건 연산자 형식 표현	컴파일 시	원 인
(a>b) ? printf("참\n"); : printf("거짓\n");	컴파일 오류	참의 경우에 출력하는 실행문에 printf함수는 끝부분의 **세미콜론(;)기호를 생략**한다.
(a>b) ? printf("참\n") : printf("거짓\n");	컴파일 성공	올바른 형식이다.

이번에는 행을 나누는 경우에 대해서 살펴보도록 하자.

조건 연산자 형식 표현	컴파일 시	원 인
(a>b) ? printf("참\n") : printf("거짓\n");	컴파일 오류	조건 연산자를 여러 행으로 나누어 표현하는 경우에 **printf함수의 실행 내용은 나누어서 표현할 수 없다.**
(a>b) ? printf("참\n") : printf("거짓\n");	컴파일 성공	정상적인 처리를 한다.

특히 조건 연산자는 다음 장에서 학습하게 될 if~else문을 간단하게 표현하는 경우에 유용하게 사용할 수가 있다.

8. 연산자 우선순위 operators precedence

한 개의 수식에 여러 연산자가 포함되어 있는 경우에는 연산자의 우선순위에 따라서 연산을 수행하게 된다. 다음의 예를 통해서 우선순위에 대해 살펴보도록 하자.

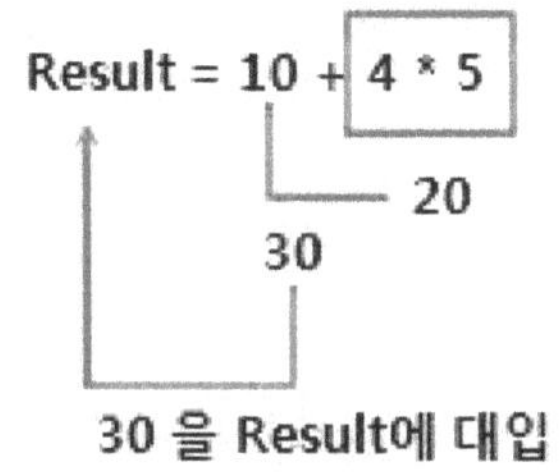

[연산자의 우선순위에 따른 연산 처리]

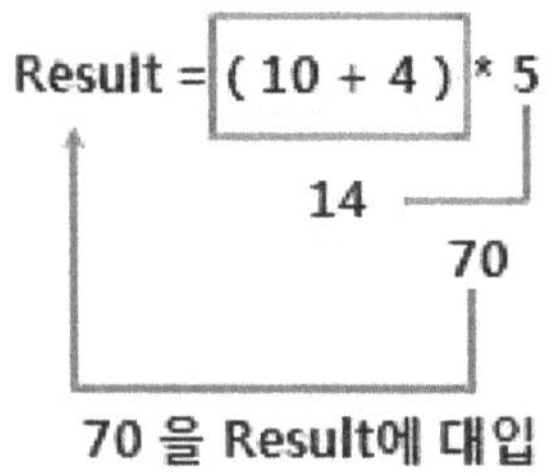

[먼저 연산 처리할 부분에 소괄호 사용]

위의 2개의 예제를 살펴보았듯이 동일한 수식임에도 불구하고 출력되는 결과 값은 확연하게 차이를 보이고 있다. 참고로 연산자 우선순위를 외워서 사용하려고 하기보다는 소괄호를 이용할 것을 권한다. 연산자의 우선순위는 다음과 같다.

<table>
<tr><th>순위</th><th>연산자 분류</th><th>연산자</th><th>적용 방향</th></tr>
<tr><td>1</td><td>괄호, 구조체</td><td>( )　[ ]　-〉　.</td><td>왼쪽에서 오른쪽</td></tr>
<tr><td>2</td><td>단항</td><td>!　~　++　--　+　-　*　&　sizeof</td><td>오른쪽에서 왼쪽</td></tr>
<tr><td>3</td><td rowspan="2">산술</td><td>*　/　%</td><td>왼쪽에서 오른쪽</td></tr>
<tr><td>4</td><td>+　-</td><td>왼쪽에서 오른쪽</td></tr>
<tr><td>5</td><td>이동</td><td>〈〈　〉〉</td><td>왼쪽에서 오른쪽</td></tr>
<tr><td>6</td><td rowspan="2">관계</td><td>〈　〈=　〉　〉=</td><td>왼쪽에서 오른쪽</td></tr>
<tr><td>7</td><td>==　!=</td><td>왼쪽에서 오른쪽</td></tr>
<tr><td>8</td><td rowspan="3">비트</td><td>&</td><td>왼쪽에서 오른쪽</td></tr>
<tr><td>9</td><td>^</td><td>왼쪽에서 오른쪽</td></tr>
<tr><td>10</td><td>|</td><td>왼쪽에서 오른쪽</td></tr>
<tr><td>11</td><td rowspan="2">논리</td><td>&&</td><td>왼쪽에서 오른쪽</td></tr>
<tr><td>12</td><td>||</td><td>왼쪽에서 오른쪽</td></tr>
<tr><td>13</td><td>조건</td><td>?:</td><td>오른쪽에서 왼쪽</td></tr>
<tr><td>14</td><td>대입</td><td>=　+=　-=　*=　/=　%=　&=　|=　^=　〈〈=　〉〉=</td><td>오른쪽에서 왼쪽</td></tr>
</table>

연.습.문.제

LECTURE 06

1. 변수 a에 4, 변수 b에 11을 대입하고 a XOR b의 값을 구하여라.

2. 변수 a에 12, 변수 b에 5를 초기화하고 a/b의 값을 실수 값으로 출력하고 흐름도를 도식화하여라.

3. 변수 a에 10, 변수 b에 5, 변수 c에 3을 대입하고 ab+bc+ca의 값을 출력하는 프로그램을 작성하고 흐름도를 도식화하여라.

4. scanf를 사용하여 두 정수 값을 입력한 후 몫과 나머지를 구하는 프로그램을 작성하고 흐름도를 도식화하여라.

5. 변수 a에 50, 변수 b에 20, 변수 c에 30을 대입한 후 a+=50, b-=5, c*=4의 연산을 수행시켜 각각 a, b, c의 값을 구하는 프로그램을 작성하고 흐름도를 도식화하여라.

6. 조건연산자를 사용하여 키보드로부터 입력된 두 실수 중에 큰 쪽을 출력하는 프로그램을 작성하고 흐름도를 도식화하여라.

7. 키보드로부터 두 정수를 입력 받아 관계 연산자인 >=, <=, ==, 그리고 != 의 결과를 출력하는 프로그램을 작성하고 흐름도를 도식화하여라.

8. 키보드로부터 학생의 이름 및 국어, 영어, 수학의 점수를 입력받아 총합과 평균값을 구하는 프로그램을 작성하고 흐름도를 도식화하여라.

9. 키보드로부터 입력된 2개의 정수 값을 각각 변수 x와 변수 y에 대입한 후 비트논리연산자를 이용한 x & y, x | y, x ^ y, 그리고 ~y의 결과 값을 확인할 수 있는 프로그램을 작성하여라.

10. 키보드로부터 입력받은 정수 값이 짝수인지 홀수인지를 구별하는 프로그램을 조건 연산자를 이용하여 작성하고 흐름도를 도식화하여라.

LECTURE 06

실.습.문.제

1. 사용자로부터 두 정수를 입력받아 합, 차, 곱, 나누기, 나머지를 구하는 프로그램을 작성하시오.

2. 조건 연산자를 이용하여 사용자로부터 3개의 정수를 입력받아서, 가장 큰 수를 출력하시오.

3. 편의점에서 아이스크림 5개와 햄버거 2개를 사고 10,000원을 냈을 때, 아이스크림과 햄버거의 총액과 거스름돈의 액수 및 동전의 최소 개수를 출력하는 프로그램을 작성하시오.

4. 다음 비트 연산자 실행결과를 쓰시오. (단, 4비트)
   ① 10>>2
   ② 5<<2

5. 다음 논리 연산자 실행결과를 쓰시오. (단, 4비트)
   ① 7 & 6
   ② 7 | 6

6. -7을 2의 보수를 사용하여 표현하시오.

7. 음수의 1의 보수를 사용할 때, 문제점이 무엇인지 설명하시오.

8. 다음 실행결과를 쓰시오.

```
#include<stdio.h>
main(){
        int c,data=0;
        c=1;
        printf("c=%d data=%d\n",c,data);
        data=++c;
        printf("c=%d data=%d",c,data);
        printf("\n");
        data=c++;
        printf("c=%d data=%d",c,data);
}
```

LECTURE

07

제어문

Control Statements

제어문은 프로그램의 흐름을 제어하는 기능을 실행하는 것으로 다양한 실행 방식의 제어를 보다 빠르고 쉽게 수행하게 해준다. 특히 제어문은 6장에서 학습한 연산자를 이용하여 조건을 생성하게 되며 그 조건의 판단결과가 참 또는 거짓에 따라서 각각에 해당하는 실행문을 선택적으로 실행할 것인지 아니면 반복적으로 수행할 것인지를 구분하여 프로그램의 흐름을 제어하게 된다. 제어문의 종류에는 크게 나누어 선택문과 반복문이 있으며 선택문은 조건의 결과에 따라서 해당 실행문을 수행하는 것이다. 또한 반복문이란 조건의 결과가 참인 경우에는 반복해서 실행문을 처리하다가 거짓이 되면 반복문을 빠져나오게 된다. 제어문은 사용 빈도가 높기 때문에 반드시 사용 방법에 대해서 익숙해질 필요가 있으며 C언어 기본 구조에서는 다음과 같이 STEP 3의 위치에 해당된다. 본 장에서는 선택문과 반복문을 중심으로 살펴보도록 하자.

C언어의 기본 구조	설 명

#include <stdio.h>
main( )
{ // 함수의 시작.
STEP 1: 변수들의 선언.
 	
STEP 2: 변수에 데이터 대입.
 	
STEP 3: 수식 연산 및 제어문.
 	
STEP 4: 데이터의 출력.
} // 함수의 끝.
	STEP 1: 변수 또는 초기 값들을 선언한다.
	[예] int a; 또는 int a=100;
	
	STEP 2: 변수에 데이터를 대입한다.
	[예] C=10; 또는 scanf("%d", &C);
	
	STEP 3: 제어문 및 연산 처리를 수행한다.
	[예] D=A+B; 및 if, for등의 제어문 사용.
	
	STEP 4: 최종 결과를 모니터에 출력한다.
	[예] printf("%d", F);

앞의 2장에서도 학습한바 있듯이 다음은 선택문과 반복문의 흐름도를 나타낸다.

선택문의 흐름도	반복문의 흐름도
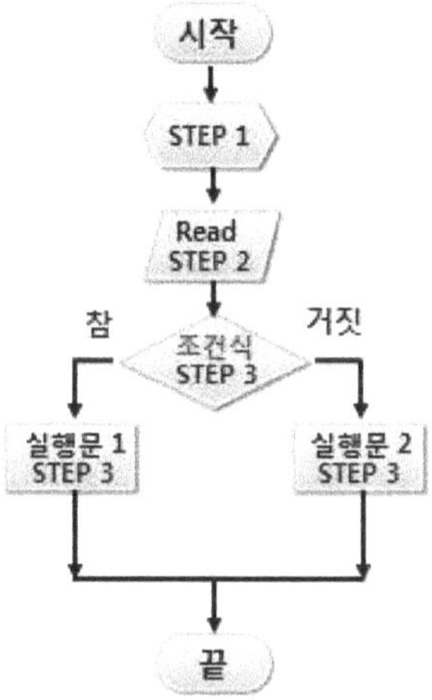	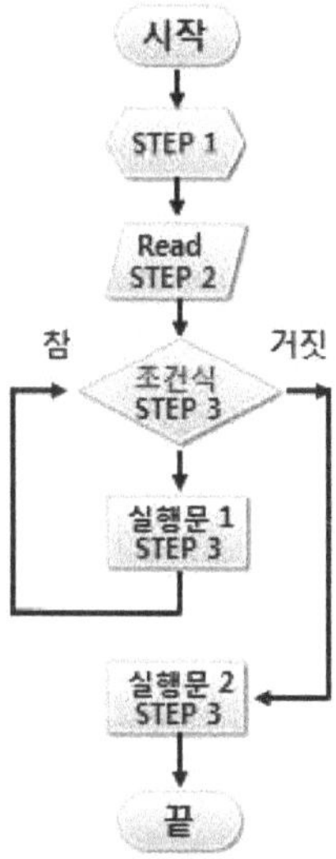
조건식이 판별결과기 참인 경우에 실행문 1을 수행하고, 거짓인 경우라면 실행문 2가 실행된다.	조건식의 판별결과가 참이라면 거짓이 될 때까지 실행문 1 이 반복적으로 수행되며, 거짓이 되면 반복을 멈추고 실행문 2가 실행된다.

여기서 STEP은 C언어 기본 구조 내의 실행문에 포함되는 STEP들을 나타낸 것이다.

1. 선택문 Selection statements

선택문은 분기문이라고도 칭한다. 앞에서도 설명했지만 선택문은 주어진 조건식을 판단하여 그 결과에 맞는 실행문을 수행함으로서 프로그램의 흐름을 제어하게 된다. 선택문의 종류는 다음과 같다.

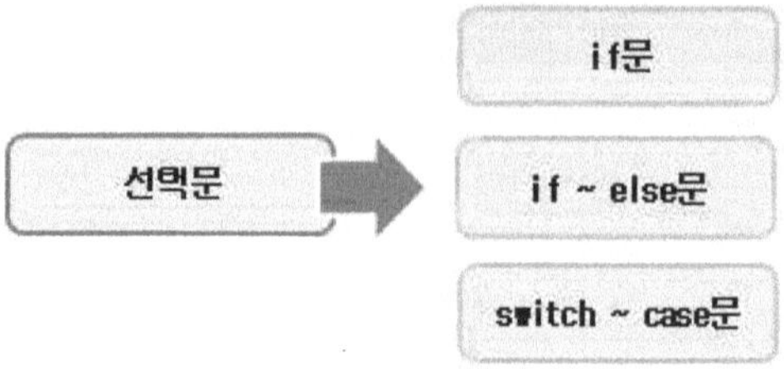

if문

선택문의 종류들 중에서 가장 간단한 형태로서 조건식이 참이면 if의 실행문을 수행하게 되며, 거짓인 경우에는 if의 실행문을 건너뛰고 다음 실행문을 실행하게 된다. 다음은 if문의 형식을 나타내고 있다.

❑ if문 형식

case별 유형	형 식	설 명
case 1	if(조건식) 실행문 1;	- 조건식은 관계연산자와 논리연산자들로 구성되며 그 판단 결과는 항상 **참** 또는 **거짓**이 되어야 한다. - 만일 조건식의 결과가 **참인 경우에 실행문 1을 수행**하였다면 조건식의 결과가 **거짓이면 실행문 1은 건너뛰게 된다.**

case 2	if(조건식)
	{
	실행문 1;
	실행문 2;
	}
		- 조건식의 결과가 **참인 경우에** 중괄호 시작 "{" 부터 중괄호가 끝 "}" 까지가 실행 범위가 되기 때문에 **실행문 1과 실행문 2를 수행**하게 된다.
		- 반대로 조건식의 결과가 **거짓이면** 중괄호 시작 "{"부터 중괄호가 끝 "}" 까지는 건너뛰게 된다.

if문의 형식을 사용할 때는 처리해야 할 실행문이 case 1과 같이 한 행뿐이더라도 가급적이면 실행문의 수행 범위는 중괄호"{ }"로 묶어서 case 2와 같이 블록을 지정하는 방식으로 사용할 것을 권한다. 다음의 흐름도를 통해서 if문의 실행 과정을 살펴보도록 하자.

📖 if문 형식의 흐름도
[조건식이 참으로 평가되었을 때 실행문에 중괄호를 사용하지 않은 경우]

if문의 형식

```
1:  if(조건식)
2:       실행문 1;
3:       실행문 2;
```

흐름도

여기서 STEP 3들은 "**C언어 기본 구조**" 내에서 표기되는 위치를 뜻한다.

설 명

1행: if 문의 조건식이 판별에 의해서 참으로 평가되더라도 **중괄호**를 사용하여 실행무의 수행범위를 표시하고 있지 않기 때문에 2행만 처리히게 된다.
3행: 실행문 2는 **조건식의 판별 결과에 관계없이 순차적 처리**에 의해서 실행된다.

📖 if문 형식의 흐름도
[조건식이 참으로 평가되었을 때 실행문에 중괄호를 사용하고 있는 경우]

if문의 형식

```
1:  if(조건식)
2:  {
3:       실행문 1;
4:       실행문 2;
5:  }
```

흐름도

설 명

1행: if 문의 조건식이 판별에 의해서 참으로 평가되면 2행부터 5행까지의 처리 내용인 실행문1과 실행문 2를 수행하게 된다. 그 이유는 2행부터 5행까지 중괄호를 이용하여 **블록으로 지정**하였기 때문이다. 반면에 거짓의 경우는 블록으로 지정된 2행부터 5행을 건너뛰게 된다.

다음의 주어진 문제들을 통해서 if문을 이용한 원시 소스코드를 작성하여 보도록 하자.

📖 두 개의 정수 값을 비교하여 if문의 조건식에 해당하는 결과를 출력하는 프로그램을 작성하시오.

원시 소스코드

```
1:  #include <stdio.h>
2:
3:  main()
4:  {
5:    int x=50, y=20;
6:
7:    if(x>y)
8:    {
9:      printf("PRT1: %d\n", x);
10:   }
11:   printf("PRT2: 순차 처리에 의해 출력\n");
}
```

흐름도

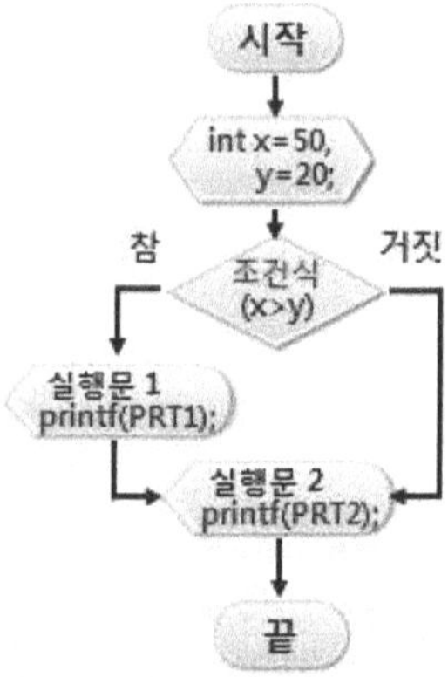

설 명

5행: 변수 x, y에 각각 50과 20의 정수 값을 대입하여 초기화 하였다.

7행: if문의 조건식은 (x>y)이므로 변수 x의 값이 변수 y의 값보다 크다면 판단 결과가 참이 되어 블록영역인 8행부터 10행까지를 수행하고 나서 11행을 실행하게 된다.

또한, 흐름도에서 if문의 조건식을 나타내는 기호는 이며, 9행에서 블록 영역의 실행 내용이 printf함수이므로 대신에 결과를 모니터에 출력하는 기호 으로 표현하고 있다.

11행: print함수는 if문의 판별 결과에 관계없이 순차적 처리에 의해서 실행을 하게 된다. 즉, 판별 결과가 참이 되던 거짓이 되던 상관없이 무조건 실행되어야 한다.

출력 결과

📖 키보드를 통해 입력된 두 수를 비교하여 if문의 조건식에 해당하는 결과를 출력하는 프로그램을 작성하시오.

원시 소스코드

```
1: #include <stdio.h>
2:
3: main()
4: {
5:   int x, y;
6:
7:   printf("두 개의 정수 값을 입력하시오\n");
8:   scanf("%d %d", &x, &y);
9:
10:  if(x>y)
11:  {
12:     printf("PRT1: %d\n", x);
13:  }
14:  printf("PRT2: 순차처리에 의해 출력됨\n");
15:}
```

흐름도

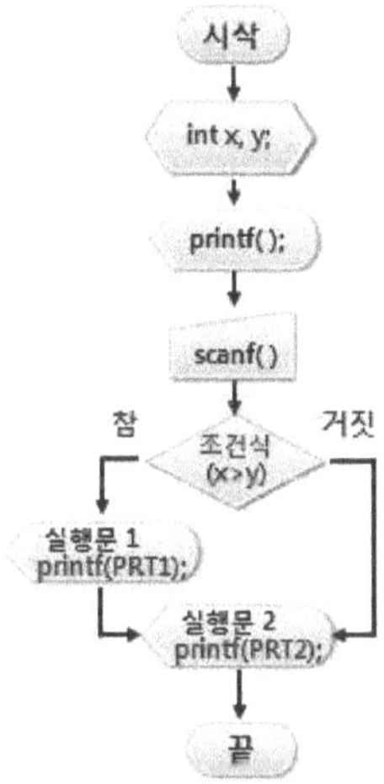

설 명

8행: scanf함수에 의해서 키보드를 통해서 각각의 변수 x, y에 값을 할당하게 된다.
scanf함수의 사용 방법에 대해서 잘 정리해두길 바라며 흐름도에서는 　　 의 기호를 사용하여 표현한다.

10행: if문의 조건식은 (x〉y)이므로 변수 x의 값 이 변수 y의 값보다 크다면 판단 결과가 참이 되어 블록영역인 11행부터 13행까지를 수행하고, 순차적 처리에 의해서 14행을 실행하게 된다.
만일, 판단 결과가 거짓이라면 블록영역인 11행부터 13행까지를 건너뛰고 순차적 처리에 의해서 14행을 실행한다.

11행: print함수는 if문의 판별 결과에 관계없이 순차적 처리에 의해서 실행을 하게 된다. 즉, 판별 결과가 참이 되던 거짓이 되던 상관없이 무조건 실행되어야 한다.

출력 결과

[x에 5, y에 3을 대입한 경우]

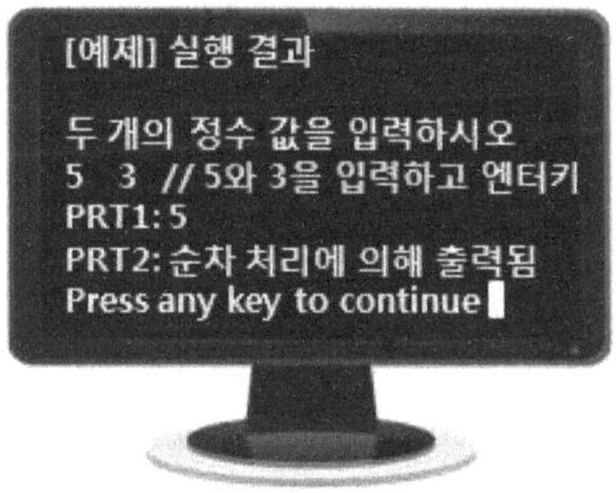

[x에 3, y에 5를 대입한 경우]

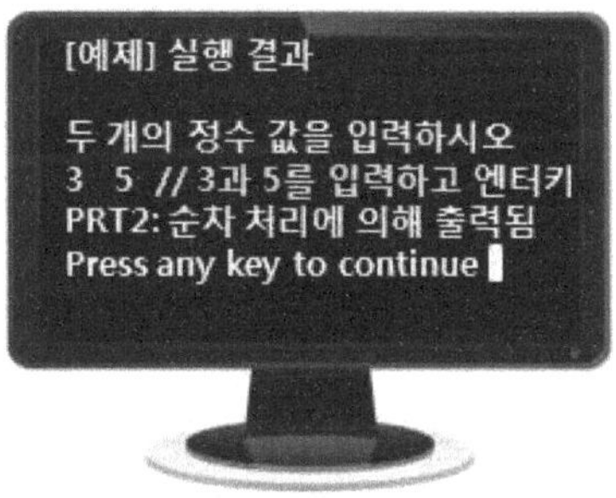

if~else문

앞에서 설명한 if문과 내용은 큰 차이가 없지만 else를 추가하고 있다는 것이 다른 점이라고 할 수 있겠다. 그렇다면 else가 추가되어 사용되는 이유는 무엇일까? 앞에서 if문은 조건식의 판별결과가 참이면 참에 해당되는 블록의 실행문을 수행한다고 했다. 그렇다면 if문에서 조건식의 판별결과가 거짓이라면 그에 관련한 실행 내용은 어떻게 할 것인가? 이와 같이 판별결과가 거짓에 해당되는 경우의 실행문을 수행하기 위해서 else를 사용하게 된다. 따라서 조건식의 판단 결과가 참일 경우에 if의 실행문을 수행하였다면 거짓인 경우에는 else가 갖는 실행문을 실행하게 된다. 다음은 if~else문의 형식을 나타내고 있다.

❑ if~else문 형식

형 식	설 명

if(조건식)
{
    실행문 1;
}
else
{
    실행문 2;
}
    실행문 3;
	- 여기서도 조건식은 논리연산자와 관계연산자들로 구성되며 그 판단 결과는 언제나 **참** 또는 **거짓**이 되어야 한다.
	- 만일 조건식의 결과가 **참인 경우에 실행문 1을 수행**하게 되며 조건식의 결과가 **거짓이면** 실행문 1은 건너뛰고 **else로 이동하여 중괄호로 표시된 블록내용인 실행문 2를 수행하게 된다.**
	- 실행문 3은 if의 조건에 따른 **판별 결과와는 관계없이 순차 처리에 의해 실행**된다.

다음의 흐름도를 통해서 if~else문의 실행 과정을 살펴보도록 하자.

if~else형식	흐름도

if(조건식)
{
        실행문 1;
}
else
{
        실행문 2;
}
        실행문 3;
	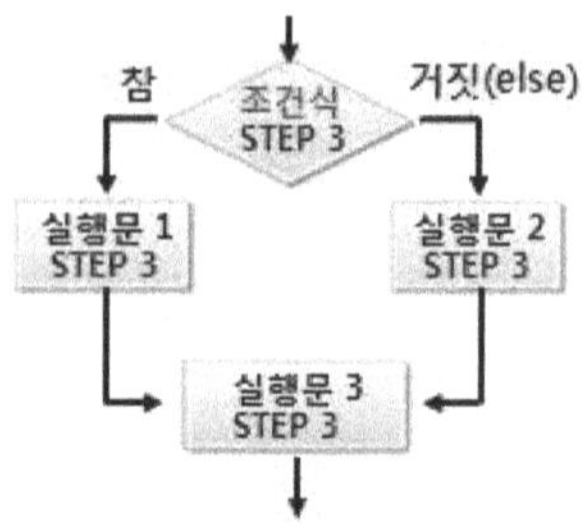
	
	여기서 STEP 3들은 "C언의 기본 구조" 내에서 표기되는 위치를 뜻한다.

다음의 주어진 문제들을 통해서 if~else문을 이용한 원시 소스코드를 작성하여 살펴보도록

하자.

📖 if~else문을 이용하여 초기화된 두 개의 정수 값을 비교한 후에 큰 값의 결과를 출력하는 프로그램을 작성하시오.

원시 소스코드

```
1: #include <stdio.h>
2:
3: main()
4: {
5:   int x=50, y=20, max;
6:
7:   if(x>y)
8:   {
9:     max=x;
10:  }
11:  else
12:  {
13:    max=y;
14:  }
15:  printf("PRT1: 큰 값= %d\n", max);
16: }
```

흐름도

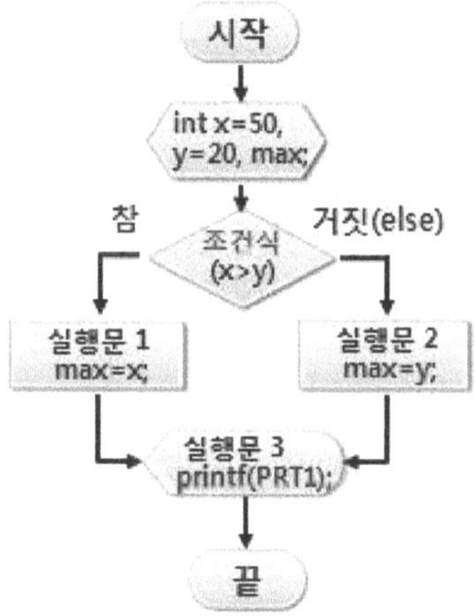

설 명

5행: 변수 x, y에 각각 50과 20의 정수 값을 대입하여 초기화하였다.
7행: 조건식은 (x〉y)이므로 변수 x의 값이 변수 y의 값보다 크다면 판단 결과가 참이므로 블록영역인 8행부터 10행까지를 수행한다.
9행: 변수 x의 값을 변수 max에 대입한다.
11행: 7행의 조건식 (x〉y)에서 판별 결과 거짓일 경우 else문의 실행문인 12행부터 14행까지의 블록 내용을 수행하게 된다.
13행: 변수 y의 값을 변수 max에 대입한다.
15행: 9행 또는 13행에 의해서 변수 max에 대입된 값을 printf함수에 의해서 모니터에 출력하게 된다.

출력 결과

다음은 두 개의 값을 입력 받아 비교한 후에 작은 값을 출력하는 프로그램을 작성하여 보자.

📖 키보드를 통해 입력된 두 수를 비교하여 작은 값을 출력하는 프로그램을 작성하시오.

원시 소스코드

```
1: #include <stdio.h>
2:
3: main()
4: {
5:   int x, y, min;
6:
7:   printf("두 개의 정수 값을 입력하시오\n");
8:   scanf("%d %d", &x, &y);
9:
10:   if(x<y)
11:   {
12:      min=x;
13:   }
14:   else
15:   {
16:      min=y;
17:   }
18:   printf("PRT1: 작은 값= %d\n", min);
19:}
```

흐름도

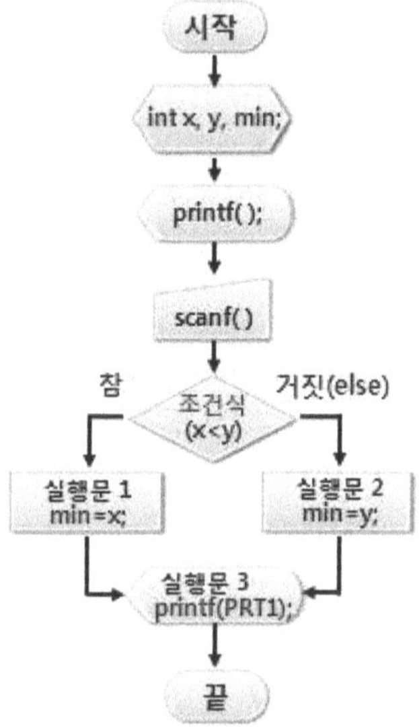

설 명

8행: scanf함수에 의해서 키보드를 통해서 각각의 변수 x, y에 값을 할당하게 된다.

10행: if문의 조건식은 (x〈y)이므로 변수 x의 값이 변수 y의 값보다 작다면 판단 결과가 참이 되어 블록영역인 11행부터 13행까지를 수행한다.

14행: 만일, 10행의 판단 결과가 거짓이라면 블록영역인 11행부터 13행까지를 건너뛰고 14행인 else문으로 이동하여 블록영역인 15행부터 17행까지를 수행한다.

18행: print함수는 if문의 판별 결과에 관계없이 순차적 처리에 의해서 실행을 하게 되며 12행 또는 16행의 처리에 의해서 저장하고 있는 변수 min의 값을 모니터에 출력하게 된다.

출력 결과

[x에 5, y에 3을 대입한 경우]

[x에 3, y에 5를 대입한 경우]

지금부터는 앞 장에서 학습한 조건 연산자와 if~else문의 관계에 대해서 다음의 예제를 통해서 살펴보도록 하자.

📖 **한 개의 정수 값을 키보드를 통해서 입력하고 그 값이 짝수인지 혹은 홀수인지를 비교할 수 있는 프로그램을 작성하시오.**

if~else

```
1: #include <stdio.h>
2:
3: main()
4: {
5:   int x;
6:
7:   printf("정수 값을 입력하시오\n");
8:   scanf("%d", &x);
9:
10:  if((x%2)==0)
11:  {
12:   printf("PRT1: %d ==> 짝수\n", x);
13:  }
14:  else
15:  {
16:   printf("PRT2: %d ==> 홀수\n", x);
17:  }
18:}
```

설 명

8행: scanf함수에 의해서 키보드를 통해서 변수 x에 값을 할당하게 된다.

10행: 조건식 (x%2)==0은 **변수 x의 값을 2로 나누고 그 나머지의 값이 0과 같다는** 의미로서 **판별 결과가 참이면 11행부터 13행까지의 블록 내용을 실행한**다. 만일, **판단 결과가 거짓이라면 블록 영역인 11행부터 13행까지를 건너뛰고 14행 else문으로 이동**하게 된다.

14행: else문의 블록영역 15행부터 17행까지를 수행한다.

조건 연산자

```
1: #include <stdio.h>
2:
3: main()
4: {
5:   int x;
6:
7:   printf("정수 값을 입력하시오\n");
8:   scanf("%d", &x);
9:
10: ((x%2)==0)
11:  ? printf("PRT1: %d ==> 짝수\n", x
12:  : printf("PRT2: %d ==> 홀수\n", x
13:}
```

설 명

8행: scanf함수에 의해서 키보드를 통해서 변수 x에 값을 할당하게 된다.

10행~12행: 조건 연산자의 형태는 다음과 같다.

(조건식) ? 실행문 1 : 실행문 2;

여기서 조건식이 참이면 실행문 1을 거짓이면 실행문 2를 수행하게 된다.

One Point

조건 연산자의 경우에 **한 행의 길이가 길어지면 행을 나누어 표현하여도 좋다.** 자세한 내용은 6장의 연산자를 다시 한 번 참조하길 바란다.

위 예제에 대한 흐름도와 출력 결과는 다음과 같다.

<table>
<tr><th>흐름도</th><th>출력 결과</th></tr>
<tr><td>
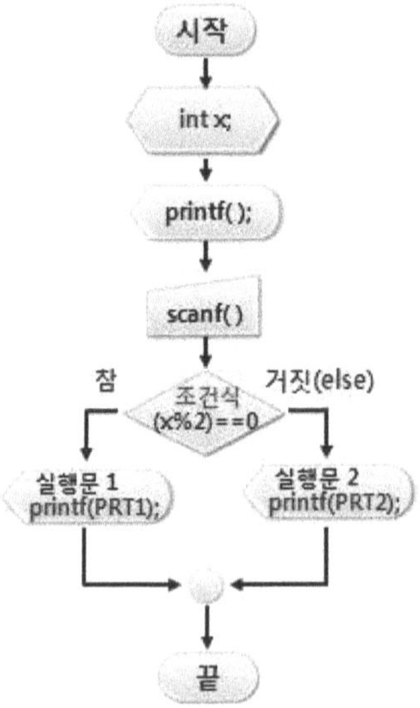

</td><td>
[변수 x에 1004를 입력]

[변수 x에 1005를 입력]

</td></tr>
</table>

조건 연산자와 if~else문의 흐름도 및 실행 결과는 양쪽이 똑같기 때문에 각각 하나씩만 예를 들어 나타내었다.

다중 if~else문

복수의 if~else문이 조합된 형태로 다중 if~else문이라고도 한다. 다중 if~else는 다소 복잡한 구조로 이루어져 있으나 다중 선택을 하는 경우에 유용하게 사용되기도 한다. 다중 if~else문의 형식은 다음과 같다.

❑ 다중 if~else문 형식

형 식	설 명

<pre>if(조건식1)
{
    실행문 1;
}
else if(조건식2)
{
    실행문 2;
}
else
{
   실행문 3;
}</pre>
	- 조건식 1의 판별 결과가 참이 되면 실행문 1을 수행하게 되며 거짓이면 else로 이동하여 if의 조건식 2를 판별하게 된다.
	- 조건식 2의 판별 결과가 참이 되면 실행문 2를 수행하게 되며 거짓이면 또 다시 else로 이동하여 실행문 3을 수행하게 된다.
	- 여기서 마지막 else는 조건식 1과 조건식 2의 모두 거짓인 경우에 실행이 되며 필요에 따라서 생략하여도 문제되지 않는다.

다음은 다중 if~else문의 흐름도를 나타낸다.

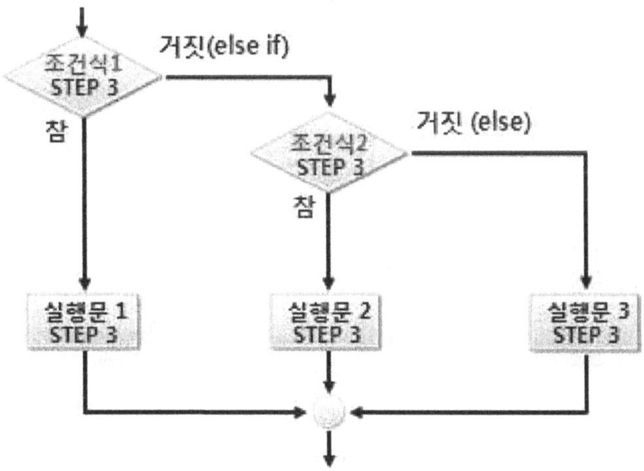

다음은 간단한 예제로서 두 수를 입력한 후에 두 수의 크기를 판단하는 프로그램이다. 여기에서 다중 if~else문이 어떻게 사용되고 있는가를 살펴보도록 하자.

📖 입력한 두 수의 크기를 비교하는 다중 if~else문 예제.

원시 소스코드

```
1: #include <stdio.h>
2:
3: main()
4: {
5:   int x,y;
6:
7:   printf("두 정수 값을 입력하시오\n");
8:   scanf("%d %d", &x, &y);
9:
10:  if(x>y)
11:  {
12:    printf("PRT1: x의 값이 크다.\n");
13:  }
14:  else if(x<y)
15:  {
16:    printf("PRT2: y의 값이 크다.\n");
17:  }
18:  else
19:  {
20:    printf("PRT3: x와 y가 같다\n");
21:  }
22:}
```

설 명

8행: 각각의 변수 x와 y에 정수 값을 입력한다.

10행: 변수 x의 값이 y 값보다 크면 참이므로 11행부터 13행의 블록을 처리한다. 만약 거짓이면 14행의 else if로 이동한다.

14행: if의 조건식인 (x〈y)를 판별하고 참이면 15행부터 17행을 실행하고 거짓이면 18행의 else문으로 이동한다.

18행: 모든 if의 조건식 결과가 거짓이면 else문의 처리 블록인 19행부터 21행까지를 실행하게 된다.

출력 결과

[x에 50, y에 30의 값을 입력한 경우]

[x에 30, y에 50의 값을 입력한 경우]

[x에 20, y에 50의 값을 입력한 경우]

앞의 문제에 대해서 흐름도를 나타내면 다음과 같다.

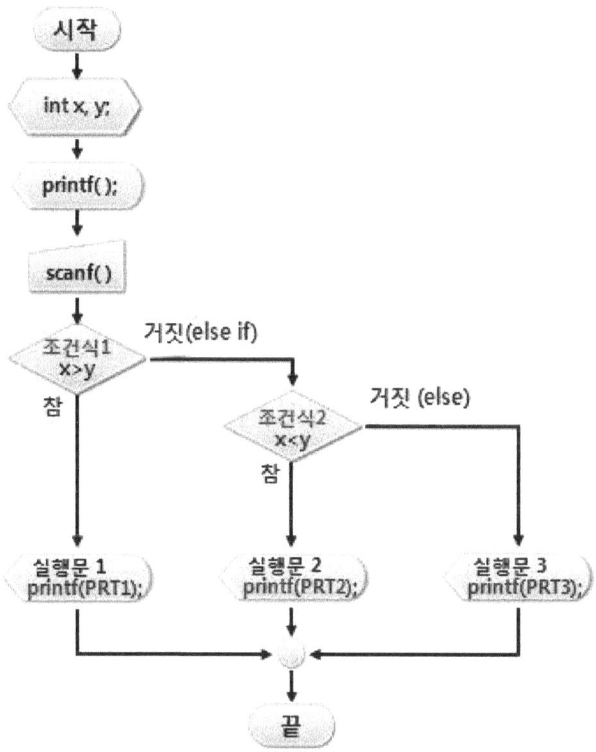

다음의 예제는 성적을 입력하여 A~B 학점까지를 분류하는 프로그램에 대해서 살펴보도록 하자.

원시 소스코드	설 명

원시 소스코드

```
1: #include <stdio.h>
2:
3: main()
4: {
5:   int x;
6:   char hakjeom;
7:   printf("성적을 입력하시오\n");
8:   scanf("%d", &x);
9:
10:  if(x>=90)
11:  {
12:    hakjeom='A';
13:  }
14:  else if((x>=80) && (x<=89))
15:  {
16:    hakjeom='B';
17:  }
18:  else if((x>=70) && (x<=79))
19:  {
20:    hakjeom='C';
21:  }
22:  else if((x>=60) && (x<=69))
23:  {
24:    hakjeom='D';
25:  }
26:  else
27:  {
28:    hakjeom='F';
29:  }
30:  printf("PRT1: 학점은 %c\n",
hakjeom);
22:}
```

설 명

8행: 성적의 값을 입력하여 변수 x에 저장하게 된다.

10행: 조건식 x>=90을 만족(참)하는 경우에는 처리 블록인 11행부터 13을 실행하게 된다. 거짓인 경우는 14행으로 이동한다.

14행: 조건식 x>=80 && x<=89를 만족하면 처리 블록인 15행부터 17행을 실행하고 거짓이면 18행으로 이동한다.

18행: 조건식 x>=70 && x<=79를 만족하면 처리 블록인 19행부터 21행을 실행하고 거짓이면 22행으로 이동한다.

22행: 조건식 x>=60 && x<=69를 만족하면 처리 블록인 23행부터 25행을 실행하고 거짓이면 26행으로 이동한다.

26행: 위의 모든 조건식들의 판별 결과가 거짓인 경우 처리 블록 27행부터 29행까지를 실행한다.

30행: 각 조건식에 만족하는 실행문의 결과는 변수 hakjeom에 대입되어 있기 때문에 저장된 값을 호출하여 모니터에 출력하게 된다.

다음은 위 예제의 흐름도와 실행 결과를 나타내고 있다.

흐름도

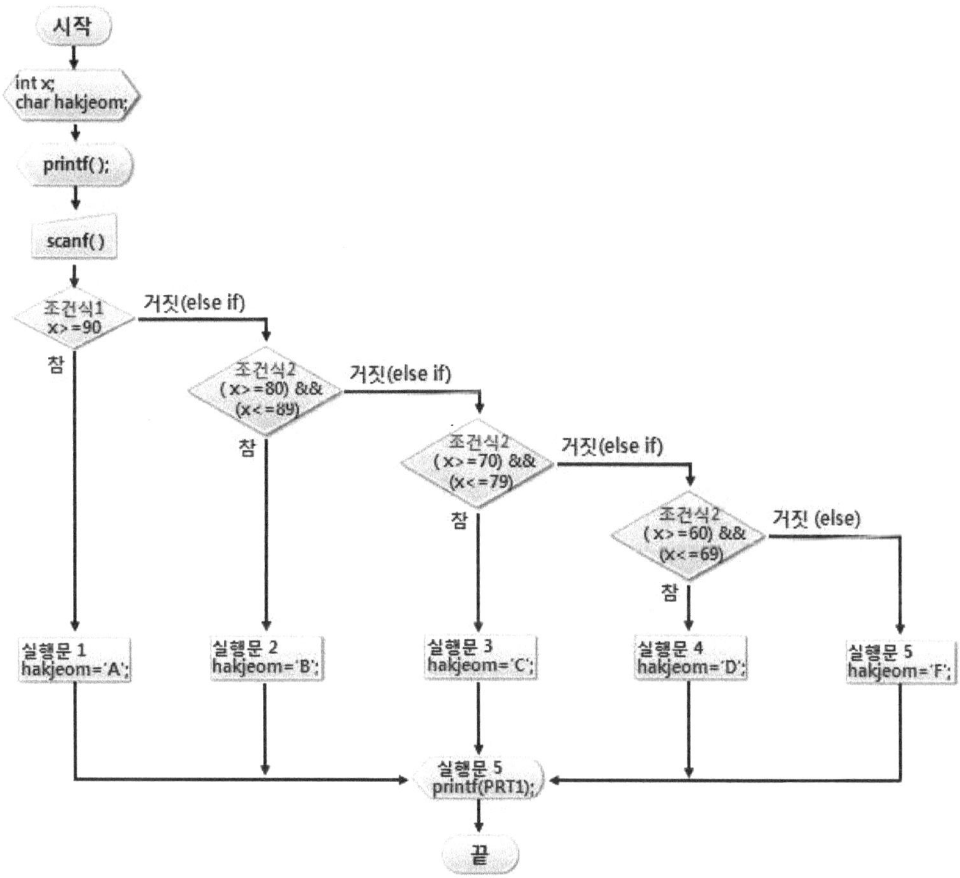
시작
int x;
char hakjeom;
printf();
scanf()
조건식1
x>=90
거짓(else if)
참
조건식2
(x>=80) &&
(x<=89)
거짓(else if)
참
조건식2
(x>=70) &&
(x<=79)
거짓(else if)
참
조건식2
(x>=60) &&
(x<=69)
거짓 (else)
참
실행문 1
hakjeom='A';
실행문 2
hakjeom='B';
실행문 3
hakjeom='C';
실행문 4
hakjeom='D';
실행문 5
hakjeom='F';
실행문 5
printf(PRT1);
끝

실행 결과

[성적을 90점 입력한 경우]

[성적을 83점 입력한 경우]

[성적을 70점 입력한 경우]

[성적을 45점 입력한 경우]

중첩 if~else문

중첩 if~else문이란 2개 이상의 if~else문을 중첩해서 사용하는 것을 의미한다. 중첩 if~else문의 형식을 살펴보면 다음과 같다.

❑ 중첩 if~else문 형식

형 식	설 명

<pre>if(조건식1)
    if(조건식2)
    {
      실행문 1;
    }
    else
    {
      실행문 2;
    }
else
{
   실행문 3;
}</pre>
	- 조건식 1의 판별 결과가 참이 되면 조건식 2를 실행하게 된다. 이때 조건식 2가 참이 되면 실행문 1을 수행하게 되며, 거짓이면 else로 이동하여 실행문 2를 실행하게 된다.
	- 만약 조건식 1의 판별 결과가 거짓이라면 실행문 3을 실행하게 된다.

다중 if~else와 중첩 if~else의 형식에 차이가 있으니 혼동하지 말기를 바란다. 다음은 중첩 if~else문의 흐름도를 나타내고 있다.

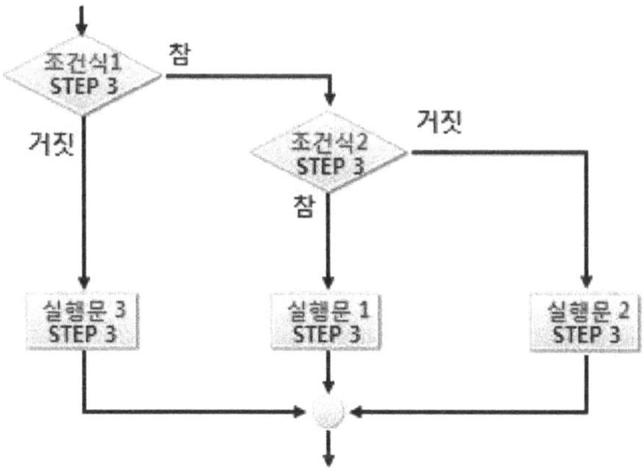

수축기의 혈압 수치를 이용하여 정상 혈압, 고혈압 전단계, 그리고 고혈압 단계로 분류하여 보자. [참고로, 수축 시 정상 혈압은 120미만, 고혈압 전단계는 120~139, 그리고 고혈압 단계는 140 이상]

원시 소스코드

```
1: #include <stdio.h>
2:
3: main()
4: {
5:   int x;
6:
7:   printf("혈압 수치를 입력하시오\n");
8:   scanf("%d", &x);
9:
10:  if(x<140)
11:     if(x>=120 && x<=139)
12:     {
13:        printf("PRT1: 고혈압 전단계\n");
14:     }
15:     else
16:     {
17:        printf("PRT2: 정상 혈압\n");
18:     }
19:   else
20:   {
21:     printf("PRT3: 고혈압\n");
22:   }
23: }
```

설 명

8행: 혈압 수치를 입력하여 변수 x에 저장하게 된다.

10행: 조건식 x<140을 만족(참)하는 경우에는 11행으로 이동한다.

11행: 조건식 x>=120 && x<=139를 만족하면 처리 블록인 12행부터 14행까지를 실행하고, 거짓이면 15행으로 이동하여 else의 처리 블록인 16행부터 18행까지를 처리하게 된다.

19행: 만약, 10행의 조건식 x<140 의 판별 결과가 거짓이면 19행으로 이동하여 else문의 처리 블록인 20행부터 22행까지를 실행하게 된다.

다음은 위 예제의 흐름도와 실행 결과를 나타내고 있다.

흐름도

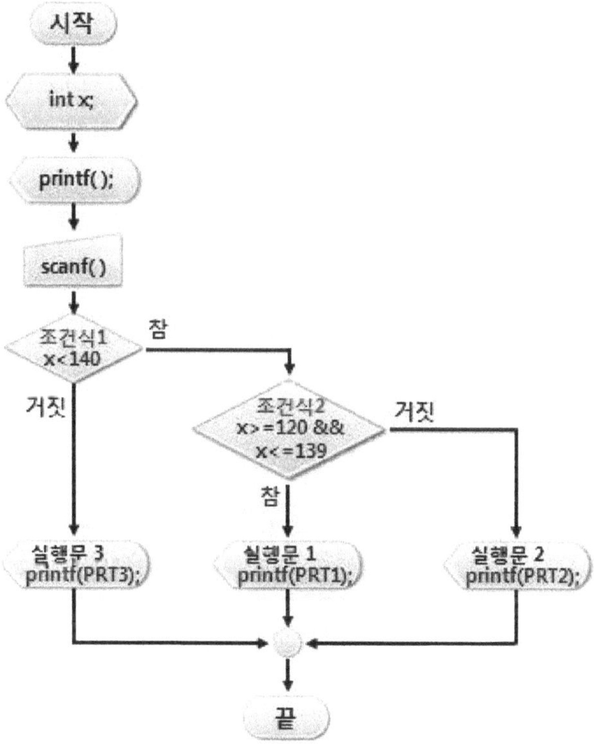
시작
int x;
printf( );
scanf( )
조건식1
x<140
참
거짓
조건식2
x>=120 &&
x<=139
거짓
참
실행문 3
printf(PRT3);
실행문 1
printf(PRT1);
실행문 2
printf(PRT2);
끝

실행 결과

[혈압 수치 145를 입력한 경우]

[혈압 수치 85를 입력한 경우]

[혈압 수치 132를 입력한 경우]

switch~case문

switch문은 다수의 조건 중 하나의 조건을 선택하는 경우에 유용하게 사용할 수 있기 때문에 다중 분기문이라고도 불린다. 물론 앞에서 학습한 if~else문, 다중 if~else문, 그리고 중첩 if~else문의 형식으로 주어진 문제에 대한 조건들을 해결할 수 있으나 다수의 조건이라면 상당히 복잡질 수도 있다. 이와 같이 다수의 조건들 중에 하나의 조건을 선택하여 해당 실행문을 수행할 때 간편하게 이용할 수 방법이 switch문이다. switch~case문에서 break문을 사용하는 경우의 형식은 다음과 같다.

❑ switch~case문 형식[각각의 case에 break문을 사용하는 경우]

형 식	설 명

switch(수식)
{
  case 레이블 1: 실행문 1; break;
  case 레이블 2: 실행문 2; break;
        ●●●●●●
  case 레이블 n: 실행문 n; break;
  default: 실행문 n+1;
}
	- switch문의 조건으로 사용되는 수식은 **정수 값을 갖는 식이나 변수** 또는 **문자를 갖는 변수**를 사용하여야 한다.
	- **블록 내의 각 case들은 레이블**[label]**을 사용**하게 되는데 여기서 **레이블이란 일반적으로 문자나 정수**로 이루어진다.
	- switch문의 **수식 결과가 case의 레이블과 일치(참)하면 그 해당 실행문만을 수행**하게 되며, **case의 레이블과 일치하는 수식 값이 없으면 default:의 실행문을 수행**하게 된다.
	- switch문 내에서 해당 case문만을 실행하고 break문을 만나게 되면 **switch{ } 문을 벗어나게 된다.**
	- 각 case의 **레이블 뒤에는 콜론 : 기호**를 반드시 붙여야 하며 **변수를 레이블로 사용할 수 없다.**

다음은 switch~case문에 break문을 사용한 흐름도를 나타낸다.

switch~case문의 흐름도 [각각의 case에 break문을 사용한 경우]

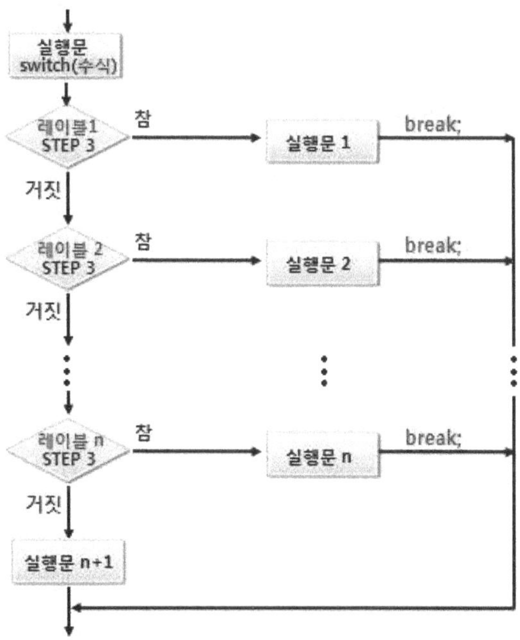

키보드를 통해서 입력된 정수 값이 짝수인지 홀수인지를 구별하는 프로그램을 break문이 포함된 switch~case문을 이용하여 작성해 보도록 하자.

원시 소스코드

```
1: #include <stdio.h>
2:
3: main()
4: {
5:  int x, y;
6:
7:  printf("한 개의 정수 값을 입력하시오.\n");
8:  scanf("%d", &x);
9:
10: y=(x%2);
11:
12: switch(y) {
13:   case 0:
14:     printf("PRT1: %d는 짝수\n",x); break;
15:   case 1:
16:     printf("PRT2: %d는 홀수\n",x); break;
17:  }
18: }
```

설 명

8행: 키보드에서 정수 값을 입력한다.

10행: 키보드로부터 입력된 값을 변수 x에 저장하고 그 값이 짝수인지 홀수를 인지를 구별한다. 이때 변수 x에 저장된 값을 2로 나누어 그 나머지의 값을 변수 y에 대입한다.

12행: **변수 y값과 switch{ }의 case레이블 값이 같으면 해당 실행문을 수행**한다.
예를 들어 case 0 의 경우는 변수 y의 값이 case의 레이블 값인 0 과 같아야 참이 된다. 이것을 **조건식으로 표현한다면 y==0 이 될 것**이며, 해당 실행문인 printf함수를 실행하고 **break문을 만나면 switch{ }문을 빠져 나오게 된다.**
또한 default는 주어진 문제에 따라서 생략가능하다.

다음은 위 예제의 흐름도와 실행 결과를 나타낸다.

흐름도

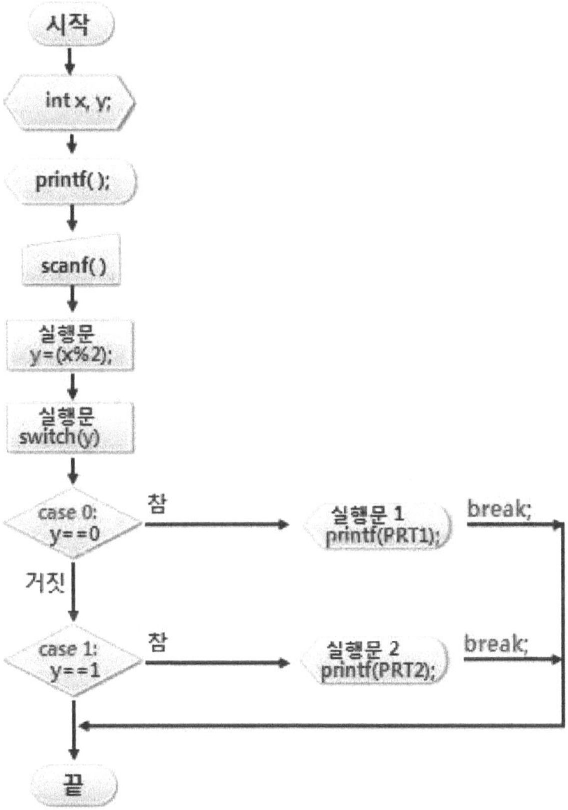

실행 결과

[정수 50을 입력한 경우]

[정수 55를 입력한 경우]

다음은 정수 1을 입력하면 First, 2를 입력하면 Second, 그리고 3을 입력하면 Third를 출력할 수 있는 프로그램을 작성하여 보자.

원시 소스코드

```
1: #include <stdio.h>
2:
3: main()
4: {
5:  int x;
6:
7:  printf("한 개의 번호를 선택(1~3)\n");
8:  scanf("%d", &x);
9:
10: switch(x) {
11:   case 1:
12:     printf("PRT1: First\n");  break;
13:   case 2:
14:     printf("PRT2: Second\n");  break;
15:   case 3:
16:     printf("PRT3: Third\n");  break;
17:   default:
18:     printf("PRT4: (1~3)의 정수만 사용\n");
19:  }
20: }
```

설 명

8행: 키보드에서 정수 값을 입력한다.

10행: 키보드에서 입력한 정수 값과 case 뒤에 수치가 같으면 해당 실행문을 수행하고 break문을 만나게 되면 switch{ }를 빠져나온다.

17행: 키보드에서 입력한 정수 값과 case 뒤에 수치가 같지 않다면 default의 실행문을 수행하게 된다.

위 예제의 흐름도와 실행 결과는 다음과 같다.

흐름도

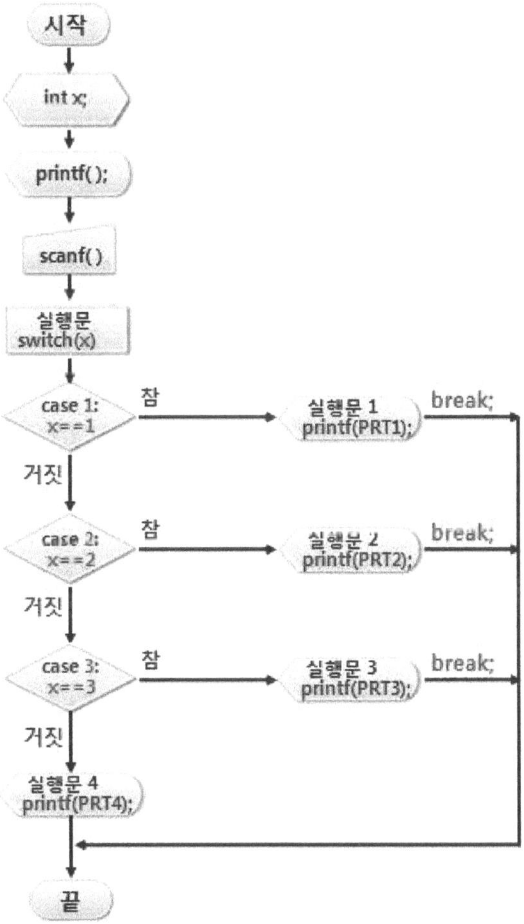

실행 결과

[정수 1을 입력한 경우]

[정수 5를 입력한 경우]

지금까지 break문을 갖고 있는 switch~case문에 대해서 살펴보았다. 그럼 break문이 생략된 switch~case문과 어떤 차이가 있는 것일까? 그 차이를 살펴보기 위해서 break문을 갖지 않는 switch~case문에 대해서 설명하도록 하겠다.

❑ switch~case문 형식[각각의 case에 break문을 생략된 경우]

형 식	설 명

switch(수식)
{
case 레이블 1: 실행문 1;
case 레이블 2: 실행문 2;
●●●●●●
case 레이블 n: 실행문 n;
default: 실행문 n+1;
}
	- switch문의 조건 결과가 case의 레이블과 일치(참)하고 있는 실행문부터 마지막 실행문까지 순차적으로 처리를 수행하게 된다.
	- switch문의 조건 결과가 각 case의 레이블과 일치하지 않는다(거짓)면 default의 실행문을 수행하게 된다.
	- 경우에 따라서 default를 생략하여도 문제되지 않는다.

다음은 break문이 생략된 경우에 있어서 switch~case문의 흐름도를 나타낸다.

switch~case문의 흐름도 [각각의 case에 break문이 생략된 경우]

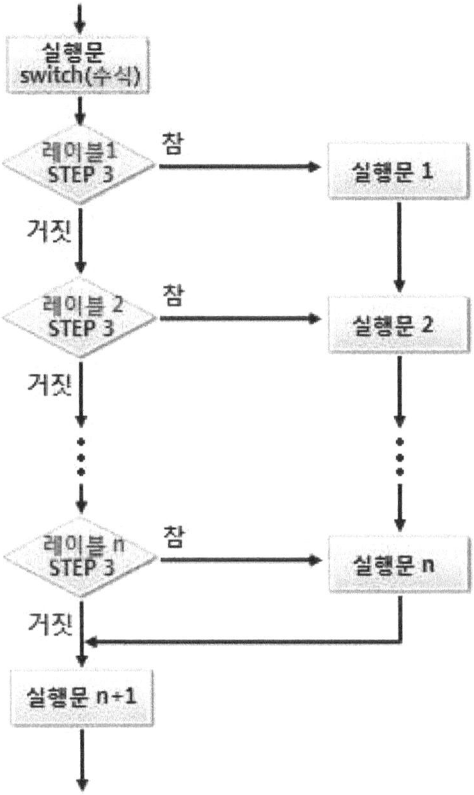

다음의 break문이 생략된 switch~case문의 예제를 살펴보도록 하자.

원시 소스코드

```
1: #include <stdio.h>
2:
3: main()
4: {
5:  int x;
6:
7:  printf("한 개의 번호를 선택(1~3)\n");
8:  scanf("%d", &x);
9:
10: switch(x) {
11:   case 1:
12:     printf("PRT1: 하나\n");
13:   case 2:
14:     printf("PRT2: 둘\n");
15:   case 3:
16:     printf("PRT3: 셋\n");
17:   default:
18:     printf("PRT4: (1~3)의 정수만 사용\n");
19:  }
20: }
```

설 명

8행: 키보드에서 정수 값을 입력한다.

10행: 키보드에서 **입력한 정수 값과** case 뒤에 **수치가 같으면 해당 실행문을 수행**하며 break문이 생략되어 있기 때문에 18행의 **마지막 실행문까지 순차적으로 처리를 수행**하게 된다.

17행: 키보드에서 **입력한 정수 값과** case 뒤에 **수치가 같지 않다면** default의 **실행문을 수행**하게 된다.

다음은 위 예제의 흐름도와 실행 결과를 나타낸다.

흐름도

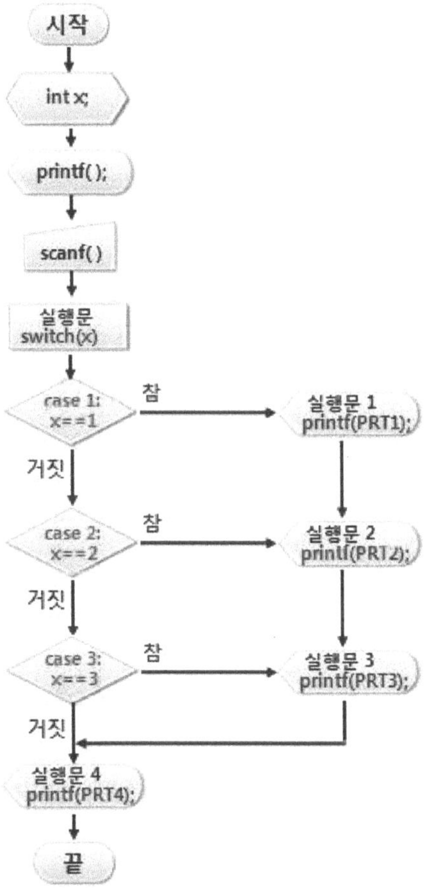

실행 결과

[정수 1을 입력한 경우]

[(1~3)이외의 정수 값을 입력한 경우]

break문이 생략된 switch~case문의 경우에 해당 case의 실행문부터 자동적으로 switch{ } 내의 마지막 실행문까지 순차적으로 처리를 수행하게 된다. 따라서 프로그래머가 원하지 않는 실행문들의 결과를 출력하게 될 가능성도 높다. 그렇다면 **break**문을 생략하는 것은 효율적이지 못한 것 일까? 다음 예제의 경우를 살펴보기로 하자.

원시 소스코드

```
#include <stdio.h>

main()
{
 int x;

 printf("원하는 달을 입력하시오(1~12)\n");
 scanf("%d", &x);

 switch(x) {
   case 1:
   case 3:
   case 5:
   case 7:
   case 8:
   case 10:
   case 12:
      printf("PRT1: %d 월은 31일까지 달입니다.\n", x);  break;

   case 4:
   case 6:
   case 9:
   case 11:
      printf("PRT2: %d 월은 30일까지 달입니다.\n", x);  break;

   default:
      printf("PRT3: %d 월은 28일까지 달입니다.\n", x);
 }
}
```

설 명

8행: 원하는 달이 며칠까지 있는지 확인하기 위해서 키보드에서 원하는 달을 입력한다.
10행~18행: 키보드에서 **입력한 해당 달과 case 뒤의 레이블이 일치하게 되면 참으로서 해당 실행문을 수행**하게 된다. 이때 **레이블 1, 3, 5, 7, 8, 10, 12는 모두 31일까지 있는 달로서 실행 내용이 같기 때문에 각 case에 실행문과 break문을 생략시켜18행에서 실행문을 수행하고 break문에 의해서 switch문을 빠져 나오게 하였다.**
20행~24행: case 레이블 4, 6, 9, 11은 모두 30일까지 있는 달로서 실행 내용이 같기 때문에 각 case에 실행문과 break문을 생략시켰으며 24행의 실행문을 수행하고 break문에 의해서 switch문을 빠져 나오게 된다.
26행: 2월 달은 유일하게 28일까지만 있으므로 default의 실행문을 수행하게 하였다.

흐름도와 실행 결과는 다음과 같이 나타낸다.

흐름도

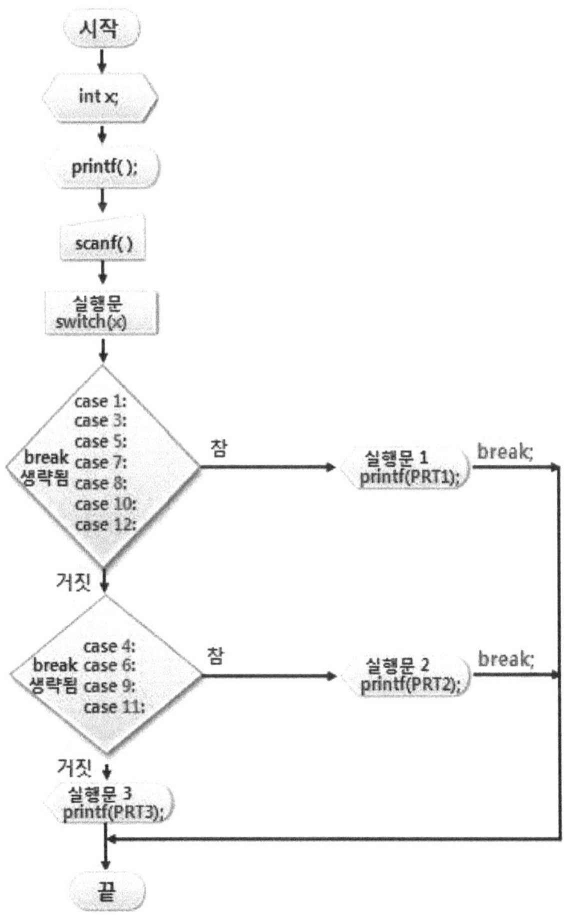

실행 결과

[5월을 입력한 경우]

[2월을 입력한 경우]

이와 같이 다수의 조건 중에 하나의 실행문을 선택하여야 하는 경우에 있어서 switch~case문에서 break문의 생략과 사용을 병행하여 소스코드를 작성하게 된다면 보다 간편하고 효율적인 프로그램의 구현이 가능하게 된다.

2. 반복문Iteration statements

반복문은 지정된 조건식에 만족하는 동안 계속해서 반복을 수행하게 된다. 반복문의 종류로는 for문, while문, 그리고 do~while문 등이 있다.

for문

for문은 조건식의 값이 참인 경우 계속해서 반복을 수행하다가 거짓이 되면 for{ }를 빠져나오게 된다. for문은 반복문 중에서도 많은 프로그래머들이 자주 사용하는 형식이기 때문에 반드시 활용 방법에 익숙해질 필요성이 있다. for문의 형식은 다음과 같다.

❑ for문 형식

형 식	설 명

for(초기값; 조건식; 증감식)
{
    실행문 1;
    실행문 2;
      •••
      •••
}
	- for문은 먼저 **초기값이 실행**된다.
	- **초기값**은 반복문을 실행하기 전에 **단 한번만 사용**하게 되며 **조건식의 값과 비교하여 그 평가 값이 참인지 거짓인지를 판별**하게 된다.
	- 만약 **조건식에 의한 판별 평가** 값이 **참이면** for{ }내의 실행문들을 수행하게 되며 **거짓**이면 for{ }를 빠져 나오게 된다.
	- **증감식**은 판별에 의한 평가 값을 **증가 또는 감소**시키는 역할을 한다.
	- 참고로, for문의 조건 뒤에는 세미콜론(;)을 붙이지 않는다.
	[예시] for(**초기값; 조건식; 증감식**); [X]

for문의 실행 순서는 다음과 같다.

소스코드	실행 순서

① ② ④
for(i=0; i<2; i++)
{
    실행문 1; ③
}
	① → ② → ③ → ④ → ② → ③ → ④ → ••• → ② → ③ → ④ → ②

실행 순서를 STEP으로 분류하여 설명하면 다음과 같다.

STEP 1 ①은 초기값으로 변수 i에 0을 대입하고 있으며 단 한 번만 실행하게 된다.

STEP 2 초기값 0을 조건식 ②에서 비교 판단하게 된다. 이때, 초기값 0은 3보다 작기 때문에 판별 결과가 참이므로 for{ } 내의 ③의 실행문 1을 수행하게 된다.

STEP 3 ③의 실행문 1을 수행하고 ④로 이동하여 변수 i의 값을 1증가 시킨다. 즉, i++는 i=i+1과 같은 의미이기 때문이다. 따라서 i의 값은 0에서 1로 증가하게 된다.

STEP 4 증가된 1의 값은 ②에서 다시 한 번 비교 판단을 하게 된다. 증가된 값 1은 2보다 작기 때문에 판별 결과가 참이므로 또 다시 for{ } 내의 ③의 실행문 1을 실행하게 된다.

STEP 5 [STEP 3]의 방법에 따르면 변수 i의 값은 1에서 2로 증가하게 된다.

STEP 6 증가된 2의 값은 ②의 조건식인 i<2에 거짓이기 때문에 for{ }를 빠져 나가게 된다.

다음은 for문의 흐름도이다.

for문의 흐름도

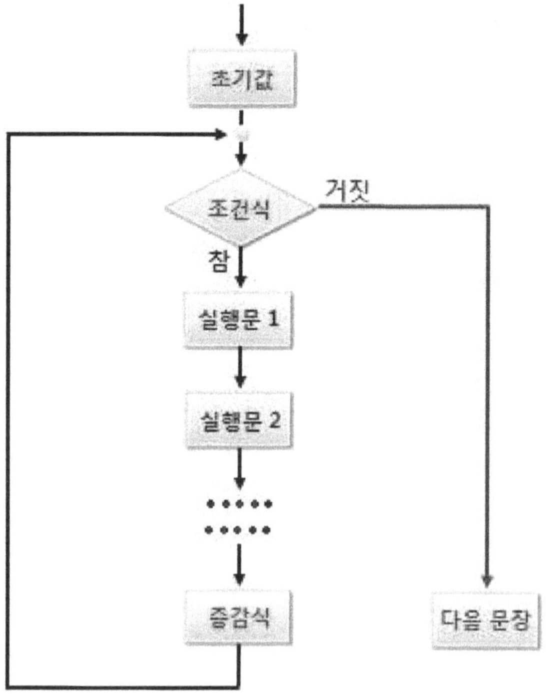

for문의 형식에서 숫자에 대한 증감식은 증가 연산자 (++), 감소 연산자(--), 복합 산술 대입연산자 등이 사용되고 있다.

다음의 간단한 예제인 "초기값 1부터 5까지의 값을 출력"하는 프로그램을 통해서 for문의 증감식 사용방법에 대해 살펴보도록 하자.

원시 소스코드

```
1:  #include <stdio.h>
2:
3:  main()
4:  {
5:    int x;
6:
7:    for(x=1; x<=5; x++)
8:    {
9:      printf("PRT1: %d, \n", x);
10:   }
11: }
```

설 명

7행: 초기값 1부터 조건식의 최대값 5까지 1씩 증가한다. 이때 변수 x의 값이 5보다 크면 거짓이 되어 for{ } 문을 빠져 나가게 되며 참이면 9행을 실행한다.

9행: 변수 x에 저장된 값을 %d에 의해서 모니터에 출력한다.

다음은 위 문제에 대한 흐름도와 실행 결과를 나타낸다.

흐름도

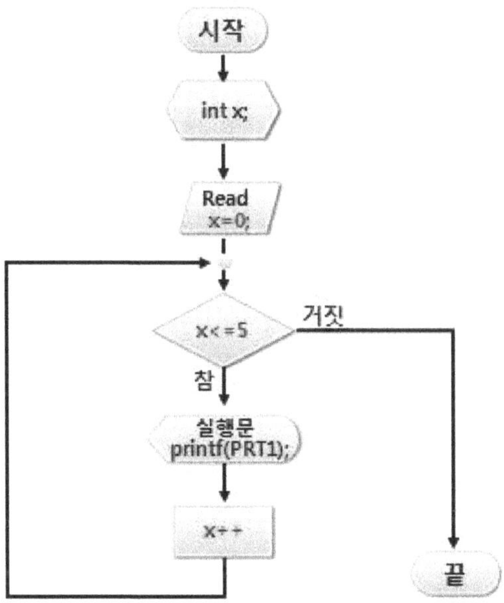

실행 결과

반대로 "초기값 5부터 1까지의 값을 출력"하는 프로그램을 for문을 이용하여 작성하여보자.

원시 소스코드

```
1:  #include <stdio.h>
2:
3:  main()
4:  {
5:    int x;
6:
7:    for(x=5; x>=1; x--)
8:    {
9:      printf("PRT1: %d, \n", x);
10:   }
11: }
```

설 명

7행: 초기값 5부터 조건식의 최소값 1까지 **1씩 감소**한다. 이때 변수 x의 값이 1 보다 작으면 거짓이 되어 for{ }문을 빠져 나가게 되며 참이면 9행을 실행 한다.

9행: 변수 x에 저장된 값을 %d에 의해서 모니터에 출력한다.

다음은 위 문제에 대한 흐름도와 실행 결과를 나타낸다.

흐름도

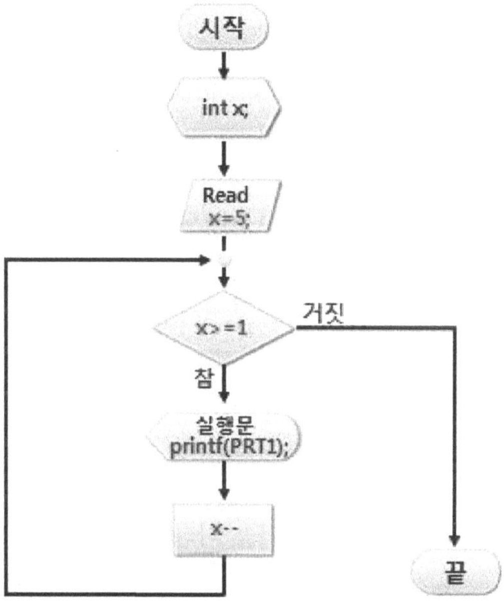

실행 결과

다음은 "1부터 10까지 중에 홀수만의 누적 합을 구하여 출력"하는 프로그램을 작성하여보자.

원시 소스코드

```
1: #include <stdio.h>
2:
3: main()
4: {
5:  int x, add;
6:
7:  add=0;
8:
9:  for(x=1; x<=10; x+=2)
10: {
11:    add+=x;
12: }
13: printf("PRT1:홀수총합:%d이다.\n", add);
14:}
```

설 명

7행: 변수 add를 0의 값으로 초기화한다.

9행: 초기값 1부터 조건식의 최대값 10까지 **2씩 증가**하게 된다. 변수 x의 값이 10보다 크면 거짓이 되어 for{ }문을 빠져나가게 되며 참이면 11행을 실행한다.

11행: add+=x는 add=add+x와 같은 의미이며 변수 add에는 누적 합의 값이 저장된다.

13행: 변수 add에 저장된 홀수의 누적합을 %d에 의해서 모니터에 출력한다.

다음은 위 문제에 대한 흐름도와 실행 결과를 나타낸다.

흐름도

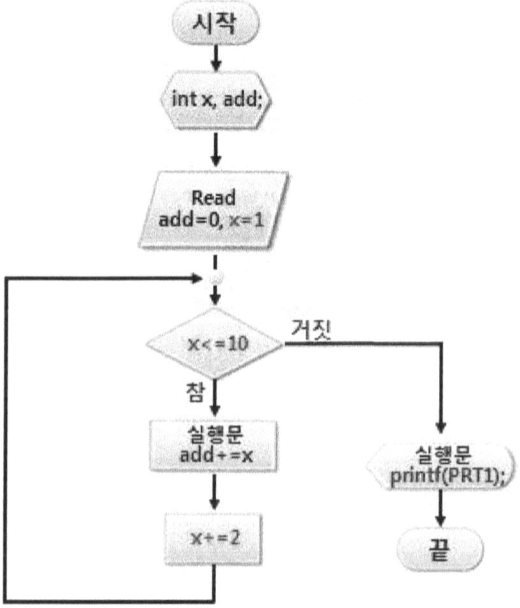

실행 결과

양의 정수 1에서 n까지의 총 합을 구하는 프로그램을 작성하여 보도록 하자.

원시 소스코드

```
1:  #include <stdio.h>
2:
3:  main()
4:  {
5:     int x, n, add=0;
6:
7:     printf("n의 정수 값을 입력하시오\n");
8:     scanf("%d", &n);
9:
10:    for(x=1; x<=n; x++)
11:    {
12:       add+=x;              // add=add+x;와 같다.
13:    }
14:    printf("PRT1: %d까지의 총합은 %d이다.\n", n, add);
15: }
```

설 명

8행: scanf함수를 이용하여 변수 n을 입력 받게 된다.

10~13행: 먼저 변수 x를 1로 초기화하고 x를 1씩 증가시켜 입력 받은 n까지의 총합을 변수 add에 저장하게 된다. 이때 변수 x의 값이 1씩 증가하면서 입력된 n보다 크면 판별 결과가 거짓이 되기 때문에 for{ }를 벗어나게 된다.

14행: 변수 add에 저장된 초기값 1부터 n까지의 누적된 총 합을 모니터에 출력하게 된다.

다음은 흐름도와 실행 결과를 나타낸다.

흐름도

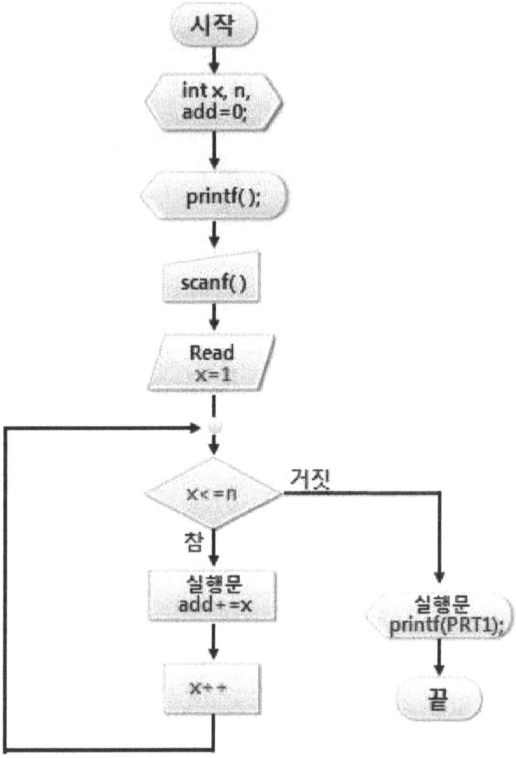

실행 결과

[변수 n에 10을 입력한 경우]

[변수 n에 100을 입력한 경우]

또한, for문에서 문자에 대한 증감식의 경우에도 증가 연산자 (++), 감소 연산자(--), 복합 산술 대입연산자 등을 사용할 수 있다. 그 이유는 각 문자에 대한 ASCII 코드 값을 이용할 수 있기 때문이다.

다음의 문자 관련 예제인 "알파벳 a부터 입력된 알파벳까지 출력 가능한 프로그램"을 작성하여 보도록 하자.

원시 소스코드

```
1:  #include <stdio.h>
2:
3:  main()
4:  {
5:     char n, x;
6:
7:     printf("알파벳을 입력하시오\n");
8:     scanf("%c", &n);
9:
10:    for(x='a'; x<=n; x++)
11:    {
12:       printf("%c ", x);
13:    }
14:    printf("\n");
15: }
```

설 명

8행: 변수 n에 한 개의 알파벳 문자를 입력 받는다. 이때 **문자를 입력 받으므로 %c의 형식 지정 문자열**을 사용한다. **주의할 사항**은 문자의 경우 작은 따옴표(' ') 사이에 한 개의 문자를 기입한다.

10~13행: 먼저 변수 x를 'a'로 초기화한다. 여기서 **a는 ASCII 코드 값에 의해 97의 10진수 값**을 갖게 된다. 따라서 **변수 x에는 97이 대입되며 x++에 의해서 1씩 증가하면 98(b), 99(c),100(d) •••**와 같이 된다. 이때 변수 x의 값이 1씩 증가하면서 입력된 n보다 크면 판별 결과가 거짓이 되기 때문에 for{ }를 벗어나게 된다.

14행: 12행의 결과를 출력하고 for{ }를 빠져나온 뒤에 커서는 개행하게 된다.

실행 결과와 흐름도는 다음과 같다.

실행 결과

[변수 n에 알파벳 f를 입력한 경우]

[변수 n에 알파벳 m을 입력한 경우]

흐름도

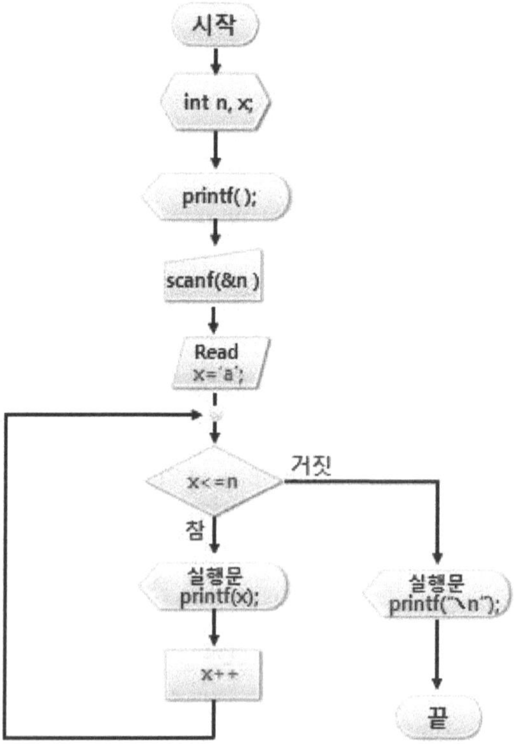

❑ 그 밖의 for문의 유형

for문 형식의 구성을 변형시켜도 문제가 되지 않는 몇 가지 유형에 대해서 알아보자.

📖 for문을 이용한 무한 루프의 경우

for문의 형식에서 조건식을 생략	for문의 형식에서 모든 조건을 생략

`for( x=0;   ;x++ )`
`{`
`    실행문;`
`}`
	`for( ;  ;  )`
	`{`
	`    실행문;`
	`}`

📖 초기값과 증감식이 생략된 경우

초기값을 for{ } 이전에 초기화	for문의 실행 블록에 증감식을 기입

`int x=0;`
`for(  ; x<=50; x++ )`
`{`
`    실행문;`
`}`
	`for( x=0; x<=50;   )`
	`{`
	`    실행문;`
	`    x++;`
	`}`

중첩 for문

중첩 for문이란 for{ }의 중괄호인 실행 블록 내에 또 다른 for문들을 사용하는 것이다. 중첩 for문의 형식은 다음과 같다.

❑ 중첩 for문 형식

<table>
<tr><th>형 식</th><th>설 명</th></tr>
<tr><td><pre>
// 바깥쪽 for문
for(초기값; 조건식; 증감식)
{
   // 안쪽 for문
   for(초기값; 조건식; 증감식)
   {
      실행문 1;
      실행문 2;
   }
}
</pre></td><td>
STEP 1 바깥쪽 for문에서 초기값부터 실행한다.
STEP 2 조건식의 값과 비교하여 그 평가 값이 참이면 안쪽 for문의 초기값을 실행한다.
STEP 3 안쪽 for문의 조건식이 참이면 안쪽 for문의 실행 블록 내의 실행문 1과 실행문 2를 수행한다.
STEP 4 안쪽 for문의 증감식에 의한 값을 [STEP3]과 같이 수행한다.
STEP 5 안쪽 for문의 조건식 판별 결과가 거짓이 될 때까지 [STEP3]과 [STEP4]를 반복 수행한다.
STEP 6 안쪽 for문의 조건식에 따른 판별 결과가 거짓이면 바깥쪽 for문의 증감식으로 이동하여 얻은 값을 조건식에서 참 또는 거짓의 판별을 하게 된다.
STEP 7 만약, 바깥쪽 for문의 조건식이 참이면 [STEP2]부터 [STEP6]까지를 재차 수행하게 되며, 거짓이면 바깥쪽 for문에서 완전히 빠져 나가 순차적 처리에 의해서 그 다음 단계의 실행을 하게 된다.
</td></tr>
</table>

중첩 for문의 흐름도는 다음과 같다.

흐름도

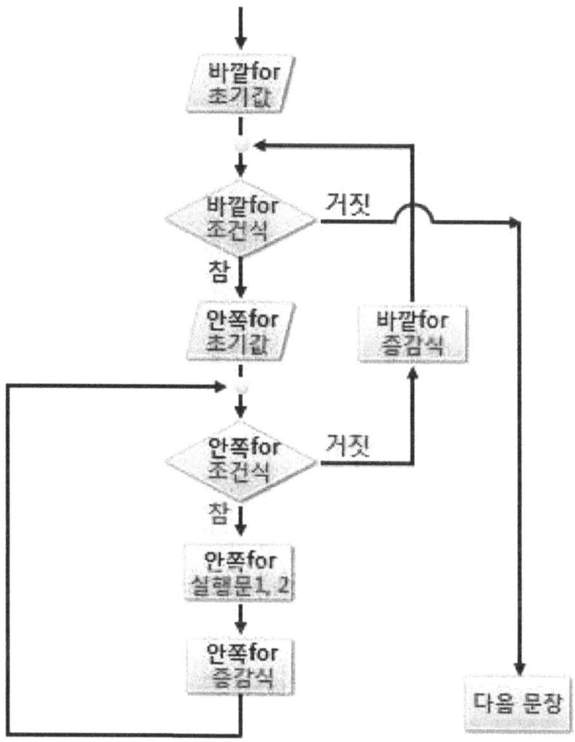

다음의 예제인 "1단부터 3단까지의 구구단을 출력할 수 있는 프로그램"을 작성하여 보도록 하자.

원시 소스코드

```
1:  #include <stdio.h>
2:
3:  main()
4:  {
5:     int x, y;
6:
7:     for(x=1; x<=3; x++)
8:     {
9:        for(y=1; y<=9; y++)
10:       {
11:          printf("%4d", x*y);
12:       }
13:       printf("\n");
14:    }
15: }
```

[구구단(3단까지) 실행 결과]

설 명

7행~9행: 바깥쪽 for문에서 변수 x가 초기값 1을 조건식에서 판단한 결과 참이 되므로 9행의 안쪽 for문에 변수 y는 1부터 9까지 실행한다. 만약 바깥쪽 for문의 조건식이 거짓이면 8행부터 14까지 건너뛰게 된다.

11행: 안쪽 for문의 조건식이 참이 되면 11행의 x*y를 실행하고 그 결과를 모니터에 출력한다. 여기서 %4d는 4자리를 확보하여 결과를 출력한다는 의미가 된다.

13행: 9행의 안쪽 for문에서 변수 y의 값이 10 이 되면 조건식 y<=9의 판단 결과는 거짓이 되기 때문에 안쪽 for문에서 빠져나와 바깥쪽 for문의 실행문인 13행의 printf함수의 내용을 실행하게 된다. 실행 후에는 재차 7행의 바깥쪽 for문으로 이동하여 위의 설명 내용과 같이 바깥쪽 for문의 조건식 결과가 거짓이 될 때 까지 실행 처리를 반복한다.

흐름도는 다음과 같다.

흐름도

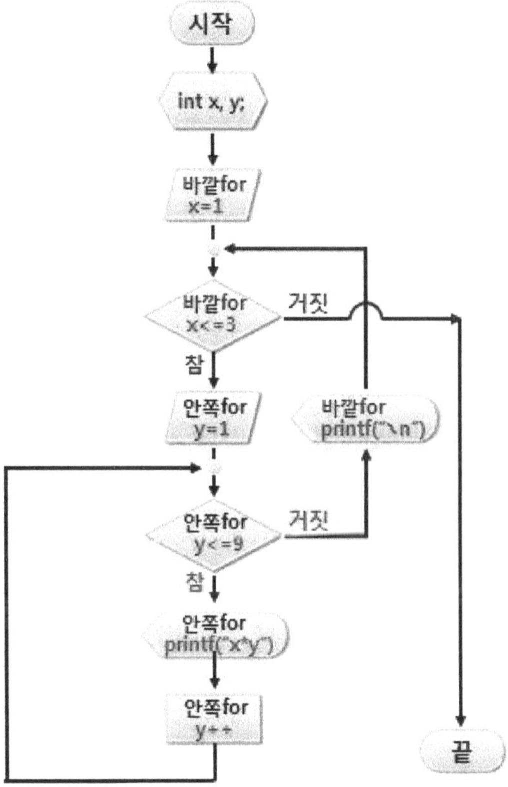

while문

while문도 for문과 마찬가지로 조건식의 평가 결과 값이 참인 경우 계속해서 반복을 수행하다가 거짓이 되면 while{ }를 빠져 나오게 된다. while문의 일반적인 형식은 다음과 같다.

❑ while문 형식

형 식	설 명

`while(조건식)`
`{`
`        실행문 1;`
`        실행문 2;`
`}`
`실행문 3;`
	- while문의 **조건식이 참**인 경우 while문의 실행 내용인 실행문 1과 실행문 2를 수행하게 된다. 만약 조건식의 판단 결과가 **거짓**이 되면 중괄호 { }를 건너뛰고 실행문 3을 수행하게 된다.

다음은 while문의 흐름도를 나타낸다.

흐름도

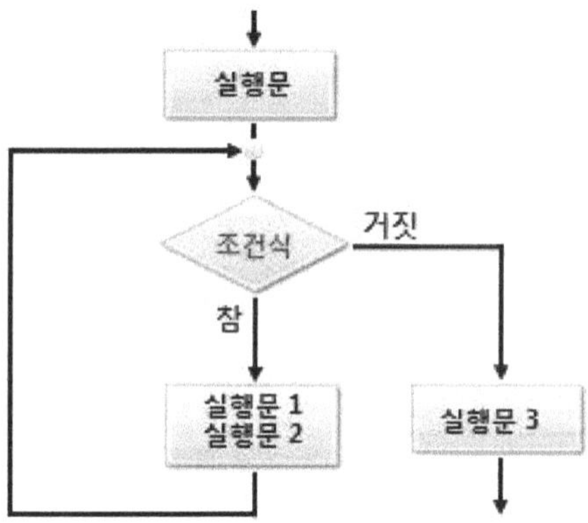

다음의 몇 가지 예를 통해서 while문을 살펴보도록 하자.

먼저 "알파벳 A부터 K까지 출력 가능한 프로그램"을 while문으로 작성하여 보도록 하자.

원시 소스코드

```
1:  #include <stdio.h>
2:
3:  main()
4:  {
5:     char x='A', y='K';
6:
7:     while(x<=y)
8:     {
9:        printf("%3c", x);
10:       x++;
11:    }
12:    printf("\n");
13: }
```

설 명

5행: 각각의 변수 x, y는 char로 자료형을 선언하고 알파벳 대문자 A와 K로 초기화하였다.

7행: while문의 조건식의 판별 결과가 참이 되면 8행부터 11행을 수행하게 되며 거짓일 경우에는 8행부터 11행을 건너뛰게 된다.

9행: 알파벳 대문자를 A부터 K까지 출력할 때 3칸의 자리수를 확보하면서 모니터에 나타내게 된다.

10행: x++는 x=x+1과 같은 의미로서 변수 x의 값을 1씩 증가시킨다는 뜻이다. 따라서 변수 x에 대입된 A는 ASCII 코드 값이 65 이므로 x++에 의하면 66이 된다. 10진수 66은 ASCII 코드에 의해서 B가 된다.

위 예제에 대한 흐름도와 출력 결과는 다음과 같다.

흐름도

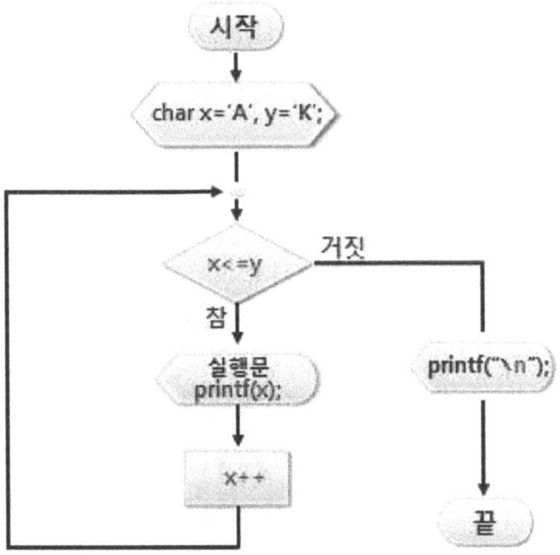

실행 결과

"정수 1부터 키보드를 통해 입력된 값까지 총 합"을 구하는 프로그램을 while문으로 작성하여 보자.

원시 소스코드	설 명
(아래 코드)	(아래 설명)

```
1: #include <stdio.h>
2:
3: main()
4: {
5:    int x=1, y, add=0;
6:
7:    printf("정수를 입력하시오\n");
8:    scanf("%d", &y);
9:
10:   while(x <= y)
11:   {
12:      add+=x;
13:      x++;
14:   }
15:   printf("총합은 %d이다.\n", add);
16: }
```

5행: 주어진 문제가 1부터 더한 총합을 구하는 것이므로 변수 x는 1로, 총합이 저장될 변수 add는 0으로 초기화하였다.

8행: scanf함수를 이용하여 변수 y에 값을 저장하게 된다.

10행: 변수 x의 값이 8행에 의해서 입력된 값보다 작거나 같으면 참이 되므로 11행부터 14행까지를 반복해서 실행하다가 조건식의 판별 결과가 거짓이 되면 15행으로 이동하게 된다.

12행~13행: add+=x는 add=add+x와 같은 의미이다. x++는 x=x+1과 같은 의미이다.

15행: 변수 add에 저장된 총 합의 값을 모니터에 출력하게 된다.

흐름도와 실행 결과는 다음과 같다.

흐름도	실행 결과

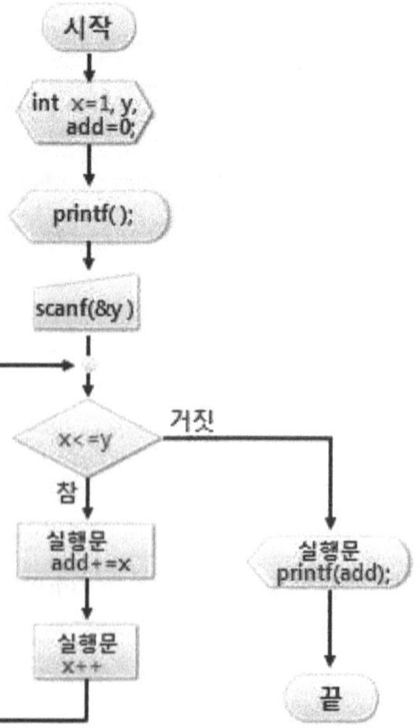

"한 문자씩 입력하다가 엔터키를 누르면 입력한 모든 문자들을 모니터에 출력"하고 종료하는 프로그램을 while문으로 작성하여 보자.

원시 소스코드

```
1: #include <stdio.h>
2:
3: main()
4: {
5:    char munja;
6:
7:    printf("한 문자씩 입력하세요\n");
8:    while((munja=getchar()) != '\n')
9:    {
10:      putchar(munja);
11:   }
12:   printf("\n");
13: }
```

설 명

8행: getchar함수는 키보드로부터 하나의 문자를 읽어 들이게 된다. 이때 조건식에서 개행 문자(\n)의 ASCII코드 값은 10이기 때문에 키보드로부터 **입력되는 문자의 ASCII 코드 값이 10 이 아니면 모두 참**이 되면서 9행부터 11행을 실행하게 된다. **엔터키를 누르게 되면 개행 문자와 같은 ASCII코드값이 되기 때문에 조건식의 판별 결과거짓**이 되어 9행부터 11행을 건너뛰게 된다. 그러나 엔터키를 누르기 직전의 문자들은 모두 모니터에 출력되게 된다.

10행: putchar함수는 하나씩 입력된 문자 들을 모니터에 출력하게 된다.

다음은 흐름도와 순서도를 나타낸다.

흐름도

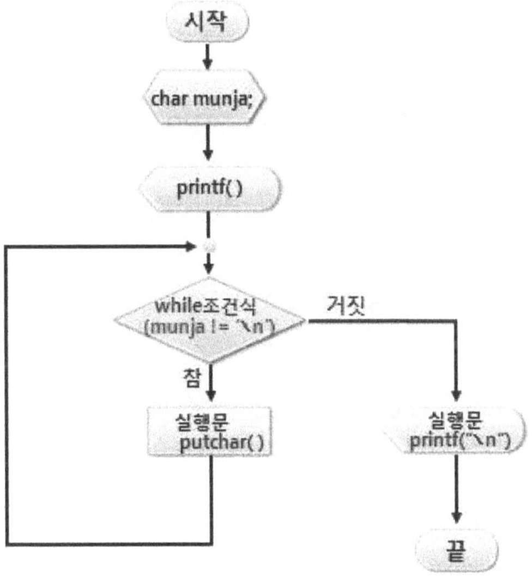

실행 결과

그밖에 while문의 경우에 있어서 무한 반복으로 실행하는 때는 while문의 조건식에 양의 정수 값 1을 기입한다. 그러면 조건식이 항상 참이므로 무한 반복을 수행하게 된다. while문의 조건식에 1 이외의 정수를 기입하면 어떨까? 0(거짓)이외의 모든 정수는 모두 참이므로 무한 반복을 수행하게 된다. 다음의 예를 통해서 while문의 무한 반복에 대해서 살펴보도록 하자.

원시 소스코드

```
1:  #include <stdio.h>
2:
3:  main()
4:  {
5:     int x=0;
6:
7:     while(1)
8:     {
9:        printf("현재 %d 번째 반복 중.\n",x++);
10:    }
11: }
```

설 명

7행: while의 조건식에서 정수 1은 참이므로 8행부터 10행까지의 실행문을 무한적으로 반복 실행하게 된다. 무한 반복의 실행을 중지시키고 빠져나오기 위해서 Ctrl+c를 누르면 된다.

다음은 흐름도와 순서도를 나타낸다.

흐름도

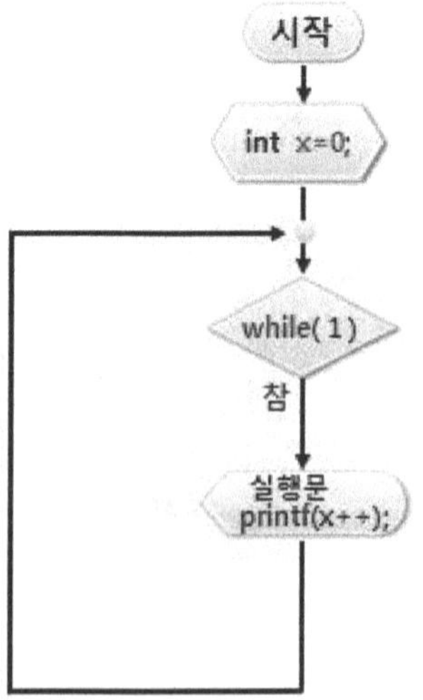

실행 결과

do~while문

do~while문은 while문과 매우 유사하지만 순차적 처리에 의해서 먼저 실행문을 수행하고 그 후에 while문의 조건식을 판별하여 그 결과에 따라서 재차 실행문을 수행할 것인가를 결정하게 된다. 다음은 일반적 do~while문의 형식을 나타낸다.

❑ while문 형식

형 식	설 명

do {
    실행문 1;
    실행문 2;
} while(소건식);
실행문 3;
	- 순차적 처리에 의해서 do{ } 내의 실행문 1과 실행문 2를 수행한다. 그리고 while문의 **조건식을 판별**하여 **그 결과가 참**인 경우 do{ } 내의 실행문 1과 실행문 2를 재차 수행하게 된다.
	- 만약 while문의 조건식을 판별하여 결과가 거짓이 면 while문을 빠져나와서 실행문 3을 실행하게 된다.
	- do~while문의 경우는 while(조건문) 다음에 반드시 세미콜론(;)을 붙여서 while(조건문);과 같이 표현한다.

다음은 do~while문의 실행과정을 흐름도로 나타낸다.

흐름도

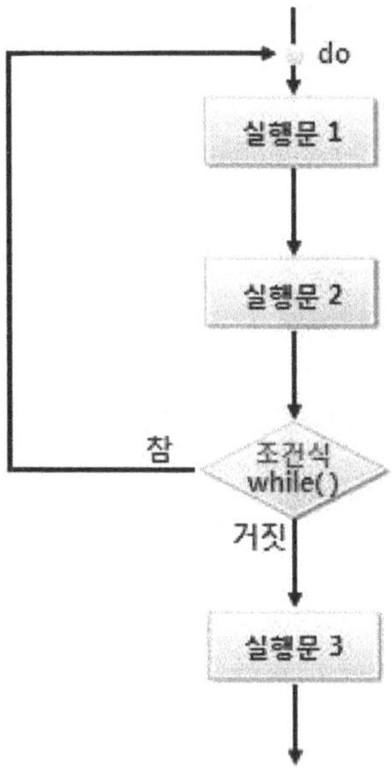

다음의 while문에 대한 예를 살펴보도록 하자.

"정수 1부터 키보드를 통해 입력된 값까지 총 합"을 구하는 프로그램을 while문으로 작성하여 보자.

원시 소스코드

```
1:  #include <stdio.h>
2:
3:  main()
4:  {
5:     int x=1, y, add=0;
6:
7:     printf("정수를 입력하시오\n");
8:     scanf("%d", &y);
9:
10:    do
11:    {
12:      add+=x;
13:      x++;
14:    } while(x <= y);
15:    printf("총합은 %d이다.\n", add);
16: }
```

설 명

5행: 주어진 문제가 1부터 더한 총합을 구하는 것이므로 변수 x는 1로, 총합이 저장될 변수 add는 0으로 초기화하였다.

8행: scanf함수를 이용하여 변수 y에 값을 저장하게 된다.

10행: do{ }은 while문의 조건식과 관계없이 순차적 처리에 의해서 실행된다.

12행~13행: add+=x는 add=add+x와 같은 의미이며, x++는 x=x+1과 같은 의미이다.

14행: 변수 x의 값이 8행에 의해서 입력된 변수 y의 값보다 작거나 같으면 참이 되므로 10행으로 이동하여 do{ }내의 실행문을 while문의 조건식이 거짓이 될 때까지 반복 실행을 하게 된다. while문의 조건식이 거짓인 경우는 do~while문을 벗어나게 되므로 순차적 처리에 의하여 15행의 printf함수 내의 실행 내용을 수행하게 된다.

15행: 변수 add에 저장된 총 합의 값을 모니터에 출력하게 된다.

실행 결과

[변수 y에 10을 입력한 경우]

[변수 y에 100을 입력한 경우]

흐름도

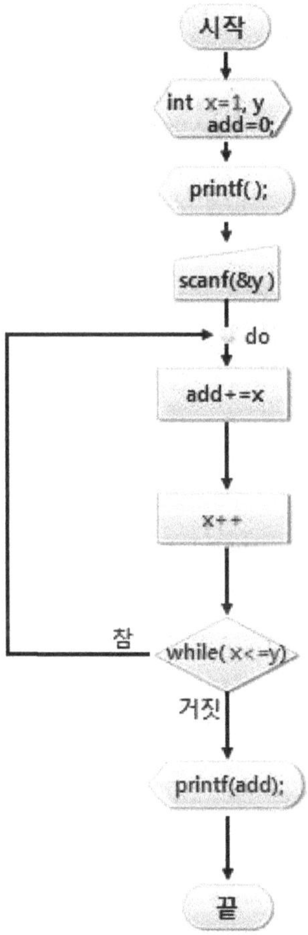

다음은 "알파벳 A부터 K까지 출력 가능한 프로그램"을 do~while문으로 작성하여 보도록 하자.

원시 소스코드

```
1:  #include <stdio.h>
2:
3:  main()
4:  {
5:     char x='A', y='K';
6:
7:     do
8:     {
9:        printf("%3c", x);
10:       x++;
11:    } while(x <= y);
12:  printf("\n");
13: }
```

설 명

5행: 각각의 변수 x, y는 char로 자료형을 선언하고 알파벳 대문자 A와 K로 초기화하였다.

7행: do{ }은 while문의 조건식과 관계없이 순차적 처리에 의해서 실행된다.

9행: 알파벳 대문자를 A부터 M까지 출력할 때 3칸의 자리수를 확보하면서 모니터에 나타내게 된다.

10행: x++는 x=x+1과 같은 의미로서 변수 x의 값을 1씩 증가시킨다는 뜻이다. 따라서 변수 x에 대입된 A는 ASCII 코드 값이 65 이므로 x++에 의하면 66 이 된다. 10진수 66은 ASCII 코드에 의해서 B가 된다.

11행: while문의 조건식의 판별 결과가 참이 되면 7행부터 11행을 반복 수행하게 되며 거짓일 경우에는 12행으로 이동하게 된다.

12행: 모니터에 실행 결과를 출력하고 커서를 개 행시킨다.

위 예제에 대한 흐름도와 출력 결과는 다음과 같다.

<table>
<tr><th>흐름도</th><th>실행 결과</th></tr>
<tr><td>
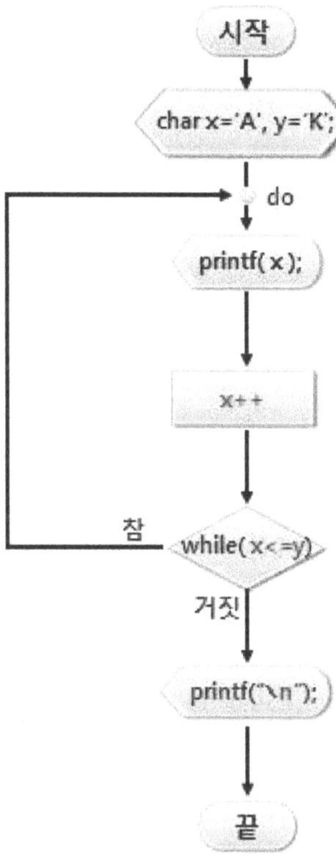

</td><td>

</td></tr>
</table>

3. 분기문branching statements

분기문은 제어의 흐름을 지정된 조건에 따라서 여러 방향으로 이동시켜 처리하는 구문으로 break, continue, 그리고 goto문으로 나누어 살펴 볼 수 있다.

break문

break문은 switch~case문에서도 학습한 적이 있듯이 주로 반복문에서 반복 실행 도중에 강제적으로 반복을 멈추고 해당 문을 빠져 나올 때 사용된다. 특히 중첩된 반복문에 강제적으로 빠져나올 경우는 중첩된 반복문의 수만큼 break문이 필요하게 된다. 다음은 일반적

break문을 도식적으로 표현한 경우이다.

❑ 일반적 break문 형식

형 식	설 명

// 반복문 for, while, do~while, 그리고
// switch문에서 주로 사용된다.
 	
반복문(조건식) {
    실행문 1;
    실행문 2;
    break;
}
실행문 3;
	- 반복문(for, while 등)에서 실행문 1과 실행문 2를 반복 실행하다가 break문을 만나게 되면 프로그램의 흐름이 강제적으로 종료되면서 순차적 처리에 의해서 다음 단계인 실행문 3으로 이동하여 처리하게 된다.

다음은 break문의 실행과정을 흐름도로 나타낸다.

흐름도

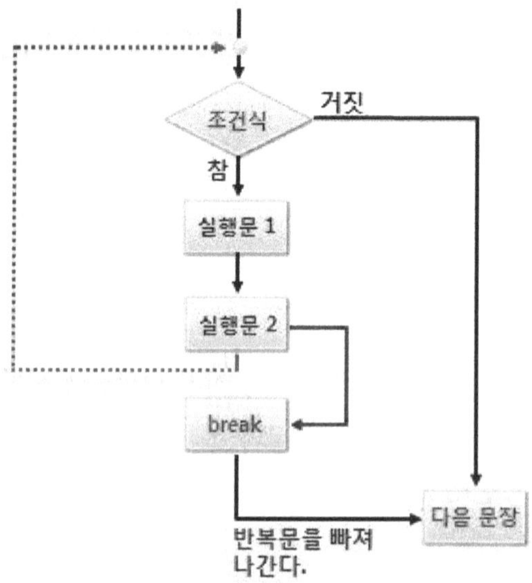

다음의 예제를 통해서 반복문 내의 break문에 사용 방법을 살펴보도록 하자.

원시 소스코드	설 명

<pre>1: #include <stdio.h>
2:
3: main()
4: {
5:    char x;
6:
7:    for(x='A'; x<'Z'; x++)
8:    {
9:      printf("%c \n", x);
10:     if(x=='D')
11:     {
12:       break;
13:     }
14:   }
15: }</pre>
	7행: 변수 x를 문자 A로 초기화하고 조건식 x<'Z'의 판별 결과가 참이 되면 for{ }를 실행한다.
	9행: printf{ } 내의 변수 x에 대입된 문자를 %c에 의해 모니터에 출력한다.
	10행: if의 조건문에 대한 판별 결과가 **참**이 되면 12행의 break문에 의해서 for{ }를 완전히 빠져나가게 되며, **거짓**의 경우는 if{ }를 건너뛰고 7행의 for문으로 이동하여 증가식인 x++를 실행하게 된다. 이때 증가식에 의해서 1증가된 값을 조건식 x<'Z'로 이동하여 판별하게 되며 판별 결과가 참이 되면 8행부터 14행까지를 반복 실행하게 된다.

다음은 흐름도와 실행 결과를 나타낸다.

흐름도	실행 결과
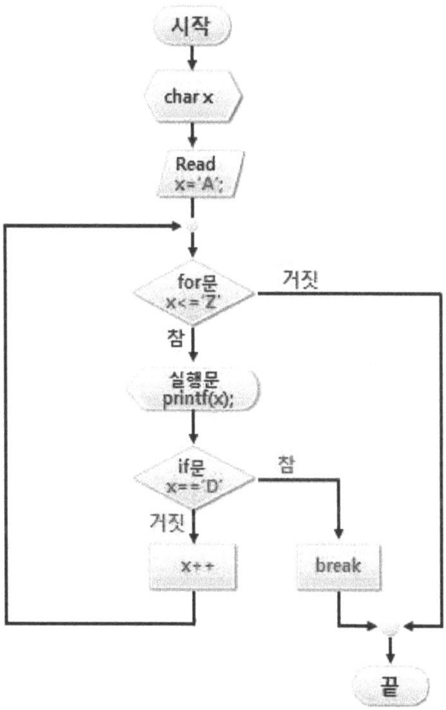	

continue문

continue문은 반복문에서만 사용되며 switch~case문에서는 사용하지 않는다. 반복문에서 반복 실행을 하다가 continue문을 만나게 되면 이후의 실행문을 수행하지 않고 반복문의 조건식으로 이동하게 된다. 또한 switch문과는 함께 사용할 수 없다.

❑ 일반적 continue문 형식

형 식	설 명

반복문 (조건식) {
　　실행문 1;
　　continue;
　　실행문 2;
}
	- 반복문(for, while 등)을 실행하면서 continue를 만나게 되면 continue 이후의 실행문 2를 수행하지 않고 반복문의조건식으로 이동하게 된다.

다음은 continue문의 실행과정을 흐름도로 나타낸다.

흐름도

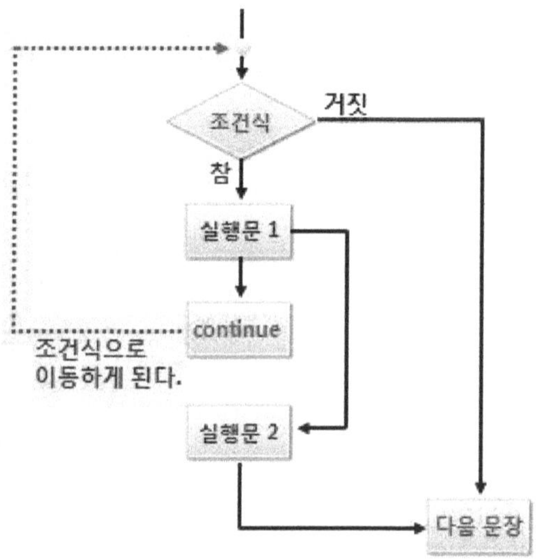

다음의 continue의 예제를 살펴보도록 하자.

원시 소스코드

```
1: #include <stdio.h>
2:
3: main()
4: {
5:    int x;
6:
7:    for(x=1; x<10; x+=2)
8:    {
9:       if(x==7)
10:      {
11:         continue;
12:      }
13:      else
14:      {
15:         printf("x=%d\n", x);
16:      }
17:   }
18: }
```

설 명

7행: 변수 x를 정수 1로 초기화하고 조건 식 x<10의 판별 결과가 참이 되면 for{ } 내의 9행을 실행한다.

9행: if문의 조건식인 변수 x가 7과 같을 때(**참**)는 11행의 continue문을 만나게 되기 때문에 7행의 증가식인 x+=2로 이동하여 변수 x의 값을 2씩 증가 시킨다. if문 조건식의 판별 결과 **거짓**이 되면 13행의 else문으로 이동한다.

13행: else문은 조건식이 없기 때문에 else문 내의 실행문인 printf함수를 수행하고 7행의 증가식으로 이동한다.

다음은 흐름도와 실행 결과를 나타낸다.

흐름도

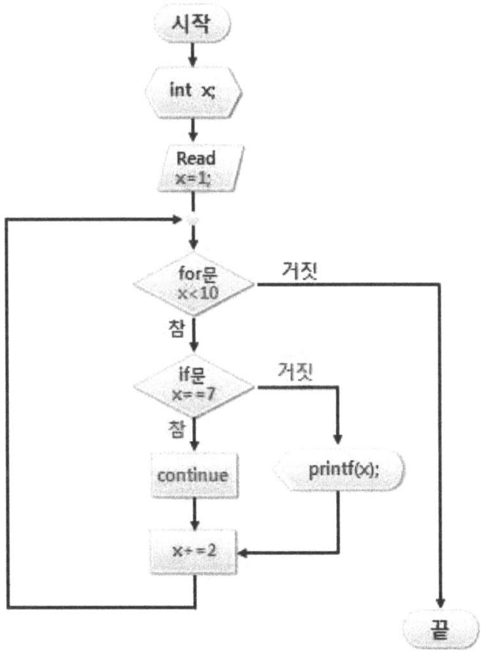

실행 결과

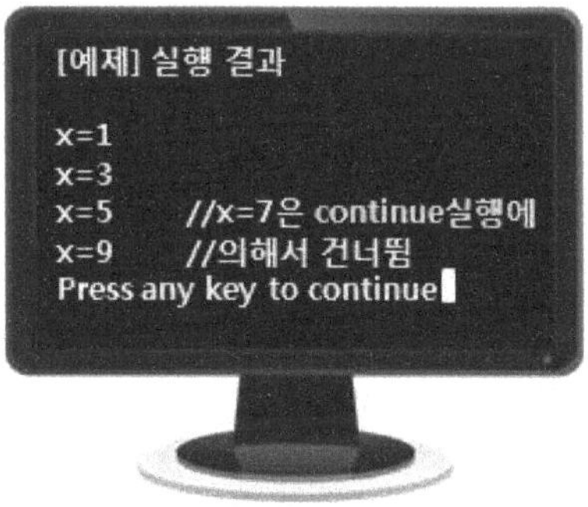

LECTURE 07

연.습.문.제

흐름도와 함께하는 C언어의 이해

1. 변수 x에 한 개의 정수 값을 키보드를 통해서 입력한 후 변수 x의 값이 100미만일 경우에 10을 증가시켜 출력하는 프로그램을 작성하고 흐름도를 도식화하여라. 이때 제어문은 if문을 사용한다.

2. 키보드로부터 두 정수를 입력받아 작은 쪽의 값을 출력하는 프로그램을 작성하고 흐름도를 도식화하여라. 이때 제어문은 if문을 사용한다.

3. 키보드로부터 알파벳 소문자를 입력하면 대문자로 출력하고, 대문자는 그대로 대문자로 출력되는 프로그램을 작성하고 흐름도를 도식화하여라. 이때 제어문은 if~else문을 사용한다.

4. 위 3번 문제의 소스코드를 조건 연산자로 프로그램을 작성하여라.

5. 키보드로부터 성적을 입력 받아 90점 이상은 A학점, 80점 이상은 B학점, 70점 이상은 C학점, 60점 이상은 D학점, 나머지는 F학점을 구하는 프로그램을 다중 if문을 사용하여 작성하고 흐름도를 도식화하여라.

6. 위 5번의 문제를 switch문으로 프로그램을 작성하고 흐름도를 도식화하여라.

7. 1부터 100까지 정수 값에서 짝수 값만을 더한 합을 구하는 프로그램을 for문으로 작성하고 흐름도를 도식화하여라.

8. 위 7번 문제를 while문으로 프로그램을 작성하고 흐름도를 도식화하여라.

9. 키보드를 통해서 한 문자씩 입력된 내용을 화면에 출력하다가 '#'이 입력되면 프로그램이 종료되게끔 무한 반복문을 사용하여 프로그램을 작성하여라. 이때 무한 반복 제어문은 for문 또는 while문을 사용한다.

10. 키보드를 통해 원하는 정수 값을 입력하다가 0이 입력되면 프로그램을 종료하는 프로그램을 do~while문을 이용하여 작성하고 흐름도를 도식화하여라.

LECTURE 07 실.습.문.제

1. 사용자로부터 3개의 정수 값을 입력받아 평균값을 구하고, 다음 표와 같이 평균값에 따라 출력이 달라지는 프로그램을 작성하시오.

조건	출력
평점>=90	성적이 최고 우수한 학생입니다.
70<=평점<90	성적이 매우 우수한 학생입니다.
50<=평점<70	성적이 우수한 학생입니다.
평점<50	성적이 50점 미만인 학생입니다.

2. 반복 루프를 사용하여 다음과 같은 패턴을 출력하는 프로그램을 작성하시오.(10줄)

〈실행결과〉

a)

```
         *
        **
       ***
      ****
     *****
    ******
   *******
  ********
 *********
**********
```

b)

```
**********
*********
********
*******
******
*****
****
***
**
*
```

3. 반복문을 이용하여 구구단을 출력하는 프로그램을 작성하시오.

4. 사용자로부터 입력 받은 정수가 홀수인지 짝수인지를 말해주는 프로그램을 작성하여 보자.

5. 성적을 입력받아 학점을 결정하는 프로그램을 작성하시오.

6. 두 수와 연산자를 입력받아 계산하는 프로그램을 작성하시오.

7. 1부터 10까지 반복 제어 변수를 출력하시오.

8. 입력한 수의 팩토리얼 계산을 하시오.

9. 구구단을 출력하시오. (2단-5단을 출력후, 다음 부터 6단-9단 출력)

10. 다음 구구단을 입력하는 단에서부터 입력받은 단까지의 구구단을 출력하시오.

11. 1-1000까지의 합을 계산하시오

12. 1-1000까지 중 홀수의 합과 짝수의 합을 따로 계산하시오.

13. 다음 프로그램은 사용자로부터 10개의 실수를 받아서 합계를 출력한다. 사용자가 중간에 음수를 입력하면 반복 루프를 조기에 종료시킨다.

14. CONTINUE문을 활용하여 0부터 10까지의 정수 중에서 짝수만을 출력하는 프로그램을 작성하시오.

LECTURE

08

함수

Functions

C 언어의 프로그램은 함수를 단위로 구성하며, 매우 간단한 프로그램의 경우라도 1개 이상[main함수]의 함수가 반드시 포함되어 있어야 한다. 프로그램은 프로그래머의 결정에 따라서 함수의 형태로 분할하여 작성함으로서 논리적으로 구조화시킨다. 이와 같이 논리적으로 작성된 프로그램은 디버깅 작업을 통한 수정 및 보완 등에 용이하다. 특히 C언어에서의 함수는 컴파일러에 의해서 자체적으로 미리 정의하여 준비되어진 표준 함수와 프로그래머에 의해서 직접 정의하여 사용하는 사용자 정의 함수로 구분하여 사용되어진다.

1. 표준 함수 Standard Functions

표준 함수란 C 컴파일러에서 미리 제공하는 함수들을 뜻하며 보통은 표준 라이브러리 함수 Standard Library Function 라고 칭한다. 이와 같은 표준 함수들을 사용하기 위해서는 프로그래머에 의해서 #include문을 사용하여 헤더파일을 기입하여야 한다. 다음은 C언어의 다양한 함수들 중에서 기능 별로 몇 가지를 분류하여 함수 사용에 따른 헤더파일, 표준 함수의 종류, 그리고 그 의미에 대해서 표로 정리하였다.

[입/출력 Input/Output 함수들]

헤더파일	표준 함수	의 미
stdio.h	scanf( )	키보드로부터 입력 형식에 맞추어 데이터를 입력한다.
	printf( )	모니터에 출력 형식에 맞추어 데이터를 출력한다.
	getchar( )	키보드로부터 한 문자를 읽어 들인다.
	putchar( )	모니터에 한 문자를 출력한다.

[문자열String 함수들]

헤더파일	표준 함수	의 미
string.h	strcat( )	두 문자열을 결합하여 한 개의 문자열로 만든다.
	strcmp( )	두 개의 문자열을 비교한다.
	strcpy( )	문자열을 복사한다.

[문자Character 함수들]

헤더파일	표준 함수	의 미
ctype.h	isalpha( )	영문자인가를 판별한다.
	isdigit( )	숫자인가를 판별한다.
	islower( )	알파벳 소문자인지를 판별한다.
	isalnum( )	영문자 또는 숫자인가를 판별한다.
	isupper( )	알파벳 대문자인지를 판별한다.

[산술Mathematics 함수들]

헤더파일	표준 함수	의 미
math.h	asin( )	asin값을 구할 때 사용한다.
	acos( )	acos값을 구할 때 사용한다.
	atan( )	atan값을 구할 때 사용한다.
	cos( )	cos값을 구할 때 사용한다.
	exp( )	지수 함수 값을 구할 때 사용한다.
	fabs( )	float형 수치의 절대값을 구할 때 사용한다.
	sqrt( )	제곱근을 구할 때 사용한다.
	rand( )	난수를 발생할 때 사용한다.

이밖에도 산술 함수에는 X^y의 값을 구하는 pow( )함수, 절대값을 구하는 abs( ), sin( ) 등과 같이 수식에서 필요로 하는 표준 함수들을 사용할 수 있다.

[시간^{Time} 함수들]

헤더파일	표준 함수	의 미
time.h	time( )	시스템의 시간을 초 단위로 판정한다.
	stpdate( )	날짜 데이터를 문자 데이터로 변환한다.
	stptime( )	시각 데이터를 문자 데이터로 변환한다.

[메모리^{Memory} 함수들]

헤더파일	표준 함수	의 미
stdlib.h allc.h	malloc( )	메모리 영역을 할당
	calloc( )	연속된 메모리에 대한 지정된 크기의 배열 영역을 할당

C언어에서의 표준함수의 종류는 앞에서 살펴보았던 표준 함수의 종류보다도 매우 다양하게 많은 함수들이 제공되고 있다.

다음의 산술 함수를 이용하여 N^k승의 결과 값을 구할 수 있는 프로그램의 예를 살펴보도록 하자.

산술 함수의 사용 예시

```
1:    #include<stdio.h>
2:    #include<math.h>
3:
4:    int power(int N, int k)
5:    {
6:       return(pow(N,k));
7:    }
8:
9:    main( )
10:   {
11:      int N=9, k=2, z;
12:
13:      z=power(N,k);
14:
15:      printf("%d\n", z);
16:   }
```

설 명

2행: math.h의 헤더파일을 지정하였다.

4~7행: **가인수 N과 k를** 이용하여 N^k승의 결과 값을 return(pow(N,k));에 의해서 호출한 함수로 반환한다. 이때pow(N,k)의 결과 값은 반환 데이터형이 int이므로 반드시 정수형이어야 한다.

13행: power( )함수를 호출하고 power( ) 함수 내의 **N과 k에 저장된 실인수는 4행의 가인수로 넘겨준다.** 또한 6행의 return에 의해서 반환받은 값을 변수 z에 대입한다.

15행: 변수 z에 저장된 값을 표준 출력 함수인 printf( )에 의해서 모니터에 출력하게 된다.

여기서 표준함수 pow( )를 원시 소스코드 내에서 사용할 경우 관련 헤더파일을 지정했을 때와 그렇지 않았을 때의 실행 결과를 비교해보도록 하자.

헤더파일 math.h를 지정한 경우	헤더파일 math.h를 지정하지 않은 경우

pow( )이라는 표준함수를 원시 소스코드 내에서 사용하는 경우 헤더파일 math.h를 지정하면 **정상적인 값이 출력**된다.	pow( )이라는 표준함수를 원시 소스코드 내에서 사용하는 경우 헤더파일 math.h를 지정하지 않으면 **쓰레기 값이 출력**된다.

2. 함수 구조 Function Structure

여기에서 먼저 함수 구조를 어떻게 표현할 것인지에 대해서 살펴보고 세부적인 의미를 학습하여 보자.

호출하는 함수 구조	호출하는 함수 구조의 예시

# 헤더파일 	
main( )
{
●●●●
호출하는 함수1;
호출하는 함수2;
●●●●
}
	#include <stdio.h> // 헤더파일
	main( ) // main함수
	{ // 함수 시작
	●●●● // 실행문
	Add( ); // Add함수 호출
	Multi(5, 10); // Multi함수 호출
	●●●● // 실행문
	} // 함수 끝

■ 앞의 예시와 같이 호출하는 함수는 main함수의 기본 형태와 같이 함수의 몸체 내에 호출하는 함수의 이름과 실인수를 기입하여 사용한다. 이때 호출하는 함수의 이름 뒤에는 반드시 세미콜론(;)을 붙여야 한다. 예를 들어 Multi(5, 10);과 같이 소괄호 내에 5, 10을 실인수라고 하며 맨 끝에는 세미콜론을 붙인다.

호출되는[호출 당하는] 함수 구조	호출되는[호출 당하는] 함수 구조의 예시
반환 데이터형 함수명(가인수 리스트)	**// 호출 당하는 Add함수**
{	// [Add( )사용자 함수 정의]
	void **Add( )**
함수 및 지역(내부) 변수들의 선언;	{ **// 함수의 본체 시작.**
	●●●●
함수 본체의 실행문;	**} // 함수의 본체 끝.**
return(수식 또는 결과 값);	**// 호출 당하는 Multi함수**
	// [Multi( )사용자 함수 정의]
}	**int** Multi(int x, int y)
	{ **// 함수의 본체 시작.**
	●●●●
반환 데이터형이 void인 경우는 몸체 내의 return문을 생략하거나 return 0을 사용 하여도 된다.	**return**(수식 또는 결과 값);
	} **// 함수의 본체 끝.**

■ 호출되는 함수 즉, 호출 당하는 함수의 경우는 차례대로 반환 데이터형, 함수명, 그리고 가인수를 적어주게 되며, 몸체는 실행문 등을 포함하여 중괄호인 { }로 묶어 주게 된다. 여기서 함수 이름은 사용자가 임의적으로 만들어 사용하게 되며, 반환 데이터형이 void를 제외한 int, float 등과 같이 기입된 경우는 함수의 몸체 내에 return문을 사용하여 결과 값을 호출한 함수에게 반환하게 된다. 이와 같이 호출되는[호출 당하는]함수의 형태를 사용자 정의 함수라고 한다.

■ 특히 반복하여 실행해야 할 내용이 여러 개 포함되어있는 경우에는 사용자 정의 함수를 만들어 사용하게 되면 필요시마다 호출하여 실행할 수가 있다.

■ main( )함수의 몸체 내는 가급적 연산을 수행하지 않도록 하는 것이 좋으며, 최대한 간략하게 만들어 주는 것이 좋다.

■ 다음의 예제와 같이 하나의 함수에 포함된 원시 소스의 내용을 사용자 정의 함수를 만들어 사용하게 되면 프로그램은 각각의 함수로 모듈화가 되어 서로가 독립성을 유지하게 되기 때문에 프로그램을 이해하기 쉽고 디버깅 작업이 용이하게 되는 장점을 갖게 된다.

다음 예시는 main( )함수의 몸체 내용을 사용자 정의함수를 사용하여 모듈화한 경우를 나타내고 있다.

<table>
<tr><th>main( )함수 한 개만 사용한 경우</th><th>사용자 정의 함수를 사용한 모듈화</th></tr>
<tr><td><pre>#include <stdio.h>
main( )
{
   int x, result;

   result=0;
   for(x=0; x<6; x++)
   {
     result += x;
   }
   printf("result=%d\n", result);

   result=0;
   for(x=0; x<11; x++)
   {
     result += x;
   }
   printf("result=%d\n", result);
}</pre></td><td><pre>#include <stdio.h>
void Sample(int a)   //사용자 정의함수
{
  int x, result=0;
   result=0;
   for(x=0; x<a; x++)
   {
     result += x;
   }
   printf("result=%d\n", result);
}

main( )
{
    Sample(6);   // 호출함수
    Sample(11);   // 호출함수
}</pre></td></tr>
</table>

실행 결과 [다음과 같이 양쪽 모두 같은 결과 값을 얻는다.]

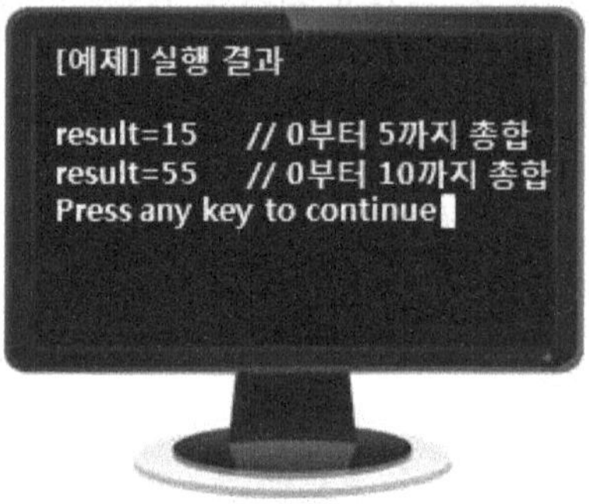

실인수[real parameter],가인수[formal parameter],그리고 반환값[return value]

일반적으로 C언어의 함수에서 표현되는 인수[parameter] 또는 매개변수[argument]의 의미는 함수명( )에서 소괄호 ( ) 내에 포함되는 내용을 뜻한다. 특히 C언어에서 함수는 필요에 따라서 다른 함수를 호출하여 값을 보내주기도 하고 반환받기도 하기 때문에 다음과 같이 일반적 표현을 세분화하여 구분할 필요가 있다.

□ 실인수

다른 함수를 호출하여 값을 전달하기 이전에 미리 정의된 값 또는 값을 저장하고 있는 변수들을 실인수라고 한다. 변수에 값을 대입하여 실인수로 사용한 예를 들면 다음과 같다.

```
main()
{
   int x = 4, y = 6;

   Ave ( x , y ) ;
}
```

호출하는 함수 Ave( )에서 사용되는 **x, y의 2개의 변수명을 실인수**라고 한다. 이때 실인수로 사용되는 x, y에는 값이 저장되어 있어야 한다.

또한 다음과 같이 실인수에 직접 값을 정의한 경우도 사용이 가능하다.

```
main()
{
   Ave (4 , 6) ;
}
```

호출하는 함수 Ave( )에 **2개의 값을 실인수로 지정**하고 있다.

❑ 가인수

호출을 하는 함수로 부터 값을 넘겨받는 때 정의되는 변수를 가인수라고 한다. 이때 가인수명은 반드시 변수명으로 이어야 하며, 실인수명과 같거나 달라도 상관없다. 중요한 것은 실인수와 가인수의 개수와 데이터의 자료형이 같아야 한다. 예를 들면 다음과 같다.

호출하는 함수로부터 실인수 값을 전달 받을 때 사용하는 변수 x를 **가인수**라고 한다.

```
int Ave (int x)
{
        •••••

        •••••
}
```

전달하는 실인수와 전달받는 가인수의 데이터 자료형과 그 개수가 다음과 같이 같아야 한다.

```
main()
{

  Ave (10 , 20, 30) ;         //호출하는 함수 Ave()

}
```

호출당하는 함수로 보내지는 **실인수의 값은 정수형으로 3개가 전달되게 된다.**

```
int Ave (int x, int y, int z)        //호출당하는 함수Ave( )
{
      •••••

      •••••
}
```

호출하는 함수로부터 **실인수 값 3개를 전달 받을 때 사용할 변수 x, y, z를 가인수로 사용**하고 있다.

여기서 10은 int x에, 20은 int y에, 30은 int z에 차례대로 전달되게 된다.

다음과 같이 실인수와 가인수의 개수는 항상 같아야 한다.

실인수가 3개인 경우	실인수가 4개인경우

// 가인수 a, b, c
`int Sample(int a, int b, int c)`
`{`
`    ●●●●`
`    ●●●●`
`}`
 	
`main( )`
`{`
`   Sample(5, 10, 15);       // 실인수`
`}`
	// 가인수 a, b, c, d
	`int Sample(int a, int b, int c, int d)`
	`{`
	`    ●●●●`
	`    ●●●●`
	`}`
	
	`main( )`
	`{`
	`   int A=5, B=10, C=15, D=20;`
	`   Sample(A, B, C, D);       // 실인수`
	`}`

- main( )함수의 몸체 내에 Sample( )은 같은 함수명을 호출하여 5, 10, 15의 3개의 실인수를 호출당하는 Sample( )함수에 넘겨주게 된다. - 호출당하는 Sample( )함수는 실인수 3개를 차례대로 넘겨받아서 각각 변수 a, b, 그리고 c 에 저장하게 된다. - 실인수와 가인수의 개수는 같아야 한다.	- main( )함수 내의 Sample( )은 4개의 실인수를 호출당하는 Sample( ) 함수에게 보내지게 된다. - 이때 호출당하는 Sample( )함수는 4개의 실인수를 넘겨받아서 차례대로 각각 변수 a, b, c, 그리고 d에 저장하게 된다.

다음은 실인수와 가인수의 개수가 같지 않은 잘못된 경우를 나타낸다.

실인수가 3개인 경우	실인수가 없는 경우

`// 넘겨주는 실인수가 3개가 있음에도`
`// 가인수가 생략되어 있다.`
`int Sample( )`
`{`
`    ●●●●`
`}`
 	
`main( )`
`{`
`   Sample( 5, 10, 15);       // 실인수`
`}`
	`// 넘겨주는 실인수가 없음에도 3개의`
	`// 가인수가 존재하고 있다.`
	`int Sample(int a, int b, int c,)`
	`{`
	`    ●●●●`
	`}`
	
	`main( )`
	`{`
	`   Sample( );       // 실인수`
	`}`

❑ 반환값

반환값은 리턴값이라고도 표현되며 호출을 당한 함수 내에서 처리된 결과 값을 호출한 함수로 되돌려 주는 것을 뜻한다. 이때 결과 값을 반환할 때는 반드시 return문을 사용한다.

```
main()
{
   int  result;

   result = Ave ( 10 , 20 ) ; ◀---┐          // 호출하는 함수 Ave()
                                   ¦
   printf("%d \n", result);        ¦결과 값을
}                                  ¦반환한다.
                                   ¦
int Ave (  int x, int y  )         ¦         // 호출당하는 함수Ave()
{                                  ¦
      return( x+y ); --------------┘
}          ¦
           └---------▶ 호출한 함수에게 결과 값을 되돌려 준다.
```

다음은 결과 값을 반환할 때 사용하는 return문의 몇 가지 표현 형식에 대해 나타낸다.

return문 형태	의 미
return;	호출한 함수로 값을 되돌려 주는 값이 없을 경우 사용한다.
return x;	변수 x에 저장된 값을 되돌려 준다.
return (y);	변수 y에 저장된 값을 되돌려 준다. 소괄호를 사용해도 된다.
return 100;	되돌려 주는 값에 직접 데이터 값을 입력하여도 된다.
return (x+y);	되돌려 주는 값에 수식을 직접 넣어주어도 상관없지만, 가급적 수식을 사용하지 않는 것이 바람직하다.

return문 다음에 오는 반환 값들에 소괄호를 이용하는 것이 불편할 수도 있겠으나, 가급적이면 소괄호를 사용하는 것이 좋으며, 또한 소괄호 사이에 반환되는 값을 기입할 때는 수식보다는 함수 본체에서 처리된 결과 값 또는 결과 값이 저장된 변수를 기입하는 방식이 좋다.

3. 사용자 정의 함수User Define Functions

프로그래머가 프로그램의 목적에 맞추어 직접 함수를 만들어서 사용하는 것으로 다음과 같이 사용자 정의함수의 기본 형태에 맞추어 작성하게 된다.

사용자정의 함수의 기본형태	설 명
반환 데이터형 함수명(가인수 리스트) 가인수 선언; { // **함수의 몸체 시작**.	반환 데이터형: 함수 몸체 내의 **결과값에 따른 자료형**.
	함수명: 호출당하는 함수의 이름.
지역(내부) 변수들의 선언; 함수 몸체의 실행문;	가인수: **호출하는 함수로부터 값을 받아 저장**하게 되는 **변수명**.
return(수식); // 반환문	지역(내부) 변수들의 선언: 지역(내부) 변수는 **함수 몸체 내에서 사용될 변수**.
} // **함수의 몸체 끝**.	return(수식): 함수 몸체 내에서 **얻은 결과 값(수식)을 호출한 함수로 값을 되돌려 주는 경우**에 사용.

앞의 3장 2절에서 학습한 바 있었던 C언어의 기본구조 제 2유형과 제 3유형의 형태와 매우 유사하다. 즉, 모든 함수는 헤더부와 몸체로 구성되며 헤더는 반환 데이터형, 함수 이름, 가인수를 기입하며 몸체는 함수의 실행문들을 중괄호인 { } 내에 기입하게 된다.

다음은 사용자 정의 함수인 기본 형태의 사용 예를 들어 설명한다.

사용자 정의 함수의 사용 예

```
1:  int hamsu(x, y)
2:  int x, y;
3:  {
4:     int sum;
5:     sum=x+y;
6:     return(sum);
7:  }
```

흐름도

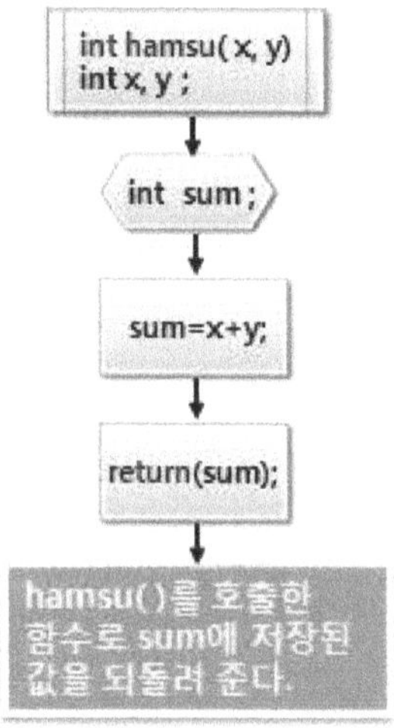

함수를 흐름도로 표현할 때는 [ ] 기호를 사용한다.

설 명

1행: 호출당하는 hamsu명의 함수이며, 호출하는 함수로부터 가인수인 변수 x, y에 저장될 값을 입력받게 된다. 또한 반환 자료형이 int이므로 함수 몸체 내의 변수 sum에 저장된 정수 값을 hamsu( )를 호출한 함수로 반환하게 된다. 여기서 1행과 2행을 합쳐서 int hamsu(int x, int y)로 표현 가능하다.

4행: 변수 sum은 hamsu( ) 몸체 내이서만 사용될 변수이다. 이와 같은 변수를 **지역 변수**라고 한다.

5행: 호출하는 함수로부터 전달 받은 2개의 정수 값, 즉, 변수 x, y에 저장된 값의 합을 구하여 변수 sum에 저장하게 된다.

6행: return문에 의해서 변수 sum에 저장된 값을 호출한 함수로 되돌려(반환) 준다.

지금부터 사용자 정의 함수의 형태를 4가지 기본 패턴으로 분류하여 정리해 보도록 하겠다.

❑ 제1패턴(가인수가 없는 경우)

<table>
<tr><th>사용자정의 함수의 제 1 패턴 예시</th><th>설 명</th></tr>
<tr><td rowspan="5">int BOOK(void)
{   // 함수의 몸체 시작.

    지역(내부) 변수들의 선언;

    함수 몸체의 실행문;

    return(수식);   // 반환문

}   // 함수의 몸체 끝.</td><td>반환 데이터형:
BOOK함수 내에서 얻은 결과 값의 데이터 형태에 따라서 int, float, char 등의 데이터 자료형을 기입한다.</td></tr>
<tr><td>함수명:
호출당하는 함수의 이름이며, 프로그래머에 의해서 임의로 작성한다. 여기서는 BOOK이라고 작성하고 있다.</td></tr>
<tr><td>가인수:
호출하는 함수로부터 값을 받아 저장하게 되는 변수명이다. 여기서 void란 호출하는 함수로부터 받아 올 값이 없다는 뜻으로 생략 가능하다.</td></tr>
<tr><td>함수 및 지역(내부) 변수들의 선언:
함수 선언은 함수 본체 내에서 다른 함수를 호출할 때 기입하며, 특히 가인수가 없을 경우에 지역(내부) 변수를 선언하여 사용하기도 한다.</td></tr>
<tr><td>return(수식):
함수 본체 내에서 얻은 결과 값(수식)을 호출한 함수로 값을 되돌려 주는 경우에 사용한다.</td></tr>
</table>

제 1패턴과 같이 가인수가 없는 경우에는 void를 생략하고 int BOOK( )와 같은 형태로 표현하여도 문제되지 않는다.

다음의 예제를 통해서 함수의 4가지 기본 패턴 중에 가인수가 없는 경우의 제 1패턴의 원시 소스코드와 흐름도를 살펴보도록 하자.

함수의 제 1 패턴

```
1:  #include<stdio.h>
2:
3:  int BOOK(void)
4:  {
5:     int x=5, y=10, z;
6:
7:     z=x+y;
8:     return(z);
9:  }
10:
11: main( )
12: {
13:    int ADD;
14:
15:    ADD=BOOK( );
16:    printf("%d\n", ADD);
17: }
```

설 명

3~9행: 변수 x와 y의 합을 구하여 변수 z에 저장하는 BOOK( ) 함수를 정의한다.

15행: BOOK( )함수를 호출하고 BOOK( )함수 내의 변수 z에 저장된 값을return에 의해서 반환받아 변수ADD에 대입한다.

16행: 변수 ADD에 저장된 값을 표준 출력함수인 printf( )에 의해서 모니터에 출력하게 된다.

흐름도

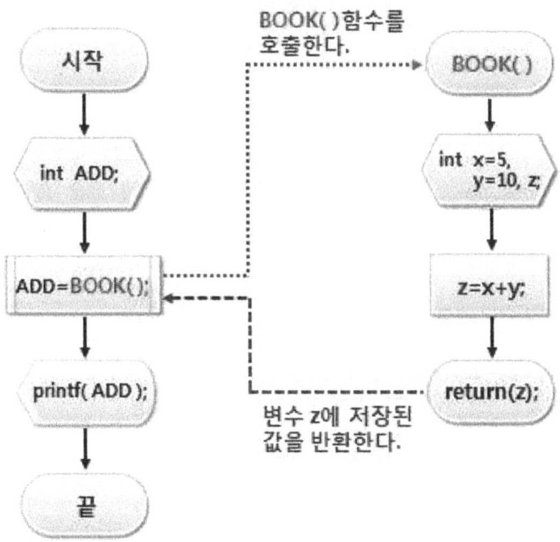

❑ 제 2패턴(반환 데이터형이 없는 경우)

사용자정의 함수의 제 2 패턴 예시	설 명

void BOOK(int x, int y)
{   // 함수의 몸체 시작.
 	
    지역(내부) 변수들의 선언;
 	
    함수 몸체의 실행문;
 	
    printf("출력 내용\n");   // 출력문
 	
}   // 함수의 몸체 끝.
	반환 데이터형:
	반환 데이터형이 void이므로 **BOOK함수 내에서 얻은 결과 값은 호출하는 함수에게 보낼 수 없다.** 따라서 BOOK함수 내에 표준 출력 함수인 printf( )**함수를 이용하여 결과를 출력**하는 것이 바람직하다. 여기서 void를 생략하고 **BOOK(int x, int y)로 작성**하여도 된다.

	함수명: **호출당하는 함수의 이름이며, 프로그래머에 의해서 임의로 작성**한다. 여기서는 BOOK이라고 작성하고 있다.
	가인수: **호출하는 함수로부터 값을 받아 저장**하게 되는 **변수명**이다. 여기서는 각각의 변수 x, y에 정수 값을 입력받게 된다.
	함수 및 지역(내부) 변수들의 선언: **함수 선언**은 함수 본체 내에서 **다른 함수를 호출할 때** 기입하며, **지역(내부) 변수는 함수 몸체 내에서 사용될 변수**이다.
	printf( ): 반환 데이터형이 void이므로 함수 본체 내에서 **얻은 결과 값을 호출한 함수로 되돌려 줄 수 없다.** 따라서 **BOOK함수 내에 표준 출력함수인** printf**를 사용하여 결과를 모니터에 출력하여 확인한다.**

다음의 예제를 통해서 함수의 4가지 기본 패턴 중에 반환 데이터형이 없는 경우의 제 2패턴의 원시 소스코드와 흐름도를 살펴보도록 하자.

함수의 제 2 패턴

```
1:  #include<stdio.h>
2:
3:  void BOOK(int x, int y)
4:  {
5:    int z;
6:
7:    z=x+y;
8:    printf("%d\n", z);
9:  }
10:
11: main( )
12: {
13:   int x-5, y=10;
14:
15:   BOOK(x, y);
16: }
```

설 명

3~9행: 변수 x와 y의 합을 구하여 변수 z 에 저장하는 BOOK( ) 함수를 정의 한다. 이때 반환 데이터형이 void이므로 BOOK함수를 호출한 main함수내로 변수 z에 저장된 값을 반환할 수 없다. 따라서 변수 x와 y의 합이 저장된 변수 z의 값을 확인하기 위하여 표준 출력 함수인 printf함수를 사용하여 그 결과 값을 모니터에 출력한다.

15행: BOOK( )함수를 호출하고 변수 x와 변수 y에 저장된 각각의 2개의 정수 값을 실인수를 사용한다.

흐름도

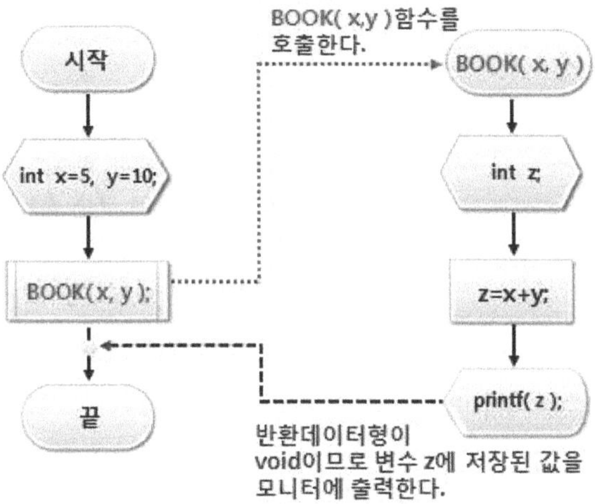

❑ 제 3패턴(반환 데이터형과 가인수가 없는 경우)

<table>
<tr><th>사용자정의 함수의 제 3 패턴 예시</th><th>설 명</th></tr>
<tr><td rowspan="5"><pre>void BOOK(void)
{   // 함수의 몸체 시작.

    지역(내부) 변수들의 선언;

    함수 몸체의 실행문;

    printf("출력 내용\n");   // 출력문

}   // 함수의 몸체 끝.</pre></td><td>반환 데이터형:
반환 데이터형이 void이므로 BOOK함수 내에서 얻은 결과 값은 호출하는 함수에게 보낼 수 없다. 따라서 BOOK함수 내에 표준 출력 함수인 printf( )함수를 이용하여 결과를 출력하는 것이 바람직하다. 여기서 void를 생략이 가능하다.</td></tr>
<tr><td>함수명:
호출당하는 함수의 이름이며, 프로그래머에 의해서 임의로 작성한다. 여기서는 BOOK이라고 작성하고 있다.</td></tr>
<tr><td>가인수:
호출하는 함수로부터 값을 받아 저장하게 되는 변수명이다. 여기서 void란 호출하는 함수로부터 받아 올 값이 없다는 뜻으로 생략가능하다.</td></tr>
<tr><td>함수 및 지역(내부) 변수들의 선언:
함수 선언은 함수 본체 내에서 다른 함수를 호출할 때 기입하며, 특히 가인수가 없을 경우에 지역(내부) 변수를 선언하여 사용하기도 한다.</td></tr>
<tr><td>printf( ):
반환 데이터형이 void이므로 함수 본체 내에서 얻은 결과 값을 호출한 함수로 되돌려 줄 수 없다. 따라서 BOOK함수 내에 표준 출력함수인 printf를 사용하여 결과를 모니터에 출력하여 확인한다.</td></tr>
</table>

다음의 예제를 통해서 함수의 4가지 기본 패턴 중에 반환 데이터형과 가인수가 없는 경우의 제 3패턴의 원시 소스코드와 흐름도를 살펴보도록 하자.

함수의 제 3 패턴

```
1:    #include<stdio.h>
2:
3:    void BOOK(void)
4:    {
5:      printf("C- ");
6:      printf("Language\n");
7:    }
8:
9:    main( )
10:   {
11:     BOOK( );
12:   }
```

설 명

3~7행: 반환 데이터형과 가인수를 갖지 않은 함수 BOOK을 정의하다. BOOK함수 내의 실행문은 printf함수에 의해 간단한 문장의 출력을 하게 된다.

11행: BOOK( )함수를 호출한다. 이때 가인수를 갖지 않기 때문에 BOOK( )함수의 **소괄호는 빈칸**이 된다.

흐름도

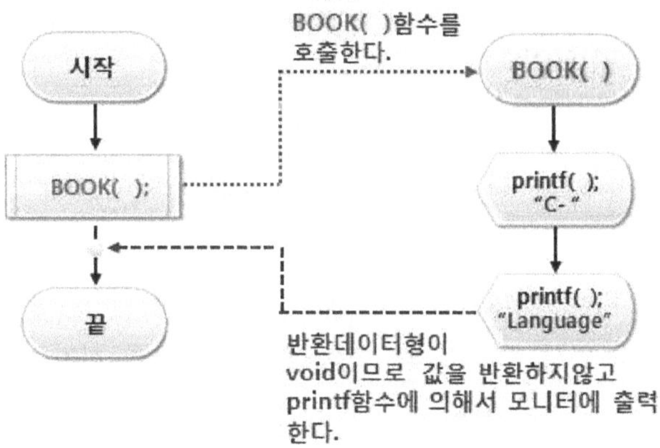

❑ 제 4패턴(반환 데이터형과 가인수를 모두 사용하는 경우)

<table>
<tr><th>사용자정의 함수의 제 4 패턴 예시</th><th>설 명</th></tr>
<tr><td rowspan="5"><pre>int BOOK(int x, int y)
{   // 함수의 본체 시작.

    지역(내부) 변수들의 선언;

    함수 본체의 실행문;

    return(수식);   // 반환문

}   // 함수의 본체 끝.</pre></td><td>반환 데이터형:
BOOK함수 내에서 얻은 결과 값의 데이터 형태에 따라서 int, float, char 등의 데이터 자료형을 기입한다.</td></tr>
<tr><td>함수명:
호출당하는 함수의 이름이며, 프로그래머에 의해서 임의로 작성한다. 여기서는 BOOK이라고 작성하고 있다.</td></tr>
<tr><td>가인수:
호출하는 함수로부터 값을 받아 저장하게 되는 변수명이다. 여기서는 각각의 변수 x, y에 정수 값을 입력 받게 된다.</td></tr>
<tr><td>함수 및 지역(내부) 변수들의 선언:
함수 선언은 함수 본체 내에서 다른 함수를 호출할 때 기입하며, 특히 가인수가 없을 경우에 지역(내부) 변수를 선언하여 사용하기도 한다.</td></tr>
<tr><td>return(수식):
함수 본체 내에서 얻은 결과 값(수식)을 호출한 함수로 값을 되돌려 주는 경우에 사용한다.</td></tr>
</table>

다음의 예제를 통해서 함수의 4가지 기본 패턴 중에 반환 데이터형과 가인수를 모두 사용하는 경우의 제 4패턴의 원시 소스코드와 흐름도를 살펴보도록 하자.

함수의 제 4 패턴

```
1:    #include<stdio.h>
2:
3:    int BOOK(int x, int y)
4:    {
5:      int z;
6:
7:      z=x+y;
8:      return(z);
9:    }
10:
11:   main( )
12:   {
13:     int x=5, y=10, ADD;
14:
15:     ADD=BOOK(x, y);
16:     printf("%d\n", ADD);
17:   }
```

설 명

3~9행: 변수 x와 y의 합을 구하여 변수 z에 저장하는 BOOK( ) 함수를 정의한다. 이때 **반환 데이터형이 int이므로 BOOK함수를 호출한 main함수 내로 변수 z에 저장된 정수 값을 반환**하게 된다.

15행: BOOK( )함수를 호출하고 **변수 x와 변수 y에 저장된 각각의 2개의 정수값을 실인수를 사용**한다. 또한 BOOK함수 내의 변수 z에 저장된 값을 return에 의해서 반환받아 변수 ADD에 대입한다.

16행: 변수 ADD에 저장된 값을 표준 출력함수인 printf( )에 의해서 모니터에 출력하게 된다.

흐름도

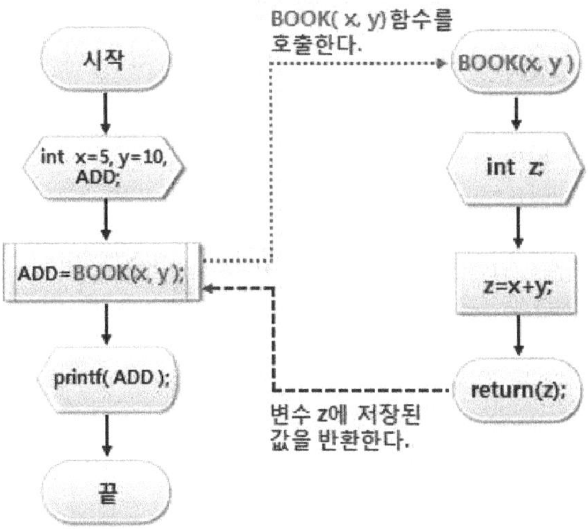

가인수와 리턴 값을 갖는 경우의 함수 호출 과정에 대해서 몇 가지 예를 들어 살펴보도록 하자.

함수 호출 과정의 예시

```
③ double Ave( int x,  int y )
   {
        double  Dim ;

        Dim = ( x + y ) / 2 ;

        return( Dim ) ;        ④        ②
   }

① main( )
   {
      int  x = 4,  y = 6;
      double  result ;

      result = Ave ( x , y ) ;

      printf( " % lf  \n " , result ) ;
   }
```

STEP 1 모든 프로그램의 실행 순서는 언제나 main( )함수부터 시작하게 되며, main함수의 중괄호 { } 내의 실행문을 수행하게 된다. 또한 몸체 내의 실행은 순차적 처리를 하게 되므로 변수 x와 y를 각각 4와 6으로 초기화시킨 내용부터 실행하게 된다.

STEP 2 이와 같이 main함수의 몸체 내의 실행문을 순차적으로 처리하면서 Ave( )와 같이 함수의 이름을 만나게 되면 main( )함수를 벗어나 Ave( )함수로 이동하게 된다. 이때 주의해야 할 사항은 Ave( )함수가 어떤 타입의 자료형으로 몇 개의 가인수를 사용할 것인가에 주목할 필요가 있다. 위의 예제에서는 main함수 내에서 Ave( )함수는 변수 x와 y의 실인수 2개를 호출당하는 Ave( )함수의 가인수에 전달한다.

STEP 3 호출 당하는 Ave( )함수는 실인수 2개를 각각의 변수 x와 y에 가인수로 전달받고 Ave( )함수 내의 몸체를 순차적 처리한다. 이후 변수 Dim에 저장된 최종 결과 값을 Ave( )함수를 호출한 곳으로 반환하게 된다. 여기서 변수 Dim에 저장된 값이 반환되는 곳은 main( )함수의 몸체 내에 result=Ave(x, y);이다.

STEP 4 반환받은 값은 변수 result에 대입되며 printf( )에 의해서 모니터에 출력하게 된다.

다음은 흐름도와 실행 결과를 보여준다.

흐름도

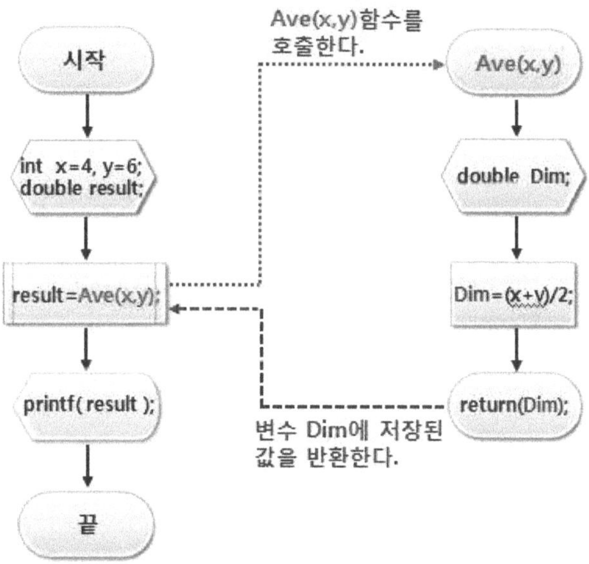

실행 결과

다음의 "키보드로부터 2개의 정수를 입력받아 덧셈과 뺄셈을 행하는 2개의 함수를 사용하여 연산을 수행하는 프로그램"을 작성한 예제를 하나 더 살펴보도록 하자. 이때, 정수 값의 입력과 각각의 결과 출력은 main( )함수에서 수행하도록 하며, 덧셈과 뺄셈은 각각 함수 Add( )와

Sub( )를 사용하도록 한다.

원시 소스코드

```
1:   #include<stdio.h>
2:
3:   int Add(int x, int y)           // 2개의 실인수를 변수 x, y에 전달한다.
4:   {
5:     int sum;
6:
7:     sum=x+y;
8:     return(sum);                 // 함수 Add( ) 내에서 얻은 결과를 반환한다.
9:   }
10:
11:  int Sub(int x, int y)           // 2개의 실인수를 변수 x, y에 전달한다.
12:  {
13:    int result;
14:
15:    result=x-y;
16:    return(result);              // 함수 Sub( ) 내에서 얻은 결과를 반환한다.
17:  }
18:
19:  main( )                        // 항상 main( )함수의 내용부터 실행한다.
20:  {
21:    int a, b, add_val, sub_val;
22:
23:    printf("2개의 정수 값을 입력하시오.\n");
24:    scanf("%d %d", &a, &b);
25:
26:    add_val=Add(a, b);        // Add( )를 호출하며 변수 sum값을 반환받는다.
27:    printf("%d+%d=%d\n", a, b, add_val);
28:
29:    sub_val=Sub(a, b);        // Sub( )를 호출하며 변수 result값을 반환받는다.
30:    printf("%d-%d=%d\n", a, b, sub_val);
31:  }
```

설 명

3행~9행: 두 정수의 합을 구하는 함수인 Add를 정의한다.
11행~17행: 두 정수의 차를 구하는 함수인 Sub를 정의한다.
26행 : Add(a, b)를 호출하고 함수의 리턴 값을 반환받아서 변수 add_val에 대입하게 된다.
29행 : Sub(a, b)를 호출하고 함수의 리턴 값을 반환받아서 변수 sub_val에 대입하게 된다.

다음은 흐름도와 실행 결과를 나타낸다.

흐름도

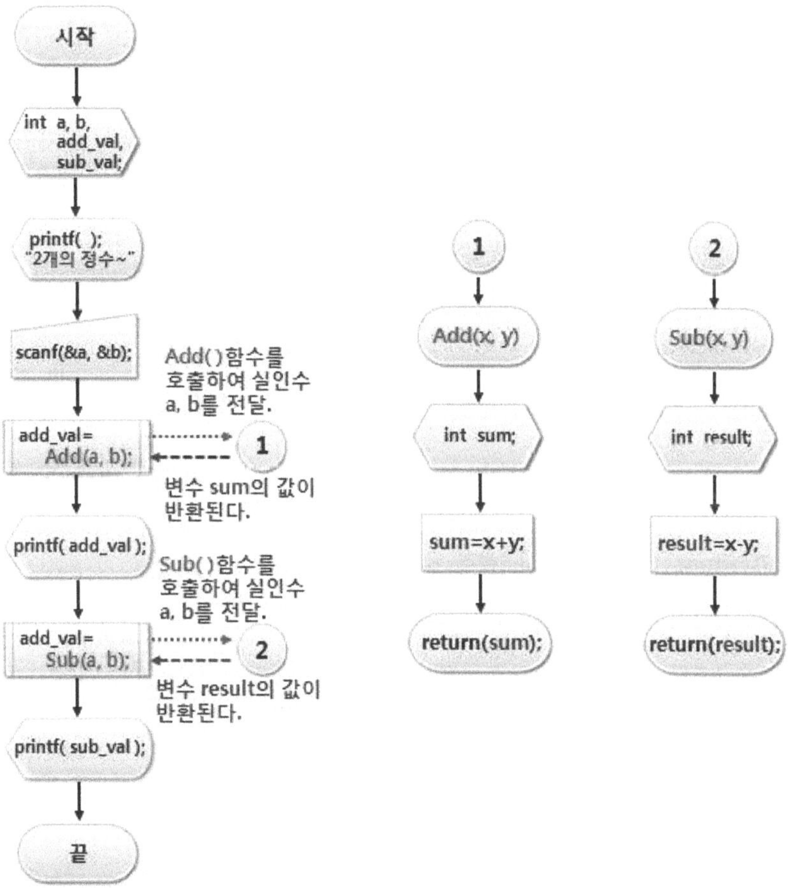

실행 결과

main( )함수와 같이 함수의 원형 내에 호출하는 함수가 여러 개인 경우는 각각에 번호를 붙여 도식화하게 되면 보다 간편하고 보기 쉽게 흐름도를 구현할 수 있다.

4. 함수 원형Function prototype

함수를 사용할 때는 함수 main( )이 먼저 오는 경우와 사용자 정의 함수가 먼저 오는 경우의 2가지 유형Type중에 하나를 선택하여 원시 소스로 작성할 수 있다. 여기서 주목할 사항은 함수 main( )이 사용자 정의 함수보다 먼저 오는 경우이다. 다음의 소스 예제를 살펴보도록 하자.

함수 main( )이 먼저 오는 경우

```
#include <stdio.h>

int func(int x);      // 함수 원형

main( )               // main함수
{
   ••••
   result=func(10);  // func함수 호출
   ••••
}

int func(int x)      // 사용자 정의함수
{
   int i, Add=0;

   for(i=0; i<=x; i++)
   {
      Add += i;
   }

   return (Add);      // Add값을 반환
}
```

- **함수 원형**은 컴파일러에 함수의 정보인가인수의 자료형과 사용자 정의 함수의 실행 후 return 되는 값의 반환 자료형을 제공할 때 사용한다.
- 사용자 정의 함수[호출당하는 함수]가 호출하는 함수를 포함하고 있는 main함수보다 뒤에 오는 경우에는 **반드시 함수 원형을 사용해야 한다.**

사용자 정의 함수가 먼저 오는 경우

```
#include <stdio.h>

int func(int x)    // 사용자 정의함수
{
   int i, Add=0;

   for(i=0; i<=x; i++)
   {
      Add += i;
   }

   return (Add);     // Add값을 반환
}

main( )              // main함수
{
   ••••
   result=func(10);  // func함수 호출
   ••••
}
```

- 사용자 정의 함수[호출당하는 함수]가 호출하는 함수를 포함하고 있는 main함수보다 먼저 오는 경우에는 **함수 원형은 사용할 필요는 없다.**

함수의 원형을 사용할 때는 int func(int x); 과 같이 끝 부분에 반드시 세미콜론(;)을 추가하여야 한다. 또한 사용자 정의 함수[호출당하는 함수]가 호출하는 하는 함수 뒤에 오는 경우는 함수 원형을 선언함으로서 컴파일러에게 사용자 정의 함수가 담고 있는 정보를 전달하여야 한다. 그러나 사용자 정의 함수가 호출하는 함수 이전에 오는 경우는 함수 원형을 생략을 생략하여도 된다.

다음의 예제는 사용자 정의 함수[호출되는 함수]에서 결과 값을 반환하지 않는 경우로 원시 소스를 작성할 때 소홀하기 쉬운 부분이다. 이때 주의할 사항은 반드시 사용자 정의 함수와 함수 원형의 반환 데이터형이 일치하지 않으면 컴파일 에러가 발생하는 것에 주의하도록 하자.

컴파일 에러 발생

```
1:  #include <stdio.h>
2:
3:  void func(int x);      // 함수 원형
4:
5:  main( )                 // main함수
6:  {
7:     func(10);  // func함수 호출
8:
9:  }
10:
11: func(int x)      // 사용자 정의함수
12: {
13:    int i, Add=0;
14:
15:    for(i=0; i<=x; i++)
16:    {
17:       Add += i;
18:    }
19:    printf("%d\n");
20: }
```

3행: 함수 원형에서는 반환 데이터형이 void이다.
11행: 사용자 정의 함수의 반환 데이터형이 생략되어 있다.
3행과 11행의 반환 데이터형이 일치하지 않기 때문에 **컴파일 에러가 발생**하게 된다.

컴파일 에러 발생

```
1:  #include <stdio.h>
2:
3:  func(int x);      // 함수 원형
4:
5:  main( )                 // main함수
6:  {
7:     func(10);  // func함수 호출
8:
9:  }
10:
11: void func(int x)  // 사용자 정의함수
12: {
13:    int i, Add=0;
14:
15:    for(i=0; i<=x; i++)
16:    {
17:       Add += i;
18:    }
19:    printf("%d\n");
20: }
```

- 3행의 함수 원형과 11행의 사용자 정의 함수의 반환 데이터형이 일치하지 않기 때문에 **컴파일 에러가 발생**한다.

옳은 형식

```
1:  #include <stdio.h>
2:
3:  void func(int x);  // 함수 원형
4:
5:  main( )            // main함수
6:  {
7:     func(10);       // func함수 호출
8:
9:  }
10:
11: void func(int x)  // 사용자 정의함수
12: {
13:    int i, Add=0;
14:
15:    for(i=0; i<=x; i++)
16:    {
17:       Add += i;
18:    }
19:    printf("%d\n");
20: }
```

- 3행의 함수 원형과 11행의 사용자 정의 함수의 반환 데이터형이 일치하므로 컴파일 시에 **에러가 발생하지 않는다.**
- 사용자 정의함수 func에서 결과 값을 반환하지 않기 때문에 void를 사용하였다.

옳은 형식

```
1:  #include <stdio.h>
2:
3:  func(int x);        // 함수 원형
4:
5:  main( )             // main함수
6:  {
7:     func(10);        // func함수 호출
8:
9:  }
10:
11: func(int x)         // 사용자 정의함수
12: {
13:    int i, Add=0;
14:
15:    for(i=0; i<=x; i++)
16:    {
17:       Add += i;
18:    }
19:    printf("%d\n");
20: }
```

- 3행의 함수 원형과 11행의 사용자 정의 함수의 반환 데이터형이 일치하므로 컴파일 시에 **에러가 발생하지 않는다.**
- 사용자 정의함수에서 결과 값을 반환하지 않는 경우에는 void를 사용하지만 void를 생략하여도 문제되지 않는다.

위와 같이 사용자 정의 함수에서 결과 값을 반환하지 않을 때는 반환 데이터형에 void를 사용하거나 또는 void를 생략하여 사용하여도 문제되지 않지만 함수의 형식에 맞추어 void를 사용하여 주는 것이 좋다. 아직 함수에 대해서 이해가 되지 않는 경우는 앞에서 학습한 3절의 사용자 정의함수에 대한 4가지 패턴을 정리하여 주길 바란다.

참고로 함수를 학습하면서 함수 main( )의 위치가 고정이 아니라 필요에 따라서 바뀌는 것을 느꼈으리라 생각된다. 간단히 정리하면, main( )함수의 위치는 원시 소스의 맨 위 또는 마지막에 있더라도 아무런 문제가 없다. 중요한 것은 원시 소스 내에서 제일 먼저 실행되는 함수는 main( )이라는 점이다.

다음과 같이 원시 소스 내에 함수 원형이 생략된 경우라면 컴파일 과정에서 어떠한 오류가 발생했는지에 대해서 살펴보도록 하자.

함수 원형이 생략 된 경우

```
1:  #include <stdio.h>
2:                    // void func( int x ); 의 함수 원형이 생략됨
3:  main( )                   // main함수
4:  {
5:     func(10);              // func함수 호출
6:
7:  }
8:
9: void func(int x)           // 사용자 정의함수
10: {
11:    int i, Add=0;
12:
13:    for(i=0; i<=x; i++)
14:    {
15:       Add += i;
16:    }
17:    printf("%d\n");
18: }
```

위 예의 경우는 컴파일 과정에서 main( )의 몸체에 포함된 호출하는 함수 func(10)에 대해서 정확한 정보를 제공하지 못하기 때문에 경고와 에러가 다음과 같이 발생하게 된다.

```
C:\Funct.c(200) : warning C4013: 'func' undefined; assuming extern returning
                  int
C:\Funct.c(218) : error C2371: 'func' : redefinition; different basic types
```

첫 번째는 경고로서 func( )의 함수 원형이 정의되지 않았기 때문에 반환 데이터형을 int형의 값으로 반환한다는 뜻이다.

두 번째는 func( )함수가 int형의 값으로 반환하려고 하였으나 9행에서는 func( )의 반환 데이터형이 void 이므로 서로 일치되지 않은 반환 데이터형이기 때문에 오류가 발생됐다는

뜻이다.

두 가지의 문제를 해결하기 위해서는 위 소스의 2행에 void func(int x); 의 함수 원형을 포함시켜 재차 컴파일 과정을 거치면 된다.

이와 같이 함수 원형은 사용자 정의 함수의 정보를 컴파일러에게 알려주는 역할을 수행하므로 중요하다.

함수의 몇 가지 예제를 통하여 학습한 내용을 정리해 보도록 하자.

함수 예제 1

```
#include <stdio.h>

int sum(int);           // 함수 원형에서 변수가 생략되어도 문제되지 않는다.

int main(void)
{
    sum(100);           // sum( )을 호출하며 실인수 100을 넘겨준다.
    return 0;           // main( ) 함수 종료
}

int sum(int max)                                      // 사용자 정의함수
{
    printf("%d\n", (1 + max) * max / 2);
    return 0;                                         // sum( ) 함수 종료
}
```

다음은 흐름도와 실행 결과를 나타낸다.

흐름도

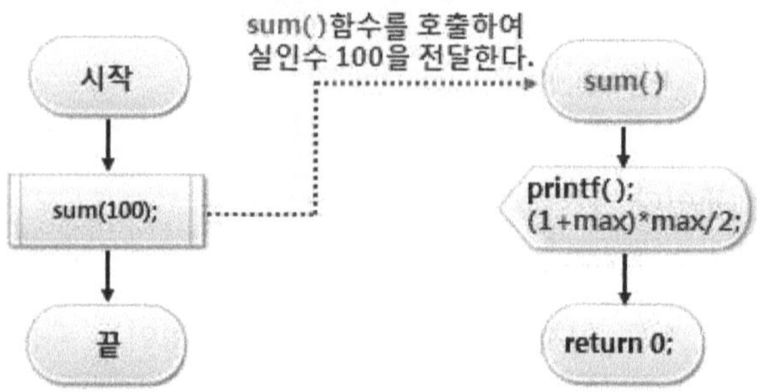

실행 결과

위 예제 소스의 7행을 sum(100);에서 sum( )으로 수정하여 컴파일을 하게 되면 다음과 같은 에러가 발생하게 된다.

```
C:\hamsu.c(8) : error C2198: 'sum' : too few actual parameters
```

위 에러의 내용은 호출하는 함수 sum( )의 실인수 개수가 호출되는(당하는) 함수 sum( )의 가인수 개수보다 적을 경우에 발생하게 된다.

함수 예제 2

```
#include <stdio.h>

int sum(int, int);                    // 함수 원형

int main(void)
{
    sum(50, 100);                     // sum( )을 호출하며 실인수50과 100을 넘김
    return 0;                         // main( ) 함수 종료
}

int sum(int min, int max)             // 사용자 정의함수
{
    printf("%d\n", (min + max) * (max-min+1) / 2);
    return 0;                         // sum( ) 함수 종료
}
```

다음은 흐름도와 실행 결과를 나타낸다.

흐름도

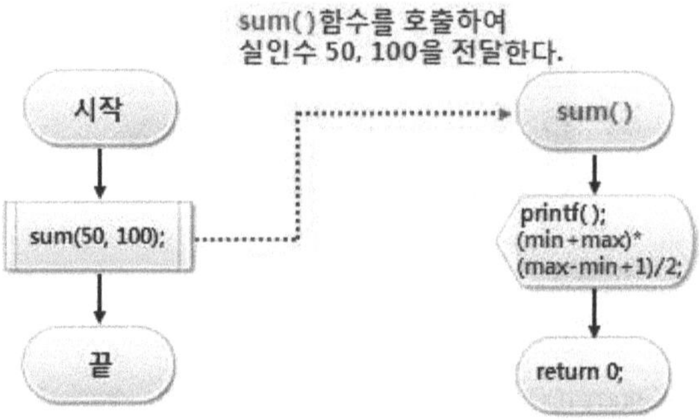

실행 결과

이번에는 변수 count에 1을 더하는 함수를 3회 호출하는 경우의 예제를 살펴보도록 하자.

함수 예제 3

```
#include <stdio.h>

int countfunc(void);                    // 함수 원형

int main(void)
{
    countfunc();                        // 함수 countfunc() 1회 호출
    countfunc();                        // 함수 countfunc() 2회 호출
    countfunc();                        // 함수 countfunc() 3회 호출
    return 0;                           // 종료
}

int countfunc(void)                     // 사용자 정의함수 int countfunc(void)
{
    int count=100;                      // 변수 count에 초기값 100을 저장
    count++;                            // count++는 count=count+1과 같은 의미
    printf("%d\n",count);               // 변수 count값을 출력
    return count;                       // 변수 count의 값을 반환함
}
```

실행 결과

흐름도

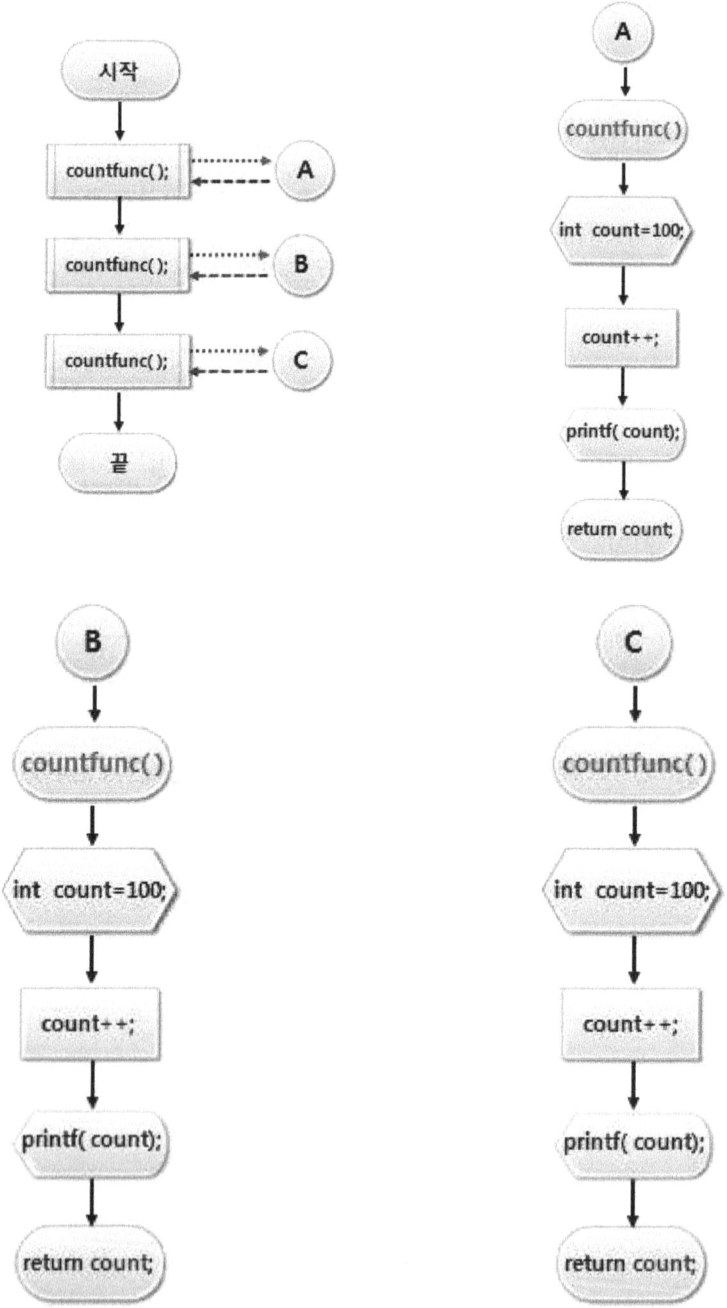
시작
countfunc( );
countfunc( );
countfunc( );
끝
A
B
C
countfunc( )
int count=100;
count++;
printf(count);
return count;

5. 매크로 함수 Macro Functions

우리는 5장 3절의 상수를 학습할 때 헤더파일 중 #define문에 의해 상수를 정의한 매크로 상수를 공부한바 있다. 혹시 기억이 없다면 다시 한 빈 매크로 상수에 대해서 살펴보길 바란다. 여기서 매크로 함수도 헤더파일 중에서 #define문에 의해 매크로로 정의되어있는 함수라고 생각하면 된다. 매크로 함수를 이용하게 되면 사용자 정의 함수 등의 형식보다는 보다 간단하게 정의하여 편리하게 사용할 수 있다. 매크로 함수의 형식은 다음과 같다.

매크로 함수 형식

```
#define 매크로명(인수1, 인수2, •••)  인수를 사용한 치환 문자열
```

매크로 함수 형식의 #define은 원시 소스에 매크로를 정의하는데 이용되는 전(선행)처리기이다. 따라서 원시 소스 내에서 #define으로 정의된 매크로명을 만나게 되면 지정한 치환 문으로 변환하게 되고 인수에 해당하는 값을 치환한다.

다음은 매크로 함수 형식의 몇 가지 예를 나타내고 있다.

```
#define SEESAW(i,j)  ((i) > (j)) ? (i) : (j)
```

전처리기는 원시 소스코드 내에서 매크로명인 SEESAW를 만나게 되면 정의된 치환 문자열인 ((i) 〉 (j)) ? (i) : (j)로 변환하고, 인수인 i, j의 값을 치환하여 참 또는 거짓에 해당되는 값을 구하게 된다.

```
#define AVE(i,j)  (((i) + (j))/2)
```

전처리기는 원시 소스코드 내에서 매크로명인 AVE를 만나게 되면 정의된 치환 문자열인 (((i) + (j))/2)로 변환하고, 인수인 i, j의 값을 치환하여 평균값을 구하게 된다.

```
#define MULTI(i,j,z)  ((i)*(j)*(z))
```

전처리기는 원시 소스코드 내에서 매크로명인 MULTI를 만나게 되면 정의된 치환 문자열인 ((i)*(j)*(z))로 변환하고, 인수인 i, j, z의 값을 치환하여 전체 곱한 값을 구하게 된다.

이와 같이 매크로 함수를 사용하는 이유는 인수를 주고받음에 있어서 함수의 호출 시간 등이 소요되는 일반적인 함수에 비해서 실행 속도가 빨라진다는 장점을 가지고 있기 때문이다.

매크로 함수 사용 시 주의할 사항에 대해서 살펴보기로 하자.

■ 매크로명은 일반 변수와 구별하기 위하여 가급적 대문자를 사용한다. 소문자를 사용하여도 상관없다.

매크로 함수 형식	컴파일 결과
`#define` **`BOX`**`(i) ((i)+(i))`	성 공
`#define` **`box`**`(i) ((i)+(i))`	성 공

■ 매크로명과 인수들을 기입하기 위한 소괄호 사이에는 공백이 있으면 안 된다.

매크로 함수 형식	컴파일 결과
`#define BOX(i) ((i)+(i))`	성 공
`#define` **`BOX (i)`** `((i)+(i))` // 공백문제	**오 류**

■ 매크로 함수 형식의 끝에는 세미콜론(;)을 붙이지 않는다.

매크로 함수 형식	컴파일 결과
`#define BOX(i) ((i)+(i))`	성 공
`#define BOX(i) ((i)+(i));` **// 세미콜론 문제**	오 류

■ 매크로 함수는 일반 함수와 달리 인수들의 자료형을 기입하지 않는다.

매크로 함수 형식	컴파일 결과
`#define BOX(i) ((i)+(i))`	성 공
`#define BOX(int i) ((i)+(i));` // 자료형 문제	오 류

매크로 함수를 사용할 때는 일반 함수에서 학습한 실인수와 가인수를 어떤 식으로 구분할 수 있을까?

앞에서 학습한바와 같다. 즉 다른 함수를 호출하여 값을 전달하기 이전에 미리 정의된 값 또는 값을 저장하고 있는 변수들을 실인수라고 하며, 호출을 하는 함수로 부터 값을 넘겨받는 때 정의되는 변수를 가인수라고 한다.

```
#include <stdio.h>
#define BOX(i) ((i)+(i))
main()
{
   printf("%d\n", BOX(100));
}
```

호출하는 함수로부터 **실인수 값 1개를 전달받을 때 사용할 변수 i를 가인수로 사용**하고 있다.

호출하는 함수 BOX()에 **1개의 값을 실인수로 지정**하고 있다.

지금부터 인수가 없는 매크로와 인수를 갖는 매크로의 치환에 대해서 다양한 예제들을 통해 살펴보도록 하자.

❑ 인수가 없는 매크로의 단순 치환

인수가 없는 단순 치환의 예제 1 [단순 치환]

```
1:  #include <stdio.h>
2:  #define MAX 100                // 매크로명 MAX에 치환 문자열 값인 100을 치환
3:
4:  main()                         // main( )함수
5:  {                              // main( )함수 몸체 시작
6:     int i;                      // 변수 i에는 정수 값이 저장
7:
8:     i=MAX;                      // 치환된 MAX값 100을 변수 i에 대입
9:     printf("%d\n",i);
10: }                              // main( )함수 몸체 끝
```

설 명

2행: 프로그래머가 정의한 매크로명은 MAX 이며, MAX에 치환되는 치환 문자열은 100 이다.
8행: 전처리기는 프로그램 안에서 **컴파일러에 의해 번역되기 이전에 MAX를 100으로 치환**시킨다. 즉, i=MAX;는 i=100;으로 치환된다.

이와 같이 단순 치환의 경우는 #define을 이용하여 치환 문자열인 숫자 상수에 의미 있는

이름을 사용자에 의해서 부여하게 되는 데 이것을 매크로명이라고 한다.

주의 할 사항은 프로그램 안에서 매크로명에 큰 따옴표는 사용해서는 안 된다. 예를 들어 i=MAX;를 i="MAX";로 사용되게 되면 치환 문자열은 매크로명 MAX에 치환되지 않는다.

다음은 흐름도와 실행 결과를 나타낸다.

흐름도

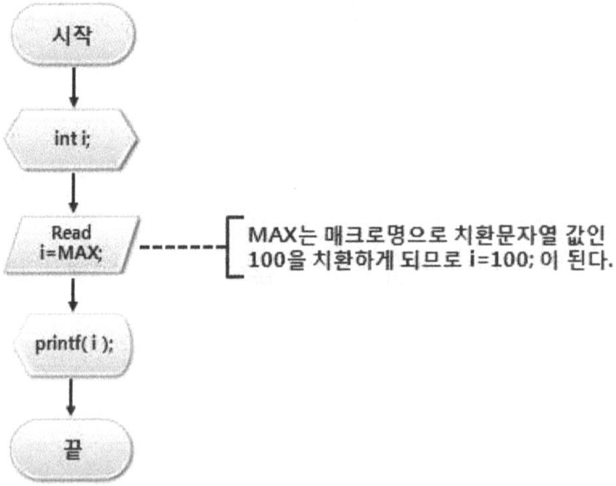

실행 결과

참고로 흐름도를 도식화할 때에 있어서 주석처리의 기호는 다음과 같다.

흐름도 내의 주석기호	의 미
---[	흐름도 내에서 기호가 포함하고 있는 내용의 의미 등을 쉽게 이해시키기 위한 부연 설명으로 **주석 기호 끝에 주석문을 기입**한다. **[예시]** ---[흐름도 내의 주석처리.

인수가 없는 단순 치환의 예제 2 [제어문에 사용]

```
1:  #include <stdio.h`>
2:  #define MAX 100                        // 매크로명 MAX에 치환 문자열 값인 100을 치환
3:
4:  main()                                 // main( )함수
5:  {                                      // main( )함수 몸체 시작
6:     int i;                              // 변수 i에는 정수 값이 저장
7:
8:     for(i=0; i<=MAX; i+=10)             // 치환된 MAX값은 100 이다.
9:     {
10:       printf("%d\n",i);                // 10씩 증가시켜 얻은 값을 출력
11:    }
12: }                                      // main( )함수 몸체 끝
```

설 명

2행: 프로그래머가 정의한 매크로명은 MAX 이며, MAX에 치환되는 치환 문자열은 100 이다.

8행: 전처리기는 프로그램 안에서 **컴파일러에 의해 번역되기 이전에 MAX를 100으로 치환**시킨다. 즉, for문의 조건식인 i〈=MAX;는 i〈=100;으로 치환된다.

또한, 증감식인 i+=10은 i=i+10으로 작성하여도 같은 의미이므로 문제되지 않는다.

위 예제의 흐름도와 실행 결과는 다음과 같다.

흐름도

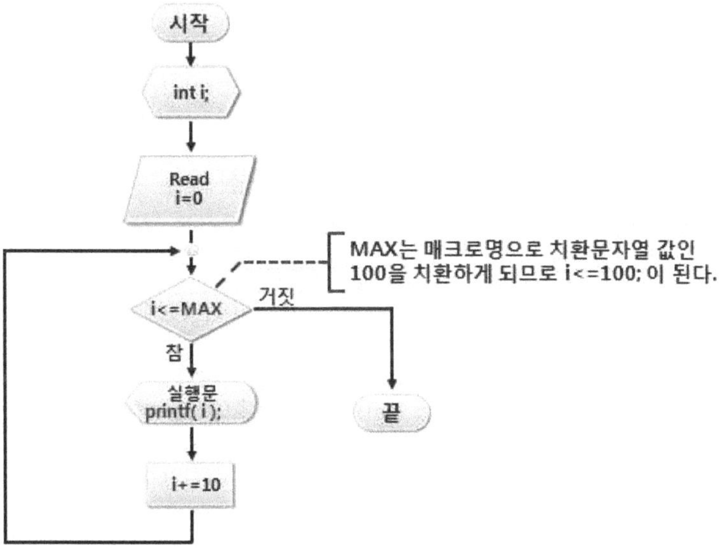

실행 결과

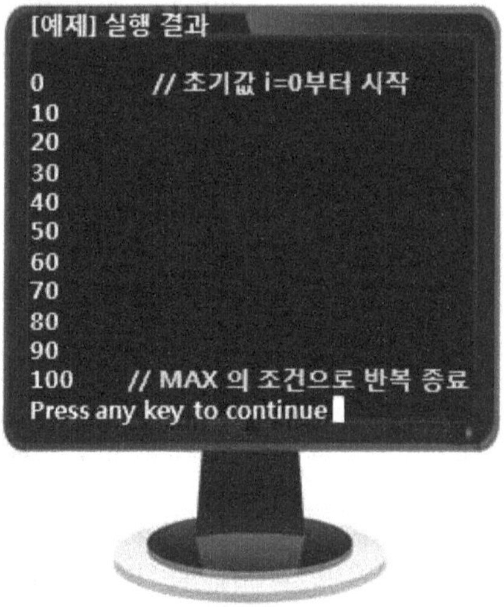

지금까지 #define에 의한 단순 치환의 예를 살펴보았으나 다음의 예와 같이 특수한 처리를 하는 경우도 가능하다.

인수가 없는 단순 치환의 예제 3 [화면 표시]

```
1:  #include <stdio.h>
2:  #define PRT printf("temp=%d\n",temp)    // 매크로명 PRT에 printf문을 치환
3:
4:  main()                                  // main( )함수
5:  {                                       // main( )함수 몸체 시작
6:     int temp=100;                        // 변수 i에는 정수 값이 저장
7:
8:     PRT;                                 // 치환된 MAX값은 100 이다.
9:
10: }                                       // main( )함수 몸체 끝
```

설 명

2행: 프로그래머가 정의한 매크로명은 PRT 이며, PRT에 치환되는 치환 문자열은 printf문이다.

8행: 전처리기는 프로그램 안에서 **컴파일러에 의해 번역되기 이전에** PRT를 printf**문으로 치환**시키므로 결국 8행은 printf("temp=%d\n",temp);로 정의되었다고 볼 수 있다.

위 예제의 흐름도와 실행 결과는 다음과 같다.

흐름도

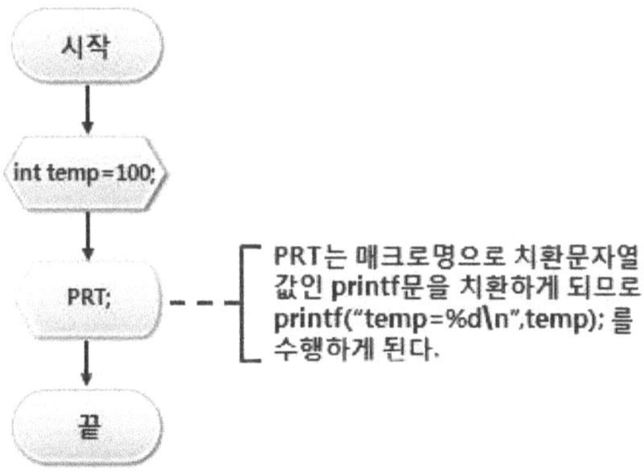

실행 결과

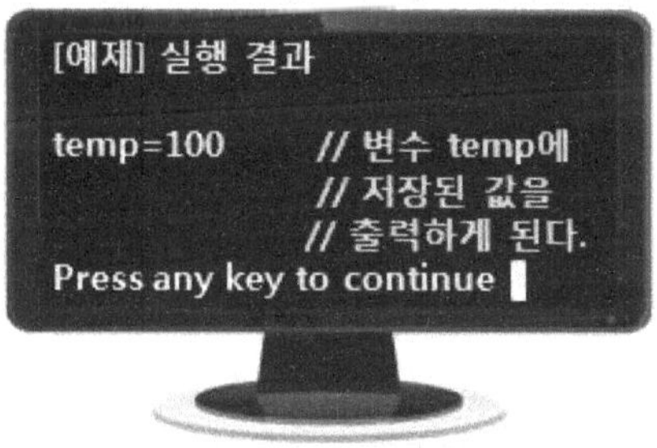

또한 여러 개의 #define 전(선행)처리기를 사용하여 다음과 같이 표현할 수 있다.

```
#define TEMP 100                                    // 매크로명 TEMP에 100을 치환
#define ADD TEMP+TEMP                               // 매크로명 ADD에 100+100을 치환
#define PRT printf("result=%d \n", result)          // 매크로명 PRT에 printf문을 치환

main()
{
   int result;

   result = ADD;                                    // result = 100+100;
   PRT;                                             // printf("result=%d \n", result);
}
```

앞의 원시 소스코드의 경우는 #define 전처리기에 의해서 매크로명 TEMP에 치환 문자열의 값인 100을 치환하고, 매크로명 ADD에는 매크로명 TEMP에 치환된 100을 사용하여 100+100의 합인 200의 값을 치환하게 된다. 함수 main( )의 몸체 내에서 매크로명 ADD에 치환된 200의 값을 변수 result에 대입한 후에 매크로명 PRT에 치환된 printf문을 수행하게 된다. 흐름도와 실행 후에 얻어진 결과는 다음과 같다.

흐름도

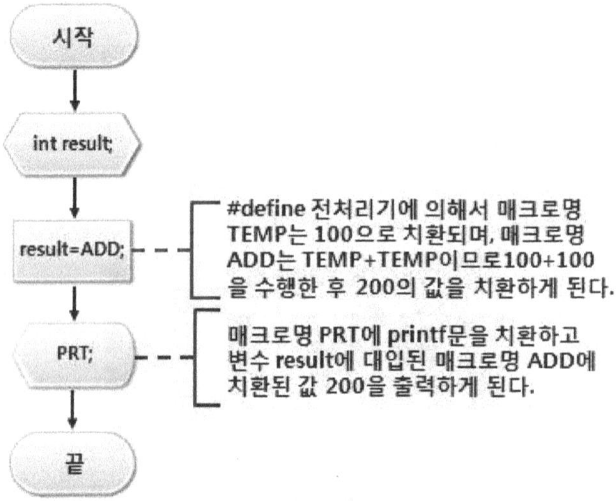

실행결과

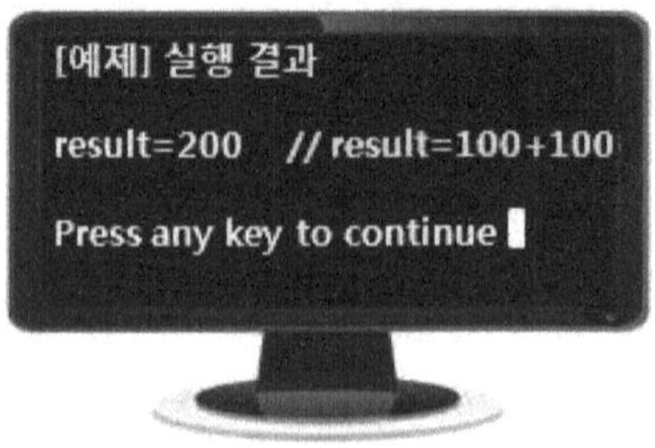

또한 #define 전처리기에 있어서 문자 및 문자열 상수의 정의는 다음과 같다.

[문자의 경우] 작은 따옴표Single quotes기호인 (' ')로 묶어서 표현한다.

#define TEMP 'B'

[문자열의 경우] 큰 따옴표[Double quotes]기호인 (" ")로 묶어서 표현한다.

#define MUNJA "C Language"

❑ 인수를 갖는 매크로의 치환

인수를 갖는 매크로의 예제 1

```
1:  #include <stdio~.h>
2:  #define  NUM(a,b)  ((a)+(b))               // 매크로명 NUM에 ((a)+(b))를 치환
3:  #define  PRT(sum)  printf("%d\n",sum)  // 매크로명 NUM에 print문을 치환
4:
5:  int main(void)
6:  {
7:      int value;
8:
9:      value=NUM(100, 100);                 // value=100+100으로 치환
10:
11:     PRT(value);                          // 변수 value에 저장된 값을 출력
12:
13:     return 0;
14: }
```

설 명

2행: 프로그래머가 정의한 매크로명은 NUM이며, NUM에 치환되는 치환 문자열은 ((a)+(b))문이다.

3행: 프로그래머가 정의한 매크로명은 PRT이며, PRT에 치환되는 치환 문자열은 printf("%d\n",sum)문이다.

9행: 매크로를 호출하는 NUM(100, 100);에서 각각의 실인수 100은 매크로 정의인 NUM(a,b)에 있는 가인수 a, b의 개수와 같아야 한다.

11행: #define PRT(sum) printf("%d\n",sum)에서 소괄호 내의 sum은 가인수이다. 함수main( ) 중의 11행 PRT(value)는 매크로를 호출하여 value에 대입된 실인수 값을 sum에 대입해서 print문에 치환한 값이 된다.

다음은 실행결과와 흐름도를 나타낸다.

실행 결과

흐름도

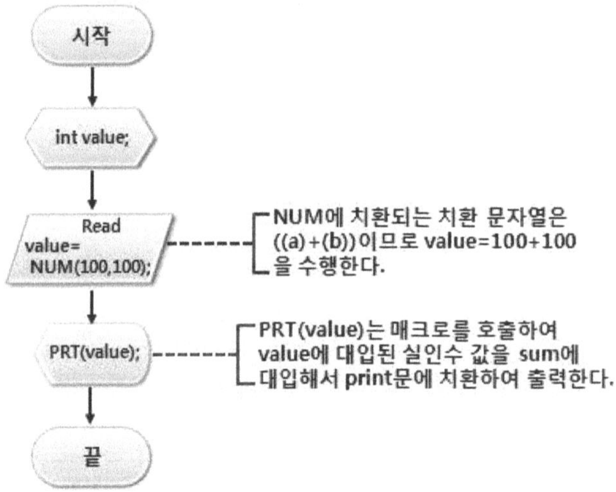

이번에는 인수를 갖는 매크로의 예제 1의 예제에서 2행의 매크로명 NUM에 치환 문자열의 소괄호를 생략한 경우에 대해서 살펴보도록 하자.

인수를 갖는 매크로의 예제 2

```
1: #include <stdio.h>
2: #define  NUM(a,b)  a+b                          // 매크로명 NUM에 a+b를 치환
3: #define  PRT(sum)  printf("%d\n",sum)      // 매크로명 NUM에 print문을 치환
4:
5: int main(void)
6: {
7:     int value;
8:
9:     value=NUM(100, 100);                     // value=100+100으로 치환
10:
11:    PRT(value);                              // 변수 value에 저장된 값을 출력
12:
13:    value=NUM(100, 100) * NUM(200, 200);  // value=100+100*200+200으로 치환
14:
15:    PRT(value);                              // 변수 value에 저장된 값을 출력
16:
17:    return 0;
18: }
```

설 명

2행: 프로그래머가 정의한 매크로명은 NUM이며, NUM에 치환되는 치환 문자열은 a+b문이다.

3행: 프로그래머가 정의한 매크로명은 PRT이며, PRT에 치환되는 치환 문자열은 printf("%d\n",sum)문이다.

9행: 매크로를 호출하는 NUM(100, 100);에서 각각의 실인수 100은 매크로 정의인 NUM(a,b)에 있는 가인수 a, b의 개수와 같아야 한다.

11행: #define PRT(sum) printf("%d\n",sum)에서 소괄호 내의 sum은 가인수이다. 함수 main( ) 중의 11행 PRT(value)는 매크로를 호출하여 value에 대입된 실인수 값을 sum에 대입해서 print문에 치환한 값이 된다.

13행: 매크로를 호출하는 NUM(100, 100) * NUM(200, 200)은 실인수 값들을 a+b에 대입해서 치환한 값이 된다. 즉, 100+100*200+200인 20300 이 된다.

다음은 실행결과와 흐름도를 나타낸다.

흐름도

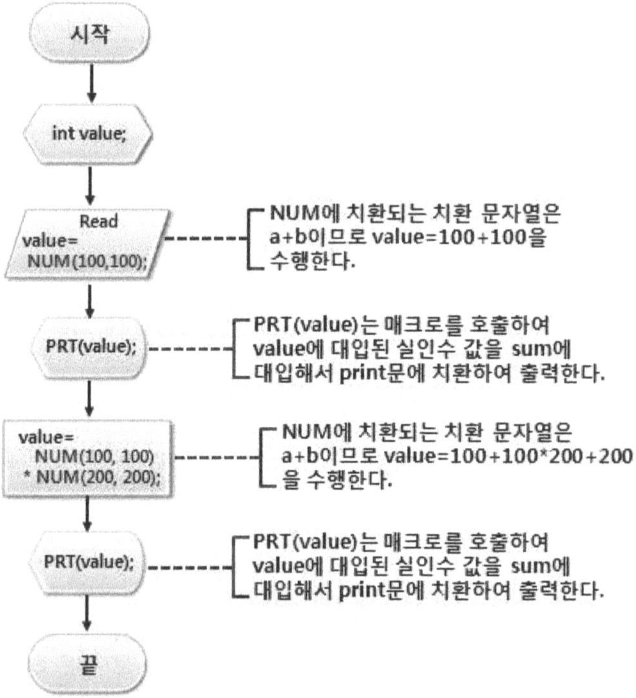

실행결과

함수 main( ) 내의 value=NUM(100, 100) * NUM(200, 200);를 매크로명 NUM의 치환 문자열이 다음과 같을 때 그 결과 값을 비교해 보자.

#define NUM(a,b) a+b 경우 결과 값	#define NUM(a,b) ((a)+(b))의 결과 값
20300	80000

이와 같이 치환문자열을 수행할 때 연산자의 우선순위에 따라서 결과 값이 틀려질 수가 있으니 주의하길 바란다. 따라서 소괄호를 사용하여 연산처리 항들을 각각 묶어주는 것이 좋다.

LECTURE 08

연.습.문.제

1. 키보드로부터 하나의 정수를 입력 받아 절대값을 계산하는 사용자 정의함수 abs( )로 작성하고 흐름도를 도식화하여라. 여기서 abs() 함수는 int형의 1개의 가인수와 int형 반환 값을 갖도록 설계한다.

2. 키보드로부터 두 정수를 입력받아 덧셈의 합을 계산하는 사용자 정의 함수 add( )로 작성하고 흐름도를 도식화하여라. 여기서 add( ) 함수는 int형 2개의 가인수와 int형 반환값을 갖도록 설계한다.

3. 변수 x=30, 변수 y=50으로 초기화하고 2개의 값을 교환하는 사용자 정의 함수 swap( )로 작성하고 흐름도를 도식화하여라. 여기서 swap( ) 함수는 int형의 2개의 가인수를 갖도록 하며 반환 값은 없도록 설계한다.

4. 키보드로부터 3개의 실수 값을 입력받아 최소값을 계산하는 사용자 정의 함수 val( )로 작성하고 흐름도를 도식화하여라. 여기서 val( ) 함수는 double형의 3개의 가인수와 double형 반환 값을 갖도록 설계한다.

5. 키보드로부터 두 정수를 입력받아 직각 삼각형의 면적을 계산하는 사용자 정의 함수 Tri( )로 작성하고 흐름도를 도식화하여라. 여기서 Tri( ) 함수는 double형의 2개의 가인수와 double형 반환 값을 갖도록 설계한다.

6. 키보드로부터 두 정수를 입력받아 평균값을 계산하는 사용자 정의 함수 Aver( )로 작성하고 흐름도를 도식화하여라. 여기서 Aver( ) 함수는 int형 2개의 가인수와 double형 반환 값을 갖도록 설계한다.

7. 키보드로부터 두 정수를 입력받아 최대값을 계산하는 매크로 함수 Max( )로 작성하여라. 여기서 Max( ) 함수는 2개의 가인수를 갖도록 설계한다.

8. 원의 면적을 구하는 매크로 함수 Circle( )로 작성하여라. 여기서 Circle( ) 함수는 1개의 가인수를 갖도록 설계한다.

9. 문제 5를 매크로 함수의 형식으로 작성하여라.

실.습.문.제

LECTURE 08

1. 데이터를 입력받는 함수를 작성하여, 두 수의 합을 구하시오.

2. 입력한 두 수중 큰 수를 찾는 함수를 작성하시오. (단, 데이터 입력받는 부분 사용자 정의함수 작성, 두 수를 비교하는 것도 사용자 정의함수작성)

3. 2차 함수를 구하는 공식을 함수로 작성하시오. 그리고 흐름도를 작성하시오

4. 가로와 세로의 길이를 입력받아, 사각형의 넓이, 삼각형의 넓이를 구하는 프로그램을 작성하시오.
(사각형 넓이 함수: 매개변수 2개, 반환값 있음)
(삼각형 넓이 함수: 매개변수 2개, 반환값 없음)

5. 다음 프로그램에서 반복문을 함수로 작성하여 프로그램을 작성하시오.

```
#include <stdio.h>

int main(void)
{
   int i, n;
   int total = 1;

   printf("정수를 입력하시오: ");
   scanf("%d", &n);

   for(i=1; i<=n; i++)
   {
      total = total * i;
   }
   printf("%d까지의 곱셈의 값은 %d입니다.\n", n, total);
   return 0;
}
```

6. 사용자로부터 입력받은 정수를 n으로 정의하고, 1부터 n까지의 합을 구하는 프로그램을 작성하시오. 합을 구하는 부분은 sum 함수로 작성하시오.

7. 사용자로부터 정수를 입력받아 팩토리얼(factorial) 함수를 정의하고 결과값을 출력하시오. 팩토리얼 함수는 재귀 호출을 사용한다.

$$n! = \begin{cases} 1 & n = 0 \\ n * (n-1)! & n \geq 1 \end{cases}$$

LECTURE

09

기억 클래스

Storage Class

제5장에서 설명한 바와 같이 상수와 변수에는 데이터의 형[type]이 있지만 특히 모든 변수는 데이터의 형 이외에 기억 클래스[Storage Class]라는 것이 있다. 즉, 데이터의 형은 데이터의 형태와 크기를 결정하지만 기억 클래스는 처리 블록(함수)이 활성화될 때 기억장소를 확보하는 지역 생존 시간[Local life time]과 실행 시간 동안에 기억 장소를 확보하는 전역 생존 시간[Global life time]으로 구분되어 진다. 본 장에서는 먼저 지역 변수와 전역 변수에 대해서 살펴보고 기억 클래스에 대해서 학습하도록 하겠다.

1. 지역 변수[Local Variable]

지역 변수란 함수의 블록[몸체] 내에 선언된 변수는 그 블록 내에서만 사용이 가능하며, 초기화를 시키지 않으면 항상 쓰레기 값[garbage value]을 가진다. 예를 들면 다음과 같다.

지역 변수 예제 1

```
#include <stdio.h>

main( )                          // 함수 main( )
{                                // 함수 main( )의 블록[몸체] 시작
    int  count=0;                // 변수 count는 지역 변수

    count++;                     // count=count+1;과 같은 의미로 1 증가시킴
    printf("%d\n", count);       // 변수 count에 저장된 값을 출력
}                                // 함수 main( )의 블록[몸체] 끝[지역변수 소멸]
```

예제 1과 같이 main 함수의 블록 내에 선언된 변수 count는 main 함수에서만 사용할 수 있는 지역 변수가 된다. 흐름도와 실행 결과는 다음과 같다.

지역 변수 예제 1의 흐름도

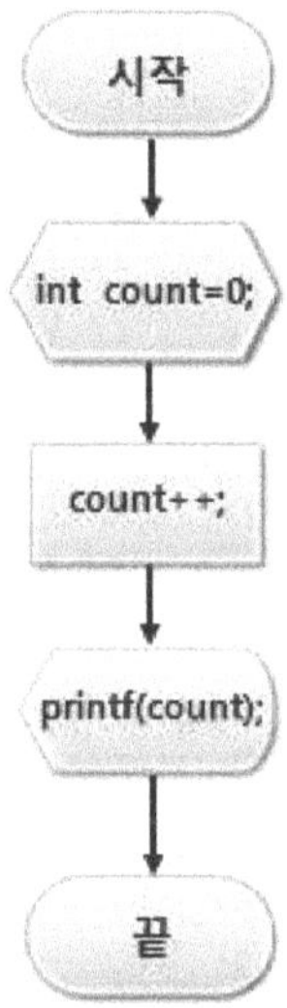

지역 변수 예제 1의 실행결과

이와 같이 원시 소스 내의 블록 내부에 선언된 변수는 그 블록 내에서만 허용되며, 블록을 벗어나게 되면 변수로서 역할은 끝이 나게 된다. 여기서 표현된 블록이란 중괄호인 { }로 묶여진 범위를 뜻한다.

다음의 예제와 같이 함수의 블록 내에서 의도적으로 블록을 추가하여 작성하는 것도 가능하다.

지역 변수 예제 2

```
1:  #include <stdio.h>
2:
3:  int main(void)
4:
5:  {                                   // 블록[몸체] 시작
6:      int val_1 = 100;                // 변수 val_1을 100으로 초기화한 지역 변수
7:      int val_2 = 200;                // 변수 val_1을 200으로 초기화한 지역 변수
8:      printf("1:val_1 %d\n",val_1);
9:      printf("1:val_2 %d\n",val_2);
10:     {                               // 블록 내 블록[몸체]의 시작
11:         int val_1;                  // 변수 val_1은 자료형 int로 선언한 지역 변수
12:
13:         val_1 = 300;                // 변수 val_1을 300으로 초기화
14:         val_2 = 400;                // 변수 val_2를 400으로 초기화
15:         printf("2:val_1 %d\n",val_1);
16:         printf("2:val_2 %d\n",val_2);
17:     }                               // 블록 내의 11행 val_1 지역변수 소멸
18:     printf("3:val_1 %d\n",val_1);
19:     printf("3:val_2 %d\n",val_2);
20:
21:     return 0;
22: }                                   // 블록[몸체] 끝 [6, 7행의 지역변수 소멸]
```

지역 변수 예제 2의 실행결과

앞의 지역 변수 예제 2에서 주목할 부분은 두 가지가 있다. 먼저 의도적으로 만든 10행에서 17행까지 블록 내에서 재차 선언된 변수 val_1은 6행의 변수 val_1과는 다른 변수로 취급된다. 따

라서 10행에서 17행까지 블록 내에서 재차 선언된 변수 val_1의 값은 300 이 되지만 그 블록을 벗어나면 변수 val_1에 저장된 값은 6행에서 초기화된 100 이 된다. 또 한 가지는 10행에서 17행까지 블록 내의 변수 val_2 값은 400 이며, 재차 변수 val_2가 선언되지 않았기 때문에 그 블록을 벗어나도 변수 val_2에 저장된 값은 그대로 유지된다. 흐름도는 다음과 같다.

지역 변수 예제 2의 흐름도

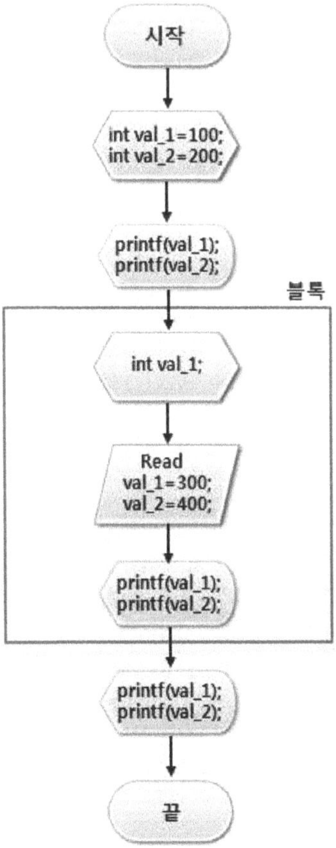

또한 앞 장의 함수 편에서 학습한 사용자 정의 함수의 헤더 부분에 선언된 가인수들도 지역 변수가 된다. 다음의 사용자 정의 함수의 예제를 통해서 지역 변수를 살펴보도록 하자.

사용자 정의함수를 통한 지역 변수 예제 3

```
1:  #include <stdio.h>
2:
3:  int HAM(int a, int b)        // 가인수 a, b는 지역 변수
4:  {                            // 블록[몸체] 시작
5:     int i, result;            // 변수 i, result는  지역 변수
6:
7:     result = 1;               // 변수 result에 1을 대입
8:
9:     for(i=1; i<=b; i++)
10:    {
11:       result*=a;             // result=result*a의 의미와 동일
12:    }
13:
14:    return result;            // 변수result에 대입된 값을 반환
15: }                            // 5행의 지역 변수 i, result소멸 그리고 가인수 a, b소멸
16:
17: main( )
18: {
19:    int val;                  // 변수 val은 지역 변수
20:
21:    val = HAM(10, 3);         // 함수 HAM( )을 호출하여 2개의 실인수를 넘김
22:    printf("%d\n", val);
23: }                            // 19행의 지역 변수 val 소멸
```

사용자 정의함수를 통한 지역 변수 예제 3의 실행결과

위의 예제와 같이 사용자 정의 함수인 int HAM(int a, int b)이 함수 main( )보다 먼저 쓰여 져도 문제되지 않는다. 이러한 경우는 함수 원형이 필요하지 않다. 또한 사용자 정의 함수에서 가인수는 지역 변수이다.

사용자 정의함수를 통한 지역 변수 예제 3의 흐름도는 다음과 같다.

사용자 정의함수를 통한 지역 변수 예제 3의 흐름도

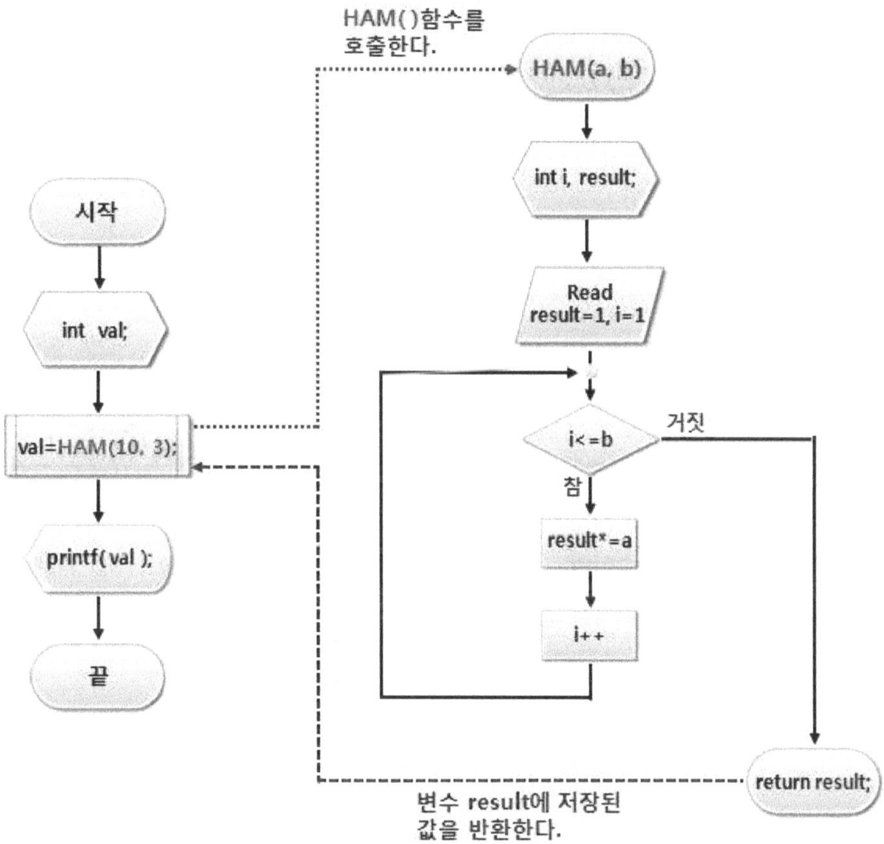

2. 전역 변수 Global Variable

전역 변수란 함수의 외부에 선언된 변수를 뜻하며, 원시 소스 내의 모든 함수들이 사용 가능한 변수이다. 또한 전역 변수는 원시 소스 내의 선언된 시점부터 사용이 가능하다. 다음의 전역 변수들의 예제를 살펴보도록 하자.

전역 변수 예제 1

```
1:  #include <stdio.h>
2:
3:  int value;                                 // 변수 value는 전역 변수
4:
5:  main( )                                    // 함수 main( )
6:  {
7:      int x;                                 // 변수 x는 지역 변수
8:
9:      x = 50;                                // 변수 x에 50의 정수 값을 대입
10:     value = 100;                           // 여기서 변수 value는 전역 변수
11:
12:     printf("x=%d  value=%d\n",x ,value);   // 변수 x와 value의 값을 출력
13:
14:     return 0;
15: }                                          // 7행의 변수 x는 소멸
```

지역 변수에서도 살펴보았듯이 7행에 선언된 변수 x는 함수 main( )의 중괄호인 { }내에서만 사용이 가능한 지역 변수이며, 3행에 변수 value는 함수의 중괄호 { } 외에 선언되어 있으므로 전역 변수가 된다. 여기서 전역 변수 value의 초기 값은 0 이다.

전역 변수 예제 1의 흐름도

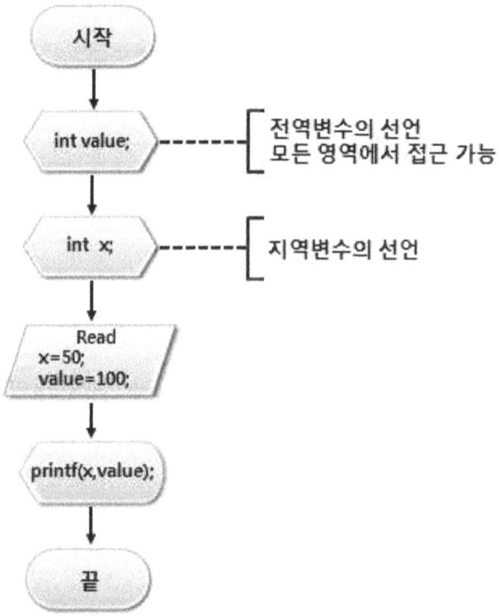

실행결과는 다음과 같다.

전역 변수 예제 1의 실행결과

이번에는 사용자 정의 함수의 형태의 전역 변수에 대한 예를 살펴보도록 하자.

전역 변수 예제 2

```
#include <stdio.h>

int value;                                      // 변수 value는 전역 변수

void HAM(void)                                  // 사용자 정의함수
{
    int a;                                      // 변수 a는 지역 변수

    a=5;                                        // 지역 변수 a에 5를 대입
    printf("a=%d  value=%d\n", a, value);       // 지역 변수 a값과 전역 변수
}                                               // value의 값을 출력

int main(void)
{
   int b;                                       // 변수 b는 지역 변수

   b=10;                                        // 지역 변수 b에 10을 대입
   value=200;                                   // 전역 변수 value에 200을 대입

   printf("b=%d  value=%d\n", b, value);        // 지역 변수 b값과 전역 변수
                                                // value의 값을 출력
   HAM( );                                      // 함수 HAM( ) 호출
   return 0;
}
```

3행에 선언된 전역 변수 int value의 초기 값은 0 이며, 22행의 value=200;에 의해서 변수 value의 값은 0에서 200으로 바뀐다. 전역 변수는 프로그램의 시작 시점에서 끝나는 시점까지 모든 영역에서 접근이 가능하다. 다음은 전역 변수 예제 2의 흐름도와 실행 결과를 나타낸다.

전역 변수 예제 2의 흐름도

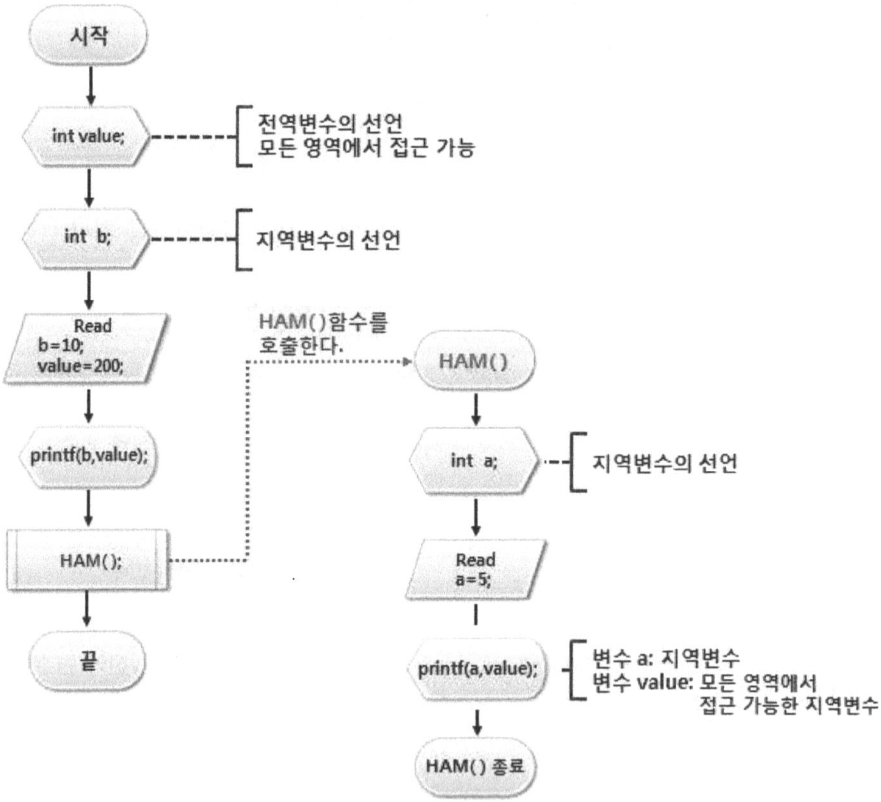

전역 변수 예제 2의 실행결과

전역 변수의 이름과 지역 변수의 이름이 같은 경우에 있어서 다음의 예제를 통해 살펴보도록 하자.

전역 변수와 지역 변수의 이름이 같은 경우 예제 3

```
1:  #include <stdio.h>
2:
3:  int value=100;                              // 변수 value는 전역 변수
4:
5:  void HAM(void)                              // 사용자 정의함수
6:  {
7:      int a;                                  // 변수 a는 함수 HAM( ) 안에서만
8:                                              // 사용 가능한 지역 변수
9:      for(a=0; a <= 10; a++)
10:     {
11:         value += a;                         // 변수 value는 전역 변수
12:     }
13:
14:     printf("2:value=%d\n", value);          // 전역 변수 value값을 출력
15:
16:     return 0;
21: }
22:
23: int main(void)
24: {
25:     int a;                                  // 변수 a, value는 함수 main( )
26:     int value=0;                            // 안에서만 사용 가능한 지역 변수
27:
28:     for(a=0; a <= 10; a++)
29:     {
30:         value += a;                         // 변수 value는 지역 변수
32:     }
32:     printf("1:value=%d\n", value);          // 지역 변수 value값을 출력
33:
34:     HAM( );                                 // 함수 HAM( )를 호출
35:
36:    return 0;
37: }
```

3행에 선언된 전역 변수와 26행에 선언된 지역 변수는 이름만 같을 뿐이며 전혀 다른 변수이다. 이와 같이 이름이 같은 경우는 지역 변수가 우선권을 가지게 된다. 그러므로 30행의 변수

value는 지역 변수이므로 3행에서 전역 변수로 초기화된 100의 값이 아닌 26행에서 초기화된 0의 값을 사용한다. 실행결과 및 흐름도는 다음과 같다.

전역 변수와 지역 변수의 이름이 같은 경우 예제 3의 실행결과

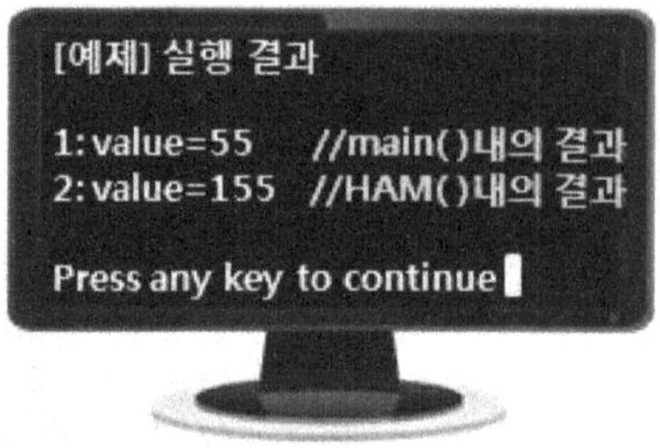

전역 변수와 지역 변수의 이름이 같은 경우 예제 3의 흐름도(1)

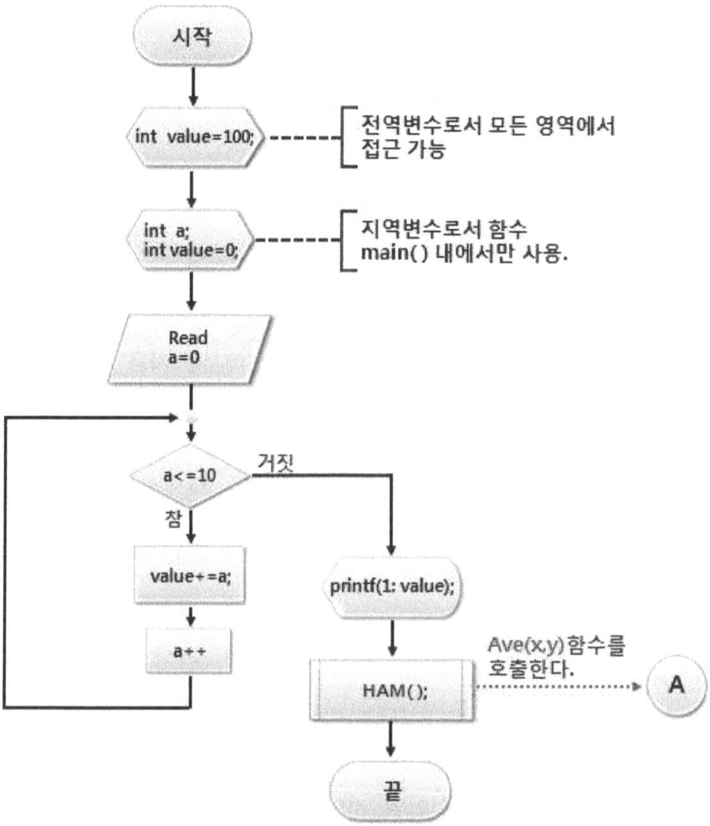

앞의 흐름도 1에서 Ⓐ은 다음의 흐름도 1-1의 Ⓐ와 연결된다.

전역 변수와 지역 변수의 이름이 같은 경우 예제 3의 흐름도(1-1) -- 계속

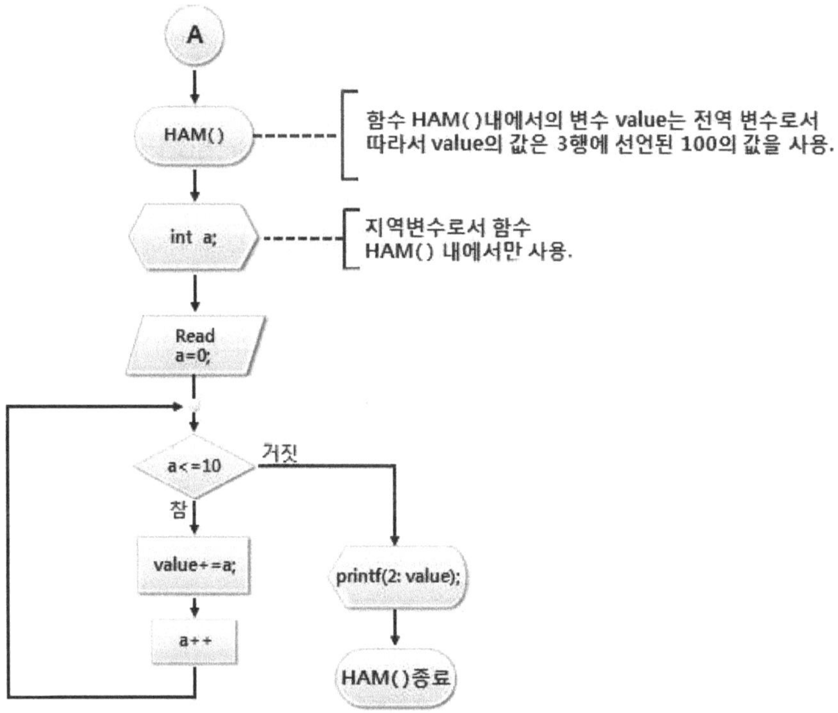

3. 자동 변수 Automatic Variable

자동 변수는 함수(블록) 내에서 선언되며, 그 해당 함수(블록)가 종료되면 자동 변수도 함께 소멸된다. 자동 변수의 형식은 다음과 같다.

자동 변수의 형식	자동 변수의 형식 예
auto 자료형 변수명;	auto int result;, auto int total=100;

다음과 같이 자동 변수의 형식에서 auto가 생략 가능하다.

변수 선언	의 미
`int total=100;`	auto int total=100;으로 초기화하여 선언한 것과 같은 의미이다.
`int sum;`	auto int sum;으로 선언한 것과 같은 의미이다. 변수 sum은 초기화되지 않았기 때문에 임의의 값(쓰레기 값)을 저장하게 된다.
`float a, b, c;`	auto float a, b, c;로 선언한 것과 같은 의미이다. 변수 a, b, c는 초기화되지 않았기 때문에 각각의 변수에는 임의의 값(쓰레기 값)을 저장하게 된다.

이와 같이 자동 변수는 함수(블록) 내에서 선언되면 해당 함수(블록) 내에서만 사용 가능한 지역 변수로서 함수(블록)의 실행이 종료되면 자동적으로 소멸되므로 일시적인 기억 공간인 스택stack을 이용한다. 또한 변수의 선언 시에 초기화하지 않으면 임의의 값이 변수에 저장되는 것에 주의하도록 하자. 이때 임의의 값을 쓰레기 값Garbage value이라고 한다. 다음은 자동 변수의 예를 보여준다.

자동 변수의 예제

```
1:  #include<stdio.h>
2:
3:  int main(void)
4:  {
5:      int a;              // 변수 a는 지역 변수로서 auto가 생략된 자동 변수
6:      int value=0;        // 변수 value는 0으로 초기화된 지역 변수로서
7:                          // auto가 생략된 자동 변수
8:     for(a=0; a <= 10; a++)
9:     {
10:        value += a;
11:     }
12:     printf("1:value=%d\n", value);
13:
14:    return 0;
15: }
```

5행의 변수 a와 value는 지역 변수로서 auto가 생략된 자동 변수이며, 함수 main( )의 중괄호인 { }이 종료되면 일시적 기억공간에서 자동으로 소멸된다.

자동 변수의 예제의 흐름도와 실행결과는 다음과 같다.

자동 변수의 예제의 흐름도

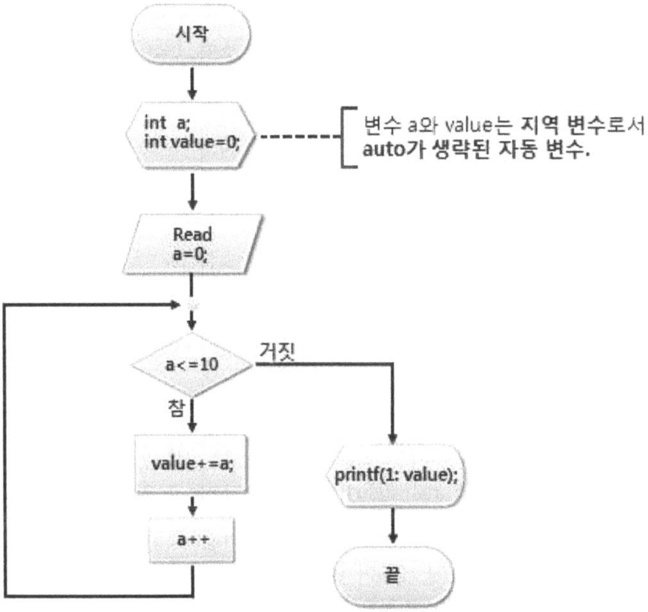

자동 변수의 예제의 실행결과

자동 변수는 함수(블록) 밖에서는 선언이 불가능하며, 함수(블록) 내에서 선언하여 사용하는 지역 변수가 된다.

4. 정적 변수 Static Variable

정적 변수는 함수(블록) 내에서 뿐만 아니라 밖에서도 선언이 가능하기 때문에 전역 변수와 지역 변수로 사용이 가능하다. 또한 함수(블록) 내에서 얻은 결과 값이 정적 변수에 저장되어 있는 경우는 그 함수(블록)를 벗어나도 저장된 결과 값은 프로그램이 끝날 때까지 그대로 보존된다. 정적 변수의 형식은 다음과 같다.

정적 변수의 형식	정적 변수의 형식 예
static **자료형 변수명**;	static int result;, static int total=100;

정적 변수의 형식에서 static은 **생략이 불가능**하며, 사용 예는 다음과 같다.

변수 선언	의 미
static int total=100;	static int total=100;으로 초기화하고 있다.
static int sum;	static int sum;에서 변수 sum에 대입될 초기 값이 주어지지 않은 경우는 자료형에 맞추어 0의 값이 대입된다. 여기서 **변수 sum은 자료형 int이므로 0의 값이 자동으로 대입** 되게 된다.
static float a, b, c;	static float a, b, c;에서 변수 a, b, c에 대입될 초기 값이 주어지지 않은 경우는 자료형에 맞추어 0의 값이 대입된다. 여기서 **변수 a, b, c는 자료형 float이므로 0.0의 값이 자동으로 대입**되게 된다.

다음은 함수(블록) 내와 외에서 정적 변수가 선언된 간단한 예제이다.

정적 변수의 선언 예

```
static int count=100; // 함수 외부에 선언된 외부 정적 변수

int main(void)
{
   static int add;       // 함수(블록) 내부에 선언된 내부 정적 변수
    ••••
}
```

앞의 정적 변수의 선언 예에서 간단히 살펴보았듯이 함수 외부에 선언된 정적 변수는 전역 변수가 되고, 함수 내부에 선언된 정적 변수는 지역 변수의 역할을 하게 된다. 여기서 중요한 것은 외부 정적 변수는 함수 간의 값을 주고받는 경우에 사용된다는 점이다. 다음의 정적 변수의 예제를 더 살펴보도록 하자.

정적 변수의 선언 예제 1

```
1:  #include <stdio.h>
2:
3:  int countfunc(void)                  // 사용자 정의 함수
4:  {
5:     static int count;                 // 정적인 지역 변수
6:
7:     count++;                          // count값을 1씩 증가, count=count+1
8:     printf("count=%d\n", count);      // count값을 출력
9:     return count;                     // 변수 count값을 반환
10: }
11:
12: int main(void)
13: {
14:     countfunc( );                    // 함수 countfunc( )호출
15:     countfunc( );                    // 함수 countfunc( )호출
16:     countfunc( );                    // 함수 countfunc( )호출
17:
18:     return 0;
19: }
```

5행의 static int count;에서 count에 초기 값을 주지 않았지만 자동적으로 0의 값이 할당된다. 따라서 14행의 첫 번째 함수 countfunc( ) 호출에 의한 7행은 count++이므로 결과 값은 count=count+1이므로 1의 값을 얻게 된다. 여기서 주목할 점은 5행의 정적인 지역 변수에 저장된 값은 프로그램이 끝날 때까지 보존된다는 것이다. 다음은 실행결과와 흐름도를 나타낸 것이다.

정적 변수의 선언 예제 1의 실행결과

정적 변수의 선언 예제 1의 흐름도

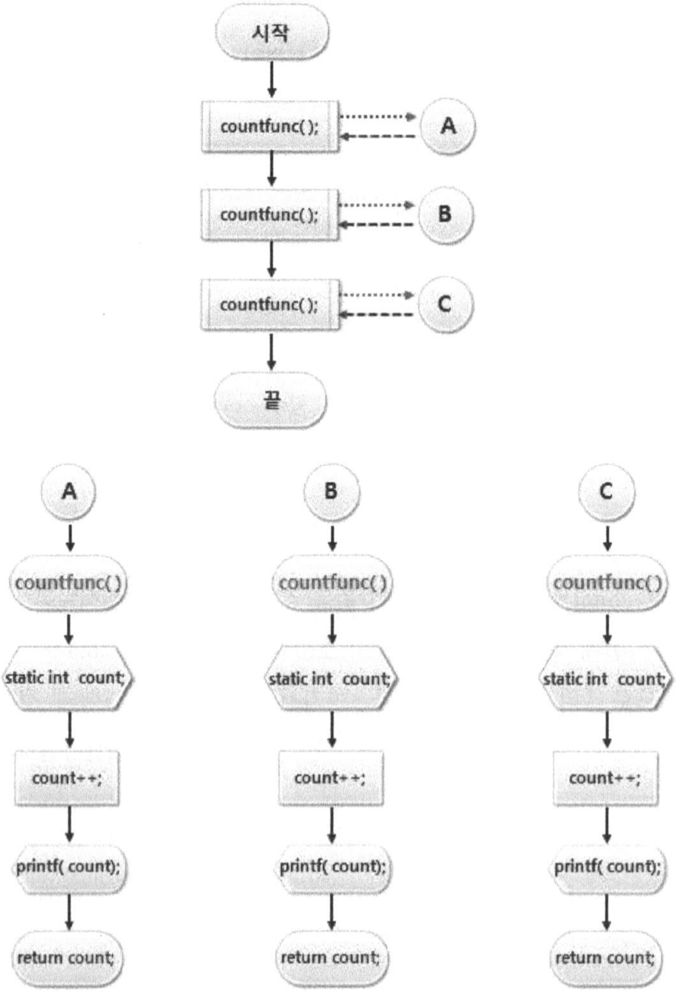

정적 변수가 선언된 함수(블록)의 실행이 종료하더라도 얻은 결과는 기억 장소에 보존되며 재차 함수(블록)가 실행될 때는 이전에 얻은 결과 값을 기억 장소에서 호출하여 사용한다.

5. 레지스터 변수 Register Variable

레지스터 변수의 역할은 자동 변수와 다르지 않다. 따라서 레지스터 변수보다는 눈에 익숙한 자동 변수를 사용하는 것이 좋다. 그 이유는 자동 변수와 같이 레지스터 변수도 지역 변수라는 점이며, 실행하는 함수(블록) 내에서만 사용되다가 실행 함수(블록)가 종료되면 자동적으로 소멸되기 때문이다. 다음은 레지스터 변수의 형식을 나타낸다.

레지스터 변수의 형식	레지스터 변수의 형식 예
register 자료형 변수명;	register int result; register int total=100;

참고로 레지스터 변수에서 사용되는 변수의 자료형은 short, int, char 및 포인터형이다.

여기서 포인터pointer로 레지스터 변수를 지정한다는 의미는 register int *count;와 같으므로 참조만 하길 바란다. 포인터에 대한 내용은 뒷장에서 학습하기로 하겠다. 다음의 레지스터 변수의 예제를 간단하게 살펴보도록 하자.

레지스터 변수의 선언 예제

```
1:  #include <stdio.h>
2:
3:  void add(void)                    // 사용자 정의 함수
4:  {
5:     register int x, y, sum;        // 변수 x, y, sum은 지역 변수로서 레지스터 변수
6:
7:     x=30;                          // 변수 x에 30의 값을 대입
8:     y=70;                          // 변수 y에 70의 값을 대입
9:     sum=x+y;                       // 변수 sum에 x+y의 값을 대입
10:    printf("sum=%d\n", sum);       // 변수 sum에 저장된 총 합의 값을 출력
11:  }                                // 함수 add( )가 종료되면서 변수 x, y, sum은
12:                                   // 모두 소멸된다.
13:  int main(void)
14:  {
15:     add( );                       // 함수 add( )호출
16:  }
```

5행에 선언된 register int x, y, sum;은 자동변수의 선언과 같이 auto int x, y, sum 또는 auto를 생략한 int x, y, sum로 선언하여도 결과는 같다. 그러나 레지스터 변수는 기억 장소를 CPU의 register를 사용하기 때문에 처리 속도가 일반 변수보다 빠른 장점을 가지고 있다는 것도 기억하길 바란다. 다음은 레지스터 변수의 선언 예제에 대한 실행결과와 흐름도를 도식화한 것이다.

레지스터 변수의 선언 예제의 실행결과

레지스터 변수의 선언 예제의 흐름도

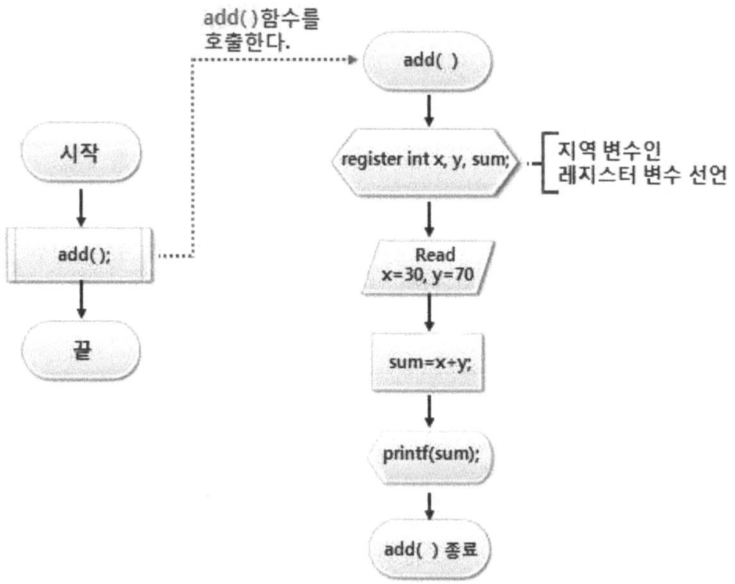

6. 외부 변수External Variable

동일한 파일 내에서 뿐만 아니라 복수 개의 소스 파일을 묶어 외부 변수를 참조하는 경우에 많이 사용되는 변수로서 함수의 외부 변수로 정의하여 선언한다. 또한 외부 변수는 정적인 메모리 공간에 저장되므로 변수 값은 프로그램이 종료될 때까지 보존된다. 외부 변수의 형식은 다음과 같다.

외부 변수의 참조 형식	외부 변수의 참조 형식 예
extern 자료형 변수명;	extern int result; extern int total;

다음의 외부 변수 예제를 살펴보도록 하자.

외부 변수의 예제 1

```
1:  #include <stdio.h>
2:
3:  int value=100;                              // 변수 value는 외부 변수 정의
4:
5:  void main( )                                // 함수 main( )
6:  {
7:      extern int value;                       // 외부 변수를 참조
8:      int x;                                  // 변수 x는 지역 변수
9:
10:     x = 50;                                 // 변수 x에 50의 정수 값을 대입
11:
12:     printf("x=%d  value=%d\n",x ,value);    // 변수 x와 value의 값을 출력
13: }
```

외부 변수는 3행과 같이 함수의 밖에 정의하고 extern을 자료형 앞에 붙이지 않는다. extern은 7행과 같이 외부 변수 정의를 참조하는 경우에 붙여 사용한다. 실행결과와 흐름도는 다음과 같다.

외부 변수의 예제 1의 실행결과

외부 변수의 예제 1의 흐름도

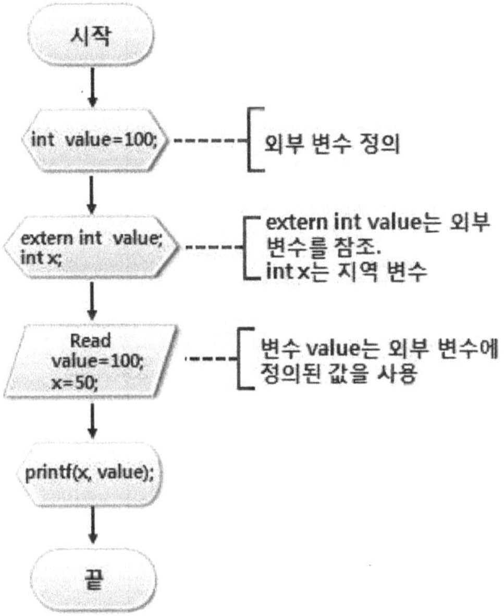

다음과 같이 외부 변수가 2개 이상 정의된 경우를 살펴보도록 하자.

외부 변수의 예제 2

```
#include <stdio.h>

int x=30, y=70;                  // 외부 변수 정의

void add(void)                   // 사용자 정의 함수
{
   extern int x, y;              // 외부 변수를 참조
   int sum;

   sum=x+y;                      // 변수 sum에 x+y의 값을 대입
   printf("sum=%d\n", sum);      // 변수 sum에 저장된 총 합의 값을 출력
}

int main(void)
{
   add( );                       // 함수 add( )호출

   return 0;
}
```

7행과 같이 extern int x, y;에서 자료형 int를 생략한 extern x, y로도 사용이 가능하다. 10행과 같이 가인수가 생략된 함수 add( ) 내에서 x, y를 사용할 때는 7행과 같이 외부 변수 extern을 선언하여 외부 변수 정의를 참조하게 한다.

외부 변수의 예제 2의 실행결과

다음은 외부 변수의 예제 2의 흐름도를 도식화하였다.

LECTURE 09

연.습.문.제

흐름도와 함께하는 C언어의 이해

1. 지역변수와 전역변수에 대해서 비교 설명하여라.

2. 기억 클래스들의 유효 범위에 대해서 설명하여라.

3. 다음의 자동 변수의 예이다. 잘못된 부분을 수정하고 그 이유에 대해서 설명하여라.

```
#include <stdio.h>

void main(void)
{
    int  x=50, y;

    printf("x = %d\n", x);
    printf("y = %d\n", y);
}
```

4. 다음의 프로그램의 실행결과를 출력한 후 변수 x와 변수 y의 차이점에 대해서 설명하여라.

```
#include <stdio.h>
void main(void)
{
    int i;
    for(i=0; i<=4; i++)
        add( );
}

void add(void)
{
    static int x=10;
    int y=10;

    x++;
    y++;

    printf("x = %d    y=%d\n", x, y);
}
```

LECTURE 09 실.습.문.제

1. 아래 프로그램을 보고 실행결과를 쓰시오.

```
#include <stdio.h>

int countfunc(void);

int main(void)
{
      countfunc();
      countfunc();
      countfunc();
      return 0;
}

int countfunc(void)
{
     int count=100;
     count++;
     printf("%d\n",count);
     return count;
}
```

2. ①지역변수와 전역변수에 대해 설명하고, 다음 코드의 실행결과와 3라인과 5라인의 변수 sum이 각각 어떤 변수인지 쓰시오.

```
1 #include <stdio.h>
2
3 int sum = 1;          (      ②      )
4 int main(void){
5  int sum = 0;         (      ③      )
6  printf("소문자를 입력하시오: ");
7  return 0;
8 }
```

3. 다음의 코드를 실행해보고, 지역변수와 전역변수에 대해 설명하시오.

```
#include <stdio.h>

void printEx() {
  int x = 10, y = 20;
  printf("%d %d\n", x, y);
}
int main(void)
{
  int x=30, y=40;
  printf("%d %d\n", x, y);
  printEx();
  return 0;
}
```

4. 두 개의 정수를 x, y 변수로 입력받고, swap( ) 함수를 이용하여 x, y 값을 바꿔서 출력하시오. x, y 변수는 외부 변수(extern)로 선언하고, 변수의 값을 바꾸는 부분은 swap( ) 함수에 정의한다.

5. 다음의 코드를 실행해보고, 지역변수와 전역변수에 대해 설명하시오.

```
#include <stdio.h>

int sum(int a, int b){
        return a+b;
}
int main(){
        int a = 1, b = 2;
        printf("%d %d \n", a,b);
        printf("%d %d \n", sum(3,4));
    return 0;
}
```

LECTURE

10

배열

Array

지금까지 원시 소스를 작성할 때 선언된 변수는 오직 하나의 데이터만을 저장하는 단순한 변수들을 사용하였다. 이처럼 일반적으로 사용되는 하나의 변수에 하나의 데이터만을 저장하는 변수의 형태가 특별히 문제를 가지고 있다는 것은 아니다. 그러나 다음과 같이 10개의 데이터를 관리하는 프로그램을 작성한다고 가정하면 변수는 10개를 선언하여 사용해야만 할 것이다. 그렇다면 하나의 변수에 10개의 데이터를 저장하는 방법은 없는 것일까? 본 장에서는 복수 개의 데이터를 하나의 변수를 선언하여 저장할 수 있는 배열들의 형식을 살펴보고 사용 방법에 대해서 학습하도록 하겠다.

1. 배열의 선언 Declaring Arrays

배열이란 하나의 변수에 같은 자료형의 데이터를 복수 개 갖는 형태의 구조이며 지금까지 사용해 왔던 변수에 배열의 요소를 추가한 형태이다. 다음은 배열의 선언 형식을 보여주고 있다.

배열의 선언 형식	배열 선언의 예
자료형 배열명[배열요소 개수];	int add[5];, float sum[3];, char munja[15];

배열요소 개수는 정수만으로 표현하며 대괄호 square brackets 인 [ ]로 묶어준다. 예를 들어 변수 data에 정수의 값을 5개 저장한다고 가정했을 때 배열의 선언은 다음과 같다.

```
int data[5];
```

int data[5]는 int 저장 공간을 연속적으로 5개 확보하는 의미를 지닌다. 이것을 도식화하면 다음과 같다.

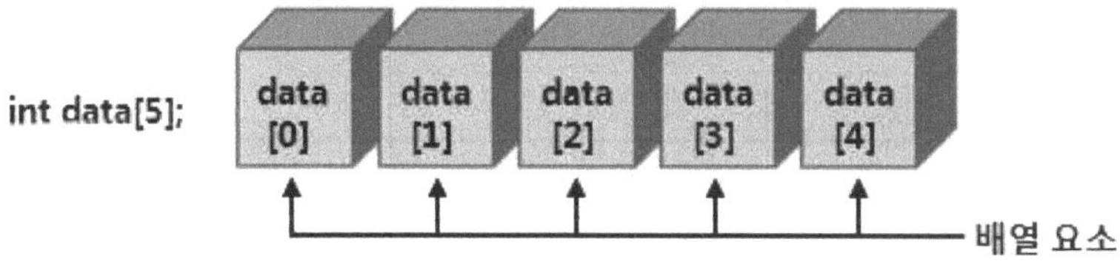

여기서 data[0], data[1], ••••, data[4]는 배열의 각 요소로서 배열명 우측에 있는 대괄호 [ ]안에 번호를 붙여서 지정하게 된다. 이때 붙여진 번호를 인덱스index 또는 첨자subscript라고 하며 반드시 0부터 시작된다. 다음의 원시 소스를 살펴보도록 하자.

배열의 원시 소스 예제1

```
1:  #include <stdio.h>
2:
3:  int main(void)
4:  {
5:    int data[5];
6:
7:    data[4] = 100;                  // 배열 요소 번호가 0부터 시작되므로
8:                                    // 배열 요소 번호 4는 5번째 배열 요소
9:    printf("1:%d\n",data[4]);
10:   data[4]++;
11:   printf("2:%d\n",data[4]);
12:
13:   return 0;
14: }
```

설명

5행: 5개의 int형의 값을 가지는 배열 data를 뜻한다.
7행: 배열 요소 번호 4에 100의 값을 대입한다. 이때 **배열 요소의 번호는 0부터 시작되는 것에 주의**하여야 한다.
9행: 배열 요소 번호 4에 대입된 값을 출력한다.
10행: 배열 요소 번호 4에 대입된 값을 1증가시킨다. data[4]=data[4]+1
11행: 10행의 연산에 의해서 1증가된 값을 출력한다.

배열의 원시 소스 예제1을 도식화하면 다음과 같다.

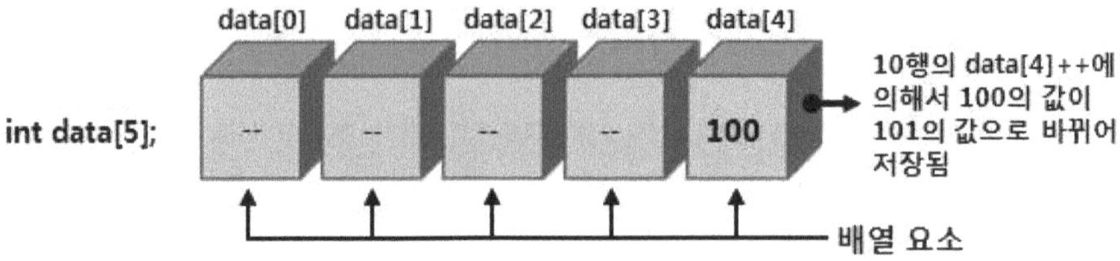

여기서 data[4]만 100의 값으로 초기화하였기 때문에 나머지 배열 요소인 data[0], data[1], data[2], data[3]에는 쓰레기 값이 채워진다.

다음은 흐름도와 실행결과를 나타낸다.

배열의 원시 소스 예제1 흐름도

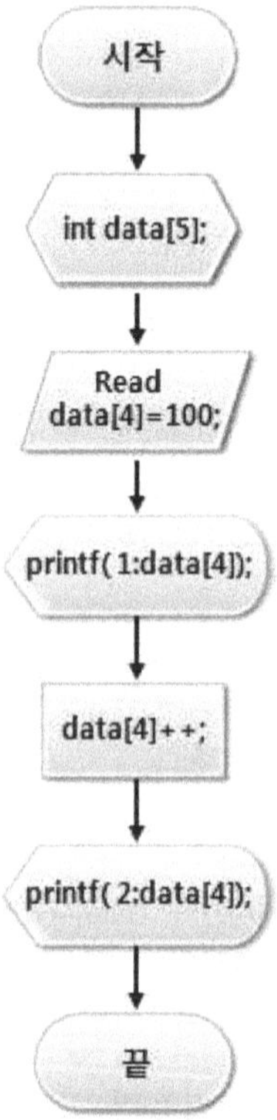

배열의 원시 소스 예제1 실행결과

다음과 같이 모든 배열 요소에 값을 할당하는 예제에 대해서 살펴보도록 하자.

배열의 원시 소스 예제2

```
1:  #include <stdio.h>
2:
3:  void main(void)
4:  {
5:     int x, data[5];                    // 변수x와 배열 변수data[5] 선언
6:
7:     data[0]=1;                         // 각 배열 요소에 값을 대입
8:     data[1]=2;
9:     data[2]=3;
10:    data[3]=4;
11:    data[4]=5;
12:
13:    for(x=0; x<=4; x++)                // for문을 이용하여 각 배열 요소에
14:    {                                  // 대입된 값을 출력
15:        printf("data[%d]=%d\n",x, data[x]);
16:    }
17: }
```

설명

5행: 변수 x와 5개의 int형의 값을 가지는 배열 data[5]를 선언한다.
7행~11행: 각각의 배열 요소에 값을 대입한다.
13행~16행: for문을 이용하여 각 배열 요소에 대입된 값을 출력하게 된다.

배열의 원시 소스 예제2를 도식화하면 다음과 같다.

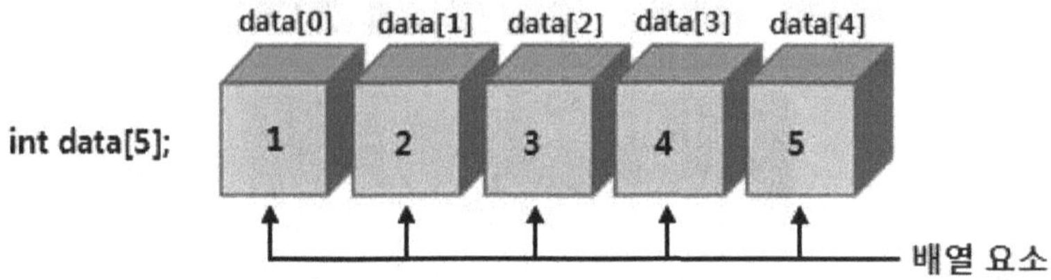

배열의 원시 소스 예제2의 7행부터 11행에 의해서 각 배열 요소에 초기 값이 할당된 형태이다.

다음은 흐름도와 실행결과를 나타낸다.

배열의 원시 소스 예제2 흐름도

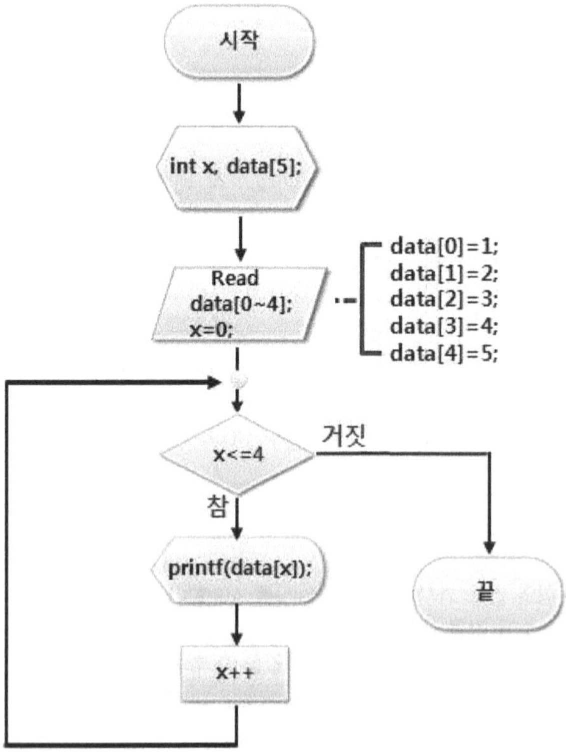

배열의 원시 소스 예제2 실행결과

키보드를 통해서 모든 배열 요소에 값을 입력받아 출력하는 예제에 대해서 살펴보도록 하자.

배열의 원시 소스 예제3 (키보드를 통한 배열 요소 값 할당)

```
1:  #include <stdio.h>
2:
3:  void main(void)
4:  {
5:     int x, data[5];            // 변수x와 배열 변수data[5] 선언
6:
7:     printf("5개의 정수 값을 입력하시오.\n");
8:
9:     for(x=0; x<=4; x++)        // for문을 이용하여 배열 요소 값을 입력
10:    {
11:        scanf("%d", &data[x]);
12:    }
13:    for(x=0; x<=4; x++)        // for문을 이용하여 배열 요소 값을 출력
14:    {
15:       printf("data[%d]=%d\n",x, data[x]);
16:    }
17: }
```

사용자가 키보드를 통해서 값을 입력 받을 때는 scanf( )를 이용하다. scanf( )를 사용 시에 주의할 점은 11행과 같이 변수의 이름이 아닌 그 변수의 주소 기호인 &를 사용하여야 한다. 다음은 흐름도와 실행결과를 나타낸다.

배열의 원시 소스 예제3 (키보드를 통한 배열 요소 값 할당) 흐름도

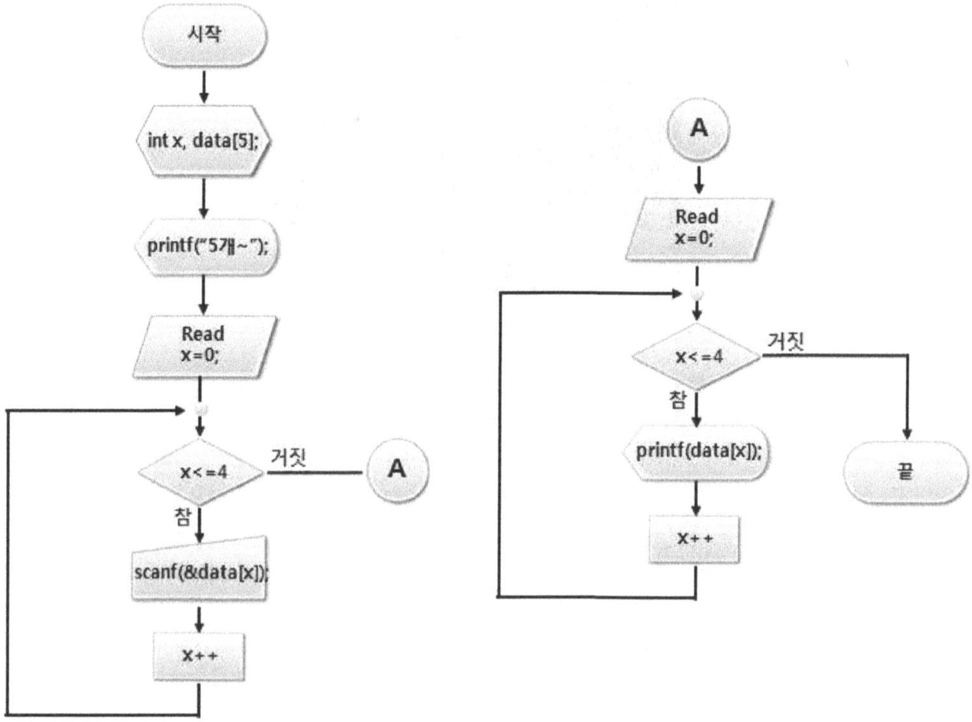

배열의 원시 소스 예제3 (키보드를 통한 배열 요소 값 할당) 실행결과

다음의 예제는 배열 요소를 위해 매크로 상수를 사용한 예이다.

배열의 원시 소스 예제4 (매크로 상수 사용)

```
1:  #include <stdio.h>
2:  #define  SIZE 5                // 배열 요소를 위해 매크로 상수 정의
3:
4:  void main(void)
5:  {
6:     int x, data[SIZE];          // 배열 요소의 개수를 매크로 상수 사용
7:
8:     data[0]=1;                  // 각 배열 요소에 값을 대입
9:     data[1]=2;
10:    data[2]=3;
11:    data[3]=4;
12:    data[4]=5;
13:
14:    for(x=0; x<SIZE; x++)       // for문의 조건 값에 매크로 상수 사용
15:    {
16:       printf("data[%d]=%d\n",x, data[x]);
17:    }
18: }
```

6행의 data[SIZE]와 같이 매크로 상수의 정의를 사용하여 배열 요소를 선언하는 것이 가능하다. 흐름도와 순서도는 배열의 원시 소스 예제2와 같기 때문에 여기서는 생략하도록 한다.

2. 배열의 초기화 Initializing Arrays

배열도 변수의 선언에서 학습한 것처럼 초기화가 가능하다. 특히 배열의 초기화는 일반 변수의 초기화 같이 단 하나의 초기 값을 선언하는 것이 아니고 배열의 요소 개수만큼을 초기화하게 된다. 배열의 초기화 형식은 다음과 같다.

배열의 초기화 형식
자료형　배열명[배열요소 개수]={0번째 값, 1번째 값, 2번째 값,••••};

배열을 초기화할 때는 중괄호인 { } 내에 초기 값들을 콤마(,)로 분리하여 기입한다. 이때 초기

값의 개수와 배열요소의 개수는 같도록 지정하는 것이 좋다. 이와 같은 배열요소 개수를 나타내는 수가 하나 뿐이며, 또는 배열명 이후에 대괄호가 오직 하나만 존재하는 경우를 1차원 배열이라고 한다. 다음은 1차 배열의 초기화에 대한 몇 가지 예를 보여준다.

❑ 다음과 같이 5개의 배열요소 개수와 5개의 초기 값으로 서로 개수가 같은 경우

```
int data[5]={ 10, 20, 30, 40, 50 };
```

5개의 배열요소로 된 data를 선언하고 있으며, 첫 번째 data[0]은 10, data[1]은 20, data[2]는 30, data[4]는 50으로 각각 대입되어 초기화되고 있다.

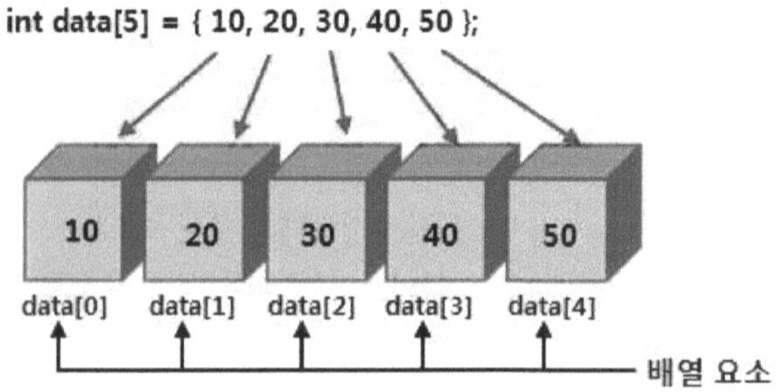

다음은 위 내용을 원시 소스로 작성한 예이다.

배열요소 개수와 초기 값의 개수가 같은 경우의 예제

```
#include <stdio.h>

void main(void)
{
   int x;
   int data[5]={10,20,30,40,50};      // 배열 data[5]의 초기화

  for(x=0; x<5; x++)                  // for문을 이용하여 초기화된 값들을
  {                                   // 읽어들인 후 printf( )에 의해 출력
       printf("data[%d]=%d\n",x, data[x]);
   }
}
```

흐름도와 실행결과는 다음과 같다.

배열요소 개수와 초기 값의 개수가 같은 경우의 예제 흐름도

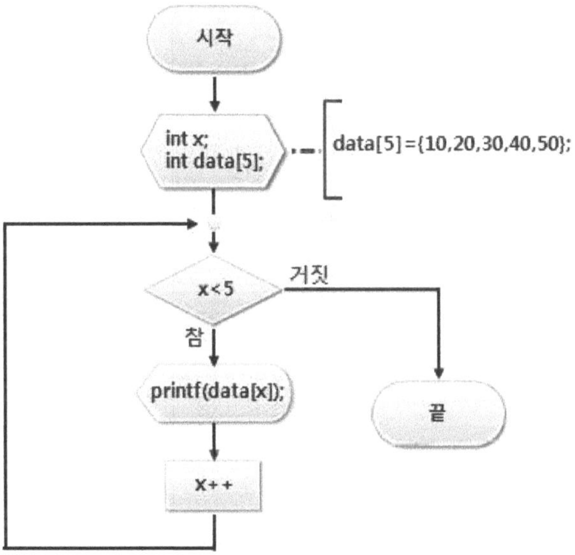

배열요소 개수와 초기 값의 개수가 같은 경우의 예제 실행결과

❑ 다음과 같이 5개의 배열요소 개수와 2개의 초기 값으로 서로 개수가 다른 경우

```
int data[5]={ 10, 20 };
```

5개의 배열요소로 된 data를 선언하고 있으며, 첫 번째 data[0]은 10, data[1]은 20, data[2]는 0, data[4]는 0으로 각각 대입되어 초기화되고 있다.

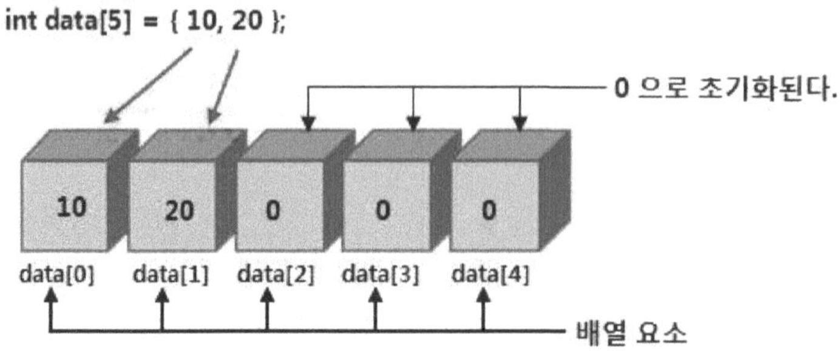

다음은 위 내용을 원시 소스로 작성한 예이다.

배열요소 개수와 초기 값의 개수가 서로 다른 경우의 예제

```
#include <stdio.h>

void main(void)
{
   int x;
   int data[5]={10,20};        // 배열요소 개수는 5, 초기 값은 2개

  for(x=0; x<5; x++)           // for문을 이용하여 초기화된 값들을
  {                            // 읽어들인 후 printf( )에 의해 출력
      printf("data[%d]=%d\n",x, data[x]);
   }
}
```

흐름도는 앞에서 도식화한 내용과 같으므로 실행결과만 보인다.

배열요소 개수와 초기 값의 개수가 같은 경우의 예제 실행결과

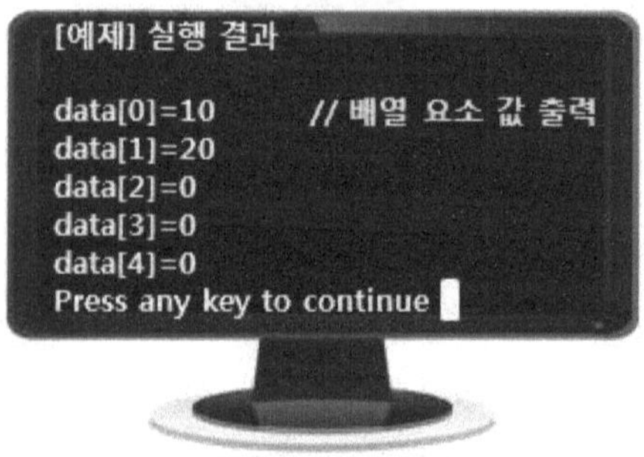

❑ 다음과 같이 초기 값의 개수가 배열요소 개수보다 많은 경우

```
int data[5]={ 10, 20, 30, 40, 50, 60 };
```

초기 값의 개수가 배열요소의 개수보다 많은 경우는 컴파일 오류가 발생하게 된다. 다음은 위 내용을 원시 소스로 작성한 예이다.

초기 값의 개수가 배열요소 개수보다 많은 경우의 예제

```
#include <stdio.h>

void main(void)
{
   int x;
   int data[5]={10,20,30,40,50,60};  // 초기 값의 개수가 배열요소의 개수
                                     // 보다 많다
  for(x=0; x<5; x++)                 // for문을 이용하여 초기화된 값들을
  {                                  // 읽어 들인 후 printf( )에 의해 출력
      printf("data[%d]=%d\n",x, data[x]);
   }
}
```

이와 같이 원시 소스를 작성한 후 컴파일하게 되면 다음과 같은 컴파일 오류 결과가 나타난다.

```
C:\arr.c(8) : error C2078: too many initializers
```

위의 오류 내용은 배열요소 개수보다 초기 값의 개수가 많다는 것으로 해결 방법은 배열요수 개수 또는 초기 값의 개수를 수정하든지 다음과 같이 배열요소 개수를 지정하지 말아야 한다.

❑ 다음과 같이 초기 값의 개수가 5개이며 배열요소 개수가 지정되지 않은 경우

```
int data[ ]={ 10, 20, 30, 40, 50 };
```

초기화만 하고 배열요소의 개수가 비워져 있으면 컴파일러는 자동으로 초기 값의 개수만큼 배

열요소의 개수를 잡아준다. 즉, 초기 값의 개수가 5개이기 때문에 배열요소의 개수는 자동으로 5를 잡아준다.

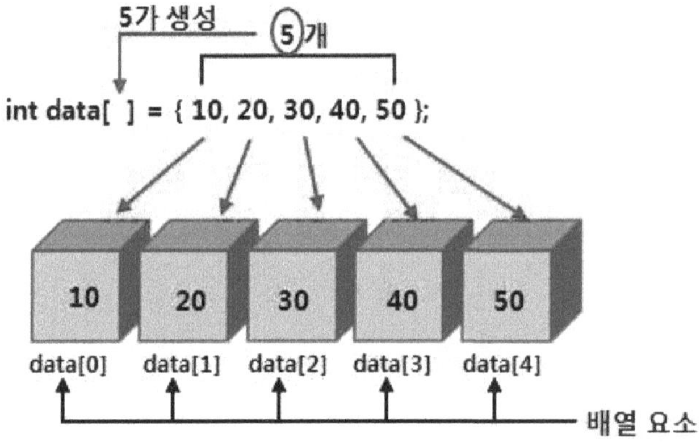

다음은 위 내용을 원시 소스로 작성한 예이다.

배열요소 개수가 지정되지 않은 경우의 예제

```
#include <stdio.h>

void main(void)
{
   int x;
   int data[ ]={10,20,30,40,50,60};   // 배열 data[ ]의 초기화

  for(x=0; x<=5; x++)                 // for문을 이용하여 초기화된 값들을
  {                                   // 읽어들인 후 printf( )에 의해 출력
      printf("data[%d]=%d\n",x, data[x]);
   }
}
```

여기에서도 흐름도는 앞에서 도식화한 내용과 같으므로 실행결과만 나타낸다.

배열요소 개수가 지정되지 않은 경우의 예제 실행결과

이와 같이 배열요소의 개수를 지정하지 않은 때는 초기 값들의 개수를 세어야 하는 번거로움이 있다. 이를 해결하기 위해 다음과 같이 sizeof연산자를 사용하여 배열요소의 개수를 알 수 있는 방법을 소개한다.

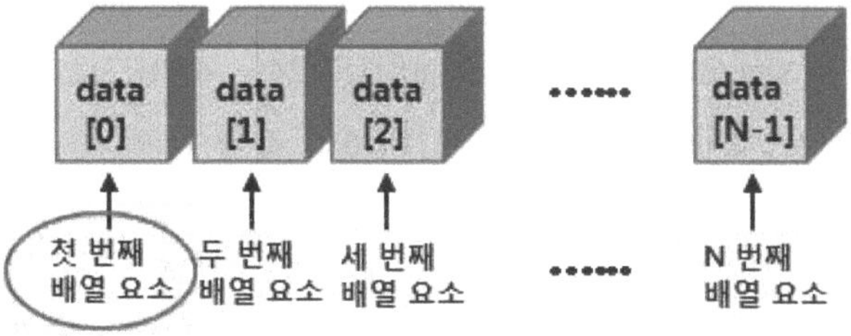


```
배열요소의 개수 = sizeof(배열명) / sizeof(첫 번째 배열요소);
```

여기서 배열명은 data가 되고, 배열요소는 번호가 반드시 0부터 시작하기 때문에 첫 번째 배열요소는 dat[0]이 된다.

예를 들어, int data[ ]={10,20,30,40,50,60};인 경우에 있어서 배열요소의 개수는 다음과 같이 구할 수 있다.

```
배열요소의 개수 = sizeof(data) / sizeof(data[0]);
```

이것을 원시 소스로 작성하면 다음과 같다.

배열의 개수를 이용한 배열요소 값의 출력

```
1:  #include <stdio.h>
2:
3:  int main(void)
4:  {
5:       int x, y;
6:       int data[ ]={10,20,30,40,50,60};
7:
8:       y=sizeof(data) / sizeof(data[0]);               // y=((4x6)/4)=6 이 된다.
9:       printf("배열요수 개수=%d\n", y);
10:
11:      for(x=0; x<y; x++)
12:      {
13:          printf("data[%d]=%d\n",x, data[x]);
14:      }
15:  }
```

8행의 경우 sizeof(data)는 자료형 int는 4byte이고 초기 값이 6개 있기 때문에 4x6=24가 되며, sizeof(data[0])는 자료형 int는 4byte이고 data[0]인 한 개의 배열요소를 의미하므로 4x1=4가 된다. 따라서 sizeof(data)/sizeof(data[0])은 24 / 4 이므로 6 이 됨을 알 수 있다. 또한 11행에서는 8행에 의해서 변수 y에 대입된 6의 값을 for문의 조건식으로 사용하고 있다. 다음은 실행 결과를 나타낸다.

배열의 개수를 이용한 배열요소 값의 실행결과

❑ 배열요소의 개수만 주어지고 초기 값은 주어지지 않은 경우

```
int data[5];
```

이처럼 배열요소의 개수만 주어지고 초기 값이 주어지지 않은 경우에는 모든 배열요소에는 쓰레기 값이 채워진다.

int data[5] ;

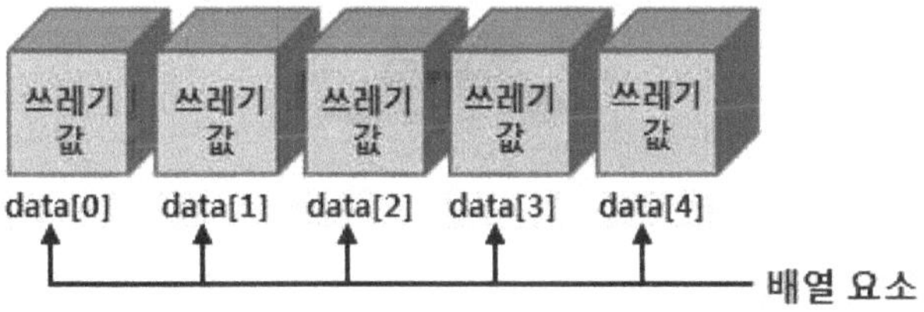

다음은 위 내용을 원시 소스로 작성한 예이다.

초기 값은 주어지지 않은 경우의 예제

```
1:  #include <stdio.h>
2:
3:  void main(void)
4:  {
5:     int x;
6:     int data[5];                  // 초기 값이 주어지지 않은 경우
7:
8:    for(x=0; x<=5; x++)            // for문을 이용하여 초기화된 값들을
9:    {                              // 읽어들인 후 printf( )에 의해 출력
10:        printf("data[%d]=%d\n",x, data[x]);
11:    }
12: }
```

6행의 int data[5];가 선언되어 있지만 해당 값들이 초기화되지 않았으므로 쓰레기 값이 채워지게 된다. 또한 배열의 선언 이후에도 배열의 요소에 해당되는 값들을 할당하지 않았으므로 10행에서는 쓰레기 값들을 출력하게 된다.

여기에 실행결과만 나타낸다.

배열요소 개수가 지정되지 않은 경우의 예제 실행결과

지금까지 배열의 개념 및 초기화를 통한 1차원 배열에 내용을 학습해 보았다. 다음의 1차 배열에 대한 예제 살펴보도록 하자.

다음은 int형 배열 x[4]를 3, 67, 33, 65의 값으로 초기화하고 최대값을 구하는 프로그램을 작성하여 보자.

1차 배열을 이용한 최대값을 구하는 예제

```
#include <stdio.h>

void main(void)
{
  int x;
  int data[4]={3, 67, 33, 65};                   // 배열 data[4]의 초기화
  int max=0;                                     // max를 0으로 한다.

  for(x=0; x<=3; x++)
   {
      if(data[x] > max) {                        // 최대값을 구하고 max에 대입
            max=data[x];
      }
    }
     printf("data[%d]=%d\n",x, data[x]);         // 최대값을 출력
}
```

흐름도와 실행결과는 다음과 같다.

1차 배열을 이용한 최대값을 구하는 예제의 흐름도

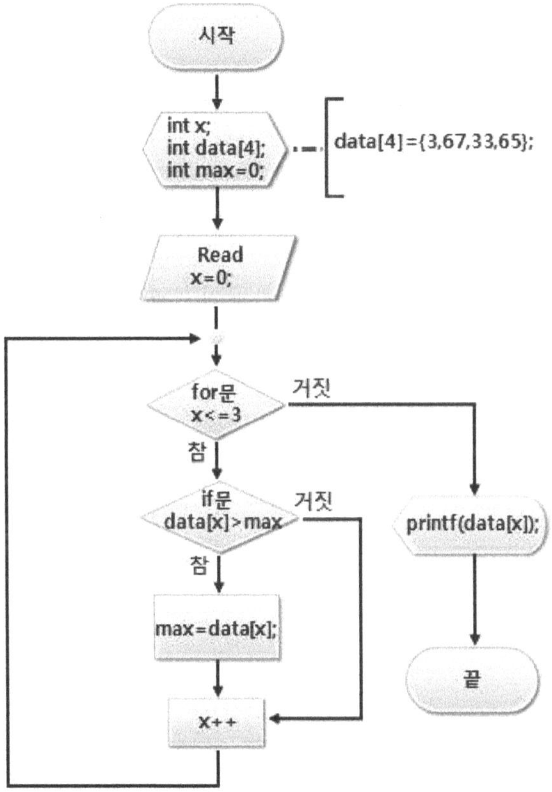

1차 배열을 이용한 최대값을 구하는 예제의 실행결과

다음 예제는 1차원 float형 배열 x[5]를 선언하고 x[0]에 5.2, x[1]4.8, x[2]에 1.7, x[3]에 2.4,

x[4]에 3.5를 대입하고 x[0]~x[4]까지의 곱셈의 결과를 얻을 수 있는 프로그램을 작성하여 보자.

1차 배열을 이용하여 곱셈의 결과를 구하는 예제

```
#include <stdio.h>

void main(void)
{
  float x[5], multi;
  int i;

  x[0]=5.2, x[1]=4.8, x[2]=1.7, x[3]=2.4, x[4]=3.5; // 배열에 값을 대입

  multi=1.0;

  for(i=0; i<=4; i++) {                          // 곱셈의 연산을 실행
     multi *= x[i];
     printf("x[%d]=%f\n",i, x[i]);
  }

  printf("multi=%f\n",multi);                    // 배열요소를 모두 곱한 결과 출력
}
```

실행결과와 흐름도는 다음과 같다.

1차 배열을 이용하여 곱셈의 결과를 구하는 예제의 실행결과

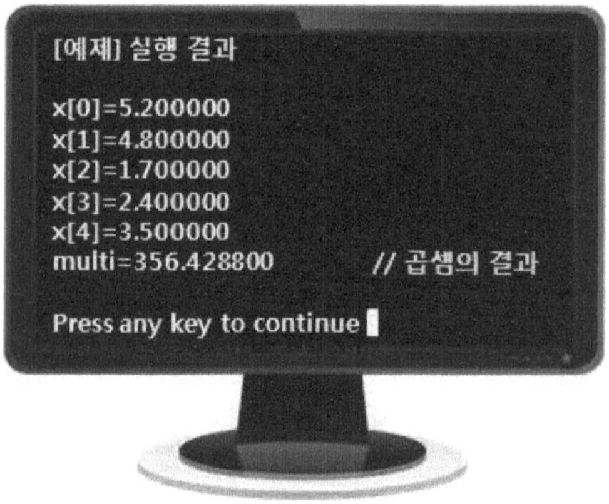

1차 배열을 이용하여 곱셈의 결과를 구하는 예제의 흐름도

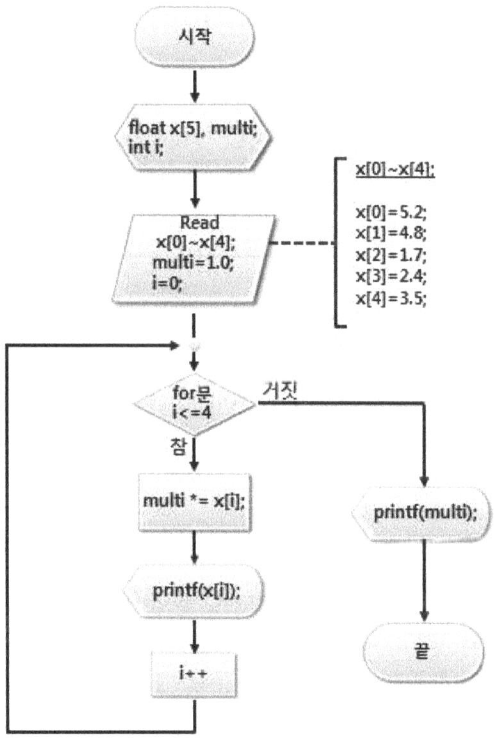

3. 다차원 배열 Multi-dimensional Arrays

배열이 1차원 배열, 2차원 배열, 3차원 배열인지는 배열요소의 개수를 나타내는 수가 몇 개 존재하는가에 따라서 차원이 결정된다. 또한 대괄호 [ ]의 개수가 몇 개 있는가에 따라서 결정된다고 생각하면 보다 편리하다. 다음은 1차 배열의 선언 형식이다.

자료형 배열명[배열요소 개수];	1차원 배열

이와 같이 배열요소 개수를 나타내는 수가 하나 뿐이며, 또는 배열명 이후에 대괄호가 오직 하

나만 존재하는 경우를 1차원 배열이라고 한다. 예를 들면 다음과 같다.

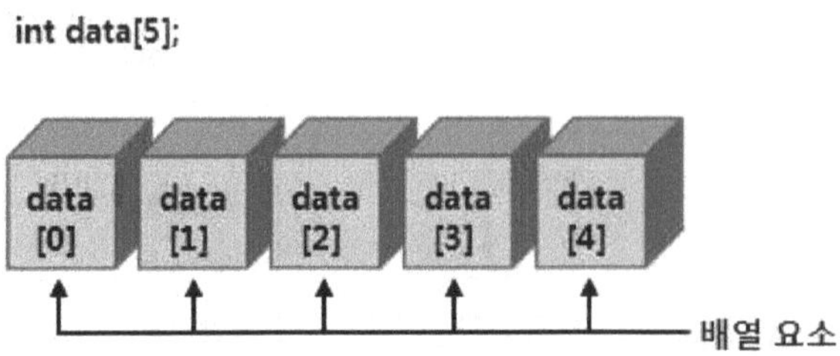

여기서 배열명 data 뒤에 배열요소의 개수를 나타내는 5라는 수가 오직 하나 뿐이므로 1차원 배열이며, 또한 배열명 data 뒤에 대괄호의 기호인[ ]이 한 개뿐이므로 1차원 배열이다.

3.1 2차원 배열Two-dimensional Arrays

2차원 배열은 배열요소 개수를 나타내는 수가 2개인 경우 또는 배열명 이후에 대괄호가 2개있는 경우를 2차원 배열이라고 한다. 다음은 2차 배열의 선언 형식이다.

자료형 배열명[배열요소 개수1][배열요소 개수2];	2차원 배열

여기서 배열요소 개수1은 행Row, 배열요소 개수2는 열Column을 뜻한다. 예를 들면 다음과 같다.

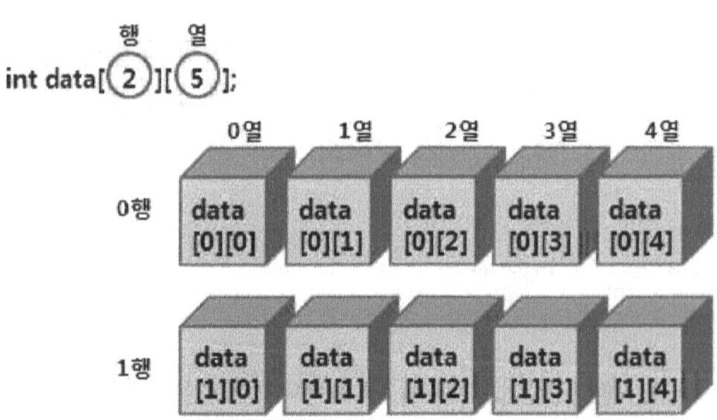

여기서 배열명 data 뒤에 배열요소의 개수를 나타내는 2, 5라는 수가 2개이므로 2차원 배열이며, 또한 배열명 data 뒤에 대괄호의 기호인[ ]이 2개이므로 2차원 배열이다. data[2][5]에서 2는 행을 뜻하고 뒤의 5는 열을 의미한다. 이와 같이 행으로 2개, 열로 5개를 지정하게 되면 2차원 배열의 요소 개수는 총 10개(2x5)를 갖게 된다. 배열에서 반드시 주의할 사항은 배열요소는 행이든 열이든 0부터 시작된다는 것이다.

3.2 2차원 배열의 초기화

본 절에서는 2차원 배열을 초기화하는 방법에 대해서 학습해 보도록 하자. 2차원 배열도 1차원 배열과 마찬가지로 배열을 선언하고 초기화하여 사용할 수 있다. 2차원 배열에서의 초기화에 대한 예는 다음과 같으며, 모두 같은 의미를 지니고 있으며 초기화하는 표현 방법이 약간의 차이가 있을 뿐이다.

❖ Int value[2][3]={{10, 20, 30}, {40, 50, 60}}; 은 다음과 같이 표현하여 사용하여도 상관없다.

```
int value[2][3]={
                  {10, 20, 30},
                  {40, 50, 60}
                 };
```

value[2][3]은 2개의 행과 3개의 열로 구성되어 배열요소의 개수는 총 6개(2x3)이다.
이때 각 행이 취하게 되는 열의 배열요소를 구체적으로 중괄호{ }로 묶어서 표현할 수 있다.
다음은 위 내용을 도식화한 것이다.

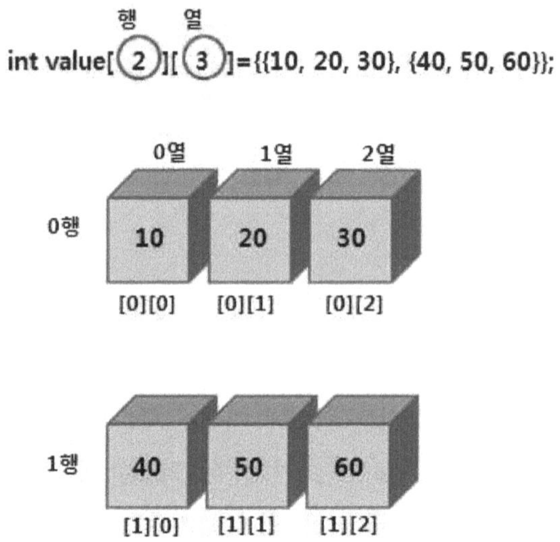

❖ int value[2][3]={10, 20, 30, 40, 50, 60};

2개의 행과 3개의 열로 구성되면 배열요소의 개수는 총 6개(2x3)이다. 이때 value[0]행은 10, 20, 30을 value[1]행은 40, 50, 60을 취하게 된다. 이것을 도식화하면 다음과 같다.

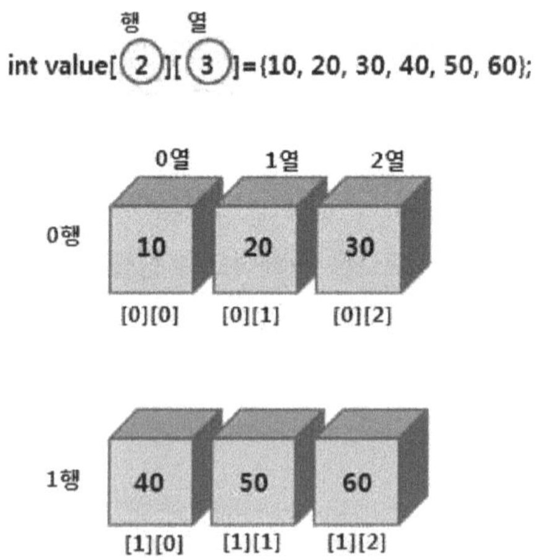

❖ int value[ ][3]={10, 20, 30, 40, 50, 60};

위와 같이 행의 배열요소 개수를 지정하지 않고 열의 배열요소 개수만 지정하였을 경우는 컴파일러에 의해서 자동으로 행의 배열요소 개수를 결정한다. 따라서 반드시 열의 배열요소 개수는 지정되어야 한다는 것이다. 이것을 도식화하면 다음과 같다.

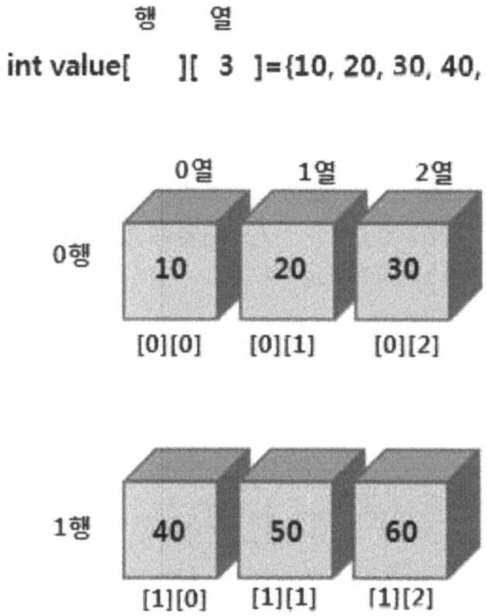

❖ int value[2][ ]={10, 20, 30, 40, 50, 60};

앞에서도 설명했지만 2차원 배열의 형식에서 열의 배열요소 개수는 반드시 지정되어야한다는 것을 명심하도록 하자.

다음의 int형 배열 x[2][3]에 7, 5, 1, 9, 4, 3의 값을 대입하고 x[0][0]~x[0][2]의 합과 x[1][0]~x[1][2]의 합을 구하는 2차원 배열의 예제를 살펴보도록 하자.

int형 2차 배열의 예제

```
#include <stdio.h>

void main(void)
{
   int x[2][3];                        // 배열 x[2][3]의 선언
   int i, total1, total2;

   x[0][0]=7, x[0][1]=5, x[0][2]=1,   // 배열에 값을 대입
   x[1][0]=9, x[1][1]=4, x[1][2]=3;

   total1=0;                           // total1의 초기값을 0 대입
   total2=0;                           // total2의 초기값을 0 대입

   for(i=0; i<=2; i++)
   {
      total1 += x[0][i];               // x[0][0]~x[0][2]의 합을 total1에 대입
      total2 += x[1][i];               // x[1][0]~x[1][2]의 합을 total2에 대입
   }

   printf("total1:%d\n",total1);       // total1의 결과 출력
   printf("total2:%d\n",total2);       // total2의 결과 출력
}
```

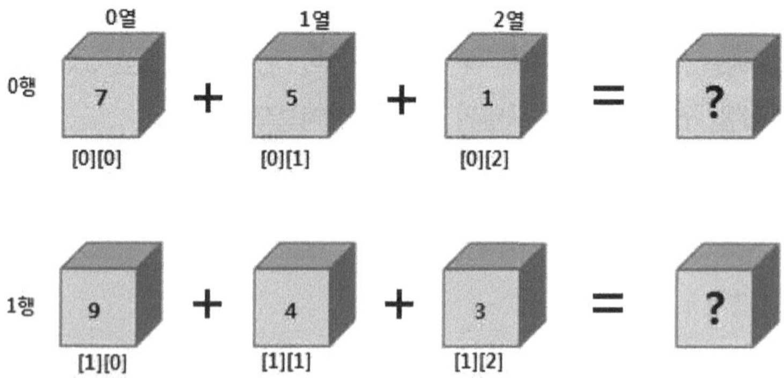

다음은 실행결과와 흐름도를 나타낸다.

int형 2차 배열의 예제의 실행결과

int형 2차 배열의 예제의 흐름도

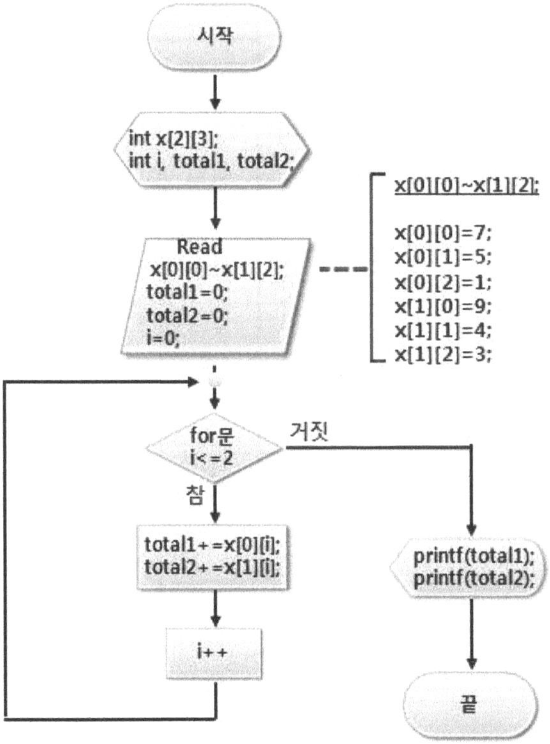

참고로 앞의 원시 소스코드에 다음과 같이 배열에 값을 대입한 8행과 9행은:

```
int x[2][3];
int i, total1, total2;

x[0][0]=7, x[0][1]=5, x[0][2]=1,
x[1][0]=9, x[1][1]=4, x[1][2]=3;
```

다음과 같이 초기화하여 작성할 수 있다.

```
int x[2][3]={ 7, 5, 1, 9, 4, 3 };
int i, total1, total2;
```

```
int x[2][3]={ {7, 5, 1}, {9, 4, 3} };
int i, total1, total2;
```

```
int x[2][3]={
                {7, 5, 1},
                {9, 4, 3}
            };
int i, total1, total2;
```

모두 2차원 배열의 초기화 형식으로 어느 쪽을 사용하여도 상관이 없다.

다음의 int형 배열 x[2][3]에 7, 5, 1, 9, 4, 3의 값을 초기화하고 x[0][0]~x[1][2]의 총합을 구하는 2차원 배열의 예제를 살펴보도록 하자.

먼저 문제의 배열요소를 도식화하면 다음과 같다.

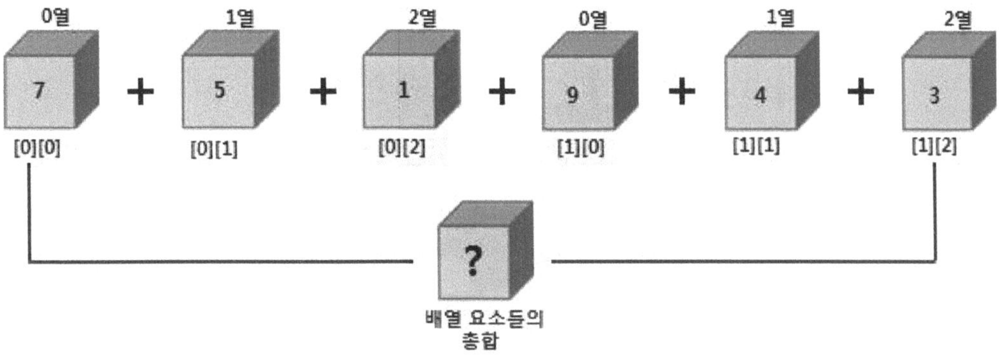

int형 2차 배열의 총합을 구하는 예제

```
1:  #include <stdio.h>
2:
3:  void main(void)
4:  {
5:     int x[2][3]={7, 5, 1, 9, 4, 3};     // 배열 x[2][3]의 초기화
6:     int i, j, result;
7:
8:     result=0;
9:
10:    for(i=0; i<2; i++) {        // 바깥쪽 for문은 행의 반복
11:      for(j=0; j<3; j++) {      // 안쪽 for문은 열의 반복
12:         result += x[i][j];     // 총합을 구하여 변수 result에 대입
13:      }
14:    }
15:    printf("데이터 총합:%d\n",result);
16: }
```

10행과 11행은 중첩된 for문으로 바깥쪽 for문의 변수 i가 0일 때 안쪽 for문의 변수 j가 0에서 3까지 반복하면서 x[0][0]~x[0][2]까지의 합을 구하여 변수 result에 대입하게 된다. 이때 안쪽 for문의 변수 j가 3이 되면 조건문에서 거짓이 되므로 안쪽 for문을 빠져나와 바깥쪽 for문으로 이동한다. 바깥쪽 for문의 변수 i가 1일 때 안쪽 for문의 변수 j가 0에서 3까지 재차 반복하면서 x[1][0]~x[1][2]까지의 합을 구하여 총 합의 값을 변수 result에 대입하게 된다.

다음은 실행결과와 흐름도를 나타낸다.

int형 2차 배열의 총합을 구하는 예제의 실행결과

int형 2차 배열의 총합을 구하는 예제의 흐름도

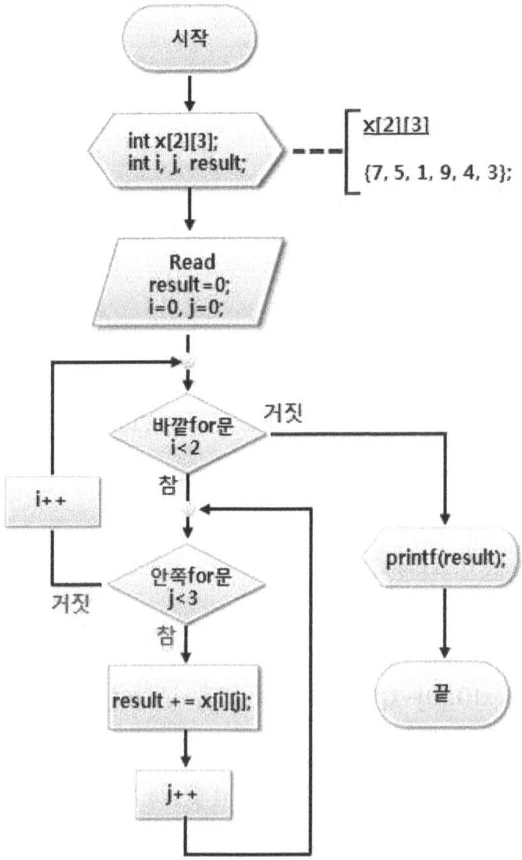

4. 문자 및 문자열 배열

문자 및 문자열의 자료형 및 메모리 크기 등에 관련하여 본 교재의 5장에서 학습하였기 때문에 여기서는 문자와 문자열을 배열과 관련하여 살펴보기로 하겠다.

4.1 문자 배열

문자의 경우에 있어서 자료형은 char를 사용하며 아스키 코드를 이용하여 표현하기도 한다. 특히 원시 소스코드 내에서 문자를 초기화하는 경우는 다음과 같이 반드시 작은 따옴표Single quotes인 (' ')로 묶어 주며, 문자의 입출력 문법 지정자는 %c 이다.

❑ 일반 변수에서 초기화 형식

일반 변수에서 초기화 형식의 예

```
char munja = 'A';, char mul = 'b';, char str = 65;
```

여기서 char str=65;에서 65는 정수이지만 아스키 코드 값에 의해서'A'를 변수 str에 저장하는 것과 같다.

일반 변수에서 초기화 예제

```
#include <stdio.h>

void main(void)
{
   char c='A';                        // 문자 A를 초기화

   printf("초기화된 문자: %c\n", c);   // 변수 c에 대입된 문자 A를 출력
}
```

흐름도와 실행 결과는 다음과 같다.

일반 변수에서 초기화의 흐름도

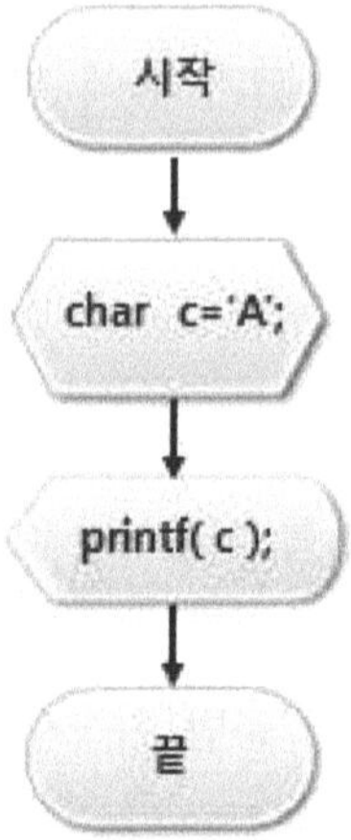

일반 변수에서 초기화의 실행결과

다음의 문자에 정수 값을 더한 예제에 대해서 살펴보도록 하자.

문자에 정수 값을 더한 예제

```
#include <stdio.h>

void main(void)
{
   char c='A'+10;                        // 문자 A에 정수 10을 더함

   printf("처리 문자: %c\n", c);         // 변수 c에 대입된 문자 A를 출력
}
```

5행에서 아스키 코드에 의한 알파벳 A의 10진수 값은 65이다. 따라서 65+10=75 이므로 10진수 75는 아스키 코드에 의한 문자는 K가 된다. 실행 결과는 다음과 같다.

문자에 정수 값을 더한 예제의 실행결과

❑ 1차원 char형 배열의 초기화 형식

1차원 char형 배열의 초기화 형식의 예	
[대입형]	char mun[4]; `mun[0]='n', mun[1]='o', mun[2]='t', mun[3]='e';`
[초기화형]	char mun[4]=`{'n', 'o', 't', 'e'};`

위의 대입형과 초기화형 중에 어느 쪽으로 선언하여 사용하여도 좋다. 다음은 배열요소를 도식화한 것이다.

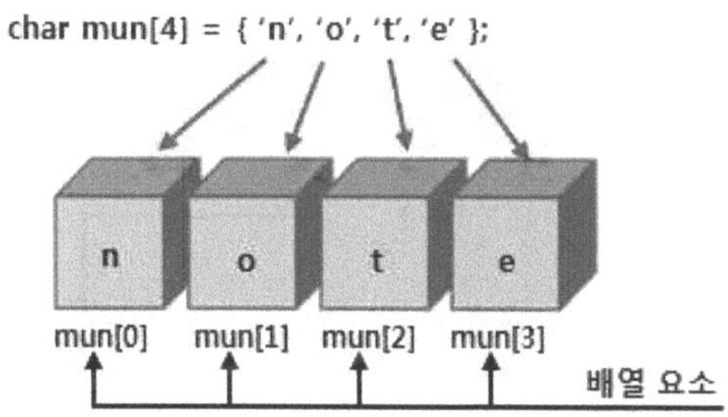

다음의 1차원 char형 배열 x[4]에 다음의 데이터로 초기화하여 x[0]~x[3]의 값을 출력하는 프로그램을 작성하여 보자. [데이터: n, o, t, e]

1차원 char형 배열 예제

```
1:  #include <stdio.h>
2:
3:  void main(void)
4:  {
5:     char x[4]={'n', 'o', 't', 'e'};          // 배열 x[4]의 선언과 초기화
6:     int i;
7:
8:     for(i=0; i<=3; i++)
9:     {
10:        printf("%c", x[i]);                  // x[0]~x[3]의 배열요소 값 출력
11:    }
12:
13:     printf("\n");                           // 10행 출력 후 한 행을 개행
14: }
```

흐름도와 실행 결과는 다음과 같다.

1차원 char형 배열 예제의 흐름도

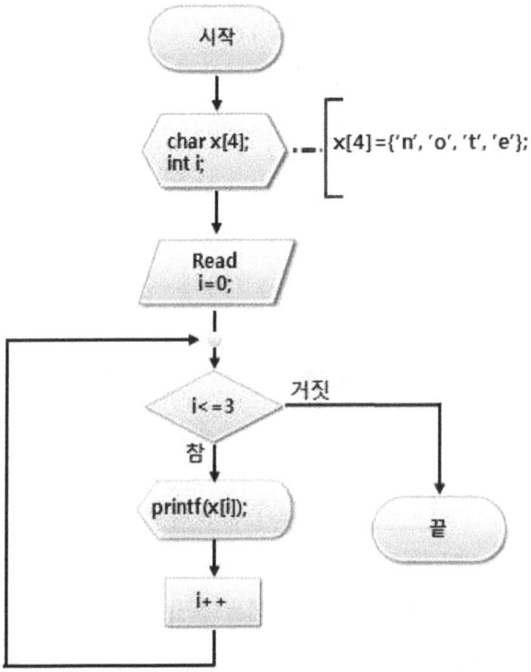

1차원 char형 배열 예제의 실행결과

실행 결과인 note가 마치 문자열과 같이 출력된 듯이 보이지만 문자의 입출력 문법 지정자 %c에 의해서 한 문자씩을 출력한 것이다.

다음과 같이 알파벳의 소문자를 대문자로 변환시켜 출력하는 프로그램에 대해서 살펴보도록 하자. [힌트: a의 아스키 코드 값 97, 97에서 32를 빼주면 65이며 이 값은 아스키 코드에 의해서 대문자 A가 된다.]

알파벳의 소문자를 대문자로 변환 예제

```
1:  #include <stdio.h>
2:
3:  void main(void)
4:  {
5:     char x[4]={'n', 'o', 't', 'e'};     // 배열 x[4]의 초기화
6:     int i;
7:
8:     for(i=0; i<=3; i++)
9:     {
10:        x[i] -= 32;                      // 소문자의 아스키 코드 값에서 32를 빼줌
11:    }
12:
13:     for(i=0; i<=3; i++)                 // x[i]에 저장된 값을 하나씩 호출하여 출력
14:     {
15:        printf("%c", x[i]);
16:     }
17:
18:     printf("\n");                       // 15행의 결과를 출력한 후에 한 행을 개행
19: }
```

실행결과와 흐름도는 다음과 같다.

알파벳의 소문자를 대문자로 변환 예제의 실행결과

알파벳의 소문자를 대문자로 변환 예제의 흐름도

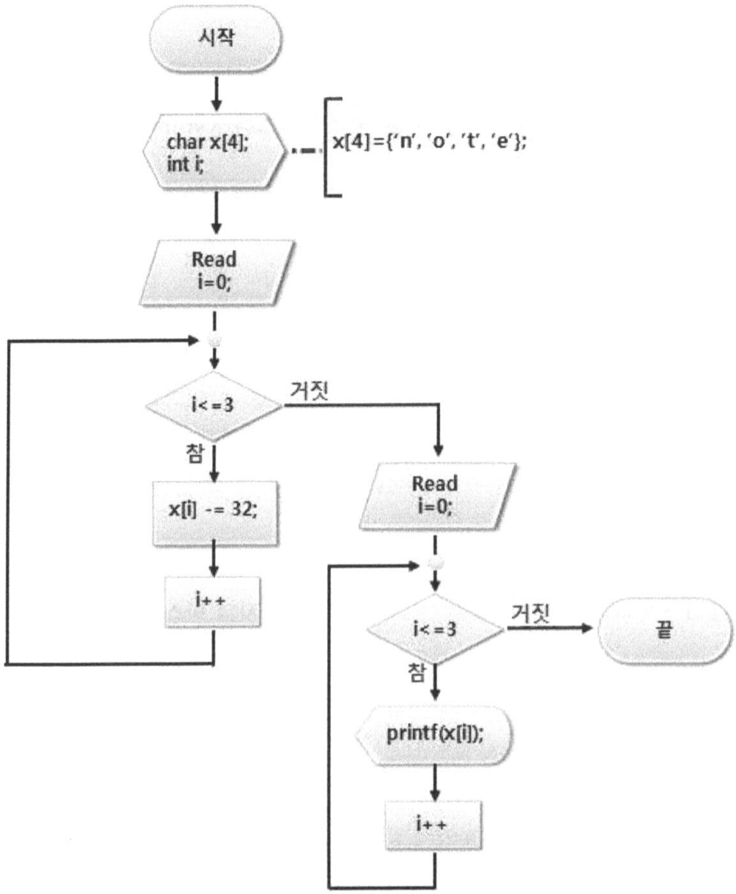

❑ 2차원 char형 배열의 초기화 형식

2차원 char형 배열의 초기화 형식의 예
char x[2][4]={'l', 'u', 'c', 'e', 'o', 'm', 'a', 'p'};

다음은 배열요소를 도식화한 것이다.

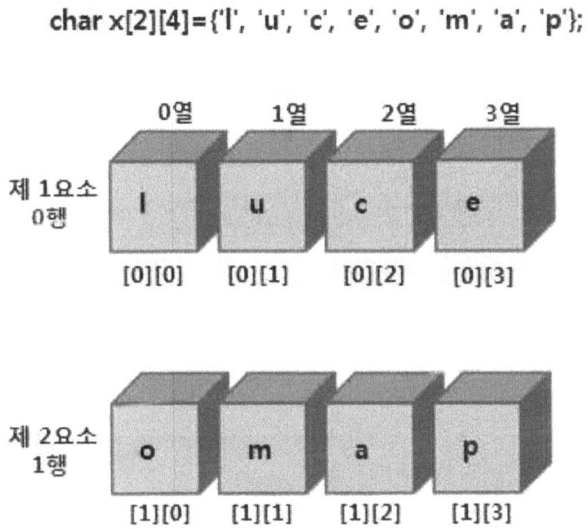

여기에서 총 배열요소의 개수는 행의 개수 x 열의 개수이므로 8개(2x4)가 된다. 1차원 배열과 마찬가지로 배열요소의 시작은 항상 0부터 시작한다는 것을 주의하기 바란다.

배열 x[2][5]를 다음의 데이터로 초기화하고 apple이라는 결과를 출력할 수 있는 프로그램을 생각해 보자. [데이터: l, u, c, e, r, o, m, a, p, b]

문제에 대한 배열요소의 메모리 구조를 도식화하면 다음과 같다.

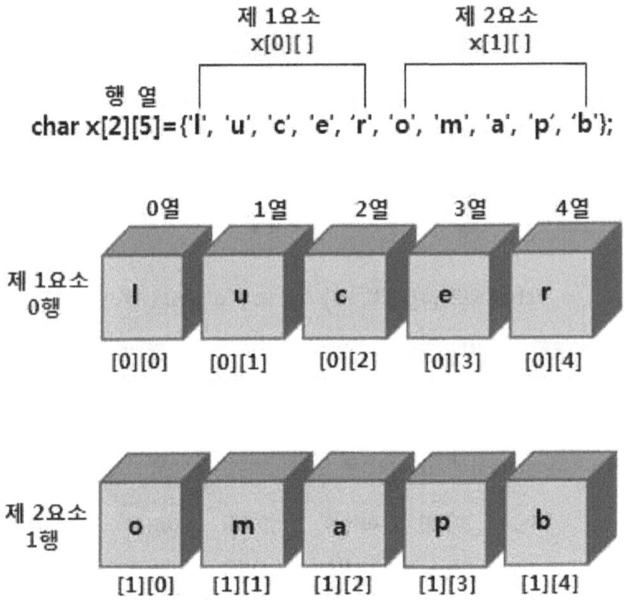

2차원 char형 배열 예제

```
#include <stdio.h>

void main(void)
{
   // 배열 x[2][5]의 문자 초기화
   char x[2][5]={'l', 'u', 'c', 'e', 'r', 'o', 'm', 'a', 'p', 'b'};

   // x[1][2]~x[0][3]까지의 출력
   printf("%c%c%c%c%c\n", x[1][2], x[1][3], x[1][3], x[0][0], x[0][3]);
}
```

2차원 char형 배열 예제의 흐름도

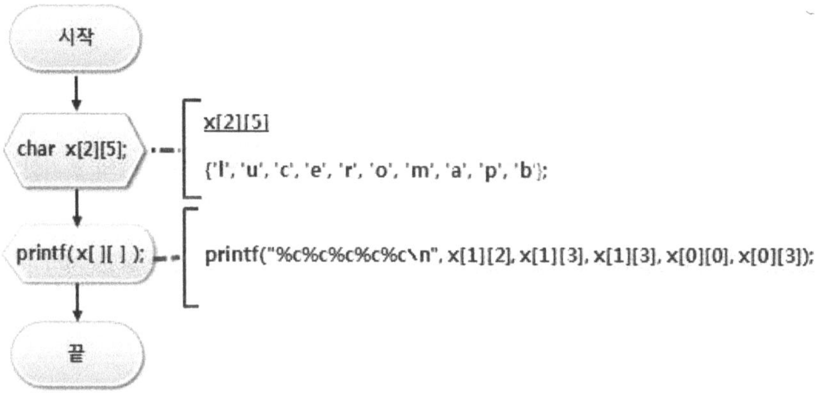

실행결과는 다음과 같다.

2차원 char형 배열 예제의 흐름도

다음의 2차원 char형 배열의 각 행의 배열요소 출력 예제를 하나 더 살펴보도록 하겠다.

2차원 char형을 이용한 각 행의 배열요소 출력 예제

```
#include <stdio.h>

void main(void)
{

  char x[2][2]={'A', 'B', 'C', 'D'};        // 배열 x[2][2]의 초기화
  int i;

  for(i=0; i<=1; i++)                       // 제1요소인 0행을 처리
  {
    printf("%c", x[0][i]);
  }

  printf("\n");                             // 제1요소를 출력하고 개행

  for(i=0; i<=1; i++)                       // 제2요소인 1행을 처리
  {
    printf("%c", x[1][i]);
  }

  printf("\n");                             // 제2요소를 출력하고 개행
}
```

배열요소의 메모리 구조를 도식화하면 다음과 같다.

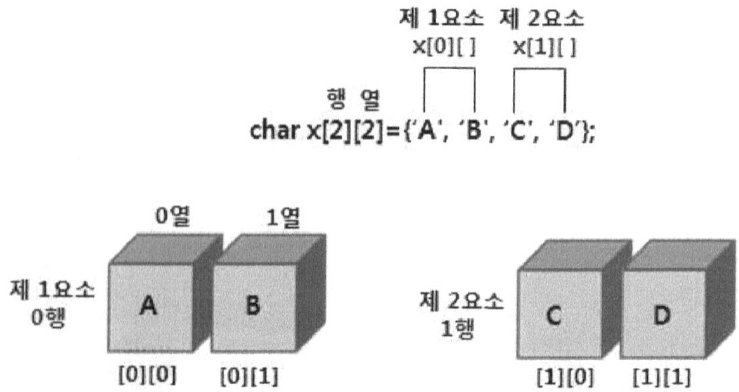

실행결과와 흐름도는 다음과 같다.

2차원 char형을 이용한 각 행의 배열요소 출력 예제

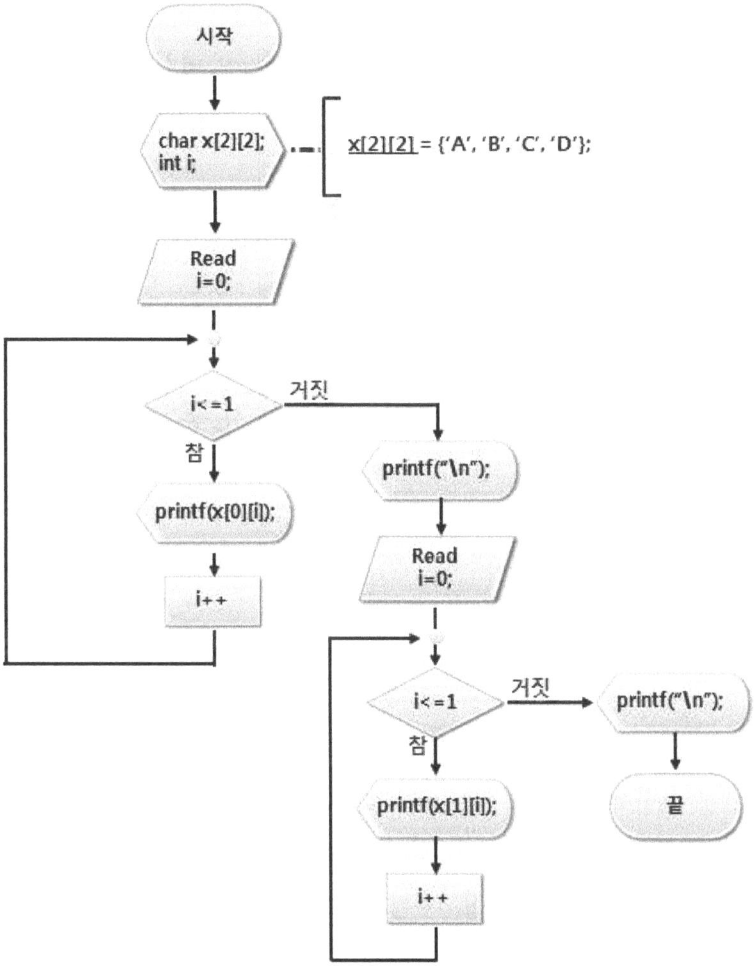

2차원 char형을 이용한 각 행의 배열요소 출력 예제

4.2 문자열 배열

하나 이상의 문자 상수가 모여 구성되는 것을 문자열이라고 한다. 문자열의 경우에 있어서는 큰 따옴표Double quotes로 묶어 표현하며, 다음과 같은 일반적인 변수의 형식으로는 문자열의 초기화는 불가능하다.

일반적 변수의 형식에서 문자열 상수의 초기화 사용은 불가능

```
char x={"KOREA" };
```

또한 문자열의 입출력 문법 지정자는 %s를 사용하며, 초기화할 때는 우리의 눈에는 보이지 않는 NULL문자인 (\0)이 자동적으로 포함된다는 것을 반드시 생각하여 배열요소의 개수에 주의해야 한다.

❑ 문자 배열의 초기화를 문자열 배열의 초기화 형식으로 선언

문자 배열의 초기화를 문자열 배열의 초기화 형식으로 선언한 예

```
char x[8]={ 'D', 'I', 'G', 'I', 'T', 'A', 'L','\0 '};
```

문자 상수를 문자열 상수로 표현하기 위해서는 앞에서 학습한 문자의 배열요소 마지막에 NULL문자(\0)를 포함시켜 초기화를 하여야 한다. 여기서 DIGITAL의 배열요소의 실제 개수는 7개이지만 NULL문자를 포함시켜야하기 때문에 배열요소의 개수를 7이 아닌 8로 하여야 한다. 다음의 예를 살펴보도록 하자.

문자 배열의 초기화를 문자열 배열의 초기화 형식으로 작성한 예제

```
#include <stdio.h>

void main(void)
{
   char x[5]={ 'A', 'B', 'C', 'D', '\0 '};     // 배열의 초기화

   printf("%s\n", x);                          // 문자열의 출력
}
```

5행에서 배열요소인 ABCD의 개수는 4개이지만 NULL문자를 포함시켜야 하므로 배열요소의 개수를 5가 된다. 또한 7행에서 배열명 x는 문자열로 출력하기 때문에 %c가 아닌 %s를 사용하여 배열명 x의 요소를 출력한다. 특히 7행에서 왜? 변수명 x를 사용했는가에 대해서는 다음 절에서 설명할 것이다. 배열요소의 메모리 구조를 도식화하면 다음과 같다.

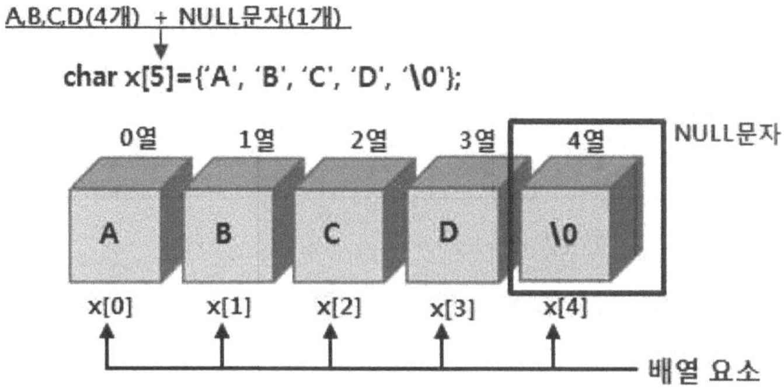

실행결과는 다음과 같다.

문자 배열의 초기화를 문자열 배열의 초기화 형식으로 작성한 예제의 실행결과

❑ 1차원 char형 문자열 배열의 초기화 형식

1차원 char형의 문자열 배열에서 초기화 형식의 예

```
char x[10]="computer";
```

여기서 배열요소 개수를 10으로 사용한 이유는 computer의 문자수 8개 + NULL(\0)문자 1개의 합이다. 그런데 '8+1=9인데?'라는 생각을 할 것이다. 여러분들 생각이 맞다. 즉 char x[9]

로 표현하는 것이 정확하다. 예제와 같이 배열요소 개수를 초기화된 문자수보다 크게 잡아도 문제는 되지 않지만 이와 반대로 배열요소의 개수가 초기화된 문자수보다 작으면 오류가 발생하게 된다. 배열요소의 메모리 구조를 도식화하면 다음과 같다.

char x[10]="computer";

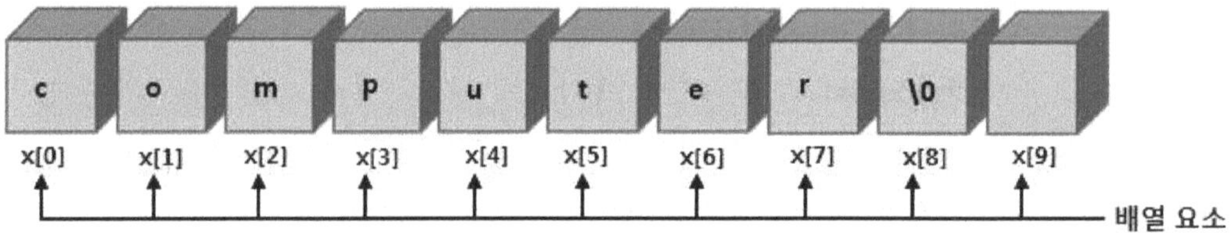

문자열의 마지막에는 자동적으로 NULL문자가 붙여진다. 따라서 배열요소 x[9]는 무시된다. 만약 배열요소 개수가 걱정이 된다면 앞에서 학습한 바 있는 다음과 같은 배열요소 개수를 지정하지 않고 초기화하는 것도 가능하다.

```
char x[ ]="computer";
```

다음은 1차원 char형의 문자열 표현에 대해서 예를 들어 살펴보자.

1차원 char형의 문자열 배열 예제

```
#include <stdio.h>

void main(void)
{

  char x[10]= "computer";                    // 배열 x[10]의 초기화
  int i;

  printf("%s\n", x);                          // 문자열 출력

  for(i=0; i<=9; i++)
  {
    printf("%c", x[i]);                       // 문자 출력
  }
```

6행의 초기화 표현은 배열요소의 개수를 지정하고 있지만 char x[ ]="computer";와 같이 배열요소 개수를 지정하지 않고 표현하여도 전혀 문제되지 않는다.

9행은 입출력 문법 지정자 %s를 사용하여 computer의 문자열을 출력하게 된다. 여기서 배열명 x는 주소[address]라는 개념으로 배열요소 중에 제일 앞에 있는 x[0] 공간의 주소이다. 주소에 관한 부분은 뒤에서 학습하기로 하자.

13행은 하나의 문자를 출력하는 입출력 지정자 %c를 사용하고 있다. 따라서 computer의 8개의 문자를 한 문자씩 출력하기 위해서 for문을 사용하고 있다. 다음은 흐름도와 실행결과를 나타낸다.

1차원 char형의 문자열 배열 예제의 흐름도

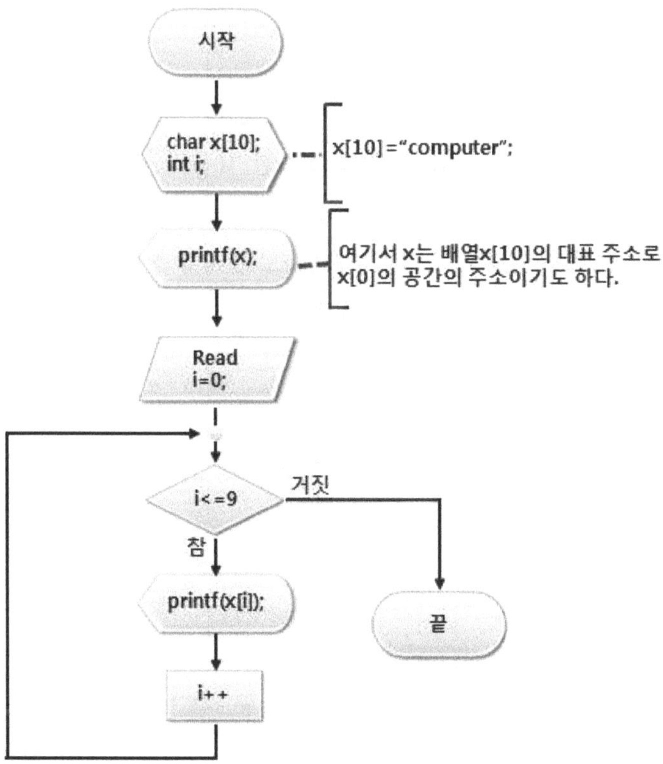

1차원 char형의 문자열 배열 예제의 실행결과

❑ 2차원 char형 문자열 배열의 초기화 형식

2차원 char형의 문자열 배열에서 초기화 형식의 예

```
char x[2][9]={"computer", "language"};
char x[ ][9]={"computer", "language"};
```

2차원 char형 문자열 초기화에서도 이전에 학습한 내용과 같이 배열 변수의 행의 배열요소 개수는 생략이 가능하다. 그렇지만 배열 변수의 열의 배열요소 개수는 절대 생략할 수 없다. 또한 2차원 char 문자열 초기화의 경우는 반드시 중괄호로 문자열 상수를 묶어 주어야 한다. 다음은 2차원 char형 문자열에 대한 배열요소의 메모리 구조를 도식화하여 표현한 것 이다.

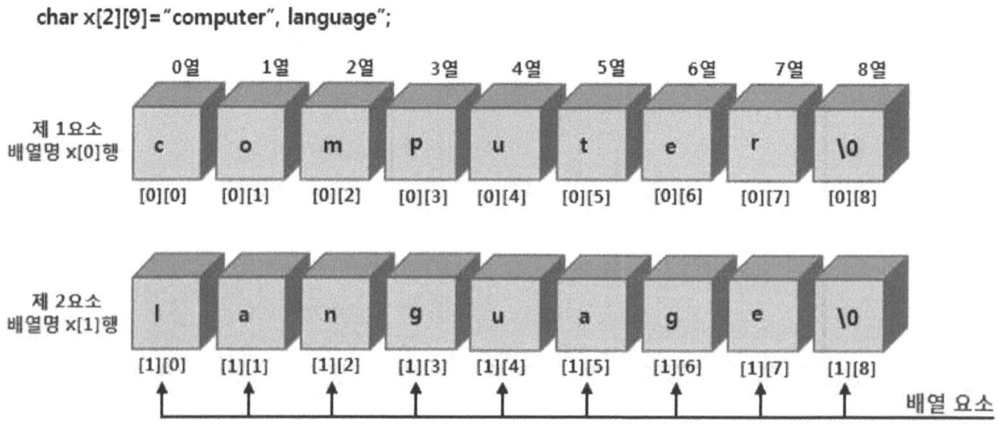

다음은 2차원 char형의 문자열 표현에 대해서 예를 들어 살펴보자.

2차원 char형의 문자열 배열 예제

```
1:  #include <stdio.h>
2:
3:  void main(void)
4:  {
5:
6:     char x[2][9]= {"computer", "language"};       // 배열 x[2][9]의 초기화
7:
8:     printf("%s\n", x);                           // 배열명 x의 문자열 출력
9:     printf("%s\n", x[0]);                        // 배열명 x[0]의 문자열 출력
10:    printf("%s\n", x[1]);                        // 배열명 x[1]의 문자열 출력
11: }
```

8행~10행은 배열명 x, x[0], 그리고 x[1]의 해당 문자열을 출력하게 된다. 여기서 배열명 x, x[0], 그리고 x[1]은 배열요소의 행을 대표하는 주소들로 각 행의 제일 앞에 해당되는 배열요소의 공간 주소들이다.

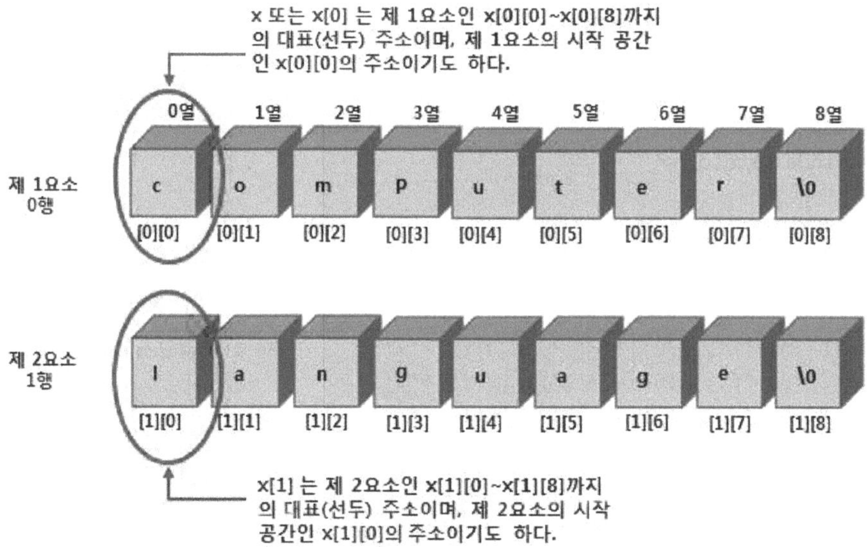

여기에서 8행의 x와 9행의 x[0]는 모두 제 1요소의 대표[선두] 주소를 가지므로 computer의 동일한 문자열을 출력하게 된다. 또한 10행의 x[1]은 제 2요소의 대표[선두] 주소를 가지므로

x[1][0]~x[1][8]까지의 문자열인 language를 출력하게 된다.

다음은 실행결과를 나타낸다.

2차원 char형의 문자열 배열 예제의 실행결과

이번에는 2차원 char형 배열에 다음의 문자를 대입하고 문자열로 출력하는 프로그램에 대해서 살펴보자.

```
[입력 데이터]: x[0][9]의 데이터: c, o, m, p, u, t, e, r
               x[1][9]의 데이터: l, a, n, g, u, a, g, e
               x[2][9]의 데이터: c
```

2차원 char형 배열에 문자를 대입하고 문자열로 출력하는 예제

```
#include <stdio.h>

void main(void)
{
   char x[3][9];                                    // char형 배열 x[3][9]의 선언

   x[0][0]='c', x[0][1]='o', x[0][2]='m',           // 제 1 배열요소에 값을 대입
   x[0][3]='p', x[0][4]='u', x[0][5]='t',
   x[0][6]='e', x[0][7]='r', x[0][8]='\0';          // 반드시 NULL문자 대입

   x[1][0]='l', x[1][1]='a', x[1][2]='n',           // 제 2 배열요소에 값을 대입
   x[1][3]='g', x[1][4]='u', x[1][5]='a',
   x[1][6]='g', x[1][7]='e', x[1][8]='\0';          // 반드시 NULL문자 대입

   x[2][0]='c', x[2][1]='\0';                       // 제 3 배열요소에 값을 대입
                                              // 끝에 NULL문자 대입
   printf("%s\n", x[1]);                      // 제 2 배열요소의 값을 문자열로 출력
}
```

이와 같이 문자 상수를 대입하여 문자열 상수로 출력하는 경우는 반드시 각 문자의 초기 값을 대입할 때 제일 마지막 배열요소에 NULL문자를 추가하여야 한다.

2차원 char형의 문자열 배열 예제의 실행결과

7행~9행까지가 제 1요소이며 대표(선두) 주소는 x 또는 x[0]이 되고, 11행~13행까지는 제 2요소이며 대표(선두) 주소는 x[1]이 된다. 마지막으로 15행은 제 3요소로 대표(선두) 주소는 x[2]이다. 다음은 도식화된 배열요소를 보인다.

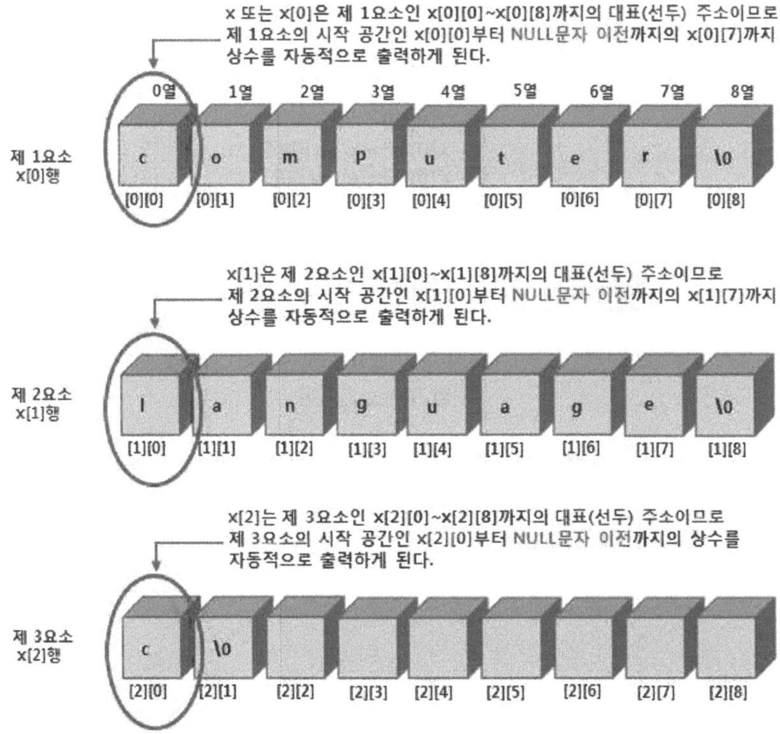

- 따라서 17행의 printf("%s \n", x[1]);에서 x[1]은 2차원 배열에서 제 2요소의 대표(선두) 주소를 가지게 되며 제 2요소에서 시작되는 배열요소인 x[1][0]에 대입된 l[엘] 문자부터 NULL문자 이전의 e까지 차례대로 language라는 문자열이 출력된다.
- 만약 printf("%s \n", x[0] 또는 x);라면 x[0] 또는 x는 2차원 배열에서 제 1요소의 대표(선두) 주소를 가지게 되며 제 1요소에서 시작되는 배열요소인 x[0][0]에 대입된 c 문자부터 NULL문자 이전의 r까지 차례대로 computer라는 문자열이 출력된다.
- 끝으로 printf("%s \n", x[2]);라면 x[2]는 2차원 배열에서 제 3요소의 대표(선두) 주소를 가지게 되며 제 3요소에서 시작되는 배열요소인 x[2][0]에 대입된 c 문자부터 NULL문자 이전까지 c 라는 문자열이 출력된다.

앞의 2차원 char형 배열에 문자를 대입하고 문자열로 출력하는 예제에 대해서 흐름도를 도식화하면 다음과 같다.

2차원 char형의 문자열 배열 예제의 흐름도

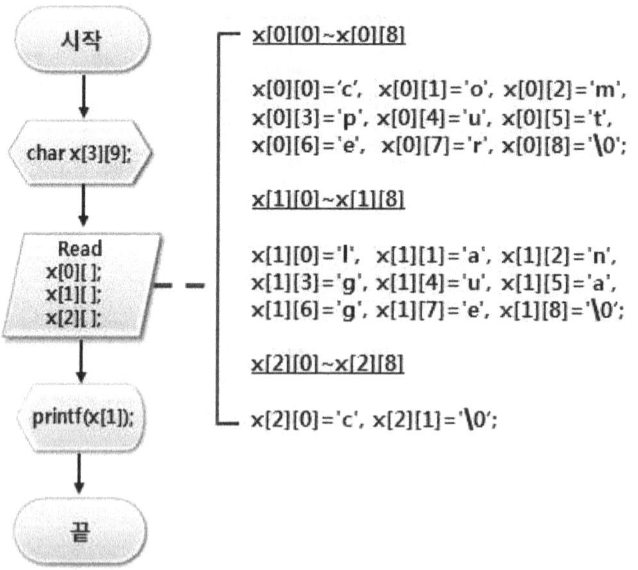

4.3 배열과 함수

앞의 8장에서는 함수의 개념 및 그 형식의 사용 방법을 익히기 위해서 정수에 해당하는 기본 데이터를 이용하여 값을 주고받는 학습을 하였다. 본 절에서는 함수의 인수 리스트로 배열을 전달하는 과정에 대해서 살펴보도록 하겠다. 함수이 기본 개념에 내해서 이해가 되지 않았다면 제 8장의 함수 편을 복습해 주길 바라며 다음은 일반적인 함수의 기본 형식을 나타낸다.

void main(void)
{
함수 및 지역(내부) 변수들의 선언;
호출 함수명(**실인수 리스트**);
}
	반환 데이터형 함수명(**가인수 리스트**)
	{
	함수 및 지역(내부) 변수들의 선언;
	함수 본체의 실행문;
	return(수식 또는 결과 값);
	}

여기서 주의할 사항은 함수 main( ) 내에서 호출하는 함수가 갖는 실인수와 호출(당하는)되는 함수가 갖는 가인수의 개수가 같아야 한다. 또한 호출(당하는)되는 함수 내에서 얻은 결과는 return문을 사용하여 함수 main( )내의 호출한 함수에게 상수 값을 반환할 수 있다. 이와 같이 기본 데이터를 이용하여 값을 주고받는 일반적 함수의 개념은 배열을 이용한 함수에서도 크게 다르지 않다.

다음의 예제들을 통해서 배열을 전달하는 방법에 대해서 살펴보도록 하자.

❑ 함수에 1차원 int형 배열을 넘겨주는 경우

사용자 정의함수에 int형 1차원 배열을 넘겨주는 경우의 예제

```
1:  #include <stdio.h>
2:
3:  void score(int a, int b[5])           // 호출되는 사용자 정의함수
4:  {
5:     int i;
6:
7:     for(i=0; i < a; i++)
8:     {
9:        printf("b[%d]=%d  \n",i, b[i]);          // score( ) 내의 결과를 출력
10:    }
11:    printf("\n");                       // 한 줄 바꿈(개행)
12: }
13: void main(void)
14: {
15:    int x[5]={10, 20, 30, 40, 50};      // 배열 x[5]를 초기화
16:    int n;
17:
18:    n=5;                                         // 데이터 개수
19:
20:    score(n, x);                                 // score( )함수를 호출
21: }
```

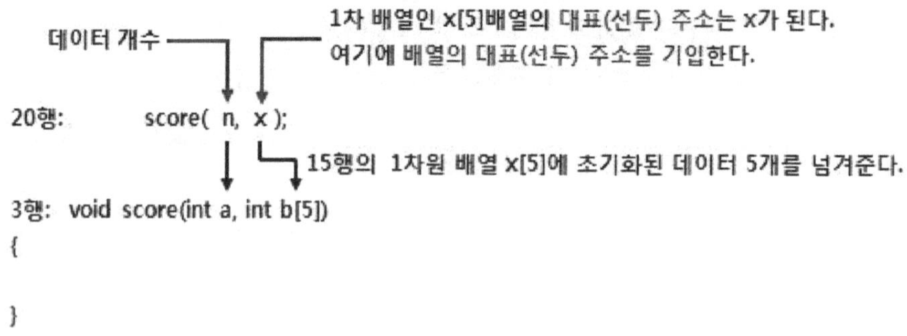

흐름도와 실행결과는 다음과 같다.

사용자 정의함수에 int형 1차원 배열을 넘겨주는 경우의 예제 흐름도

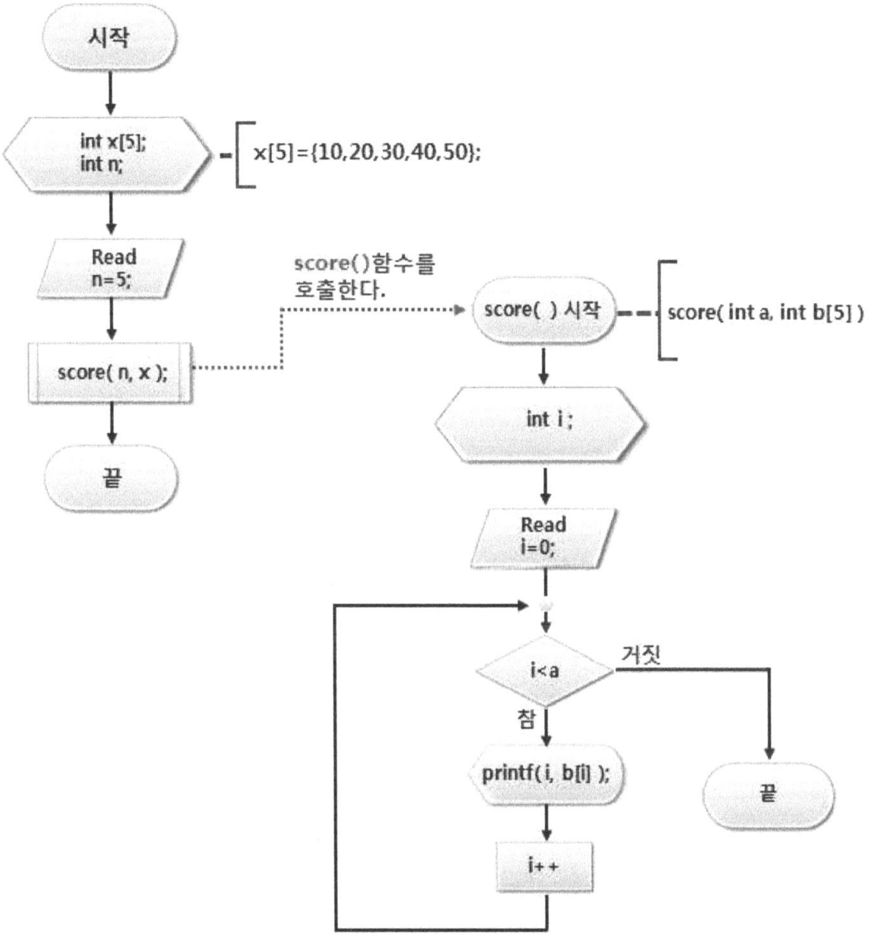

사용자 정의함수에 int형 1차원 배열을 넘겨주는 경우의 예제의 실행결과

❑ 함수에 2차원 int형 배열을 넘겨주는 경우

사용자 정의함수에 int형 2차원 배열을 넘겨주는 경우의 예제

```
#include <stdio.h>

void score(int a, int c, int b[ ][3])   // 사용자 정의함수
{
   int i, j;

   for(i=0; i <= a-1; i++)              // 바깥쪽 for문 행 요소
   {
      for(j=0; j <= c-1; j++)           // 안쪽 for문 열 요소
      {
         printf("%d  ", b[i][j]);
      }
      printf("\n");
   }
}

void main(void)
{
   int x[2][3]={5, 3, 8, 1, 9, 7};      // 배열x의 초기화
   int n1, n2;

   n1=2, n2=3;                          // 배열요소 개수를 대입

   score(n1, n2, x);                    // 함수 score( ) 호출
}
```

사용자 정의함수에 int형 2차원 배열을 넘겨주는 경우의 예제의 실행결과

다음의 도식화를 이용하여 사용자 정의함수에 int형 2차원 배열을 넘겨주는 경우에 대해서 설명하도록 하겠다.

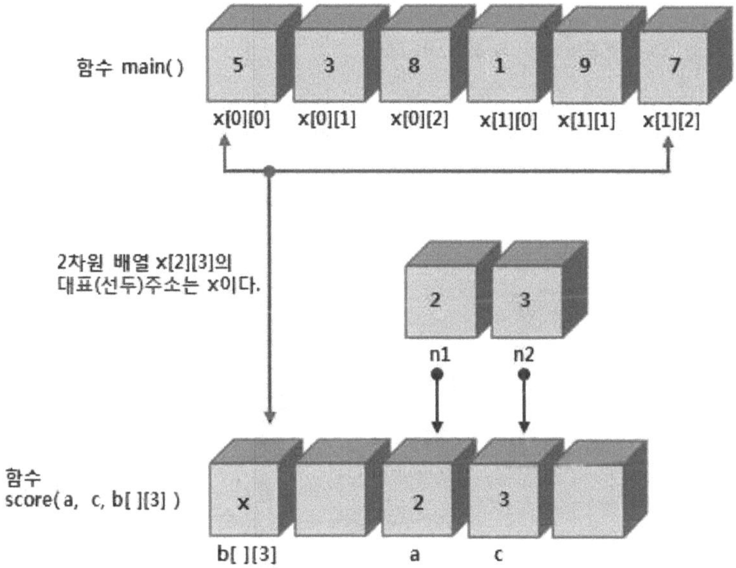

- 배열 x[2][3]의 대표(선두) 주소인 x를 호출되는 함수 score( )의 가인수인 int x[ ][3]에 초기화된 상수 값[5, 3, 8, 1, 9, 7]을 넘겨준다. 따라서 b[0][0]은 5, b[0][1]은 3, b[0][2]는 8, b[1][0]은 1, b[1][1]은 9, b[1][2]는 7의 값으로 넘겨받게 된다.
- 또한 함수 main( )내에 선언된 변수 n1과 n2의 대입된 상수 값을 호출되는 함수 score( )의 가인수인 int a와 int c에게 차례대로 넘겨주게 된다.
- 함수 score( )의 가인수에서 int b[ ][3]의 표현은 int b[2][3]으로 기입하여도 상관없다. 주의 할 사항은 2차원 배열에서는 다음과 같이 int b[ ][ ], int b[2][ ]처럼 열에 해당되는 배열요소의 개수는 절대로 생략이 불가능하다는 점이다.

다음은 앞의 사용자 정의함수에 int형 2차원 배열을 넘겨주는 경우에 대한 원시 소스를 흐름도로 나타낸 것이다.

사용자 정의함수에 int형 2차원 배열을 넘겨주는 경우의 예제의 흐름도

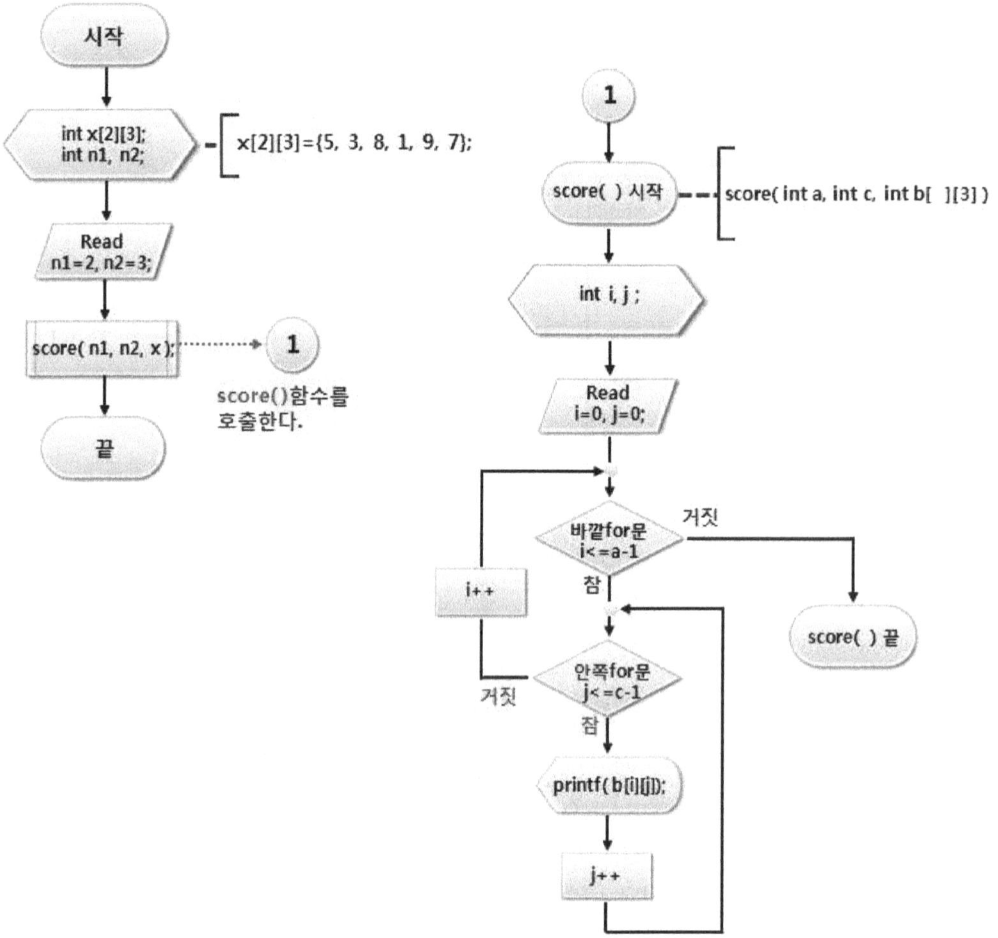

❑ 함수에 1차원 char형 배열을 넘겨주는 경우

배열 x[3]을 B, O, K로 초기화하여 함수 mun( )에 전달하고, 함수 mun( )에서 BOOK을 출력하는 원시 소스의 코드를 살펴보도록 하자.

사용자 정의함수에 1차원 char형 배열을 넘겨주는 경우의 예제

```
#include <stdio.h>

void mun(char b[3])                                     // 사용자 정의함수
{
    printf("%c%c%c%c\n", b[0], b[1], b[1], b[2]);       // 한 문자씩 출력
}

void main(void)
{
    char x[3]={ 'B', 'O', 'K' };                        // char x[3]의 초기화

    mun( x );                                           // 함수 mun( )의 호출
}
```

다음의 도식화를 이용하여 사용자 정의함수에 1차원 char형 배열을 넘겨주는 경우에 대해서 설명하도록 하겠다.

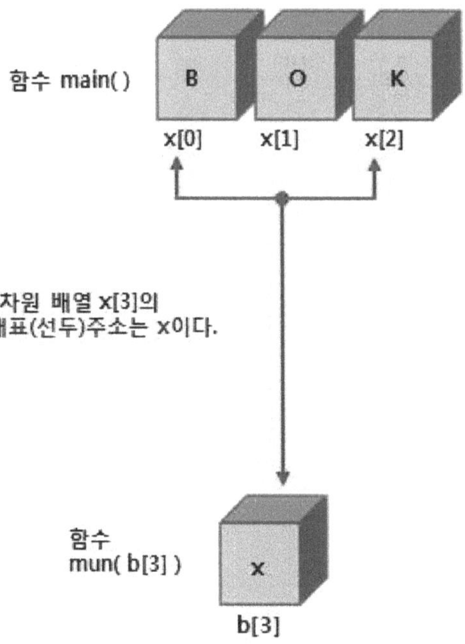

- 배열 x[3]의 대표(선두) 주소인 x를 호출되는 함수 mun( )의 가인수인 char b[3]에 초기화된 문자 상수 값인 'B', 'O', 'K'를 넘겨준다. 따라서 b[0]은 B, b[1]은 O, b[2]는 K로 넘겨받게 된다.
- 함수 mun( )의 가인수에서 char b[3]의 표현은 char b[ ]로 기입하여도 상관없으며 main( )에서 10행인 char x[3]={ 'B', 'O', 'K' };에서 char x[ ]={ 'B', 'O', 'K' };과 같이 배열요소의 개수는 생략이 가능하다.

다음은 흐름도와 실행결과를 나타낸다.

사용자 정의함수에 1차원 char형 배열을 넘겨주는 경우의 예제의 흐름도

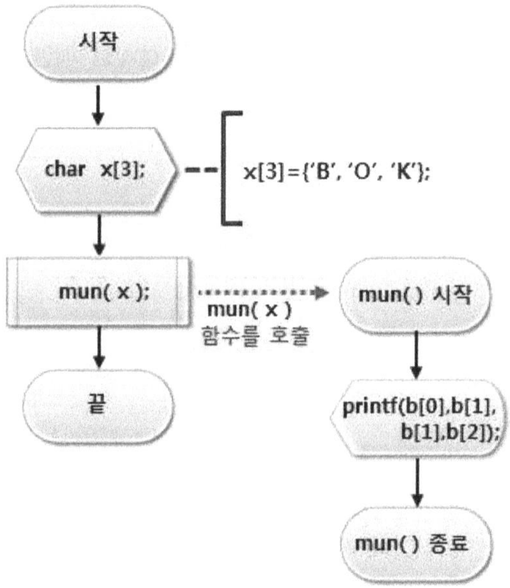

사용자 정의함수에 1차원 char형 배열을 넘겨주는 경우의 예제의 실행결과

❑ 함수에 2차원 char형 배열을 넘겨주는 경우

다음의 배열 x[3][10]을 computer, language, c로 초기화하고 데이터 개수를 3으로 하여 함수 HAM( )에서 각 문자열을 출력하는 원시 소스의 코드를 살펴보도록 하자.

사용자 정의함수에 2차원 char형 배열을 넘겨주는 경우의 예제

```
#include <stdio.h>

void HAM(int a, char b[ ][10])                     // 사용자 정의함수
{
   int i;

   for(i=0; i <= a-1; i++)
   {
      printf("%s\n", b[i]);                        // 각 문자열을 출력
   }
}

void main(void)
{
   char x[3][10]={"computer", "language", "c"};  // 배열x의 초기화
   int n;

   n=3;

   HAM(n, x);                                      // 함수 HAM( )호출
}
```

다음의 도식화를 이용하여 사용자 정의함수에 2차원 char형 배열을 넘겨주는 경우에 대해서 설명하도록 하겠다.

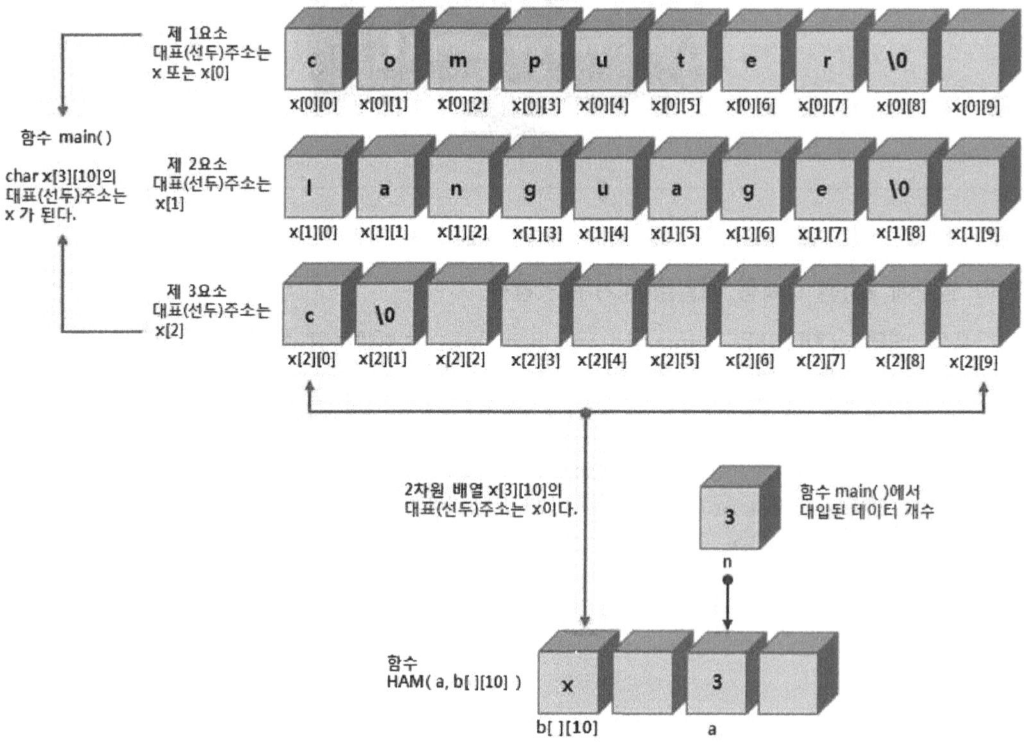

- 배열 x[3][10]의 대표(선두) 주소인 x를 호출되는 함수 HAM( )의 가인수인 char x[ ][10]에 초기화된 문자열 상수[computer, language, c]를 넘겨준다. 따라서 b[0][0]은 c, b[0][1]은 o, b[0][2]는 m,•••, b[1][0]은 l, b[1][1]은 a, b[1][2]는 n,•••, b[2][0]은 c의 값으로 넘겨받게 된다.
- 또한 함수 main( )내에 선언된 변수 n의 대입된 상수 값을 호출되는 함수 HAM( )의 가인수인 int a에 넘겨주게 된다.
- 함수 HAM( )의 가인수에서 char b[ ][10]의 표현은 int b[3][10]으로 기입하여도 된다.

다음은 앞의 사용자 정의함수에 char형 2차원 배열을 넘겨주는 경우에 대한 원시 소스의 흐름도와 실행결과를 나타낸 것이다.

사용자 정의함수에 2차원 char형 배열을 넘겨주는 경우의 예제의 흐름도

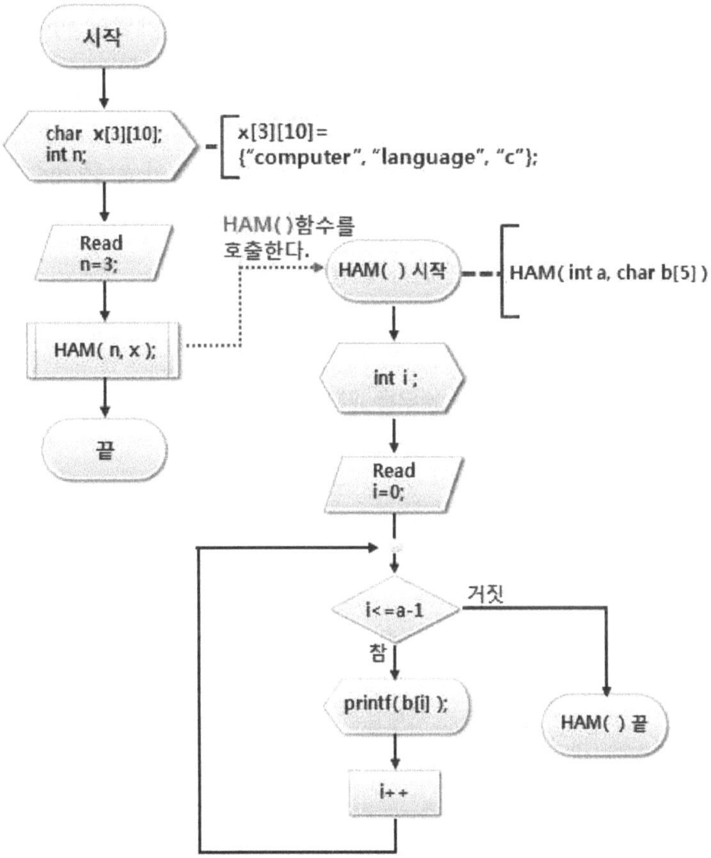

사용자 정의함수에 2차원 char형 배열을 넘겨주는 경우의 예제의 실행결과

4.4 배열과 주소[address]

앞의 2차원 배열에서 표현했던 대표[선두] 주소라는 용어 및 개념이 아직은 익숙하지 않을 것이다. 도대체 주소란 무엇인가? 그러나 우리는 외부 장치를 통해 데이터를 입력할 때, 즉, 키보드를 통해 데이터를 입력할 때 다음의 scanf("%d", &a);의 형식을 통해서 주소의 개념을 살펴 본 적이 있다. 먼저 주소의 표현은 앰퍼샌드[ampersand]의 기호인 & 를 변수명 앞에 붙여 사용한다. 예를 들어 &a는 변수 a의 저장 공간의 주소를 뜻한다. 배열의 주소 개념은 다음 장인 포인터에서도 중요하므로 예제를 통해 간단하게 살펴보도록 하겠다.

❑ 일반 변수의 주소

다음은 변수 data에 정수 10을 대입한 경우를 원시 소스코드의 형식으로 표현하면 다음과 같다.

```
int  data;
data=10;
```

이것을 도식화하면,

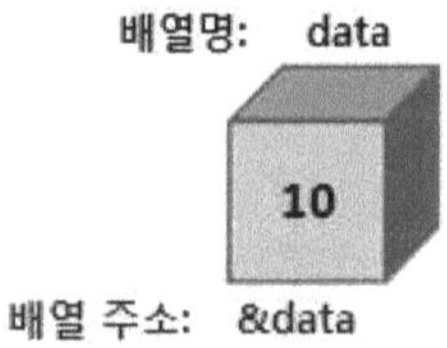

여기서 변수명 data 앞에 앰퍼샌드 기호인 &를 붙여주게 되면 &data로 변수 data의 주소 값을 반환하게 된다. 만약 변수의 주소 값을 출력하는 경우에는 %x를 사용하면 된다.

일반 변수의 주소 예제

```
#include <stdio.h>

void main(void)
{
    int data;                   // int형 변수 data를 선언

    data=10;                    // 변수 data에 10의 값을 대입

    printf("%d\n", data);       // 변수 data에 대입된 값을 출력
    printf("%x\n", &data);      // 변수 data의 주소 값을 출력
}
```

실행결과는 다음과 같다.

일반 변수의 주소 예제의 실행결과

참고로 주소 값의 출력은 시스템에 따라서 다를 수도 있다.

❑ 1차 배열의 주소

다음의 배열 data[5]를 3, 5, 7, 9, 11로 초기화하고, 대표(선두) 주소를 출력하는 원시 소스코드를 살펴보도록 하자.

먼저 배열 data[5]의 배열 요소의 도식화를 나타낸다.

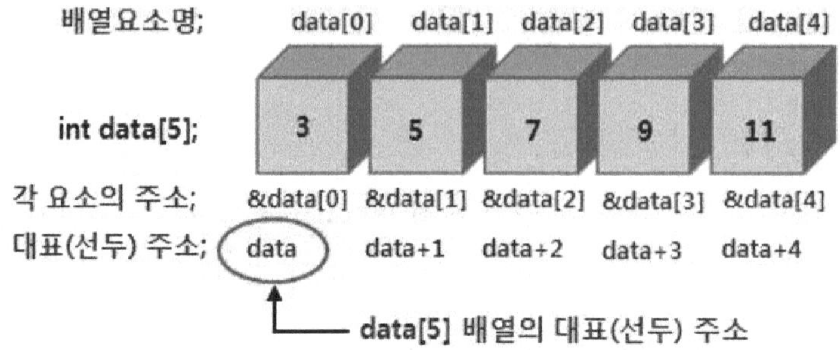

- 1차원 배열 data[5]에서 각 배열요소는 data[0], data[1], •••, data[5]와 같다.
- 또한 data[5]와 같은 1차원 배열의 경우 data는 초기화된 각 배열요소의 선두(대표) 주소를 갖게 된다.
- 배열 data[5]의 대표(선두) 주소를 갖는 data에 1씩 증가시키면 모든 배열요소의 주소값을 구할 수 있다.

1차 배열의 대표(선두) 주소의 출력 예제

```
#include <stdio.h>

void main(void)
{
    int data[5]={ 3, 5, 7, 9, 11};      // int형 배열 data[5]의 초기화

    printf("%d\n", data[0]);            //
    printf("%x\n", data);               // data[5]배열의 대표(선두) 주소 출력
    printf("%x\n", &data[0]);           // data[0] 배열요소의 주소 출력
}
```

실행결과는 다음과 같다.

1차 배열의 대표(선두) 주소의 출력 예제의 실행결과

위의 실행결과를 통해서 배열 data[5]에서 data와 &data[0]은 대표(선두) 주소 값을 갖는다는 것을 확인할 수 있다.

다음은 배열 data[5]에 문자를 초기화하여 첫 번째, 세 번째, 그리고 다섯 번째의 문자 및 배열요소 메모리 공간의 주소를 출력하는 원시 소스코드를 살펴보도록 하자.

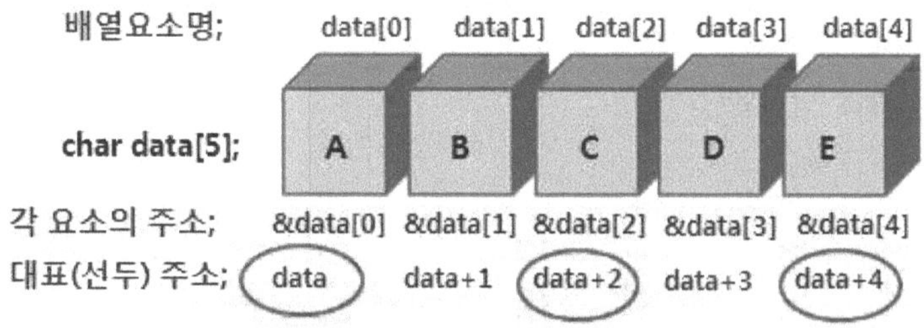

- 문자가 초기화된 배열 data[5]에서 대표(선두) 주소를 출력할 경우는 첫 번째 배열요소는 대표(선두) data, 세 번째 배열요소는 data+2, 다섯 번째의 배열요소는 data+4가 된다.

다음은 원시 소스코드를 나타낸다.

문자를 초기화한 1차 배열에서 주소의 출력 예제

```
#include <stdio.h>

void main(void)
{
   int data[5]={'A', 'B', 'C', 'D', 'E'};      // char형 배열 x[5]의 초기화

   printf("문자    요소주소1    요소주소2 \n");  // 출력 제목
   printf(" %c    ", data[0]);                   // 첫 번째 배열요소
   printf(" %x    ", data);
   printf(" %x\n", &data[0]);

   printf(" %c    ", data[2]);                   // 세 번째 배열요소
   printf(" %x    ", data+2);
   printf(" %x\n", &data[2]);

   printf(" %c    ", data[4]);                   // 다섯 번째 배열요소
   printf(" %x    ", data+4);
   printf(" %x\n", &data[4]);
}
```

다음은 실행결과를 나타낸다.

문자를 초기화한 1차 배열에서 주소의 출력 예제의 실행결과

❑ 2차 배열의 주소

다음의 배열 x[3][9]에 computer, language, c로 초기화하여 각 문자열의 대표(선두) 주소를 출력하는 원시 소스코드를 살펴보자.

2차 배열의 각 요소의 주소 및 대표(선두) 주소에 대한 도식화를 다음과 같이 나타낸다.

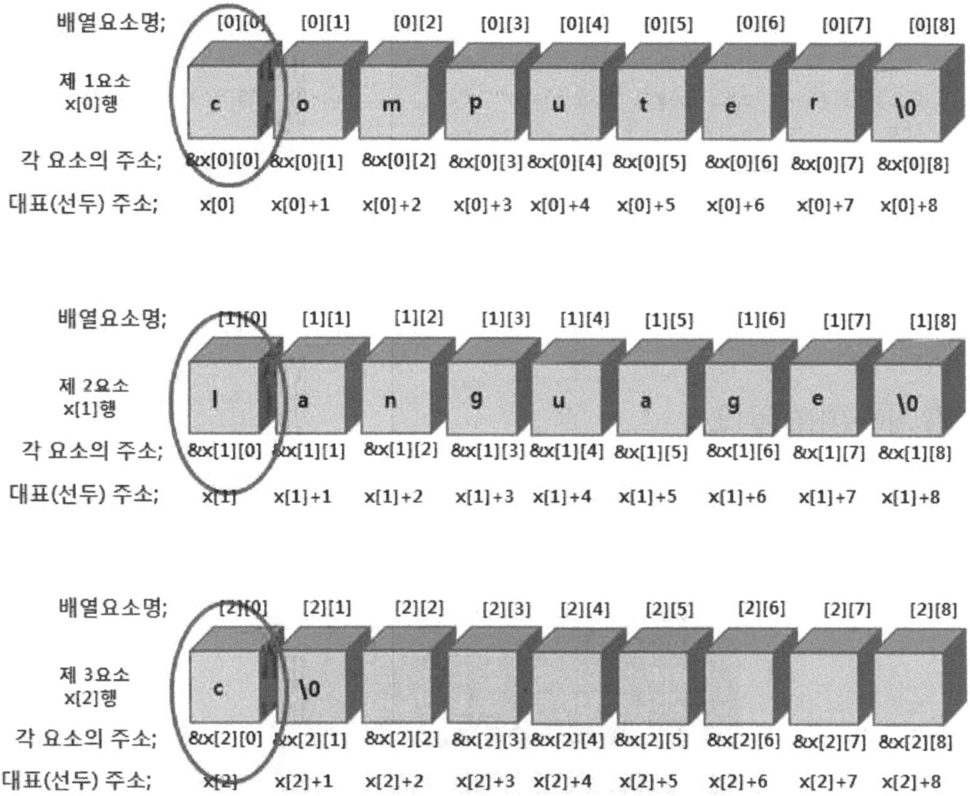

- 문자열이 초기화된 2차원 배열 x[3][9]에서도 대표(선두) 주소를 출력하는 경우에 1차원 배열과 동일하게 1씩 더해간다.
- 문자열에서는 각 행의 요소가 대표(선두) 주소가 된다. 즉 x[3][8]과 같은 2차원 배열의 경우 각 행의 요소인 x[0], x[1], 그리고 x[2]가 초기화된 각 배열요소의 선두(대표) 주소를 갖게 된다.

다음은 원시 소스코드를 나타낸다.

문자열을 초기화한 2차 배열에서 대표(선두) 주소의 출력 예제

```
#include <stdio.h>

void main(void)
{
   int x[3][5]={"computer", "language", "c"}; // char형 배열 x[3][9]의 초기화
   int i;

   for(i=0; i<=2; i++)                          // 대표(선두) 주소를 출력
   {
      printf("제[%d]요소 대표 주소 값: %x\n", i, x[i]);
   }
}
```

다음은 실행결과를 나타낸다.

문자열을 초기화한 2차 배열에서 대표(선두) 주소의 출력 예제의 실행결과

연.습.문.제

LECTURE 10

1. 다음의 프로그램 오류를 모두 수정하여라.

```
#include <stdio.h>
#define SIZE 4

void main( )
{
   int x(SIZE) = { 10, 20, 30, 40, 50 };
   int y(4.0);

   for(i=0; i<=SIZE; i++)
   {
       y(i) = x(i);
       printf("y[%d]=%d\n", i, y(i));
   }
}
```

2. 1차원 int형 배열 x[ ]에 10개의 실수 값을 키보드를 통해 입력한 후 총 합을 구하는 프로그램을 작성하고 흐름도를 도식화하여라.

3. 1차원 int형 배열 a[5]에 다음의 데이터를 초기화하여 가장 큰 수를 구하는 프로그램을 작성하고 흐름도를 도식화하여라.

```
7, 20, 74, 38, 53
```

4. 2차원 배열 x[3][3]과 y[3][3]을 다음의 행렬로 초기화하고 두 행렬의 합을 구하는 프로그램을 작성하고 흐름도를 도식화하여라.

x[3][3]: $\begin{bmatrix} 5 & 4 & 6 \\ 7 & 1 & 3 \\ 2 & 7 & 2 \end{bmatrix}$ y[3][3]: $\begin{bmatrix} 6 & 3 & 7 \\ 9 & 8 & 3 \\ 3 & 6 & 9 \end{bmatrix}$

5. 다음의 데이터를 2차원 배열 x[3][4]로 초기화하고 각 행과 각 열의 합을 구하는 프로그램을 작성하고 흐름도를 도식화하여라.

$$x[3][4]: \begin{bmatrix} 3 & 4 & 3 & 4 \\ 6 & 1 & 8 & 6 \\ 7 & 8 & 5 & 9 \end{bmatrix}$$

6. 1차원 char형 munja[5]를 's','i','n','g'로 초기화하고 그 결과가 song으로 출력될 수 있는 프로그램을 작성하여라.

7. 1차원 char형 배열을 사용하여 키보드로부터 입력된 문자열을 화면에 출력하는 프로그램을 작성하여라.

8. 1차원 배열 data[ ]에 n개의 정수형 데이터를 입력받아 총 합을 계산하는 사용자 정의함수 sum( )으로 작성하고 흐름도를 도식화하여라. 여기서 sum() 함수는 2개의 가인수와 int형 반환 값을 갖도록 설계한다.

9. 문제 5의 데이터를 이용하여 최대값을 구하는 사용자 정의함수 MAX( )로 작성하고 흐름도를 도식화하여라. 여기서 MAX() 함수는 1개의 가인수와 int형 반환 값을 갖도록 설계한다.

10. 다음의 두 행렬의 곱을 구하는 프로그램을 작성하고 흐름도를 도식화하여라.

$$x[2][3]: \begin{bmatrix} 5 & 4 & 6 \\ 7 & 1 & 3 \end{bmatrix} \qquad x[3][2]: \begin{bmatrix} 5 & 4 \\ 7 & 1 \\ 2 & 7 \end{bmatrix}$$

LECTURE 10

실.습.문.제

1. 2차원 배열 2행 2열의 값을 모두 0으로 초기화하시오.

2. 2차원 배열 2행 2열을 정의하여 값을 넣은 다음, 행렬 요소값을 모두 출력하시오.

3. 배열을 아래와 같이 선언한 후, 배열에서 입력한 값을 찾을수있도록 프로그래밍 하시오.

```
int list[10]={10,20,30,40,50,60,70,80,90,100 };
```

4. 다음 배열의 요소를 버블정렬 하시오.

```
int list[10]={5,4,2,1,9,8,6,7,3,10 };
```

5. 2×4 행렬과 4×3 행렬을 곱해서 2×3행렬을 구하는 프로그램을 작성하시오.

$$\begin{bmatrix} 5\,7\,4\,2 \\ 7\,1\,5\,3 \end{bmatrix} \times \begin{bmatrix} 2\,6\,3 \\ 3\,9\,4 \\ 6\,8\,1 \\ 4\,1\,7 \end{bmatrix}$$

〈실행결과〉

```
63      127     61
59      94      51
```

6. 다음 표의 각 행의 합계, 각 열의 합계를 구하는 프로그램을 작성하시오. 표는 2차원 배열을 이용하여 표현한다.

12	56	32	16	98
99	56	34	41	3
65	3	87	78	21

7. 사용자로부터 받은 문자열에서 각각의 문자가 나타나는 빈도를 계산하여 출력하는 프로그램을 작성하시오.(a ~ z까지의 빈도 수)

LECTURE

11

포인터

Pointer

지금까지 C 언어를 학습해 오면서 메모리의 기억공간 상에 데이터를 저장할 때는 변수명을 사용하였다. 이것은 변수명을 선언한 후에 그 이름을 이용하여 상수들을 저장하거나 또는 저장된 값을 호출하여 사용하는 방법이었다. 본 장에서는 변수가 할당된 메모리의 주소를 사용하는 방법을 학습하도록 하겠다. 참고로 C언어를 학습하는 중에 가장 어려워하고 중도에 포기를 가장 많이 하는 부분 중의 하나이기도 하다. 따라서 본 장에서는 가급적 제어문을 제외한 단순하고 유사한 예제들로 구성하여 쉽게 포인터를 이해할 수 있도록 하였다.

1. 포인터의 개념

우리가 앞에서 학습한 변수는 정수 상수, 실수 상수, 문자 상수, 그리고 문자열 상수들을 저장하는 기억 장소로 사용하였으나 포인터는 상수 값들을 갖지 않고 주소를 갖게 된다. 주소란 개념은 10장의 배열에서도 설명하였듯이 앰퍼샌드[ampersand]의 기호인 & 를 변수명 앞에 붙여 사용한다. 여기에서 &는 주소 연산자이다. 예를 들어 &a는 변수 a의 저장 공간의 주소를 뜻한다.

위에서 표현했듯이 포인터는 상수 값을 가지지 않고 주소를 가지게 되므로 변수라고 생각할 수 없는가? 포인터는 주소를 저장한 변수이며 변수 앞에 흔히 별표라고 표현하는 아스테리스크[asterisk]인 (*)을 붙여서 사용한다. 여기에서 *는 포인터 연산자 또는 간접(참조) 연산자라고 하며, 포인터 변수의 정의는 다음과 같이 변수의 선언 형식과 마찬가지로 데이터의 자료형을 사용한다.

```
int *data;, char *munja, float *silsu, ••••
```

2. 포인터 변수의 선언

포인터 변수는 상수 값이 갖지 못하고 반드시 메모리 주소를 가져야하기 때문에 주소 연산자인 &를 사용하여 메모리 주소를 할당하게 된다. 변수의 주소를 갖는 포인터 변수의 선언 형식은 다음과 같다.

포인터 변수의 선언 형식	포인터 변수의 선언 형식 예
자료형 *변수명; 자료형 일반 변수명; 포인터 변수=&일반 변수명;	int *p: int x; p = &x;

포인터 변수의 선언 형식 예를 설명하면,

- int *p;
  포인터 변수는 p를 정수형으로 선언한 것이며, 포인터 연산자인 *는 변수 p가 포인터라는 것을 컴파일러에게 알려주는 의미이다.
- int x;
  앞 장의 변수의 선언에서 학습한 대로 변수 x는 정수형으로 선언하는 의미이다.
- p = &x;
  변수 x의 주소 값을 포인터 변수 p에 대입하는 의미하는 것으로 p는 정수형 변수 x의 메모리 주소를 참조하는 정수형 포인터 변수이다.

위의 내용을 도식화하면 다음과 같다.

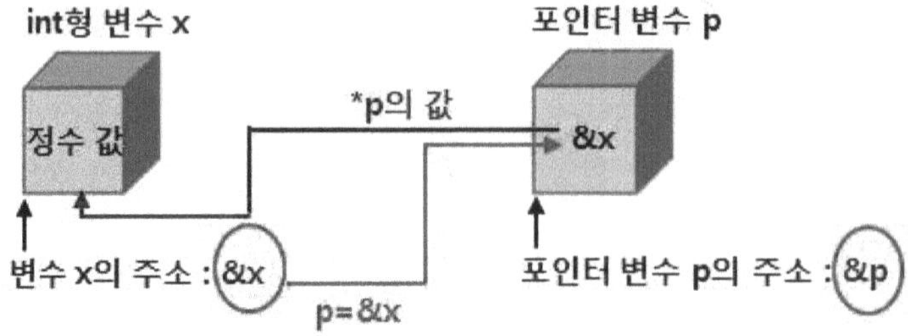

지금부터 여러 형태의 예를 통해서 포인터 변수의 선언에 대해 살펴보자.

❑ int형 포인터 선언

int형 변수 x와 int형을 가리키는 포인터 p를 선언하고 변수 x의 값을 100, p가 변수 x의 주소를 가리키게 하여 변수 x값, x의 주소, *p의 값, p의 값, 그리고 p의 주소를 출력하는 원시 소스코드를 살펴보자.

int형 포인터 선언 예제

```
#include <stdio.h>
void main(void)
{
        int x;                      // int형 변수x선언
        int *p;                     // 포인터 변수는 p를 정수형으로 선언

        x=100;                      // 변수 x에 100을 대입
        p=&x;                       // 변수 x의 주소 값을 포인터 변수 p에 대입

        printf("%d\n", x);          // x에 저장된 정수 값을 출력
        printf("%x\n", &x);         // x의 주소 값을 출력
        printf("%d\n", *p);         // p가 가리키는 곳에 저장된 값을 출력
        printf("%x\n", p);          // p에 저장된 주소 값을 출력
        printf("%x\n", &p);         // 포인터 변수 p의 주소 값을 출력
}
```

도식화하면 다음과 같다.

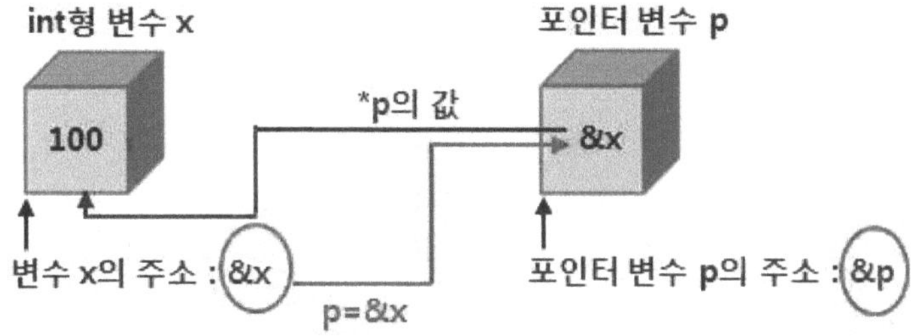

다음은 실행결과이다.

int형 포인터 선언 예제 실행결과

❑ double형 포인터 선언

double형 변수 x와 double형을 가리키는 포인터 p를 선언하고 변수 x의 값을 10.34, p가 변수 x의 주소를 가리키게 하여 변수 x값, x의 주소, *p의 값, p의 값, 그리고 p의 주소를 출력하는 원시 소스코드를 살펴보자.

double형 포인터 선언 예제

```
#include <stdio.h>
void main(void)
{
        double x;                    // double형 변수x선언
        double *p;                   // 포인터 변수는 p를 실수형으로 선언

        x=10.34;                     // 변수 x에 10.34를 대입
        p=&x;                        // 변수 x의 주소 값을 포인터 변수 p에 대입

        printf("%lf\n", x);          // x에 저장된 실수 값을 출력
        printf("%x\n", &x);          // x의 주소 값을 출력
        printf("%lf\n", *p);         // p가 가리키는 곳에 저장된 값을 출력
        printf("%x\n", p);           // p에 저장된 주소 값을 출력
        printf("%x\n", &p);          // 포인터 변수 p의 주소 값을 출력
}
```

도식화하면 다음과 같다.

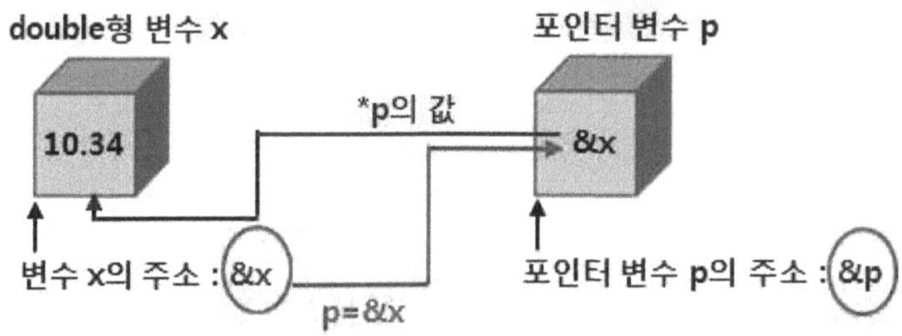

다음은 실행결과이다.

double형 포인터 선언 예제 실행결과

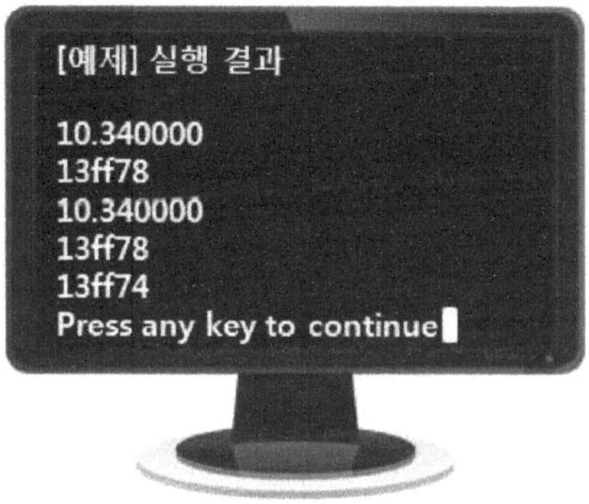

❑ char형 포인터 선언

char형 변수 x와 char형을 가리키는 포인터 p를 선언하고 변수 x의 값을 'A', p가 변수 x의 주소를 가리키게 하여 변수 x값, x의 주소, *p의 값, p의 값, 그리고 p의 주소를 출력하는 원시 소스코드를 살펴보자.

char형 포인터 선언 예제

```
#include <stdio.h>
void main(void)
{
        char x;                    // char형 변수x선언
        char *p;                   // 포인터 변수는 p를 문자형으로 선언

        x='A';                     // 변수 x에 A를 대입
        p=&x;                      // 변수 x의 주소 값을 포인터 변수 p에 대입

        printf("%c\n", x);         // x에 저장된 실수 값을 출력
        printf("%x\n", &x);        // x의 주소 값을 출력
        printf("%c\n", *p);        // p가 가리키는 곳에 저장된 값을 출력
        printf("%x\n", p);         // p에 저장된 주소 값을 출력
        printf("%x\n", &p);        // 포인터 변수 p의 주소 값을 출력
}
```

도식화하면 다음과 같다.

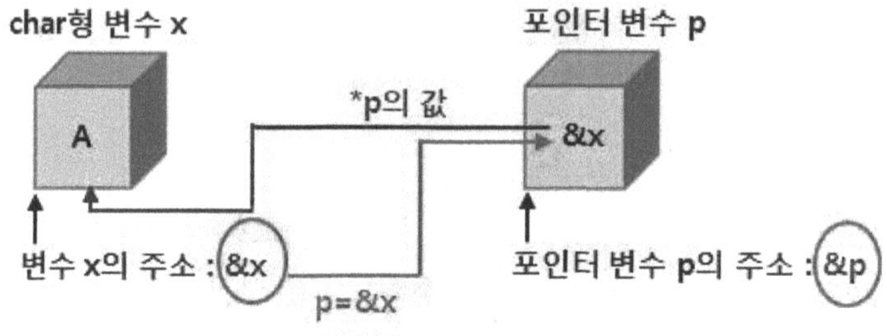

다음은 실행결과이다.

char형 포인터 선언 예제 실행결과

❑ 포인터를 사용하여 값을 교환

변수 x를 100, y를 200으로 선언하고 변수 x와 y의 값을 포인터를 이용하여 교환하는 원시 소스코드를 살펴보자.

포인터를 사용하여 값을 교환 예제

```
#include <stdio.h>
void main(void)
{
        int x=100, y=200, z;        // int형 변수x, y, z선언
        int *p, *q, *r;             // 포인터 변수 p, q, r을 선언

        p=&x, q=&y, r=&z;           // p, q, r에 x, y, z의 주소를 대입

        *r = *p;                    // 값의 교환
        *p = *q;
        *q = *r;

        printf("x=%d, y=%d\n", x, y);    // 변수 x, y 값을 출력
}
```

도식화하면 다음과 같다.

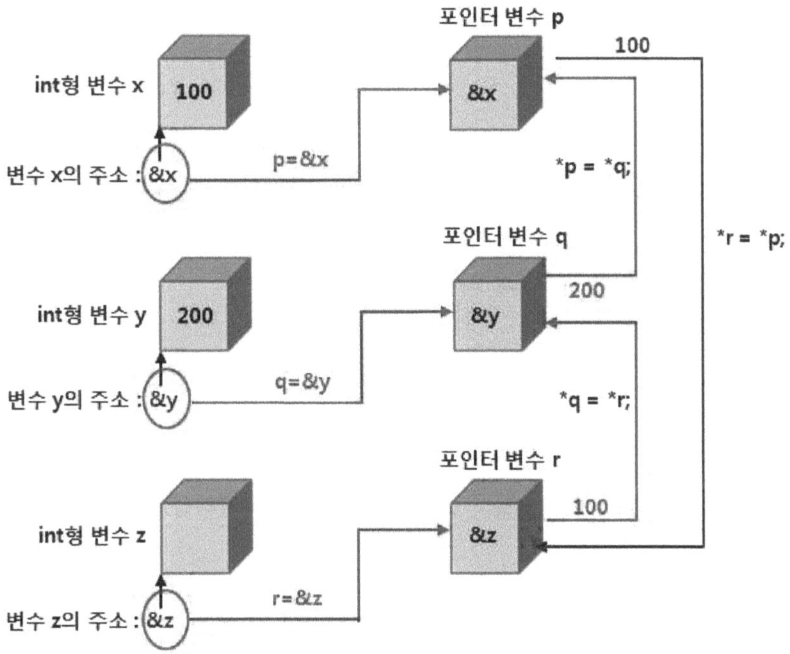

다음은 실행결과이다.

포인터를 사용하여 값을 교환 예제 실행결과

3. 1차원 배열과 포인터

배열은 하나의 변수에 많은 데이터를 가지고 있으며 그 데이터들은 메모리의 연속된 공간에 대입되어지며 배열명인 대표(선두) 주소는 첫 번째 원소가 저장된 주소를 가리킨다. 따라서 대표(선두) 주소를 이용하여 배열요소의 값들을 얻을 수 있다. 다음은 포인터 변수의 선언 형식을 나타낸다.

포인터 변수의 선언 형식 예

```
int  data[5]      // int형 배열 data[5]를 선언
int  *p:          // 포인터 변수 p를 선언

p = data;         // p에 data의 주소를 대입
```

여기서 1차원 배열 data[5]의 배열명은 data이므로 대표(선두) 주소는 data가 된다.
다음은 배열명과포인터 변수를 사용하여 배열요소를 참조하는 표현들을 도식화하였다.

```
int x[5]={20, 40, 60, 80, 100};
int *p;

p=x;
```

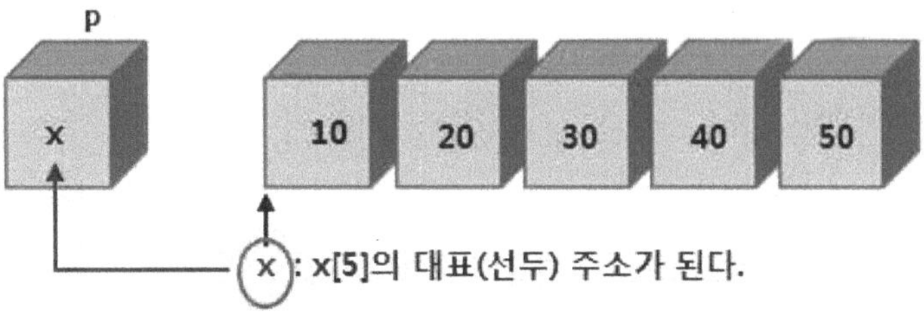

배열 요소에 의한 참조					
	x[0]	x[1]	x[2]	x[3]	x[4]
	p[0]	p[1]	p[2]	p[3]	p[4]
포인터에 의한 참조					
	*x	*(x+1)	*(x+2)	*(x+3)	*(x+4)
	*p	*(p+1)	*(p+2)	*(p+3)	*(p+4)

도식화의 내용은 다음과 같다.

- 1차원 배열 int형 배열 x[5]를 초기화하고 포인터 p에 x를 대입하면 포인터 p는 배열 x[5]의 대표(선두) 주소를 가지게 된다. 여기서 배열 x[5]의 대표(선두) 주소는 배열명인 x가 된다.
- 따라서 *p는 배열 요소인 x[0]의 값 10 이 된다.

다음의 예제들을 통해서 포인터의 개념들을 살펴보도록 하자.

📖 배열 x[5]를 10, 20, 30, 40, 50으로 초기화하고 포인터 p에 배열의 대표(선두) 주소를 대입한 후 p와 (p+3)이 가진 주소 내용의 합을 구하는 소스코드를 살펴보자.

포인터의 연산 예제

```
#include <stdio.h>
void main(void)
{
        int x[5]={ 10, 20, 30, 40, 50 };          // int형 배열 x[5]의 초기화
        int *p;                                   // 포인터 변수 p를 선언

        p=x;                                      // p에 x의 주소를 대입

        printf("%d + %d = %d\n", *p, *(p+3), *p + *(p+3));
}
```

■ 포인터 p에 x를 대입하면 p는 배열의 대표(선두) 주소가 된다. 따라서 *p는 5가 된다.

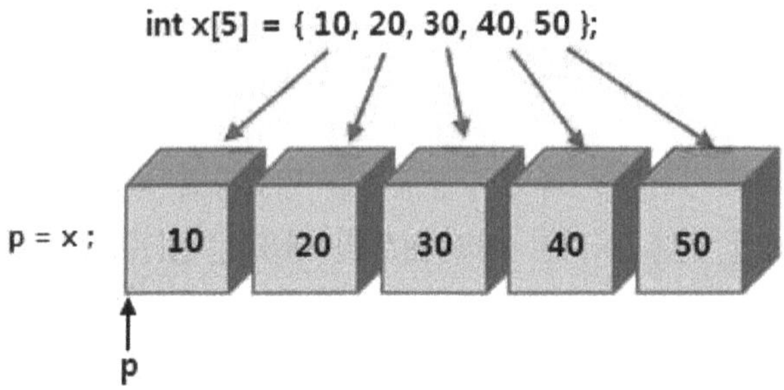

■ p+3은 p가 가진 주소에 3을 더한다.

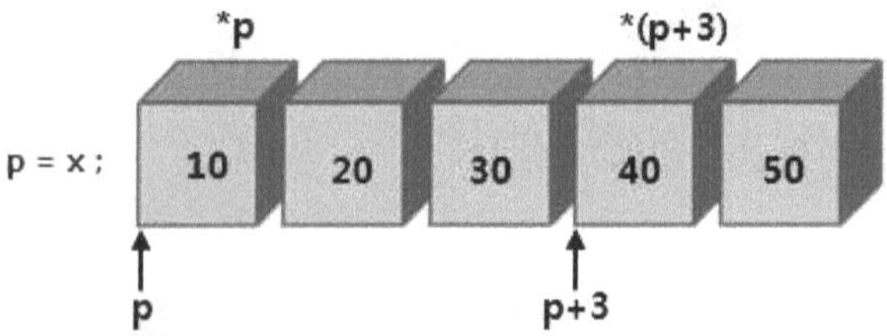

■ C언어에서는 배열과 포인터는 엄밀한 관계가 있다.

배열 x[5]는 x[0], x[1], x[2], x[3], x[4]의 5개의 배열요소를 생각할 수 있다. 여기서 대표(선두) 주소는 x가 되기 때문에 각각의 배열요소 주소는 다음과 같다.

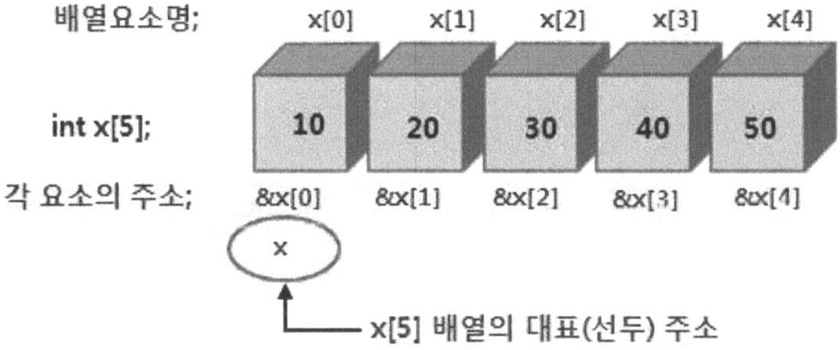

■ 포인터 p에 대표(선두) 주소(p=x)를 대입하면 다음과 같다.

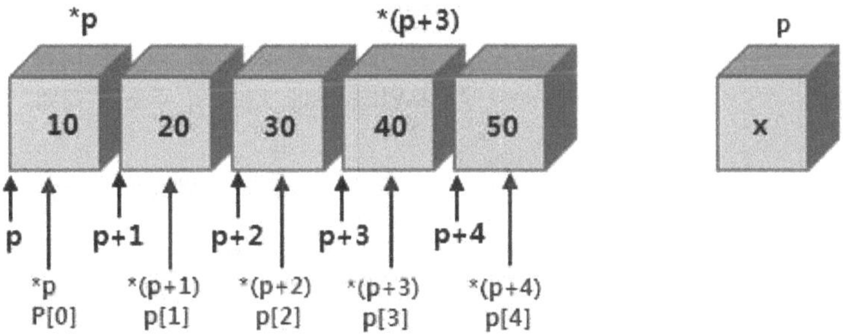

다음은 포인터의 연산에 대한 실행결과를 나타낸다.

포인터의 연산 예제의 실행결과

📖 배열 x[5]를 3, 5, 78, 11, 233으로 초기화하고 포인터 p1에 x[3]의 주소, 포인터 p2에 x[1]의 주소를 대입하여 p1과 p2의 합을 구하여 변수 z에 대입하여 출력하는 원시 소스코드에 대해서 생각해보자.

포인터를 사용한 연산 예제

```
#include <stdio.h>
void main(void)
{
       int x[5]={ 3, 5, 78, 11, 233 };    // int형 배열 x[5]의 초기화
       int *p1, *p2, z;                   // 포인터 p1, p2 및 변수 z의 선언

       p1 = &x[3];                        // 포인터 p1에 x[3]의 주소를 대입
       p2 = &x[1];                        // 포인터 p2에 x[1]의 주소를 대입

       z = *p1 + *p2;                     // p1과 p2의 합을 변수 z에 대입

       printf("%d\n", z);
}
```

- 포인터 p1=&x[3];과 p2=&x[1];과 같이 배열 주소를 대입하고 그 배열요소 값의 연산이 가능하다.
- z=*p1 + *p2;은 p1의 배열요소 값인 11과 p2의 배열요소 값인 5의 합을 변수 z에 대입한다는 의미이며, 다음은 도식화를 나타낸 것 이다.

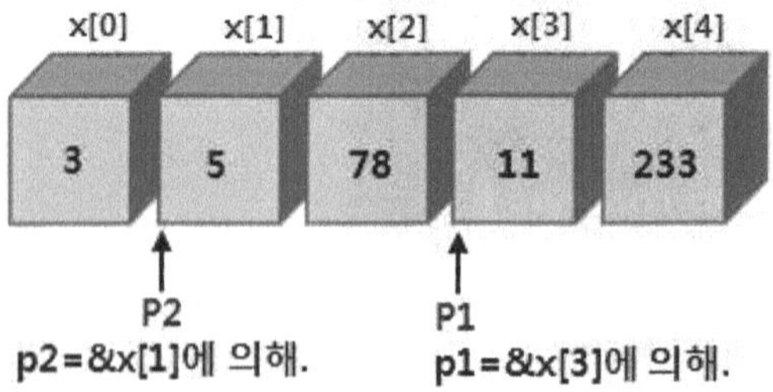

다음은 실행결과를 나타낸다.

포인터를 사용한 연산 예제의 실행결과

📖 배열 data[5]에 s, u, p, e, r로 초기화하고 포인터 p를 사용하여 u를 출력하는 소스코드를 살펴보자.

문자 배열요소와 포인터 예제

```
#include <stdio.h>
void main(void)
{
    char data[5]={ 's', 'u', 'p', 'e', 'r' }; // char형 배열 data[5]의 초기화
    char *p;                                  // 포인터 p의 선언

    p = data + 2;                             // 포인터 p에 data+2의 주소를 대입
    printf("%c\n", *p);                       // *p를 출력
}
```

다음은 도식화를 나타낸 것 이다.

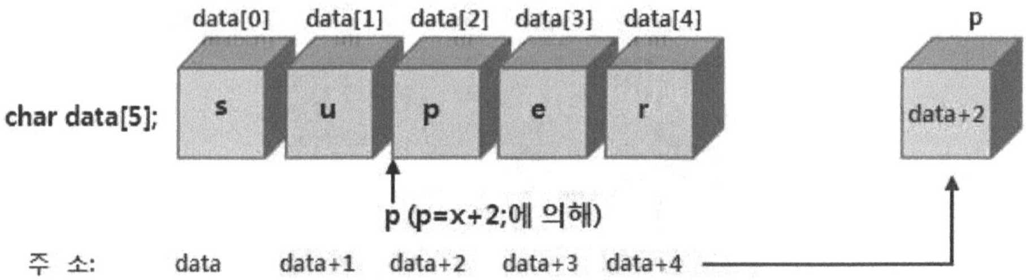

- char형 배열 data[5]의 초기화하고 포인터 p에 배열명인 data를 대입하게 되면 s, data+1을 대입하면 u, •••, data+4를 대입하면 r이 출력된다. 즉 배열명인 data는 data[5]의 대표(선두) 주소가 되며, 대표(선두) 주소에 1씩 더해주게 되면 그 다음 배열요소의 값을 출력할 수 있다.
- 예제에서는 배열요소의 값인 p를 출력하는 것이므로 포인터 p는 대표(선두) 주소에 2를 더한 data+2가 되면 배열요소의 3번째의 문자 상수 값인 p가 출력되게 된다.

다음은 실행결과를 나타낸다.

문자 배열요소와 포인터 예제의 실행결과

📖 char형 배열 data[4]에 B, O, O, K로 초기화하고 포인터 p를 사용하여 배열의 각 요소를 출력하는 소스코드를 살펴보자.

char형 배열의 각 요소를 출력하는 예제

```
#include <stdio.h>
void main(void)
{
    char data[4]={ 'B', 'O', 'O', 'K' };  // char형 배열 data[4]의 초기화
    char *p;                              // 포인터 p의 선언

    p = x;                                // 포인터 p에 x의 주소를 대입

    while( *p != 'K' )                    // *p가 'K'와 같으면 while문을 빠져 나옴
    {
       printf("%c", *p);                  // *p의 값을 출력[ B, O, O까지만 출력]
       p++;                               // 배열요소를 한 칸씩 이동
    }
    printf("%c\n", *p);                   // 'K'를 출력
}
```

도식화하면 다음과 같다.

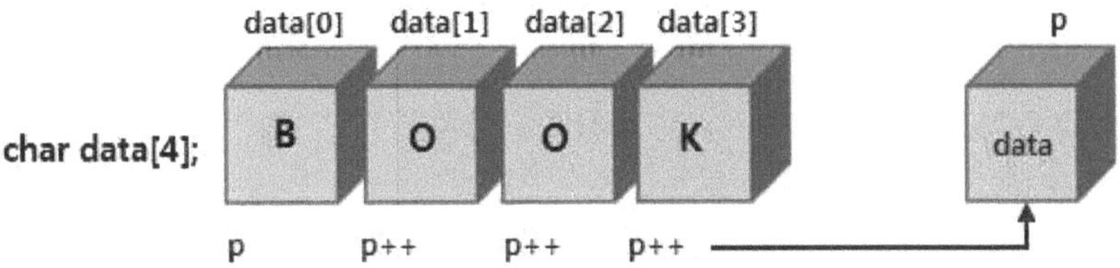

p=data;로부터 p는 'B'의 주소가 된다.

다음은 실행결과를 나타낸다.

char형 배열의 각 요소를 출력하는 예제의 실행결과

📖 char형 배열 x[7]을 "monkey"로 초기화하고, 포인터 p에 x[3]의 주소를 대입한 후 포인터p를 사용하여 key를 출력하는 소스코드를 살펴보자.

문자열의 일부분을 출력하는 예제

```
#include <stdio.h>
void main(void)
{
        char x[7]="monkey";       // char형 배열 x[7]의 초기화
        char *p;                  // *p의 선언

        p=&x[3];                  // p에 x[3]의 주소를 대입

        printf("%s\n", p);        // 문자열을 출력
}
```

- 배열 x[7]을 "monkey"로 초기화하고, 포인터 p에 x[3]의 주소를 대입한 후 p를 %s로 지정하여 문자열을 출력한다. 예제 내용을 도식화하면 다음과 같다.

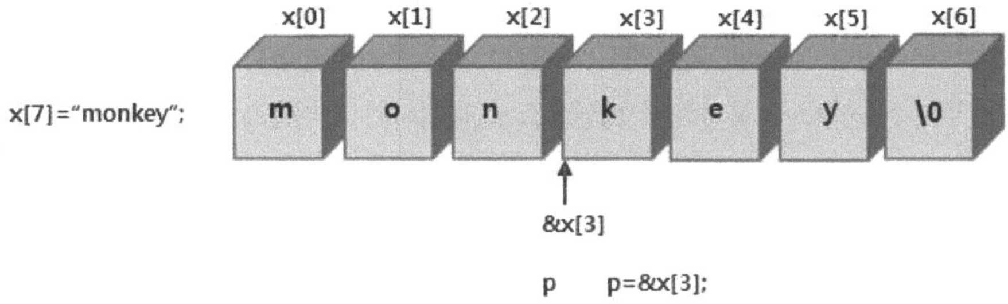

다음은 실행결과를 나타낸다.

문자열의 일부분을 출력하는 예제의 실행결과

📖 다음은 배열 c[10]과 char형을 가리키는 포인터 p를 선언하고 배열 c[10]에 "STUDENT"를 복사하여 출력 가능한 소스코드를 살펴보자.

포인터의 연산 예제

```
#include <stdio.h>
#include <string.h>
void main(void)
{
        char c[10], *p;            // char형 배열 c[10]과 포인터 p선언
        strcpy( c, "STUDENT" );    // strcpy에 의해 c에 문자열 복사
        p=c;                       // 변수 c에 복사된 STUDENT를 포인터 변수p에 대입

        printf("%s\n", p);
}
```

- strcpy는 string copy의 약어로서 라이브러리 함수이며, NULL문자를 만나기 전까지의 문자열을 복사한다. strcpy(c, "STUDENT");에서 문자열인 STUDENT를 배열 c[10]의 대표(선두) 주소인 c에 복사하여 배열요소에 대입하게 된다. strcpy 함수를 사용할 때는 헤더파일에 string.h를 선언해 주어야 한다.

다음은 실행결과를 나타낸다.

포인터의 연산 예제의 실행결과

📖 다음의 char형을 가리키는 포인터 p에 "Tiger"의 대표(선두) 주소를 대입하고 p를 사용하여 문자열을 출력하는 소스코드를 살펴보자.

문자열의 주소를 포인터 대입시키는 예제

```
#include <stdio.h>
void main(void)
{
        char *p;            // char형을 가리키는 포인터 p의 선언

        p=“Tiger";                   // 문자열의 대표(선두) 주소를 포인터 p가 가리킨다.
        printf("주소값:%x\n", p); // 포인터 p가 가진 주소를 16진수로 출력
        printf("출력값:%s\n", p); // 문자열 출력
}
```

■ p ="Tiger";의 의미는 문자열 Tiger의 시작 문자인 T의 주소를 포인터 p가 가리키는 것으로 다음의 도식화와 같이 배열요소의 대표(선두) 주소를 포인터 p에 대입하는 것이다.

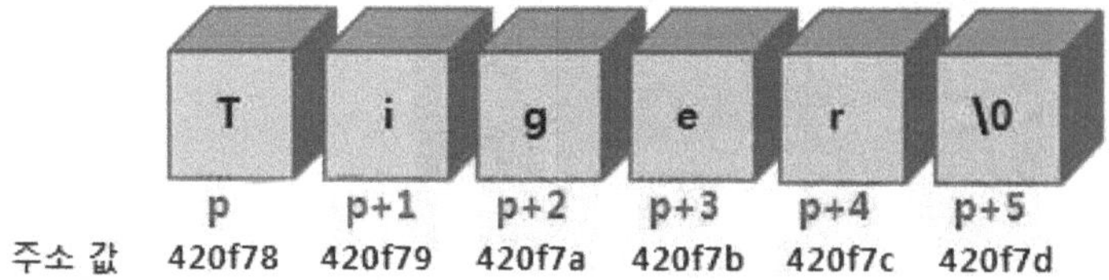

예를 들어,

- printf("주소값:%x \n", p);에서 구한 주소 값 420f78이 포인터 p에 대입되면 printf("출력값:%s \n", p);은 Tiger를 출력한다.
- printf("주소값:%x \n", p+1);에서 구한 주소 값 420f79가 포인터 p에 대입되면 printf("출력값:%s \n", p+1);은 iger를 출력한다.
- printf("주소값:%x \n", p+2);에서 구한 주소 값 420f7a가 포인터 p에 대입되면 printf("출력값:%s \n", p+2);은 ger를 출력한다.
- printf("주소값:%x \n", p+3);에서 구한 주소 값 420f7b가 포인터 p에 대입되면 printf("출력값:%s \n", p+3);은 er를 출력한다.
- printf("주소값:%x \n", p+4);에서 구한 주소 값 420f7c가 포인터 p에 대입되면 printf("출력값:%s \n", p+4);은 r을 출력한다.
- printf("주소값:%x \n", p+5);에서 구한 주소 값 420f7d가 포인터 p에 대입되면 printf("출력값:%s \n", p+5);은 NULL문자는 모니터 화면에 출력되지 않는다.

예제의 실행결과는 다음과 같다.

문자열의 주소를 포인터 대입시키는 예제의 실행결과

4. 2차원 배열과 포인터

📖 int형 배열 x[2][4]를 40, 20, 80, 10, 50, 90, 20, 70으로 초기화하고 포인터 p1의 주소를 x[0][0]의 주소, 포인터 p2의 주소를 x[1][0]의 주소로 하여 포인터 p1과 p2가 가리키는 값의 곱셈 결과를 출력하는 소스코드를 살펴보자.

2차원 int 배열과 포인터 예제

```
#include <stdio.h>
void main(void)
{
    int x[2][4]={ 40, 20, 80, 10, 50, 90, 20, 70 };    // int 2차원 배열의 초기화
    int *p1, *p2;                                       // 포인터 p1, p2의 선언

    p1 = &x[0][0];                                      // 포인터 p1에 주소를 대입
    p2 = &x[1][0];                                      // 포인터 p2에 주소를 대입

    printf("%d * %d = %d\n", *p1, *p2, *p1 * (*p2));    // 결과 출력
}
```

예제를 위한 도식화는 다음과 같다.

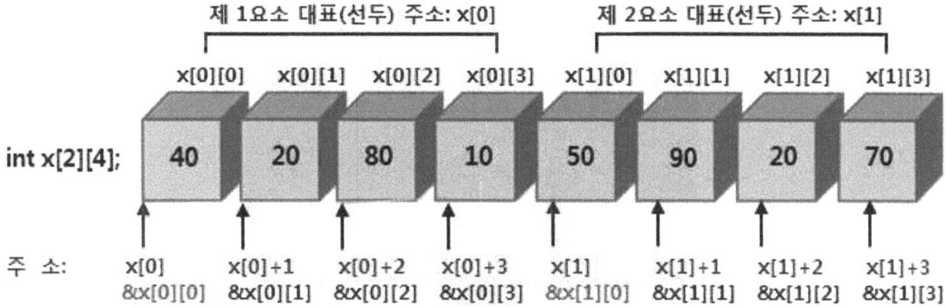

- 도식화에서 표현한 것과 같이 2차원 배열의 경우도 각 요소의 배열요소 주소는 &를 붙인다. 예를 들어 &x[1][3]은 x[1][3]의 주소이다. x[2][4]에서는 x[0][0]의 주소는 제 1요소의 x[0] 또는 &x[0][0], x[1][0]의 주소는 제 2요소의 x[1]또는 &x[1][0]로 표현할 수 있다.
- 위의 2차원 배열에서 제 1배열요소의 대표(선두) 주소는 x[0]이다. 대표(선두) 주소인 x[0]에 1씩 더해 가면 옆의 배열요소로 이동하여 간다. 또한 제 2배열요소의 대표(선두) 주소는 x[1]이다. 마찬가지로 대표(선두) 주소인 x[1]에 1씩 더해 가면 옆의 배열요소로 이동하여 간다.
- 또한 예제의 포인터 p1의 주소를 x[0][0]의 주소, 포인터 p2의 주소를 x[1][0]의 주소로의 도식화는 다음과 같이 도식화할 수 있다. 결국 *p1은 x[0][0]의 40, *p2는 x[1][0]의50이 되는 것을 이해할 수 있다.

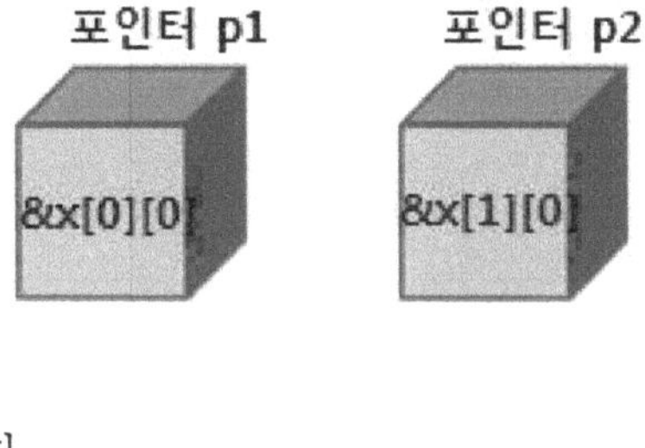

다음은 실행결과를 나타낸다.

2차원 int 배열과 포인터 예제의 실행결과

📖 <u>char형 배열 x[3][7]에 tiger, monkey, sheep로 초기화하고 포인터 p에 x[0], x[1], x[2]를 대입한 후 포인터 p를 사용하여 세 개의 문자열을 출력</u>하는 소스코드를 살펴보자.

2차원배열에 의한 복수 문자열과 포인터 예제

```
#include <stdio.h>
void main(void)
{
    char x[3][7]={ “Tiger", "Monkey", "Sheep" };    // char 2차원 배열의 초기화
    char *p;                                        // 포인터 p의 선언
    int i;

    for(i=0; i<=2; i++)                             // 문자열의 출력
    {
      p=x[i];
      printf("%s\n", p);
    }
}
```

■ 포인터 p에 문자열의 대표(선두) 주소를 대입하여 문자열을 도식화하면 다음과 같다.

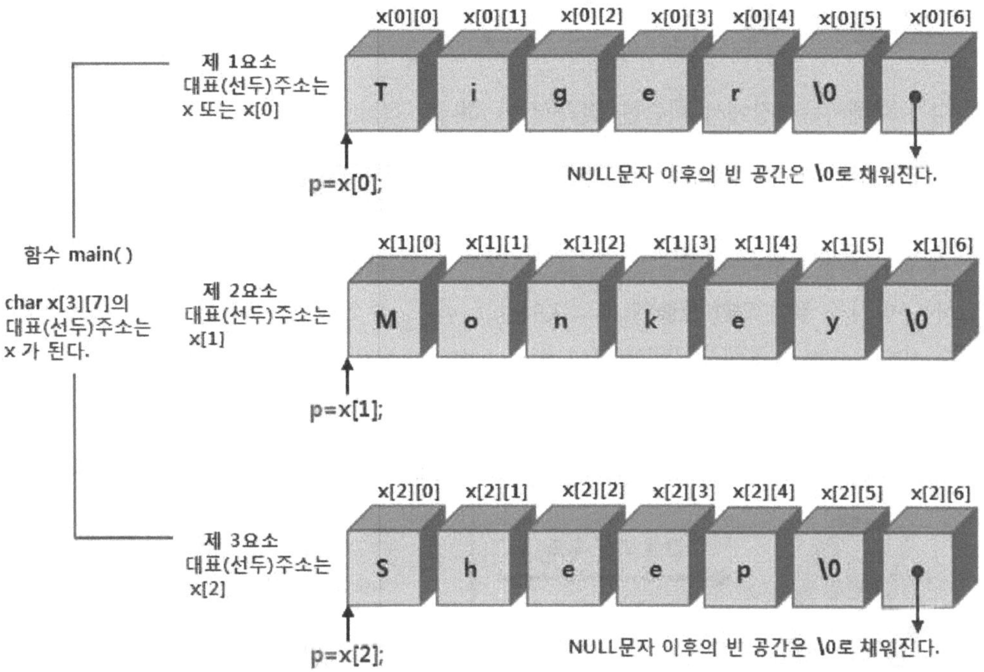

다음은 실행결과를 나타낸다.

2차원배열에 의한 복수 문자열과 포인터 예제의 실행결과

5. 함수와 포인터

함수에 대해서는 8장에서 학습한 것과 같이 하나로 작성된 소스코드를 호출하는 함수와 호출되는(당하는) 함수로 구분하여 작성하며, 호출하는 함수는 실인수, 호출되는(당하는)함수는 가인수라는 인수[argument]들을 갖는다. 이때 정수, 실수 등의 상수 값을 전달하는 방법과 주소 값을 전달하는 방법의 2가지 방식을 생각할 수 있다. 먼저 상수 값을 실인수로 하여 함수의 가인수에 전달하는 방식을 값에 의한 호출[call by value]이라고 하며, 주소 값을 사용하여 함수에 전달하는 방식을 참조에 의한 호출[call by reference]라고 한다. 이를 도식화하면 다음과 같다.

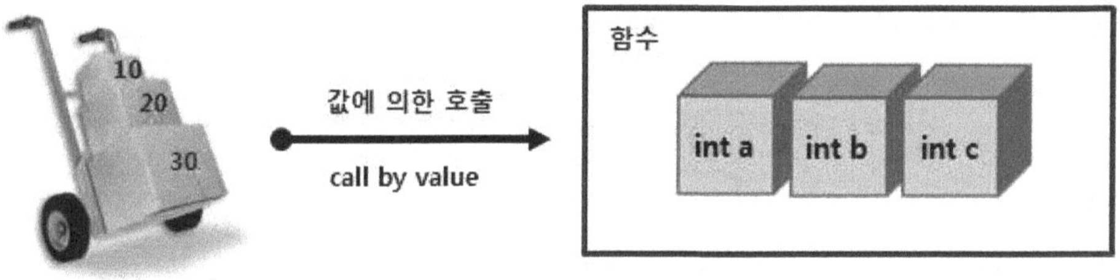

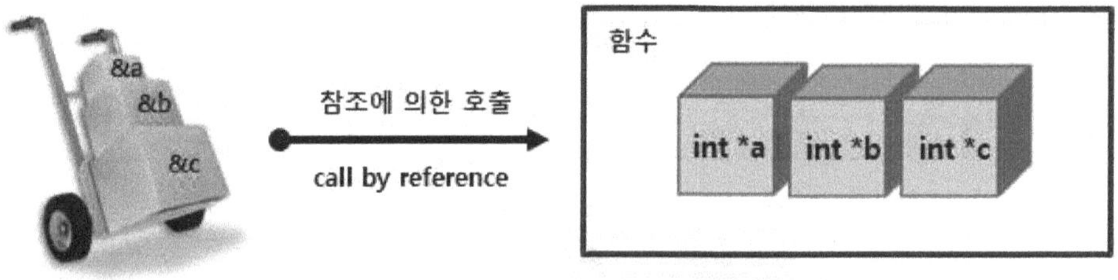

지금부터 예제들을 통해서 설명하기로 하겠다.

함수의 인수가 자료형 변수 주소의 경우

❑ 함수의 인수가 int형 변수 주소

변수 a에 10, 변수 b에 7, 그리고 변수 c와 d는 주소로 할당한 후 함수 HAM에서 변수 a와 b의 합과 차를 구하여 각각 변수 c와 d의 주소에 저장한다. 이때 결과는 함수 main( )내에서 출력되는 소스코드를 살펴보자.

함수의 인수가 int형 변수 주소 예제

```
#include <stdio.h>
void HAM(int a1, int b1, int *c1, int *d1);                  // 함수 원형

void main(void)
{
    int a=10, b=7, c, d;                // int형 변수 a, b를 초기화하고 c, d선언

    HAM(a, b, &c, &d);                  // 함수 HAM( )을 호출
    printf("합=%d, 차=%d\n", c, d);     // 변수 c, d 출력
}

void HAM(int a1, int b1, int *c1, int *d1)      // 사용자 정의 함수
{
    *c1=a1+b1;                    // 합의 결과를 포인터 c1의 주소 위치에 대입
    *d1=a1-b1;                    // 차의 결과를 포인터 d1의 주소 위치에 대입
}                                 // 함수 종료
```

- C언어의 함수에서 인수는 원칙으로 값을 전달[call by value]하지만 주소를 전달하는 것도 가능하다. HAM(a, b, &c, &d);의 의미를 도식화하면 다음과 같다.

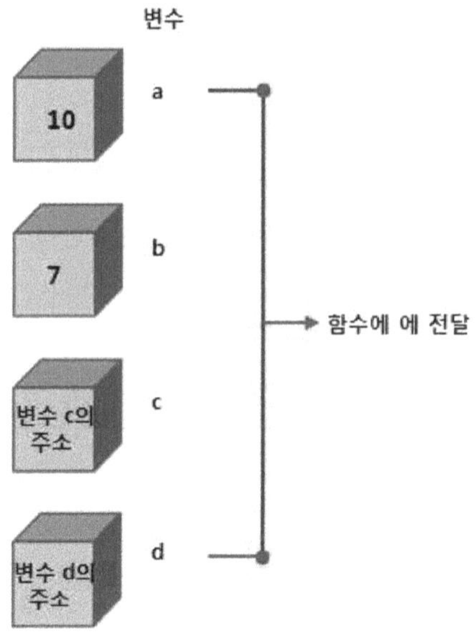

■ 함수 HAM에서는 a를 a1, b를 b1, &c를 포인터 c1,&d를 포인터 d1으로 전달 받는다. 이것을 도식화하면 다음과 같다.

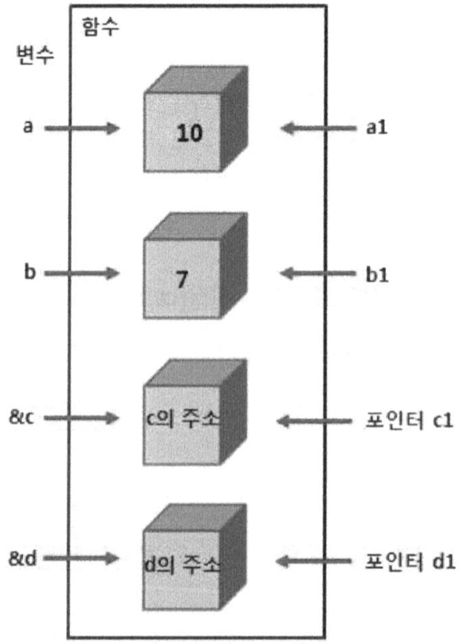

■ c1의 주소 안에는 a1+b1, d1의 주소 안에는 a1-b1의 결과 값을 대입한다. 따라서 변수c에는 합, d에는 차의 결과를 얻게 된다. 도식화로 나타낸다.

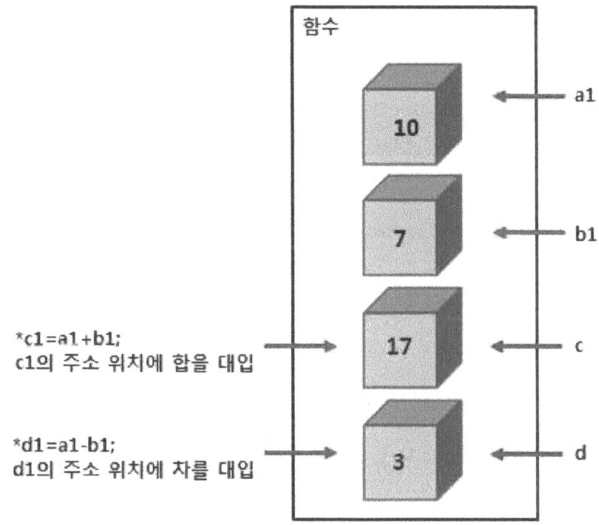

실행결과는 다음과 같다.

함수의 인수가 int형 변수 주소 예제의 실행결과

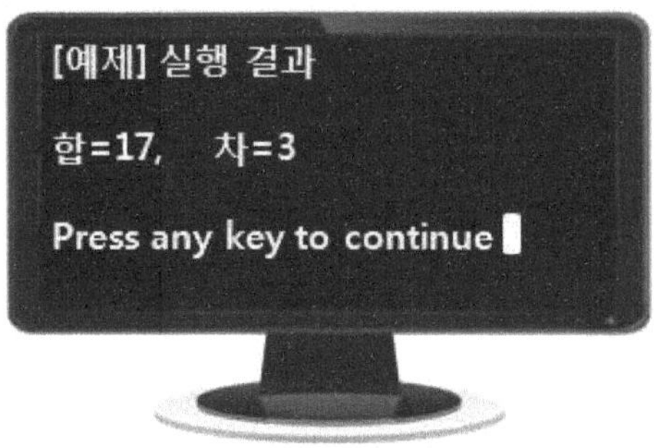

❑ 함수의 인수가 double형 변수 주소

변수 a에 15.5, 변수 b에 10.3, 그리고 변수 c는 주소로 할당한 후 함수 SILSU에서 변수a와 b의 합을 구하여 각각 변수 c의 주소에 저장한다. 이때 결과는 함수 main( ) 내에서 출력되는 소스코드를 살펴보자.

함수의 인수가 double형 변수 주소 예제

```
#include <stdio.h>
void SILSU(double a1, double b1, double *c1);                 // 함수 원형

void main(void)
{
    double a=15.5, b=10.3, c;           // double형 변수 a, b를 초기화하고 c선언

    SILSU(a, b, &c);                   // 함수 SILSU( )을 호출
    printf("합=%lf\n", c);              // 변수 c 출력
}

void SILSU(double a1, double b1, double *c1)        // 사용자 정의 함수
{
    *c1=a1+b1;                   // 합의 결과를 포인터 c1의 주소 위치에 대입
}                                 // 함수 종료
```

- C언어의 함수에서 인수는 주소를 전달하는 것도 가능하다. SILSU(a, b, &c);의 의미를 도식화하면 다음과 같다.

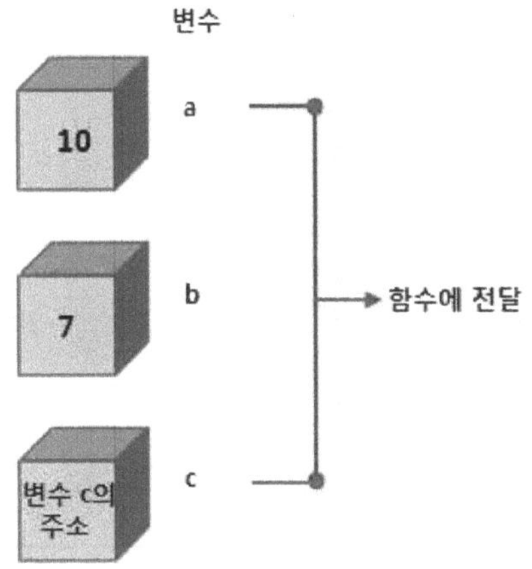

■ 함수 SILSU에서는 a를 a1, b를 b1, &c를 포인터 c1으로 전달 받는다. 이것을 도식화 하면 다음과 같다.

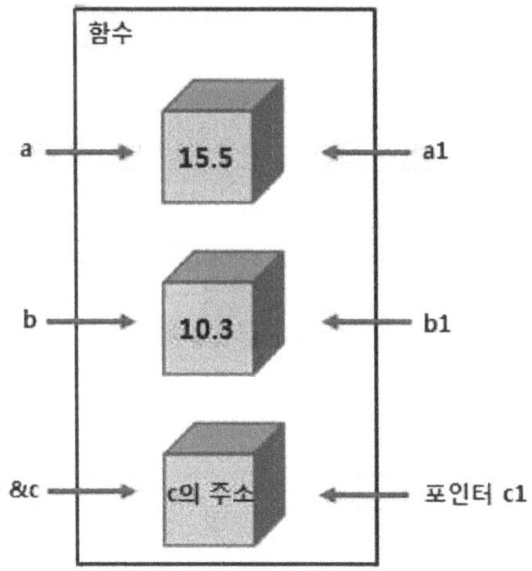

■ c1의 주소 안에는 a1+b1의 결과 값을 대입한다. 따라서 변수 c에는 합의 결과를 얻게 된다. 도식화로 나타낸다.

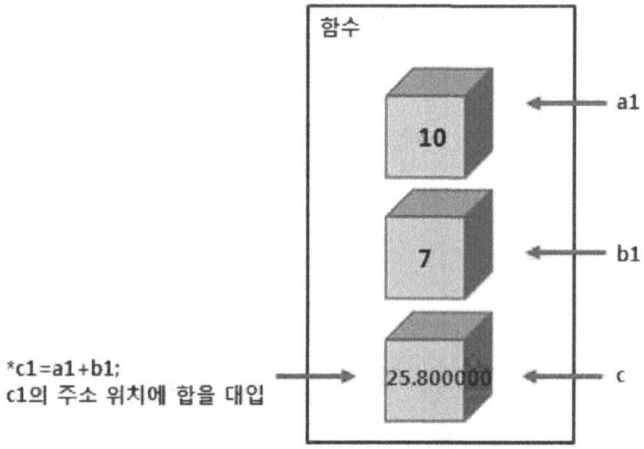

실행결과는 다음과 같다.

함수의 인수가 double형 변수 주소 예제의 실행결과

❑ 모든 변수의 주소를 함수에 전달

변수 a에 10, 변수 b에 50 ,변수 c를 초기화 및 선언하고 a, b, c의 주소를 함수 HAM1에 전달하여 a와 b의 곱을 구하여 c의 주소에 저장한다. 이때 결과는 함수 main( ) 내에서 출력되는 소스코드를 살펴보자.

모든 변수의 주소를 함수에 전달하여 연산 처리하는 예제

```
#include <stdio.h>
void HAM1(int *a1, int *b1, int *c1);                  // 함수 원형

void main(void)
{
    int a=10, b=50, c;                   // int형 변수 a, b를 초기화하고 c선언

    HAM1(&a, &b, &c);                     // 함수 HAM1( )을 호출
    printf("곱=%d\n", c);                 // 변수 c 출력
}

void HAM1(int *a1, int *b1, int *c1)       // 사용자 정의 함수
{
    *c1=*a * *1b1;                      // 합의 결과를 포인터 c1의 주소 위치에 대입
}                                        // 함수 종료
```

■ 변수의 초기화 또는 선언된 모든 변수의 주소를 함수에 전달하는 것이 가능하다. 도식화하여 표현하면 다음과 같다.

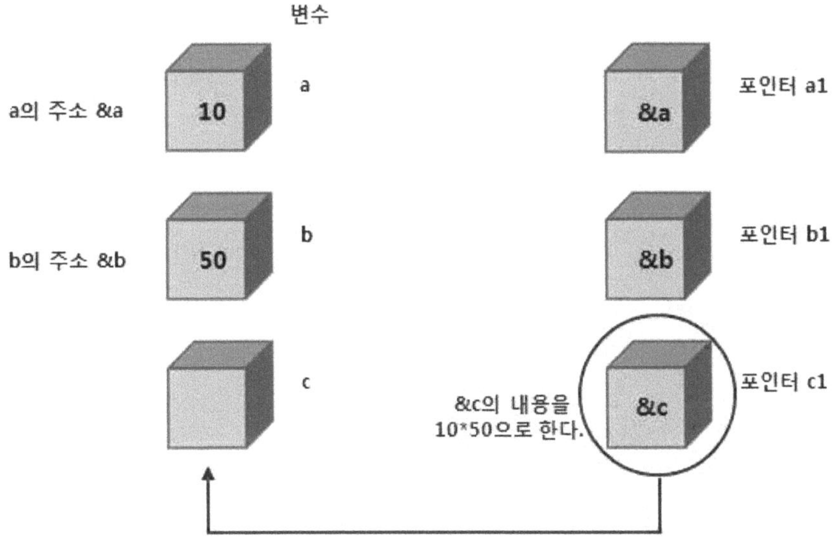

■ 이렇게 전달받은 변수의 주소는 함수에서 포인터로 전달받게 된다. 즉, 위의 도식화된 표현처럼 a1의 내용은 a, b1의 내용은 b, 그리고 c1의 내용은 c가 된다.

실행결과는 다음과 같다.

모든 변수의 주소를 함수에 전달하여 연산 처리하는 예제의 실행결과

배열의 주소를 인수로서 함수에 전달하는 경우

❑ 1차원 int형 배열의 주소를 인수로서 전달

배열 x[5]를 2, 5, 7, 9, 10으로 초기화하고, 함수 ADD에 전달하여 전체의 합을 구하는 소스코드를 살펴보자.

1차원 int형 배열의 주소를 인수로서 전달하는 예제

```
#include <stdio.h>
int ADD(int *a);                    // 함수 원형

void main(void)
{
    int x[5]={ 2, 5, 7, 9, 10 }; // 배열 x의 초기화
    int total;                   // 변수 total선언

    total=ADD(x);                // 함수 ADD( )을 실인수 x로 하여 호출

    printf("합=%d\n", total);    // total 출력
}

int ADD(int *a)          // 가인수 포인터 a는 배열 x의 대표(선두) 주소를 넘겨받음
{
     int i, t=0;          // 함수에서 사용할 변수 선언 및 t의 초기화

     for( i=0; i<=4; i++ )
    {
       t+=a[i];                  // 총 합을 연산
    }
    return(t);                   // 함수를 호출한 장소로 결과 값을 반환
}                                // 함수 종료
```

- 소스코드의 ADD(x);와 같이 배열을 함수에 전달할 때는 선두[대표] 주소를 넘겨준다. 여기서 x는 실인수로서 배열 x[5]의 대표(선두) 주소이다.

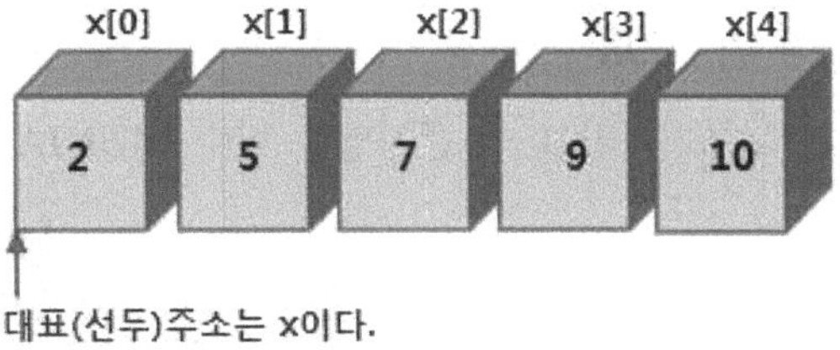

- 함수 ADD는 포인터로 주소를 넘겨받는다. 즉, 배열 x의 값은 배열 a로 해서 참조한다.

따라서 도식화는 다음과 같다.

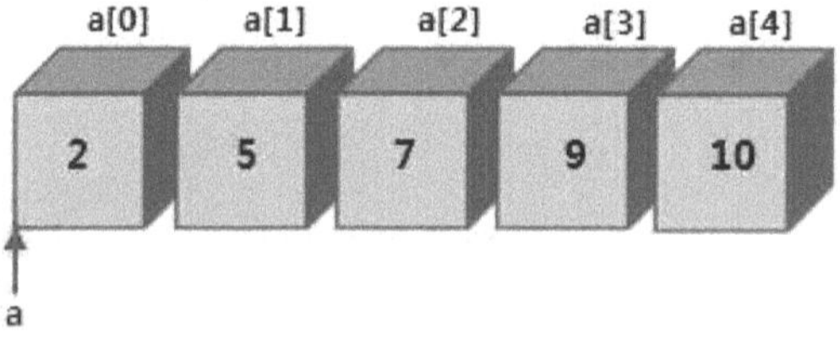

■ return(t);는 t의 값을 함수 ADD를 호출한 곳으로 반환한다.

실행결과는 다음과 같다.

1차원 int형 배열의 주소를 인수로서 전달하는 예제의 실행결과

❑ char형 배열의 주소를 인수로서 전달

배열 data[6]를 “Super"로 초기화하고 이 문자열을 함수 MUNJA에 전달하여 출력하는 소스코드를 살펴보자.

char형 배열의 주소를 인수로서 전달하는 예제

```
#include <stdio.h>
void MUNJA(char data1[ ]);              // 함수 원형

void main(void)
{
    char data[6]="Super";              // char형 배열 data의 초기화

    MUNJA(data);                       // 함수 MUNJA( )을 실인수 data로 하여 호출
}

void MUNJA(char data1[6])              // 가인수는 data1[5]인 사용자 정의 함수
{
    printf("%s\n", data1);           // 문자열 출력
}                                    // 함수 종료
```

- 배열 문자열을 함수에 전달할 때는 그 대표[선두] 주소를 건네준다. 예를 들어, MUNJA(data);에서 data는 배열 data[6]의 대표[선두] 주소이다. 또한, 문자열 char형 배열이므로 NULL문자가 저장될 배열요소를 반드시 생각해야 한다. 다음은 도식화를 보인다.

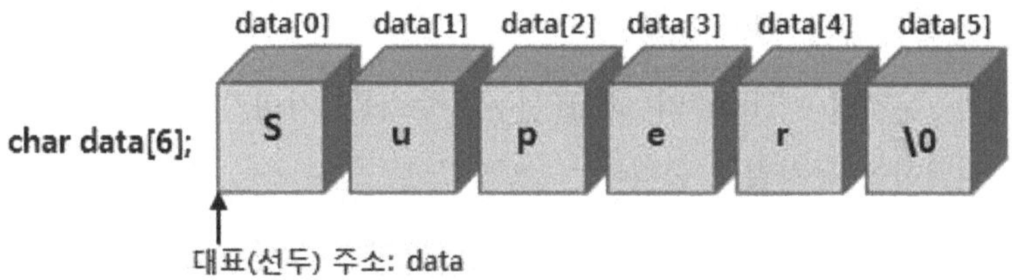

- 함수 MUNJA( )는 data1[6]으로 넘겨받으며 도식화는 다음과 같다.

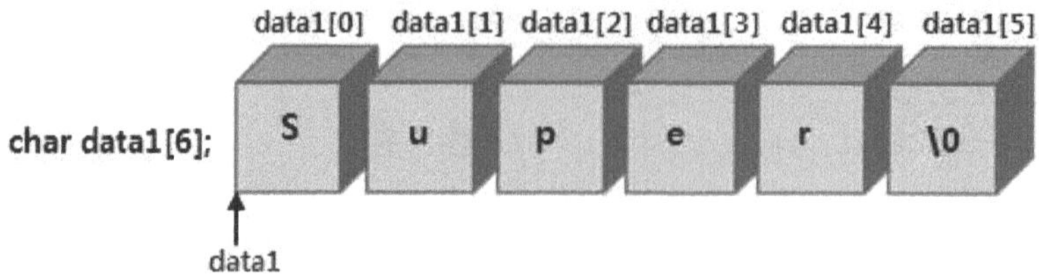

다음은 실행결과이다.

char형 배열의 주소를 인수로서 전달하는 예제의 실행결과

❑ 문자열 주소를 인수로 하여 전달

포인터 data가 문자열 “Tiger"의 대표[선두] 주소를 가리키게 하고, 그 주소를 함수 MUNJA( )에 전달하여 문자열을 출력하는 소스코드를 살펴보자.

문자열 주소를 인수로 하여 전달하는 예제

```
#include <stdio.h>
void MUNJA(char *data1);              // 함수 원형

void main(void)
{
    char *data="Tiger";             // char형 배열 data의 초기화

    MUNJA(data);                    // 함수 MUNJA( )을 실인수 data로 하여 호출
}

void MUNJA(char *data1)             // 가인수는 대표(선두) 주소가 대입되는 포인터
{
    printf("%s\n", data1);        // 문자열 출력
}                                 // 함수 종료
```

다음은 실행결과이다.

문자열 주소를 인수로 하여 전달하는 예제의 실행결과

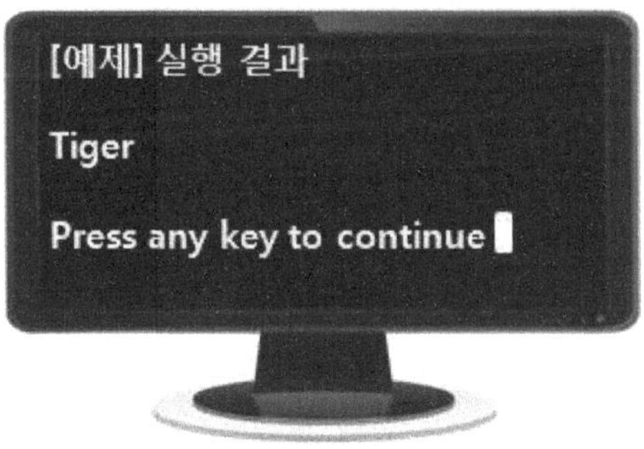

❑ 복수 문자열의 주소를 함수에 전달

배열 *data[3]에 Tiger, monkey, bird로 초기화하고 함수 length에 전달하여 길이가 가장 긴 문자열을 출력하는 소스코드를 살펴보자.

복수 문자열의 주소를 함수에 전달하는 예제[문자길이]

```
#include <stdio.h>
#include <string.h>

void length(char *data1[ ]);                          // 함수 원형

void main(void)
{
    char *data[3]={"Tiger", "monkey", "bird"};     // char형 배열 data의 초기화

    length(data);                       // 함수 MUNJA( )을 실인수 data로 하여 호출
}

void length(char *data1[3])          // 가인수는 대표(선두) 주소가 대입되는 포인터
{
    int i, j, max=0;

    for(i=0; i<=2; i++)
    {
       if((int)strlen (data1[i]) > max)        // 문자열의 길이를 연산
       {
         max=strlen (data1[i]);
         j=i;
       }
    }
   printf("%s\n", data1[j]);    // 문자열 출력
}                               // 함수 종료
```

- 복수의 포인터 배열의 경우 대표(선두) 주소를 함수에 전달한다. 예를 들어, length(data);는 *data[3]의 문자열 배열 중에 대표(선두) 주소인 data를 함수 length( )에 전달하여 실행하게 된다. 다음은 이에 따른 도식화를 보여주고 있다.

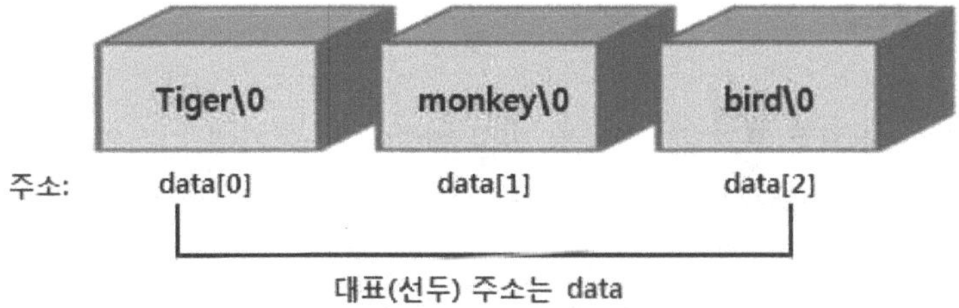

- void length(char *data1[3])에서는 복수 배열의 대표(선두) 주소인 data를 포인터 data[3]으로 전달 받는다. 함수 length( )에서의 도식화는 다음과 같다.

다음은 실행결과이다.

복수 문자열의 주소를 함수에 전달하는 예제의 실행결과

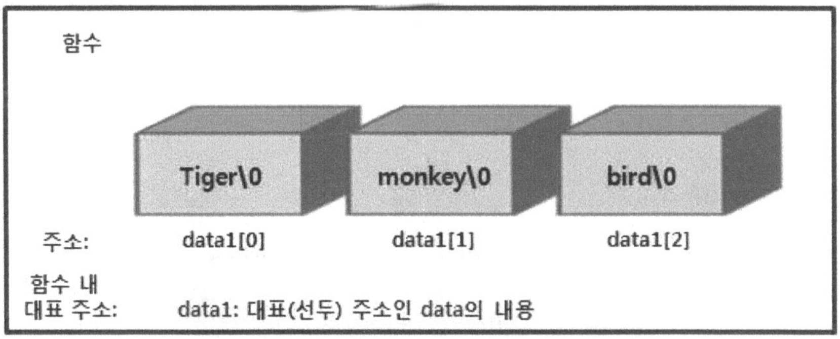

6. 이중 포인터

지금까지 학습한 것처럼 포인터는 주소를 가진 변수이다. 여기에 다음의 도식화와 같이 주소를 가진 포인터의 주소를 가진 포인터를 포인터의 포인터 또는 이중 포인터라고 하며 기호는 변수 앞에 흔히 별표라고 표현하는 아스테리스크a[sterisk]인 (*)을 2개 붙여서 사용한다.

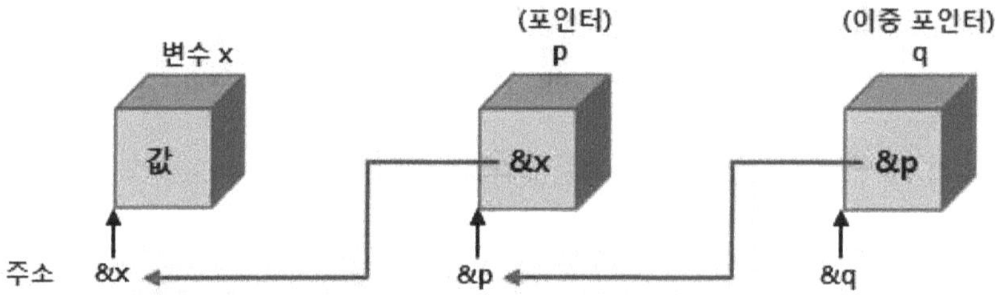

이때 이중 포인터가 가리키는 값은 최종적으로 변수 x의 값이 된다.

다음은 이중 포인터의 예이다.

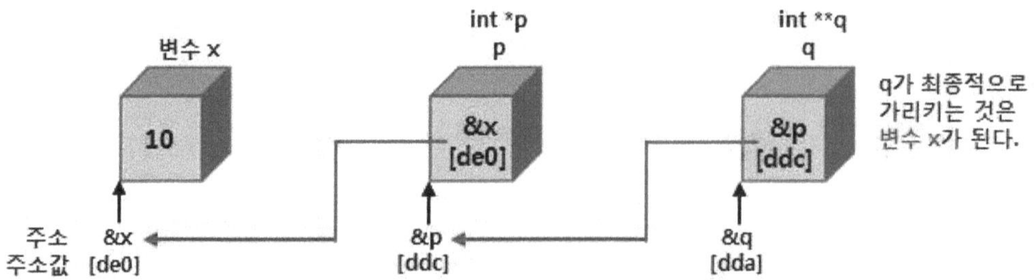

위의 이중 포인터의 예에서는 **q의 값은 변수 x의 값인 10을 얻게 된다.

❑ 포인터의 포인터[이중 포인터]

변수 x에 100을 대입하고 변수 x의 주소를 가진 포인터를 p, p의 주소를 가진 포인터를 q로 하여 *p, **q, &x, p, q, &p, 그리고 &q를 출력하는 소스코드를 살펴보자.

포인터의 포인터 예제

```
#include <stdio.h>

void main(void)
{
    int x, *p, **q;          // int형 변수x와 int형을 가리키는 포인터p, q의 선언

    x = 100;                // 변수 x에 100을 대입
    p = &x;                 // 포인터에 주소를 대입
    q = &p;                 // 포인터에 주소를 대입

    printf("%d\n", *p);          // 출력 내용들
    printf("%d\n", **q);
    printf("%x\n", &x);
    printf("%x\n", p);
    printf("%x\n", q);
    printf("%x\n", &p);
    printf("%x\n", &q);
}
```

- 다음의 도식화와 같이 변수 x의 주소는 포인터 p가 가지며, 그 p의 주소를 포인터 q가 가진다면 p 내용의 주소부터 변수 x의 값이 된다. q의 내용은 p의 주소이며, q의 내용의 주소로부터 변수 x의 값을 가지게 된다.

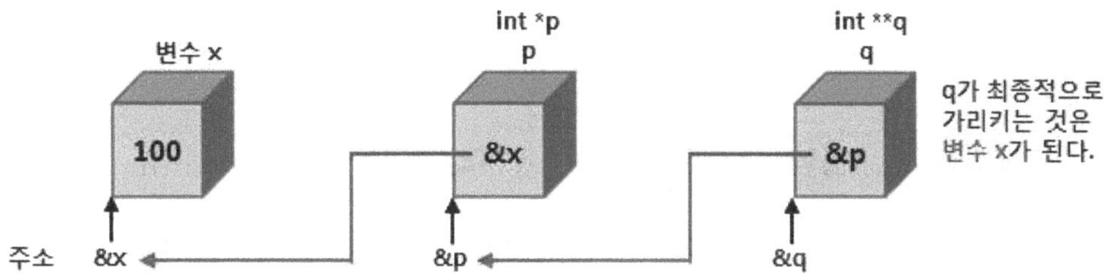

실행결과는 다음과 같다.

포인터의 포인터 예제의 실행결과

❑ 문자 배열과 포인터의 포인터[이중 포인터]

배열 *x[3]에 Tiger, monkey, bird로 초기화하고 포인터 p를 배열 x의 대표(선두) 주소하여 *p는 %s로, **p는 %c로, *p는 %x, 그리고 p는 %x로 지정하여 출력하는 소스코드를 살펴보자.

문자 배열과 이중 포인터의 예제

```
#include <stdio.h>

void main(void)
{
    char *x[3]={"Tiger", "Monkey", "Sheep"};     // char형 배열 x의 초기화
    char **p;                                     // 문자열을 가리키는 포인터 선언
    p = x;                                        // 포인터에 주소 대입

    printf("%s\n", *p);                           // 출력 내용들
    printf("%c\n", **p);
    printf("%x\n", *p);
    printf("%x\n", p);
}
```

■ *x[3]을 초기화하고 포인터 p를 선언하여 p에 주소x를 대입한 위의 소스코드를 다음과 같이 도식화하여 생각할 수 있다. [여기서 배열과 문자열 주소 값은 시스템마다 다를 수 있다]

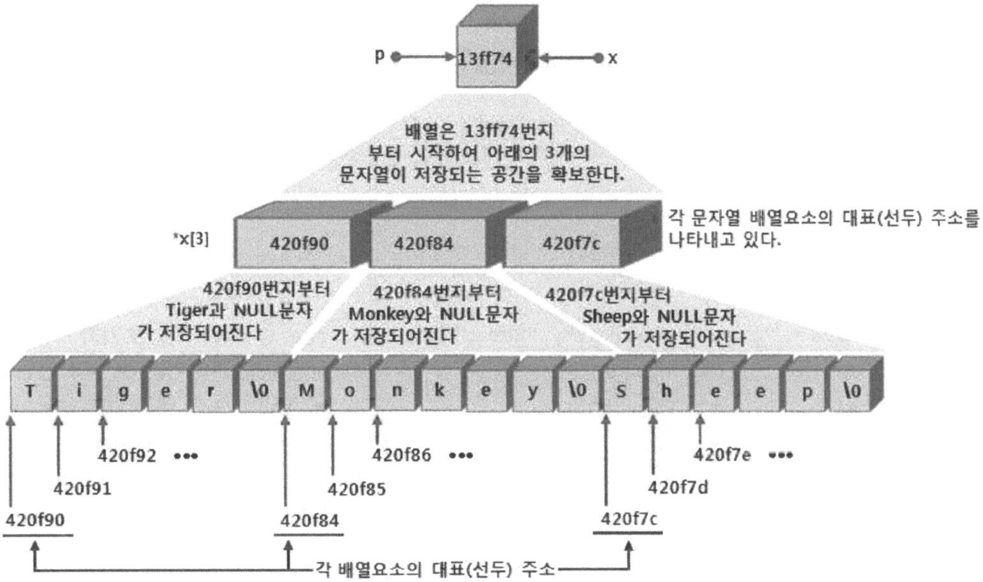

■ *p는 p가 가진 13ff74번지의 내용인 420f90번지가 된다. 따라서 %s를 지정하여 출력하게 되면 420f90번지부터 시작되는 제 1배열요소 문자열인 Tiger가 출력된다.

■ **p는 420f90번지의 내용이므로 %c를 지정하면 문자 T가 출력된다.

실행결과는 다음과 같다.

문자 배열과 이중 포인터의 예제의 실행결과

같은 예제로 하나 더 살펴보도록 하자.

배열 *x[3]에 Tiger, monkey, bird로 초기화하고 포인터 p를 배열 x를 배열의 대표(선두)에 2를 더하여 *p는 %s로, **p는 %c로, *p는 %x, 그리고 p는 %x로 지정하여 출력하는 소스 코드를 살펴보자.

문자 배열과 이중 포인터의 예제(1)

```
#include <stdio.h>

void main(void)
{
    char *x[3]={"Tiger", "Monkey", "Sheep"};     // char형 배열 x의 초기화
    char **p;                                     // 문자열을 가리키는 포인터 선언
    p = x+2;                                      // 포인터에 주소 대입

    printf("%s\n", *p);                           // 출력 내용들
    printf("%c\n", **p);
    printf("%x\n", *p);
    printf("%x\n", p);
}
```

도식화는 이전과 동일하므로 실행결과만 나타낸다.

문자 배열과 이중 포인터의 예제(1)의 실행결과

LECTURE 11

연.습.문.제

1. int형 변수 x를 선언하여 100을 대입한 후 변수 x의 주소를 사용하여 저장 공간의 크기 [byte]를 구하는 프로그램을 작성하여라.

2. char형 변수 munja에 'A'를 대입한 후 변수 munja의 주소 및 저장 공간의 크기[byte]를 구하는 프로그램을 작성하여라.

3. float형 변수 a와 float형을 가리키는 포인터 p를 선언한 후 변수 a의 값을 1.45로 대입한다. 이때 p가 변수 a의 주소를 가리키게 한 후에 변수 a의 값, 주소, *p의 값, p의 값, 그리고 p의 주소를 출력하는 프로그램을 작성하여라.

4. char형 변수 munja와 char형을 가리키는 포인터 p를 선언한 후 변수 munja의 값을 'Z'로 대입한다. 이때 p가 변수 munja의 주소를 가리키게 한 후에 변수 munja의 값, 주소, *p의 값, p의 값, 그리고 p의 주소를 출력하는 프로그램을 작성하여라.

5. 다음의 데이터를 배열 x[7]에 초기화하고 나서 최소값을 포인터를 사용하여 출력하는 프로그램을 작성하여라.

30, 15, 75, 93, 104, 4, 57

6. 다음의 데이터에서 첫 문자가 G로 시작하는 문자열을 출력하는 프로그램을 작성하여라.

School, Print, Computer, Global, Image

7. 포인터 변수 p에 "airport"로 초기화한 후 apt만 출력하는 프로그램을 작성하여라.

8. int형 변수 x의 값을 250으로 대입하고 변수 x의 주소를 가진 포인터를 p, p의 주소를 가진 포인터를 q라고 했을 경우 *p의 값, **q의 값, &x의 값, p의 값, q의 값, &p의 값, 그리고 &q의 값을 출력하는 프로그램을 작성하여라.

9. int형 변수 value에 50의 값을 초기화한 후 포인터 변수를 이용하여 변수 value의 값을 100으로 바꾸어 출력하는 프로그램을 작성하여라.

10. 배열 a[10]에 "KOREA" 복사한 후 char형을 가리키는 포인터 p에 a, q에 p의 주소를 대입하고 나서 *q를 %s, **q를 %c로 지정하여 출력하는 프로그램을 작성하여라.

LECTURE 11 실.습.문.제

1. char, int, double 형의 변수 크기와 포인터의 크기를 출력하시오.

2. 다음 프로그램은 포인터를 이용한 합과 평균을 구하는 프로그램이다. 빈 칸을 채워 코드를 완성하시오.

```
#include <stdio.h>

int main(void)
{
    int a=10, b=15, tot;       //변수 선언 및 초기화
    double avg;               //평균
    int *pa, *pb;              // 포인터 선언
    int *pt = [  ①  ];         //포인터 선언 및 초기화(합계)
    double *pg=[  ②  ];     //double형 포인터 선언 및 초기화(평균)
    [  ③  ]                    //포인터 pa에 변수 a의 주소 대입
    [  ④  ]                    //포인터 pb에 변수 b의 주소 대입

    *pt=*pa+*pb;               //a값과 b값을 더해 tot에 저장
    *pg=*pt/2.0;                //tot값을 2로 나눈 값을 avg 저장

    printf("두 정수의 값: %d, %d\n",[ ⑤ ], [ ⑥ ]);     //a,b값 출력
    printf("두 정수의 합: %d\n", *pt);          //tot값 출력
    printf("두 정수의 평균: %1.1f\n", *pg);     //avg값 출력
    return 0;
}
```

3. 다음 프로그램의 출력은 무엇인가?

```
#include <stdio.h>

void sub(int *);

int main(void)
{
    int a[10] = {1,2,3,4,5,6,7,8,9,10};
    sub(a);
    return 0;
}
void sub(int *p)
{
    int *q=p+2;

    printf("%d\n", *q);
    printf("%d\n", *(p+6));
    printf("%d\n", p[7]);
}
```

4. char형 배열 term[5]에 "ARRAY"으로 초기화하고 포인터를 사용하여 배열의 각 요소를 출력하는 프로그램을 작성하세요.

5. 정수형 배열 x를 2,50,45,13,24로 초기화하고 최소값을 구하는 프로그램을 작성하시오.

6. Call by reference 방식으로 변수 2개의 값을 바꾸는 함수를 작성하시오.

```
swap() 호출 전 a=20 b=10
swap() 호출 후 a=10 b=20
```

LECTURE

12

구조체

Structure

우리는 지금까지 C언어를 학습해 오면서 하나의 변수에 한 개의 상수 값을 대입한 단순 자료형과 배열을 이용하여 자료형이 같은 여러 개의 변수를 하나로 묶어서 처리하는 방법들에 대해서 학습해 왔다. 그러나 C언어는 이처럼 단순 자료형뿐만 아니라 서로 다른 자료형을 갖는 변수들을 하나로 묶어서 처리할 수 있는 방법을 제공하고 있다. 본 장에서는 자료형이 서로 다른 여러 개의 상수 값들을 하나로 묶어서 처리하는 방법에 대해서 살펴보도록 한다.

1. 구조체의 개념

우리가 이전에 학습한 배열은 자료형이 같은 여러 개의 데이터들을 묶어서 처리하는 방법이었다면 구조체란 자료형이 서로 다른 데이터들을 하나로 묶어서 처리하는 방법이라고 생각할 수 있다. 즉, 구조체란 여러 개의 자료형으로 구성되는 복합 자료형이다. 다음의 도식화는 배열과 구조체의 차이점에 대해서 간단하게 보여주고 있다.

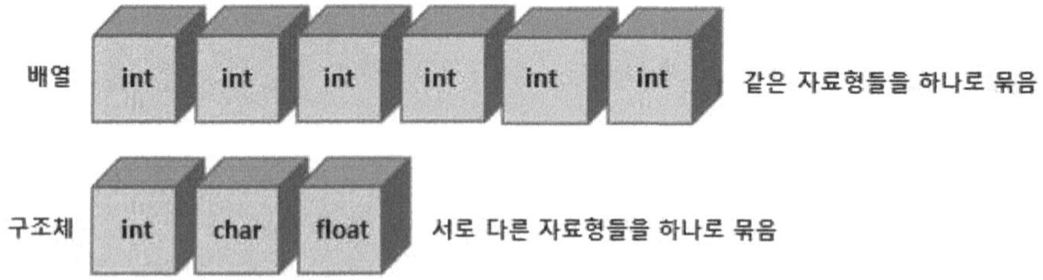

이와 같이 배열과 구조체의 차이점은 같은 자료형들을 하나로 묶느냐 아니면 서로 다른 자료형들을 하나로 묶어 사용하느냐에 따라서 살펴볼 수 있지만 그와는 반대로 하나의 변수로 여러 개의 데이터를 관리한다는 점은 서로가 공통적인 부분이라고 볼 수 있다.

2. 구조체의 형식 및 초기화

❑ 구조체 형식

구조체는 반드시 예약어인 struct를 사용하여 선언한다. 다음은 구조체 형식을 나타낸다.

구조체 형식

```
struct  구조체_이름 {
                    자료형 멤버_이름1;
                    자료형 멤버_이름2;
                    자료형 멤버_이름3;
                       ●●●
                       ●●●
                    자료형 멤버_이름 N;
};
```

- struct

  구조체 유형을 사용할 때는 struct 예약어를 사용하여 컴파일러에 알려준다. struct 예약어 뒤에는 구조체 이름이 온다. struct는 절대로 생략할 수 없다.

- 구조체의 이름

  구조체의 이름은 사용자에 의해서 붙여지며, 흔히 태그명[tag name]이라고도 한다.

- 구조체 멤버[member]

  자료형의 종류와 멤버들의 이름은 중괄호인 { }사이에 나열되며, 흔히 구조체 멤버라고 불린다. 이때 구조체 멤버의 선언은 일반적 변수 및 배열의 선언 방법과 같다. 이때 반드시 주의해야 할 사항은 중괄호를 닫고 나서 반드시 세미콜론을 붙여주어야 한다.

구조체의 형식을 원시 소스코드로 나타내면 다음과 같이 작성된다.

구조체 형식에 따른 원시 소스코드 작성 예

```
struct  estimate {
                    char name[15];
                    int car;
                    int bus;
                    int total;
                    float ave;
};
```

■ 구조체의 이름

estimate는 구조체 이름 또는 태그명이다.

■ 구조체의 멤버

중괄호 내의 char name[15];, int car;, •••, float ave;는 구조체 멤버이다. 여기에서 자료형이 같은 int car;, int bus;, int total;은 일반 변수의 선언의 경우와 마찬가지로 한 행에 int car, bus, total;과 같이 선언 가능하다. 이와 같이 구조체 멤버를 선언하고 중괄호를 닫을 때는 반드시 세미콜론(;)을 붙여준다.

❑ 구조체 변수의 형식

구조체의 형식을 선언하고 나면 구조체의 멤버를 참조할 수 있도록 구조체 변수를 선언하여 사용자가 임의로 선언한 구조체 형식을 컴파일러에게 알려주게 된다. 다음은 구조체 변수의 선언 형식을 보여준다.

구조체 변수의 선언 형식

```
struct  구조체_이름  구조체_변수명1, 구조체_변수명2, •••;
```

원시 소스코드로 작성하게 되면 다음과 같다.

구조체 변수의 선언 형식 예

```
struct  estimate  a;
```

이와 같이 구조체 변수의 형식을 선언하고 나면 기억공간이 할당되게 되며, 구조체 멤버들의 상수 값들을 저장 공간이 배열과 마찬가지로 연속적으로 할당된다. 예를 들어, 구조체 변수명이 a, 구조체 멤버가 int형, float형이라면 다음과 같이 저장 공간의 크기를 도식화할 수 있다.

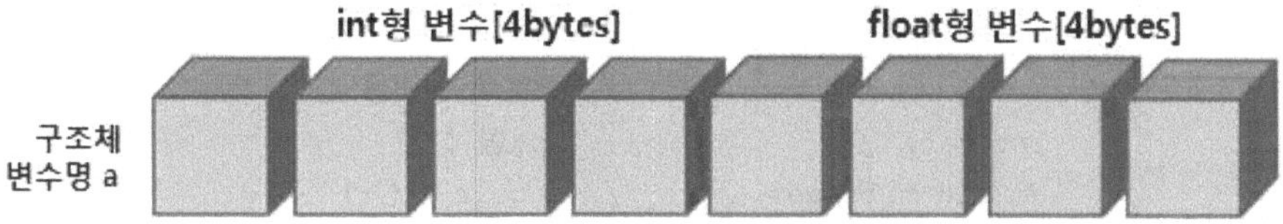

이와 같이 int형과 float형의 구조체 멤버가 있다고 가정했을 때 저장 공간은 연속적으로 할당되므로 저장 공간의 크기는 총 8bytes[int형 4bytes + float형 4bytes]가 된다.

❑ 구조체 변수의 멤버 참조

저장 공간을 참조하는 경우에 있어서 구조체는 배열과는 다르게 구조체 변수명과 구조체 멤버사이에 멤버참조 연산자[struct member operator]인 도트[dot](.)를 사용한다. 구조체 변수의 멤버 참조 형식은 다음과 같다.

구조체 변수의 멤버 참조 형식
구조체_변수명.구조체_멤버명

앞의 내용과 같이 구조체 변수가 struct estimate a;이고 구조체 멤버가 int car가 있다고 가정하면 원시 소스코드는 다음과 같다.

구조체 변수의 멤버 참조 형식의 예
a.car

이와 같이 구조체 변수의 멤버 참조의 형식이 작성되면 이제 변수의 멤버들에게 저장할 값을 할당할 수가 있다.

지금까지 구조체에 대해서 학습한 내용을 기본으로 간단히 원시 소스코드를 작성해 보도록 하겠다.

📖 다음과 같이 구조체 이름을 estimate, 멤버를 int car, double mileage, 구조체 변수를 a라고 했을 때 구조체 멤버에게 값을 각각 100, 10.5를 할당하여 출력하는 소스코드를 작성하여 보자

구조체 멤버에게 값을 할당하는 예제

```
#include <stdio.h>
struct  estimate {                              // 구조체의 형을 선언
                  int car;                      // int형 선언
                  double mileage;               // double형 선언
};                                              // 반드시 세미콜론(;)을 붙임

void main(void)
{
   struct estimate a;                           // struct estimate형의 변수 a의 선언

   a.car = 100;                                 // a의 car멤버에 100을 대입
   a.mileage = 10.5;                            // a의 mileage멤버에 10.5를 대입

   printf("자동차 개수=%d\n", a.car);           // car멤버를 참조하여 값을 출력
   printf("1리터 당=%lf\n", a.mileage);  // bus멤버를 참조하여 값을 출력
}
```

실행결과는 다음과 같다.

구조체 멤버에게 값을 할당하는 예제의 실행결과

위의 소스코드에서 구조체형의 변수명을 다음과 같이 구조체형의 마지막[세미콜론 이전]에 붙여 사용하는 것도 가능하다.

구조체 형의 마지막[세미콜론 이전]에 구조체 변수를 붙인 경우

```
#include <stdio.h>
struct  estimate {                       // 구조체의 형을 선언
                  int car;               // int형 선언
                  double mileage;        // double형 선언
}a;                                      // 세미콜론(;)의 앞에
                                         // 구조체형 변수 a를 선언

void main(void)
{
   a.car = 100;                          // a의 car멤버에 100을 대입
   a.mileage = 10.5;                     // a의 mileage멤버에 10.5를 대입

   printf("자동차 개수=%d\n", a.car);     // car멤버를 참조하여 값을 출력
   printf("1리터 당=%lf\n", a.mileage); // bus멤버를 참조하여 값을 출력
}
```

실행결과는 다음과 같다.

구조체 형의 마지막[세미콜론 이전]에 구조체 변수를 붙인 경우의 실행결과

특히 구조체 멤버로는 이전에 학습한 배열을 비롯하여 포인터 변수 등 다양한 멤버들을 사용할 수가 있다.

❑ 구조체 변수의 초기화

구조체 변수에서도 배열과 마찬가지로 중괄호로 묶어 초기화하는 방법은 같다. 다음은 구조체 변수의 초기화형식을 보여준다.

구조체 변수의 초기화 형식
구조체_변수명.구조체_멤버명 = { 초기값1, 초기값2, •••};

원시 소스코드의 표현은 다음과 같다.

구조체 변수의 초기화 형식 예제

```
struct  estimate {                              // 구조체의 형을 선언
                  int car;                     // int형 선언
                  double mileage;               // double형 선언
};                                            // 반드시 세미콜론(;)을 붙임

void main(void)
{
   struct estimate a={100, 10.5};            // struct estimate형의 변수 a의 초기화

   printf("자동차 개수=%d\n", a.car);          // car멤버를 참조하여 값을 출력
   printf("1리터 당=%lf\n", a.mileage);        // bus멤버를 참조하여 값을 출력
}
```

실행결과는 다음과 같다.

구조체 변수의 초기화 형식 예제의 실행결과

또한 구조체형의 변수명과 초기화 내용을 다음과 같이 구조체형의 마지막[세미콜론 이전]에 붙여 사용하는 것이 가능하다.

구조체 변수의 초기화를 구조체형의 마지막[세미콜론 이전]에 붙인 경우

```
struct  estimate {                          // 구조체의 형을 선언
                  int car;                  // int형 선언
                  double mileage;           // double형 선언
}a={100, 10.5};                             // estimate형의 변수 a의 초기화

void main(void)
{
    printf("자동차 개수=%d\n", a.car);   // car멤버를 참조하여 값을 출력
    printf("1리터 당=%lf\n", a.mileage); // bus멤버를 참조하여 값을 출력
}
```

실행결과는 다음과 같다.

구조체 변수의 초기화를 구조체형의 마지막[세미콜론 이전]에 붙인 경우의 실행결과

다음의 예제를 살펴보도록 하자.

📖 구조체형에서 구조체명을 individual, 구조체 변수명은 a로 하여 다음의 데이터를 초기화한 후 그 내용을 출력하는 소스코드를 작성하여 보자.

멤버	초기값
name[15]	Hong Gildong
family	4명
income	100
native	korea

원시 소스코드의 표현은 다음과 같다.

구조체 변수의 초기화

```
#include <stdio.h>

struct individual{                   // 구조체 individual정의
        char name[15];               // 이름을 저장할 멤버
        int family;                  // 가족 수를 저장할 멤버
        int income;                  // 수입을 저장할 멤버
        char native[15];             // 출신지를 저장할 멤버
};

main()
{
  struct individual a={"Hong Gildong", 4, 100,"korea"};  // 구조체 변수 a의
                                                         // 선언 및 초기화
  printf("name: %s \n",a.name);                          // 이름을 출력
  printf("family: %d \n",a.family);                      // 가족 수를 출력
  printf("income: %d \n",a.income);                      // 수입을 출력
  printf("native: %s\n",a.native);                       // 출신지를 출력
}
```

- 초기값의 순서와 멤버의 순서 및 각각의 초기화된 값과 멤버의 자료형이 같아야 한다.
- a.name과 a.native는 문자열이므로 %s를 사용하여 출력하게 된다.

다음은 실행결과를 나타낸다.

구조체 변수의 초기화의 실행결과

3. 배열과 구조체

지금까지 학습한 구조체 변수는 여러 개의 멤버를 가질 수는 있지만 각각에 한 개의 값만을 저장하게 된다. 만약 각각의 멤버마다 복수 개의 값을 저장하려면 어떻게 해야 하나? 그 답은 간단하다. 이전에 학습한 배열을 사용하면 된다. 따라서 본 절에서는 구조체 배열에 대해서 학습한다.

❑ 구조체 배열의 형식

다음은 구조체 배열의 형식을 나타낸다.

구조체 배열의 형식

```
struct 구조체_이름 구조체_배열명[ 배열요소의 개수 ];
```

예를 들어 하나의 변수에 10명의 데이터를 저장한다면 배열에서 학습했듯이 a[10];과 같이 선언하면 되었다. 구조체 배열도 크게 다르지 않으며, 단지 구조체 배열의 형식에 맞추어야 한다는 점만 유념하도록 하자.

또한 구조체 배열의 형식으로 선언하게 되면 다음과 같이 일정한 크기로 연속적인 저장 공간에 할당하게 된다.

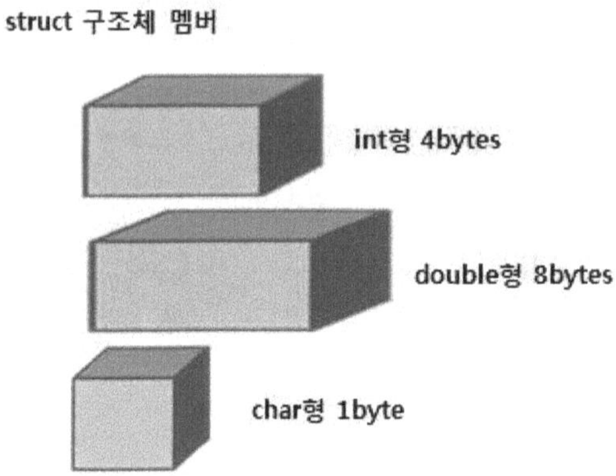

위와 같이 struct 구조체 멤버들의 자료형이 각각 int, double, char라면 각각 4바이트, 8바이트, 그리고 1바이트의 저장 공간을 할당 받게 된다. 여기에 struct 구조체 배열이 x[3]이라면 다음과 같이 각각의 x[0], x[1], x[2]의 배열요소들은 일정한 저장 공간을 할당 받는다.

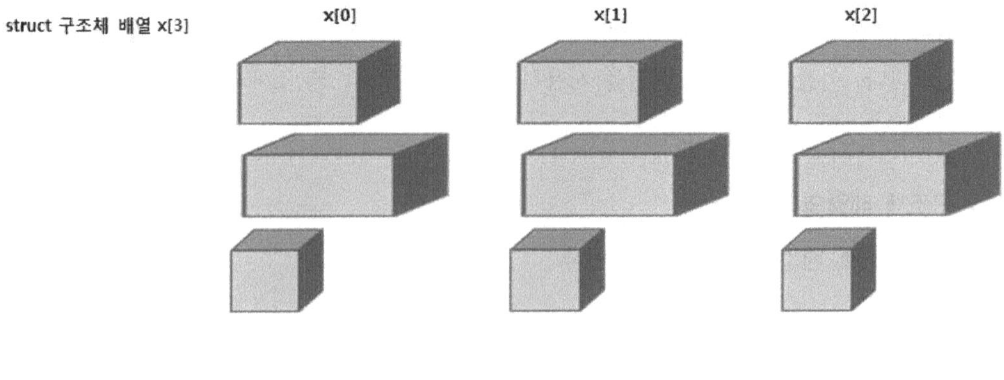

예제를 살펴가면서 구조체 배열에 대해 정리해 가도록 하자.

❑ 구조체 배열의 초기화

다음의 데이터를 사용하여 구조체 배열 a[3]을 구조체 정의와 함께 초기화하여 a[1]의 데이터를 출력하여 보자.

회사명	매상	이익
A Co.	2000	200
B Co.	1000	170
C Co.	500	25

[소스코드]

```
#include <stdio.h>

struct company{                             // 구조체 company정의
        char name[15];
        int sales;
        int profit;
} a[5] = { "A Co.", 2000, 200,              // 구조체 배열 a[3]의 초기화
         "B Co.", 1000, 170,
          "C Co.", 500 , 25};
main()
{                                           // 출력
        printf("%s\n", a[1].name);
        printf("sales = %d profit = %d \n", a[1].sales, a[1].profit);
}
```

다음은 실행결과를 나타낸다.

실행결과

❑ 구조체 배열을 인수로 하여 함수를 실행

📖 다음의 데이터를 사용하여 구조체 배열 a[3]을 초기화한 후 함수 HAM에 전달하여 두 번째의 데이터를 표시하는 프로그램을 살펴보자.

회사명	매상	이익
A Co.	2000	200
B Co.	1000	170
C Co.	500	25

[소스코드]

```
#include <stdio.h>

struct company{                                         // 구조체 company정의
        char name[15];
        int sales;
        int profit;
};

void HAM(struct company val[]);                         // HAM( )함수 원형 선언

main()
{
  struct company a[3] = { "A Co.", 2000, 200,           // 구조체 배열 a[3]의 초기화
                          "B Co.", 1000, 170,
                           "C Co.", 500 , 25};

  HAM(a);                                               // 함수 HAM( ) 호출
}

void HAM(struct company val[])                          // 사용자 정의 함수
{
        printf("%s\n", val[1].name);
        printf("sales = %d profit = %d \n", val[1].sales, val[1].profit);
}
```

■ 구조체 배열을 함수에 전달할 때는 다음과 같이 한다.

함수의 원형선언에 구조체형 구조체명 인수는 배열로 void HAM(struct company val[]); 와 같이 한다.

- 호출하는 함수 HAM(a);에서 배열 a[3]의 대표(선두) 주소인 a를 실인수로 하여 전달한다.
- 호출되는(당하는) 함수는 void HAM(struct company val[]) { }과 같이 표현한다. 여기서 val[ ]은 가인수이며, 배열 a[3]의 배열요소 개수인 3을 val[3]과 같이 적어주어도 된다.

다음은 실행결과를 나타낸다.

실행결과

4. 포인터와 구조체

구조체 포인터도 일반적 포인터의 개념과는 크게 다르지 않다. 구조체 변수에 주소 연산자인 &를 사용하여 구조체 변수 전체를 가리키는 포인터를 구하는 것이다. 구조체 변수를 포인터 형태로 선언하여 사용하며 구조체 포인터는 멤버를 참조하는 경우에 도트 연산자(.) 뿐만 아니라 애로우[arrow]연산자(->)도 사용하게 된다. 구조체 포인터의 형식은 다음과 같다.

구조체 포인터의 형식

```
struct 구조체_이름 *구조체 변수명 = 대표(선두) 주소;
```

예를 들어 원시 소스코드로 나타내면 다음과 같다.

```
struct  company  *val = &a 또는 a;
```

예제를 살펴가면서 구조체 배열에 대해 정리해 가도록 하자.

❑ 멤버에 포인터를 가진 구조체

📖 **다음의 데이터를 사용하여 구조체의 멤버** name, family, income, area**에서** name**과** area **에 배열대신** *name, *area**를 사용하여 데이터를 출력하여 보도록 하자.**

이름[name]	가족수[family]	수입[income]	지역[area]
Lee Sunsin	4	2000	Seoul

[소스코드]

```
#include <stdio.h>

struct report{                                          // 구조체 report정의
        char *name;
        int family;
        int income;
        char *area;
};

main()
{
        struct report a;                                // 구조체 변수 a의 선언

        a.name ="Lee Sunshin";                          // 값의 대입
        a.family=4;
        a.income=2000;
        a.area="Seoul";

        printf("name :%s \n ",a.name);                  // 결과 출력
        printf("family :%d \n ",a.family);
        printf("income :%d \n ",a.income);
        printf("area :%s\n ",a.area);
}
```

- 구조체 멤버에 문자열의 주소를 대입하기 위하여 *name과 *area 선언하였다. 이것은 배열 name[10], area[10]과 같은 방법이다.
- 값의 대입 또는 값의 출력을 위한 참조 방법은 도트(.)연산자를 사용한다.
- 실제 a.name와 a.area는 문자열의 대표(선두) 주소가 대입되어 있다.

실행결과는 다음과 같다.

실행결과

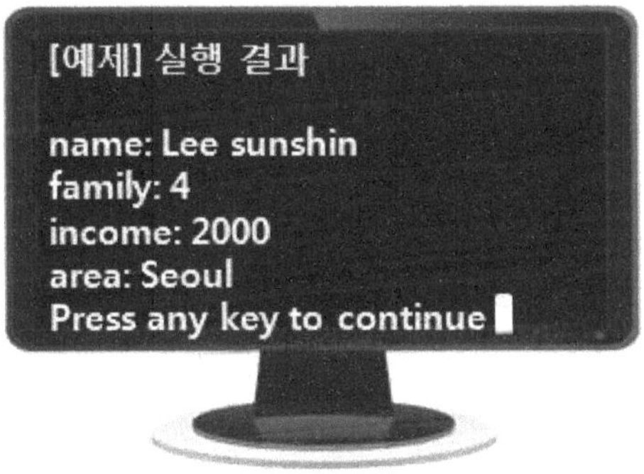

❑ 구조체 변수를 가리키는 포인터

📖 다음의 데이터를 사용하여 구조체 변수 a를 선언한 후 변수 a를 가리키는 포인터 aa의 값을 변수 a의 주소로 하여 포인터 aa를 사용하여 참조하는 소스코드를 구현하여 보자.

이름[name]	가족수[family]	수입[income]	지역[area]
Lee Sunsin	4	2000	Seoul

[소스코드]

```
#include <stdio.h>
#include <string.h>

struct report{                                  // 구조체 report선언
        char name[20];
        int family;
        int income;
        char area[15];
};

main()
{
        struct report a;                        // 구조체 변수 a의 선언
        struct report *aa=&a;                   // 구조체를 가리키는 포인터 aa에 변수
                                                // a의 주소를 대입
        strcpy(aa->name ,"Lee Sunshin"); // 포인터 aa를 사용하여 값을 전달
        aa->family=4;
        aa->income=2000;
        strcpy(aa->area,"Seoul");

        printf("name :%s \n",aa->name); // 포인터 aa를 사용하여 값을 출력
        printf("family :%d \n",aa->family);
        printf("income :%d \n",aa->income);
        printf("area :%s\n",aa->area);
}
```

- 구조체 변수 a를 선언하고 그 변수 a를 가리키는 포인터 aa를 사용하여 구조체의 데이터를 처리하는 예제이다.

- struct report *aa=&a;는 구조체 변수 a를 가리키는 포인터 aa의 선언과 a의 주소를 대입한다.
- 변수의 참조 연산자는 애로우 연산자인 ->를 사용한다.
- aa의 주소를 도식화하면 다음과 같다.

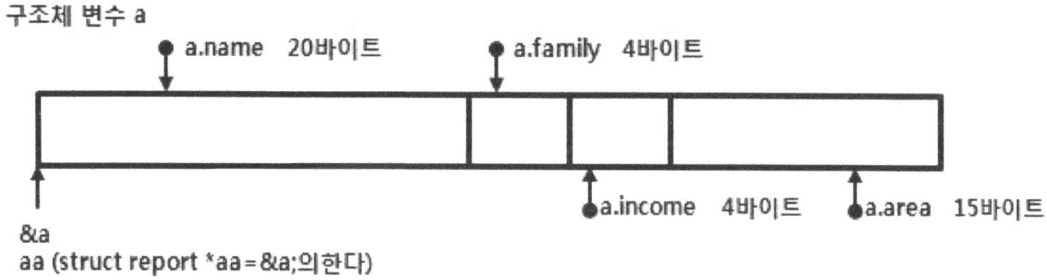

실행결과는 다음과 같다.

실행결과

❏ 구조체를 가리키는 포인터와 구조체 배열

📖 다음의 데이터를 이용하여 구조체 배열 a[3]으로 초기화하고 구조체를 가리키는 포인터p에 a[2]의 주소를 대입한다. 이때 p를 사용하여 a[2]의 이름, 가족 수, 수입, 지역에 해당되는 값을 출력할 수 있도록 작성하여 보자.

이름	가족 수	수입	지역
Lee Sunsin	2	70	Seoul
Hong Gildong	4	500	Busan
Kim Chelsu	1	450	Incheon

[소스코드]

```
#include <stdio.h>

struct report{                                  // 구조체의 정의
        char name[20];
        int family;
        int income;
        char area[15];
};

main()
{                                               // 배열 a[3]의 초기화
        struct report a[3]={"Lee Sunshin", 2, 70,"Seoul",
                        "Hong Gildong", 4, 500,"Busan",
                        "Kim Chelsu", 1, 450,"Incheon"};

        struct report *p;                       // 구조체를 가리키는
                                                // 포인터 p의 선언
        p=&a[2];                                // p에 a[2]의 주소를 대입

        printf("name :%s \n",p->name);          // 출력
        printf("family :%d \n",p->family);
        printf("income :%d \n",p->income);
        printf("area :%s\n",p->area);
}
```

■ 배열 a[3]으로 초기화한 후 구조체를 가리키는 포인터 p에 a[2]의 주소를 대입하는 문제로서 이를 도식화면 다음과 같다.

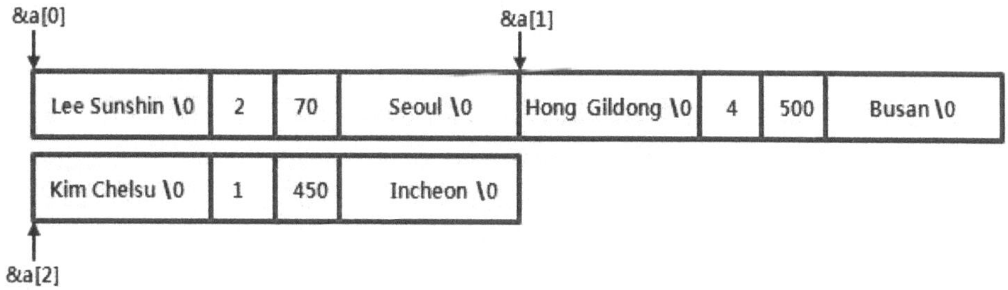

■ 따라서 p->name는 Kim Chclsu\n, p->family는 1, p->income는 450, p->area는 Incheon\n이다.

실행결과는 다음과 같다.

실행결과

LECTURE 12 연.습.문.제

흐름도와 함께하는 C언어의 이해

1. 다음의 데이터를 키보드로부터 입력받아 화면에 출력하는 프로그램을 작성하여라.

회사명[name]	매상[sales]	이익[profit]
A Co.	2000	100
B Co.	1000	170
C Co.	5000	250
D Co.	5200	200
E Co.	3600	120

2. 구조체 배열 a[5]를 문제 1의 데이터로 초기화하고 구조체 배열 b[5]를 선언한 후에 배열 a[5]의 내용을 전부 b[5]에 대입시켜 배열 b[3]의 내용만을 출력하는 프로그램을 작성하여라.

3. 구조체 배열 a[5]를 문제 1의 데이터로 초기화한 후 i를 0 ~ 10으로 하여 a[3].name[i]의 내용을 출력하는 프로그램을 작성하여라.

4. 구조체 배열 a[5]를 문제 1의 데이터로 초기화한 후 구조체 변수 a[1], a[2], a[3]의 주소를 출력하는 프로그램을 작성하여라.

5. 문제 1의 데이터를 이용하여 이익이 큰 순서대로 출력하는 프로그램을 작성하여라.

6. 구조체 멤버를 다음과 같이 선언했을 때 학생의 이름과 국어, 영어, 그리고 수학 과목의 점수를 키보드로부터 입력받아 각 학생들의 총점과 평균을 구하는 프로그램을 구조체를 이용하여 작성하여라.

구조체명	St_infor
멤버	char name[15]; double kor; double eng; double mat; double total; double average;

LECTURE 12

실.습.문.제

흐름도와 함께하는 C언어의 이해

1. 다음의 구조체를 사용해서 주어진 조건에 맞는 프로그램 작성하시오.

```
struct student
{
    int num;          //학번을 저장할 멤버
    char name[20];    //이름을 저장할 멤버
    int score;        //5과목의 점수를 저장할 멤버
    double avg;       //평균을 저장할 멤버
};
```

- student 구조체 변수에 평균을 제외한 나머지 멤버 초기화
- 초기화된 구조체 변수의 값을 출력하고, 평균을 구하여 저장한 후, 구조체 변수를 반환하는 print_avg 함수 생성
- main 함수에서 print_avg 함수 호출하여 반환된 구조체의 평균 출력

2. 구조체 포인터를 사용하여 주어진 조건에 맞는 프로그램을 작성하시오.

- student 구조체 선언 후 멤버 변수 선언
  - 이름, 국어, 영어, 평균
- main 함수에서
  - struct student s
  - struct student *p 선언
- scanf 사용하여 이름, 국어, 영어 점수 입력
- 평균값 구하기(p->avg)
- 구조체 포인터 활용하여 학생 이름, 국어, 영어, 평균 점수 출력

〈결과〉

```
이름 입력 : 홍길동
국어 점수 : 79
영어 점수 : 85

--구조체 포인터 활용--
학생 이름 ==> 홍길동
국어 점수 ==> 79
영어 점수 ==> 85
평균 점수 ==>  82.0
계속하려면 아무 키나 누르십시오 . . .
```

3. 구조체와 배열의 차이점에 대해 작성하고, 상품 5개의 정보를 저장할 수 있는 구조체의 배열을 정의하고 출력하는 프로그램을 작성하시오. 상품은 번호, 이름, 가격을 멤버로 가진다.

4. 다음과 같이 구조체 배열을 이용하여 사용자의 정보를 분석하는 프로그램을 작성하시오. 결과로는 입력받은 사용자의 정보와 남자의 수, 여자의 수, 평균 연령을 출력하시오.

• 구조체 선언
  - 이름(name, char형), 성별(gender, char형), 나이(age, int형)

5. 직선의 시작점과 끝점을 사용자로부터 입력받아 직선의 길이를 구하는 프로그램을 작성하시오. 점의 좌표와 직선을 멤버로 하는 구조체를 선언한다. 직선의 길이를 구하는 함수를 추가한다.

$$d = \sqrt{(x_1 - x_2)^2 + (y_1 - y_2)^2}$$

6. 구조체의 배열을 선언하고 10명의 데이터로 초기화하시오. 이 중에서 나이가 20이상 30이하인 직원을 찾아서 출력하시오. 직원을 나타내는 구조체는 사번(정수형), 이름(문자열), 나이(정수형), 전화번호(문자열)로 구성한다.

사번	이름	나이	전화번호
1	“서채아”	20	“111-1111”
2	“안형식”	25	“111-2222”
3	“정상준”	60	“111-3333”
4	“김장한”	40	“111-4444”
5	“홍성재”	50	“111-5555”
6	“이영원”	45	“111-6666”
7	“장우석”	32	“111-7777”
8	“조재혁”	23	“111-8888”
9	“문수영”	19	“111-9999”
10	“박보영”	27	“111-1010”

찾아보기

(ㅇ)

(ㅈ)

(ㅊ)

(ㅋ)

(ㅌ)

(ㅍ)

(ㅎ)

■ 저자소개

김진우

(일)Fukui대학 시스템 설계공학에서 석/박사 학위를 취득하였다.

2003년부터 경성대학교 정보통신공학과 교수로 재직 중이며, 신호처리, 프로그래밍, 영상처리 분야를 강의하고 있다.

저서로는

POV-RAY에 의한 컴퓨터그래픽스(대영사, 2002),
통신전자기초실험(대영사,2002), 컴퓨터그래픽스를 위한 POV-RAY 이론 및 실습(대영사, 2003)

서채연 박사

홍익대학교 소프트웨어융합학과 강사

홍익대학교 소프트웨어공학 박사 학위(2014)
2009년~2014년까지 유한대학교 경영정보학과 겸임교수로, 2016년~현재 선문대학교 IT교육학부 계약직교수로 재직중, 비선공자를 위한 IT교육
2007년~현재 홍익대학교 소프트웨어융합학과 강사로 재직
관심 분야로 코딩 교육 프로세스, 디자인 씽킹, 소프트웨어 가시화, 비전공자 코딩교육, 빅데이터, 디자인 씽킹 기반 소프트웨어개발교육방법론

박보경 박사

홍익대학교 소프트웨어융합학과 강사/ BK 사업 연구원

홍익대학교 소프트웨어공학 박사 학위(2020)
현재 홍익대학교 소프트웨어융합학과에서 강사로 재직 중이며, 4단계 BK 사업 연구원 예정
관심 분야로 소프트웨어공학, 요구공학, 역공학, 소프트웨어 가시화, 저전력 및 성능 가시화, AI 기반 소프트웨어 개발 방법론

손현승 박사

홍익대학교 소프트웨어공학 박사(2015)
홍익대학교 메카트로닉스연구센터 박사후연구원(2017)
現) 모아소프트 SBAS 사업부 SE 팀장: 초정밀 GPS 보정 시스템(SBAS) 개발 · 구축 사업참여

김기두 박사

홍익대학교 소프트웨어공학 박사(2014)
現) 한국정보통신기술협회 디지털인프라팀 팀장
HPC(고성능 컴퓨팅) 지원 사업, 한국형 초정밀 GPS 시스템(KASS) 검증 사업, 3D Printing 품질검증모델 개발 사업, GS시험인증, 테스트프로세스 컨설팅 등 지원

흐름도와 함께하는

C언어의 이해

- 2판 -

인　　쇄 : 2020년 8월 25일
2판 발행 : 2020년 8월 30일
저　　자 : 김진우 · 서채연 · 박보경 · 손현승 · 김기두
발 행 처 : 도서출판 한산
서울시 서대문구 수색로6길 43번지 105-602호
TEL : (02)304-3504　FAX : (02)304-3505
발 행 인 : 김 기 영
등록번호 : 제 10-1745 호
I S B N : 979-11-87555-31-5　　93560

정가. 27,000원